综合管理应试辅导及模拟试卷

税务干部能力提升编写组　编

中国财经出版传媒集团
中国财政经济出版社

图书在版编目（CIP）数据

综合管理应试辅导及模拟试卷／税务干部能力提升编写组编．－－北京：中国财政经济出版社，2022.10（2023.10 重印）
（税务系统业务能力升级学习辅导丛书）
ISBN 978－7－5223－1713－7

Ⅰ.①综… Ⅱ.①税… Ⅲ.①税收管理－中国－干部培训－自学参考资料 Ⅳ.①F812.423

中国版本图书馆 CIP 数据核字（2022）第 194232 号

责任编辑：陈志伟　　　　　责任印制：史大鹏
封面设计：卜建辰　　　　　责任校对：徐艳丽

综合管理应试辅导及模拟试卷
ZONGHE GUANLI YINGSHI FUDAO JI MONI SHIJUAN

中国财政经济出版社 出版

URL：http：//www.cfeph.cn
E－mail：cfeph@cfeph.cn

（版权所有　翻印必究）

社址：北京市海淀区阜成路甲 28 号　邮政编码：100142
营销中心电话：010－88191522
天猫网店：中国财政经济出版社旗舰店
网址：https：//zgczjjcbs.tmall.com
北京时捷印刷有限公司印刷　各地新华书店经销
成品尺寸：185mm×260mm　16 开　26.50 印张　527 000 字
2022 年 11 月第 1 版　2023 年 10 月北京第 2 次印刷
定价：89.00 元
ISBN 978－7－5223－1713－7
（图书出现印装问题，本社负责调换，电话：010－88190548）
本社质量投诉电话：010－88190744
打击盗版举报热线：010－88191661　QQ：2242791300

前　言

根据新时代税收现代化需要，国家税务总局在继承和发扬素质提升"1115"工程的基础上进行提档升级，实施素质提升"2271"工程，结合数字人事考核评价，大力开展税务人才选拔培养，着力构建由200名左右战略人才、2000名左右领军人才、7万名左右业务标兵、1万名左右青年才俊构成的税务人才队伍新体系。国家税务总局在全国税务系统范围内组织开展"数字人事"业务能力升级测试和领导胜任力测试。为帮助广大税务干部顺利通过测试，我们辅导用书编写组邀约了多名税务系统业务骨干，参照2022年总局"数字人事"两测考试题型，精心编写了这本辅导用书，作为广大税务干部复习备考参考资料。

为更好适应2023年两测要求，本次在2022年版本的基础上进行了大幅修订调整，依据最新政策文件对试题进行了删改，将过时内容予以剔除，冗繁表述予以精炼，新增内容予以补充，进一步提高了复习的针对性、科学性和有效性。内容上进一步融合了税收新业务、热点税收问题，并对考试要点进行把脉，引导解题思路，提出答题技巧。

本书以章为单元，每个单元包括两个板块。第一板块为章节知识要点归纳。对每章节的整体知识内容作出了系统全面而又详略得当且要点突出的梳理归纳。可使学习者在较短的时间内清晰而迅速地掌握每章的总体知识内容。第二板块为章节同步习题精练，按章设置。同步习题精练按测试大纲的要求，所有试题紧扣测试大纲的内容和体例，试题内容与测试大纲的要求对应一致，并注明试题使用考试等级，方便大家提升做题效果。为帮助大家充分临摹考试效果，进入最佳竞技状态，全书还在最后附有模拟测试卷（含答案解析），可用于检测总体复习情况。建议大家在学习使用时，不限于就题论题，要注重学会举一反三，拓展解题思维，提升解题能力，增强学习效果，最终顺利轻松过关。

本书自推出以来，深受广大读者的支持和厚爱，同时也收到了许多的宝贵意见和建议。书中疏漏之处，恳请各位专家和读者批评指正，便于我们修订再版，以飨读者。预祝大家考试成功，事事顺遂。

税务干部能力提升编写组
2023年9月5日

目 录

上 篇　知识要点归纳

第一章　党务管理 ·· 2

　　第一节　党员管理 ··· 2
　　第二节　党组织管理 ·· 14
　　第三节　群团工作 ··· 23
　　★习题精练及答案解析 ·· 28

第二章　监督管理 ·· 53

　　第一节　纪检工作 ··· 53
　　第二节　巡视巡察工作 ·· 61
　　第三节　组织处理规定 ·· 66
　　第四节　督察内审工作 ·· 69
　　第五节　内控机制建设 ·· 77
　　★习题精练及答案解析 ·· 79

第三章　政务管理 ·· 104

　　第一节　公文处理 ··· 104
　　第二节　涉税舆情管理 ·· 110
　　第三节　税收宣传 ··· 113
　　第四节　政务信息 ··· 116
　　第五节　会议管理 ··· 118
　　第六节　政府信息公开 ·· 120
　　第七节　保密工作 ··· 124
　　第八节　信访工作 ··· 128
　　第九节　督查督办 ··· 131

第十节　应急管理 ·· 133
　　第十一节　印信管理 ·· 134
　　第十二节　档案管理 ·· 136
　　第十三节　税收科研 ·· 140
　　★习题精练及答案解析 ··· 142

第四章　干部管理 ·· 160
　　第一节　人事管理 ··· 160
　　第二节　教育培训管理 ··· 177
　　第三节　数字人事 ··· 181
　　★习题精练及答案解析 ··· 183

第五章　财务管理 ·· 198
　　第一节　财务管理基础 ··· 198
　　第二节　会计制度 ··· 204
　　第三节　预算管理 ··· 207
　　第四节　财务收支和决算管理 ··· 213
　　第五节　国库集中支付管理 ··· 219
　　第六节　国有资产管理 ··· 224
　　第七节　基本建设管理 ··· 230
　　第八节　政府采购 ··· 233
　　第九节　财务监督 ··· 236
　　第十节　机关事务管理 ··· 236
　　★习题精练及答案解析 ··· 241

下篇　模拟试卷及答案解析

模拟试卷（一） ·· 260
模拟试卷（一）答案及解析 ·· 269
模拟试卷（二） ·· 278
模拟试卷（二）答案及解析 ·· 287

模拟试卷（三）	296
模拟试卷（三）答案及解析	304
模拟试卷（四）	314
模拟试卷（四）答案及解析	322
模拟试卷（五）	332
模拟试卷（五）答案及解析	342
模拟试卷（六）	352
模拟试卷（六）答案及解析	361
模拟试卷（七）	370
模拟试卷（七）答案及解析	377
模拟试卷（八）	385
模拟试卷（八）答案及解析	393
模拟试卷（九）	402
模拟试卷（九）答案及解析	410

上 篇 知识要点归纳

第一章　党务管理

第一节　党员管理

（一）党员

1. 年满十八岁的中国工人、农民、军人、知识分子和其他社会阶层的先进分子，承认党的纲领和章程，愿意参加党的一个组织并在其中积极工作、执行党的决议和按期交纳党费的，可以申请加入中国共产党。

2. 中国共产党党员是中国工人阶级的有共产主义觉悟的先锋战士。

中国共产党党员必须全心全意为人民服务，不惜牺牲个人的一切，为实现共产主义奋斗终身。

中国共产党党员永远是劳动人民的普通一员。除了法律和政策规定范围内的个人利益和工作职权以外，所有共产党员都不得谋求任何私利和特权。

3. 党员必须履行下列义务：

（1）认真学习马克思列宁主义、毛泽东思想、邓小平理论、"三个代表"重要思想、科学发展观、习近平新时代中国特色社会主义思想，学习党的路线、方针、政策和决议，学习党的基本知识和党的历史，学习科学、文化、法律和业务知识，努力提高为人民服务的本领。

（2）增强"四个意识"、坚定"四个自信"、做到"两个维护"，贯彻执行党的基本路线和各项方针、政策，带头参加改革开放和社会主义现代化建设，带动群众为经济发展和社会进步艰苦奋斗，在生产、工作、学习和社会生活中起先锋模范作用。

（3）坚持党和人民的利益高于一切，个人利益服从党和人民的利益，吃苦在前，享受在后，克己奉公，多做贡献。

（4）自觉遵守党的纪律，首先是党的政治纪律和政治规矩，模范遵守国家的法律法规，严格保守党和国家的秘密，执行党的决定，服从组织分配，积极完成党的任务。

（5）维护党的团结和统一，对党忠诚老实，言行一致，坚决反对一切派别组织和小集团活动，反对阳奉阴违的两面派行为和一切阴谋诡计。

（6）切实开展批评和自我批评，勇于揭露和纠正违反党的原则的言行和工作中的缺点、错误，坚决同消极腐败现象作斗争。

（7）密切联系群众，向群众宣传党的主张，遇事同群众商量，及时向党反映群众的意见和要求，维护群众的正当利益。

（8）发扬社会主义新风尚，带头实践社会主义核心价值观和社会主义荣辱观，提倡共产主义道德，弘扬中华民族传统美德，为了保护国家和人民的利益，在一切困难和危险的时刻挺身而出，英勇斗争，不怕牺牲。

4. 党员享有下列权利：

（1）参加党的有关会议，阅读党的有关文件，接受党的教育和培训。

（2）在党的会议上和党报党刊上，参加关于党的政策问题的讨论。

（3）对党的工作提出建议和倡议。

（4）在党的会议上有根据地批评党的任何组织和任何党员，向党负责地揭发、检举党的任何组织和任何党员违法乱纪的事实，要求处分违法乱纪的党员，要求罢免或撤换不称职的干部。

（5）行使表决权、选举权，有被选举权。

（6）在党组织讨论决定对党员的党纪处分或作出鉴定时，本人有权参加和进行申辩，其他党员可以为他作证和辩护。

（7）对党的决议和政策如有不同意见，在坚决执行的前提下，可以声明保留，并且可以把自己的意见向党的上级组织直至中央提出。

（8）向党的上级组织直至中央提出请求、申诉和控告，并要求有关组织给以负责的答复。

党的任何一级组织直至中央都无权剥夺党员的上述权利。

5. 发展党员，必须把政治标准放在首位，经过党的支部，坚持个别吸收的原则。

申请入党的人，要填写入党志愿书，要有两名正式党员做介绍人，要经过支部大会通过和上级党组织批准，并且经过预备期的考察，才能成为正式党员。

介绍人要认真了解申请人的思想、品质、经历和工作表现，向他解释党的纲领和党的章程，说明党员的条件、义务和权利，并向党组织作出负责的报告。

党的支部委员会对申请入党的人，要注意征求党内外有关群众的意见，进行严格的审查，认为合格后再提交支部大会讨论。

上级党组织在批准申请人入党以前，要派人同他谈话，作进一步的了解，并帮助他提高对党的认识。

在特殊情况下，党的中央和省、自治区、直辖市委员会可以直接接收党员。

6. 预备党员的预备期为一年。党组织对预备党员应当认真教育和考察。

预备党员的义务同正式党员一样。预备党员的权利，除了没有表决权、选举权和被选举权以外，也同正式党员一样。

预备党员预备期满，党的支部应当及时讨论他能否转为正式党员。认真履行党员义务，具备党员条件的，应当按期转为正式党员；需要继续考察和教育的，可以延长预备期，但不能超过一年；不履行党员义务，不具备党员条件的，应当取消预备党员资格。预备党员转为正式党员，或延长预备期，或取消预备党员资格，都应当经支部大会讨论通过和上级党组织批准。

预备党员的预备期，从支部大会通过他为预备党员之日算起。党员的党龄，从预备期满转为正式党员之日算起。

7. 每个党员，不论职务高低，都必须编入党的一个支部、小组或其他特定组织，参加党的组织生活，接受党内外群众的监督。党员领导干部还必须参加党委、党组的民主生活会。不允许有任何不参加党的组织生活、不接受党内外群众监督的特殊党员。

8. 党员有退党的自由。党员要求退党，应当经支部大会讨论后宣布除名，并报上级党组织备案。

党员缺乏革命意志，不履行党员义务，不符合党员条件，党的支部应当对他进行教育，要求他限期改正；经教育仍无转变的，应当劝他退党。劝党员退党，应当经支部大会讨论决定，并报上级党组织批准。如被劝告退党的党员坚持不退，应当提交支部大会讨论，决定把他除名，并报上级党组织批准。

党员如果没有正当理由，连续六个月不参加党的组织生活，或不交纳党费，或不做党所分配的工作，就被认为是自行脱党。支部大会应当决定把这样的党员除名，并报上级党组织批准。

（二）党员学习教育

1. 党员教育管理是党的建设基础性、经常性工作。党组织应当加强党员教育管理，引导党员坚定共产主义远大理想和中国特色社会主义共同理想，增强"四个意识"、坚定"四个自信"、做到"两个维护"，增强党性，提高素质，认真履行义务，正确行使权利，充分发挥先锋模范作用。

2. 党员教育管理工作以马克思列宁主义、毛泽东思想、邓小平理论、"三个代表"重要思想、科学发展观、习近平新时代中国特色社会主义思想为指导，落实新时代党的建设总要求和新时代党的组织路线，坚持教育、管理、监督、服务相结合，推进"两学一做"学习教育常态化制度化，不断增强党员教育管理针对性和有效性，努力建设政治合格、执行纪律合格、品德合格、发挥作用合格的党员队伍。

3. 党员教育管理工作遵循以下原则：

（1）坚持党要管党、全面从严治党，将严的要求落实到党员教育管理工作全过程和各方面，党员领导干部带头接受教育管理。

（2）坚持以党的政治建设为统领，突出党性教育和政治理论教育，引导党员遵守党章党规党纪，不忘初心、牢记使命。

（3）坚持围绕中心、服务大局，注重党员教育管理质量和实效，保证党的理论和路线方针政策、党中央决策部署贯彻落实。

（4）坚持从实际出发，加强分类指导，尊重党员主体地位，充分发挥党支部直接教育、管理、监督党员作用。

4. 学习贯彻习近平新时代中国特色社会主义思想。

（1）把用习近平新时代中国特色社会主义思想武装全党作为党员教育管理的首要政治任务，引导党员充分认识学习贯彻习近平新时代中国特色社会主义思想的重大意义，自觉学懂弄通做实。

（2）组织党员读原著、学原文、悟原理，深入学习领会习近平新时代中国特色社会主义思想的核心要义、基本精神、实践要求，掌握贯穿其中的马克思主义立场观点方法，增强政治自觉、理论自信、情感融入。建立以学习贯彻习近平新时代中国特色社会主义思想为中心内容的党员教育教材体系。教育引导党员把学习习近平新时代中国特色社会主义思想同学习马克思列宁主义、毛泽东思想、邓小平理论、"三个代表"重要思想、科学发展观紧密结合起来，不断提高马克思主义思想觉悟和理论水平。

（3）坚持集中教育和经常性教育相结合，组织培训和个人自学相结合，采取集中轮训、党委（党组）理论学习中心组学习、理论宣讲、组织生活、在线学习培训等方式，形成习近平新时代中国特色社会主义思想学习教育长效机制，推动党员学深悟透、入脑入心。

（4）弘扬理论联系实际的马克思主义学风，引导党员把自己摆进去、把职责摆进去、把工作摆进去，学以致用、知行合一，提高政治站位，强化责任担当，增强过硬本领，做好本职工作，自觉做习近平新时代中国特色社会主义思想坚定信仰者和忠实实践者。

（5）党员领导干部应当坚持更高标准、更严要求，全面学、系统学、贯通学、深入学、跟进学，自觉用以武装头脑、指导实践、推动工作，发挥示范带动作用。

5. 党员教育基本任务。

（1）加强政治理论教育，突出党的创新理论学习，组织党员学习党的基本理论、基本路线、基本方略，学习马克思主义基本原理和党的基本知识，引导党员坚定理想信念，增强党性修养，努力掌握并自觉运用马克思主义立场观点方法。

（2）突出政治教育和政治训练，严格党内政治生活锻炼，教育党员旗帜鲜明讲政治，提高政治觉悟和政治能力，严守政治纪律和政治规矩，永葆共产党人政治本色，做到"四个服从"，在思想上政治上行动上同以习近平同志为核心的党中央保持高度一致。

（3）强化党章党规党纪教育，引导党员牢记入党誓词，坚持合格党员标准，自觉遵守党的纪律，带头践行社会主义核心价值观，培养高尚道德情操，培育良好思想作风、学风、工作作风、生活作风和家风。

（4）加强党的宗旨教育，引导党员践行全心全意为人民服务的根本宗旨，贯彻党的群众路线，提高群众工作本领，密切联系服务群众。

（5）进行革命传统教育，引导党员学习党史、国史、改革开放史、社会主义发展史和中华优秀传统文化，铭记党的奋斗历程，弘扬党的优良传统，传承红色基因，践行共产党人价值观，激发爱国主义热情。

（6）开展形势政策教育，围绕贯彻执行党和国家重大决策、推进落实重大任务，宣讲党的路线方针政策，解读世情国情党情，回应党员关注的问题，引导党员正确认识形势，把思想和行动统一到党中央要求上来。

（7）注重知识技能教育，根据党员岗位职责要求和工作需要，组织引导党员学习掌握业务知识、科技知识、实用技术等，帮助党员提高综合素质和履职能力，增强服务本领。

6. 党员日常教育主要方式。

（1）党支部应当运用"三会一课"制度，对党员进行经常性的教育管理。党员应当按期参加党员大会、党小组会和上党课，进行学习交流，汇报思想、工作等情况。党员领导干部应当参加双重组织生活。

党支部应当每月开展1次主题党日，贴近党员思想和工作实际，组织党员集中学习、过组织生活、进行民主议事和开展志愿服务等。

党员应当按期交纳党费。党组织应当做好党费收缴、使用和管理工作。

（2）党支部每年至少召开1次组织生活会，也可以根据工作需要随时召开，一般以党员大会、党支部委员会会议或者党小组会形式进行。

（3）党支部一般每年开展1次民主评议党员。党支部召开党员大会，按照个人自评、党员互评、民主测评的程序，组织党员进行评议。党支部委员会会议或者党员大会根据评议情况和党员日常表现情况，提出评定意见。民主评议党员可以结合组织生活会一并进行。

（4）基层党组织应当注重分析党员思想状况和心理状态，党组织负责人应当经常同党员谈心谈话，有针对性地做好思想政治工作。

（5）市、县党委或者基层党委每年应当组织党员集中轮训，主要依托县级党校（行政学校）、基层党校等进行。根据事业发展和党的建设重点任务，结合本地区本部门本单位中心工作和党员实际，确定培训内容和方式。党员每年集中学习培训时间一般不少于32学时。

（6）党组织应当按照党中央部署要求，组织党员认真参加党内集中学习教育，引导党员围绕学习教育主题，深入学习党的创新理论，查找解决自身存在的突出问题。省级党委、行业系统党组织可以根据党员思想状况和党的建设需要，适时开展专题学习教育。

（7）党组织应当充分发挥党员的先锋模范作用，结合不同群体党员实际，通过树立、学习身边的榜样，设立党员示范岗、党员责任区，开展设岗定责、承诺践诺等，引导党员做好本职工作，干在实处、走在前列，创先争优，在联系服务群众、完成重大任务中勇于担当作为，做到平常时候看得出来、关键时刻站得出来、危急关头豁得出来。鼓励和引导党员参与志愿服务。党员应当积极参加党组织开展的志愿服务活动，也可以自行开展志愿服务活动。

（8）党组织应当坚持从严教育管理和热情关心爱护相统一，从政治、思想、工作、生活上激励关怀帮扶党员。针对老党员的身体、居住和家庭等实际情况，采取灵活方式，进行教育管理服务，组织他们参加党的组织生活，发挥力所能及的作用。对年老体弱、行动不便、身患重病甚至失能的党员，组织活动和开展学习教育不作硬性要求，党组织通过送学上门、走访慰问等方式，给予更多关心照顾。

（三）日常管理

1. 党费收缴使用管理。

（1）党费收缴。

①基本要求。

党员必须按期足额交纳党费。党员一般应当向其正式组织关系所在的党支部交纳党费。预备党员从支部大会通过其为预备党员之日起交纳党费。党员应当增强党员意识，主动按月交纳党费。党支部要及时准确核对党员交纳党费数额，研究决定少交和免交有关事项。根据自愿可以多交党费，自愿一次多交1 000元以上，必须要按照缴纳大额党费有关规定办理。对不按照规定交纳党费的党员，其所在党组织应及时对其进行批评教育，限期改正。对无正当理由，连续六个月不交党费的党员，按照自行脱党处理。党支部应当由专人负责党费的收缴工作，按时足额向上级党组织交纳党费。不得垫交或扣缴党员党费，不得要求党员交纳规定以外的各种名目的"特殊党费"。党支部收缴的党费必须全额上缴，不得留存。

②党费交纳标准。

按月领取工资的党员，每月以工资总额中相对固定的、经常性的工资收入（税后）为计算基数，按规定比例交纳党费。在职党员干部工资总额中相对固定的、经常性的工资收入，主要为职务工资、级别工资、津贴补贴，其中列入交纳党费计算基数的津贴补贴，是指根据国家关于规范津贴补贴的有关规定，对各地各单位干部职工普遍发放的规范津贴补贴，包括工作性津贴，生活性补贴。按月领取工资的党员，除将"相对固定的、经常性的工资收入（税后）"列入交纳党费计算基数之外，临时性的收入，比如临时性的津补贴、补助、稿费、讲课费，银行存款利息等不列入交纳党费计算基数。

③党费交纳的比例。

党员交纳党费的比例为：每月工资收入（税后）在3 000元以下（含3 000元）者，交纳月工资收入的0.5%；3 000元以上至5 000元（含5 000元）者，交纳1%；5 000元以上至10 000（含10 000元）者，交纳1.5%；10 000元以上者，交纳2%。离退休干部、职工中的党员，每月以实际领取的离退休费总额或养老金总额为计算基数，5 000元以下（含5 000元）的按0.5%交纳党费，5 000元以上的按1%交纳党费。实行年薪制人员中的党员，每月以当月实际领取的薪酬收入为计算基数。

（2）党费使用。

使用党费应当坚持统筹安排、量入为出、收支平衡、略有结余的原则。党费必须用于党的活动，主要作为党员教育经费的补充，其具体使用范围包括：

①培训党员；

②订阅或购买用于开展党员教育的报刊、资料、音像制品和设备；

③表彰先进基层党组织、优秀共产党员和优秀党务工作者；

④补助生活困难的党员；

⑤补助遭受严重自然灾害的党员和修缮因灾受损的基层党员教育设施。

（3）党费管理。

①党费由党委组织部门代党委统一管理。业务管理和财务管理应当分开，财务管理工作由各级党委组织部门内设的财务机构或者同级党委的财务机构代办。

②党费应当以党委或党委组织部门的名义单独设立银行账户，必须存入中国工商银行、中国农业银行、中国银行、中国建设银行、交通银行、中国邮政储蓄银行，不得存入其他银行或者非银行金融机构。

③党委组织部门要加强对党费管理工作人员的培训，提高其政治素质和业务水平。

④党组织要把党费收缴、使用和管理的情况作为党务公开的一项重要内容，认真做好党费收支情况公示工作。

2. 不合格党员的认定和处置。

对评定为不合格的党员，党组织要根据其表现和态度进行组织处置。根据党章和有关规定，组织处置方式分为限期改正、劝退、除名。

（1）限期改正。

限期改正这一组织处置形式，适用于虽然属于不合格党员，但本人能够正确认识错误，有继续留在党内的强烈意愿，愿意接受党组织的教育管理，有改正错误的决心和行动的党员。《中国共产党章程》第九条第二款规定，党员缺乏革命意志，不履行党员义务，不符合党员条件，党的支部应当对他进行教育，要求他限期改正。《党员教育管理工作条例》第三十条规定，对缺乏革命意志，不履行党员义务，不符合党员条件，但本人能够正确认识错误、愿意接受教育管理并且决心改正的党员，党组织应当作出限期改正处置，限期改正时间不超过1年。对给予限期改正处置的党员应当采取帮助教育措施。

受限期改正处置的党员，由党支部对其进行教育帮助，要求其在规定的时间内改正错误或缺点。在限期改正期满时，要及时召开支部大会进行讨论，认为其仍未改正缺点错误，仍未达到合格党员的条件，党组织应当劝其退党，劝而不退的予以除名，一般不再延长限期改正的时间。限期改正不是党纪处分。党员在限期改正期间，其权利和义务不受影响。

（2）劝其退党。

党内除名是对不具备党员条件的党员进行组织处置的一种形式。《中国共产党章程》第九条第二款规定，党员缺乏革命意志，不履行党员义务，不符合党员条件，党的支部应当对他进行教育，要求他限期改正；经教育仍无转变的，应当劝他退党。

劝告党员退党，需要经过党支部大会讨论决定，并报上级党组织批准。如被劝告退党的党员坚持不退，应当提交支部大会讨论，决定把他除名，并报上级党组织批准。

（3）党内除名。

党内除名是对不具备党员条件的党员进行组织处置的一种形式。除名包括对丧失党员条件者除名、对要求退党者除名、对被劝告退党而坚持不退者除名和对自行脱党者除名。除名不是党的纪律处分，也不能代替党纪处分。

①对要求退党者除名，是指对那些改变了共产主义信仰，或者由于其他原因，不愿意继续做一个共产党员而要求退党的党员，在弄清楚情况以后，经党支部大会讨论通过，宣布除名，并报上级党组织备案。

②党员有退党的自由。党员要求退党，应当经过支部大会讨论后宣布除名，并报上级党支部备案。

③对要求限期改正经教育仍无转变的，而且被劝告退党坚持不退的党员，应当提交支部大会讨论，决定把他除名，并报上级党组织批准。

④《中国共产党章程》规定：党员如果没有正当理由，连续6个月不参加党的组织生活，或不交纳党费，或不做党分配的工作，就被认为是自行脱党。

处理党员自行脱党问题时，不要把因有某些客观原因而连续6个月没有参加党的组织生活，或不交纳党费，或没有做党所分配的工作的党员，一律不加分析的作为自行脱党处理。

3. 党籍和党组织关系管理。

（1）党籍管理。

经党支部党员大会通过、基层党委审批接收的预备党员，自通过之日起，即取得党籍。

对因私出国并在国外长期定居的党员，出国学习研究超过5年仍未返回的党员，一般予以停止党籍。停止党籍的决定，由保留其组织关系的党组织按照有关规定作出。

对与党组织失去联系6个月以上，通过各种方式查找仍然没有取得联系的党员，予以停止党籍。由所在支部或者上级党组织按照有关规定作出。停止党籍2年后确实无法取得联系的，按照自行脱党予以除名。

对停止党籍的党员，符合条件的，可以按照规定程序恢复党籍。对因劝其退党、劝而不退除名、自行脱党除名、退党除名而开除党籍的原则上不能恢复党籍，符合条件的可以重新入党。

（2）党员组织关系转接。

党员组织关系，是指党员对党的基层组织的隶属关系。每个党员都必须编入党的一个支部、小组或者其他特定组织。党员组织关系，包括正式组织关系和临时组织关系，转移和接收正式组织关系，应当凭据"中国共产党党员组织关系介绍信"，转移接收临时组织关系，应当凭据"中国共产党党员证明信"或"中国共产党流动党员活动证"。

4. 党员组织关系介绍信和党员证明信的使用。

外出学习、工作、生活六个月以上并且地点相对固定的，应当转移组织关系。党员外出地点或工作单位相对固定，外出时间六个月以上的，一般应当开具"中国共产党党员组织关系介绍信"，转移和接收正式组织关系。党员组织关系转出后，党员在党组织中的隶属关系随即发生变化，党员应在转入单位党组织参加党的组织生活，交纳党费。

党员外出时间六个月及六个月以内的，一般应当开具"中国共产党党员证明信"。持"中国共产党党员证明信"的党员在所在地区或单位参加党的组织生活，但是其党组织关系并没有从原来所在党组织中转移出去，他们在所在地区或单位党组织中没有表决权、选举权和被选举权，仍在原单位交纳党费和享有表决权和被表决权。

外出地点、时间不确定的，一般应持有"中国共产党流动党员活动证"。适用于短期外出（6个月以内）或者长期外出但暂时无法转接组织关系的党员。

党员短期外出开会、参观、学习、实习、考察等，时间在3个月及3个月以内，无须证明党员身份的，可不开具党员组织关系凭证。

根据中央组织部关于转移党员组织关系手续的相关要求，开具党员组织关系介绍信、党员证明信要使用统一式样的"中国共产党党员组织关系介绍信""中国共产党党员证明信"，要用毛笔或钢笔填写，字迹要清楚，不得涂改。应在介绍信、证明信存根上注明有效期。党员组织关系介绍信、党员证明信必须加盖公章，并在介绍信、证明信及其存根连接部位加盖骑缝章。介绍信、证明信的有效期可根据具体情况确定，一般不应超过3个月。党员组织关系介绍信、党员证明信由党员自己携带，不能自己携带的，应由机要交通或机要邮政转递。

5. 党员组织关系介绍信或党员证明信丢失的处理。

党组织应教育党员妥善地保存自己携带的党员组织关系介绍信或党员证明信。党员组织关系介绍信或党员证明信一旦丢失，党员要及时向所在单位的党组织或最后办理转移组织关系的党委组织部门报告。党组织应对丢失介绍信、证明信的情况进行审查，如确系本人不慎丢失，可由最后办理转移组织关系的党组织予以补转，并立即通知接收单位党组织，原介绍信或证明信作废。接转单位在接转时，要对介绍信、证明信进行认真审查核对。对丢失介绍信、证明信的党员，应给予批评教育，情节严重的还应给予适当的党纪处分。

6. 党员组织关系介绍信或党员证明信过期的处理。

党员组织关系应及时转移。不按期转移组织关系是组织观念淡薄的表现，也是党的纪律所不允许的。对于过期党员组织关系介绍信或党员证明信，要调查了解，弄清原因，分清责任。对于那些无正当理由，不及时转移组织关系，导致党员组织关系介绍信或党员证明信过期的，应给予严肃的批评和教育。其中超过 6 个月不参加党的组织生活的，要按照党章规定作自行脱党处理。如系经办人工作不慎造成的，要对经办人进行严肃的批评教育。过期的党员组织关系介绍信或党员证明信作废，由开出介绍信（证明信）的单位另行补转。

7. 转出党员组织关系中党组织的职责。

党员工作单位、经常居住地发生变动的，或者外出学习、工作、生活 6 个月以上并且地点相对固定的，应当转移组织关系。

（1）教育督促党员按照规定及时转移组织关系，并如实填写党员组织关系凭证。

（2）建立转移组织关系党员基本情况登记制度，对临时外出的党员要采取适当方式与其保持联系。

（3）及时了解党员外出期间的表现。

（4）及时掌握党员去向，与党员所去地方或单位党组织保持联系。

8. 转接党员组织关系对党员的要求。

（1）因工作、学习、生活等原因离开原所在党组织，要及时转移党员组织关系，在规定时间内到所去地方或单位党组织报到。

（2）短期外出或外出时间较长但无固定地点的，应当通过适当方式主动与原所在党组织保持联系，汇报外出期间的有关情况，按照规定交纳党费。

（3）如果没有正当理由，连续 6 个月不参加党的组织生活，或不交纳党费，或不做党所分配的工作，就被认为是自行脱党。

9. 对工作调动时党员组织关系的管理。

党员工作调动以后，必须及时转移党员正式组织关系，转出单位要及时把转出单位的党员档案寄往转入单位，转入单位要主动与转出单位联系。新的工作单位党组织在验明党员身份后，应及时把他们编入支部和小组。

10. 对不及时转移党员组织关系的党员的处理。

对没有正当理由，长期不转移党员组织关系，不按时到指定单位去报到的党员，应给予严肃批评和教育，限期报到。

在税务系统，外出超过 6 个月的党员应按规定转接组织关系，异地执行稽查检查、巡视巡察、督查督导等专项工作任务，党员超过 3 人、时间超过 1 个月的团队要设立临时党支部。

（四）学习贯彻习近平新时代中国特色社会主义思想主题教育

1. 目标要求

开展主题教育，总要求是"学思想、强党性、重实践、建新功"，根本任务是坚持学思用贯通、知信行统一，把习近平新时代中国特色社会主义思想转化为坚定理想、锤炼党性和指导实践、推动工作的强大力量，使全党始终保持统一的思想、坚定的意志、协调的行动、强大的战斗力，努力在以学铸魂、以学增智、以学正风、以学促干方面取得实实在在的成效。

2. 具体目标。

（1）凝心铸魂筑牢根本。全面、系统、深入学习习近平新时代中国特色社会主义思想，完整准确掌握这一重要思想的主要内容，全面把握这一重要思想的世界观、方法论和贯穿其中的立场、观点、方法，深刻理解这一重要思想的道理、学理、哲理，推动党员、干部真学、真懂、真信、真用，推动学习往深里走、往实里走、往心里走，提高思想觉悟，切实做到筑牢信仰之基、补足精神之钙、把稳思想之舵。

（2）锤炼品格强化忠诚。深刻领悟"两个确立"的决定性意义，增强忠诚核心、拥戴核心、维护核心、捍卫核心的政治自觉、思想自觉、行动自觉，不断提高政治判断力、政治领悟力、政治执行力，始终忠诚于党、忠诚于人民、忠诚于马克思主义，真心爱党、时刻忧党、坚定护党、全力兴党。

（3）实干担当促进发展。突出实践导向，真抓实干、务求实效，紧紧围绕新时代新征程党的中心任务，胸怀"国之大者"，牢固树立正确的权力观、政绩观、事业观，增强推动高质量发展本领、服务群众本领、防范化解风险本领，敢于斗争、勇于负责，聚焦问题、知难而进，以"时时放心不下"的责任感、积极担当作为的精气神为党和人民履好职、尽好责，以新气象新作为推动高质量发展取得新成效，依靠顽强斗争打开事业发展新天地。

（4）践行宗旨为民造福。坚持人民至上，一切为了人民、一切依靠人民，始终同人民同呼吸、共命运、心连心，把为民办实事作为重要内容，以群众满意不满意作为根本评判标准，紧紧抓住人民群众最关心最直接最现实的利益问题，把惠民生、暖民心、顺民意的工作做到群众心坎上，不断增强人民群众的获得感、幸福感、安全感，让现代化建设成果更多更公平惠及全体人民。

（5）廉洁奉公树立新风。坚持以党性立身做事，增强纪律意识、规矩意识，践行"三严三实"，严格落实中央八项规定及其实施细则精神，持续纠治"四风"，把纠治形式主义、官僚主义摆在更加突出位置，坚决反对特权思想和特权现象，做到公正用权、依法用权、为民用权、廉洁用权，推动形成清清爽爽的同志关系、规规矩矩的上下级关系、亲清统一的新型政商关系，当好良好政治生态和社会风气的引领者、营造者、维护者，树立求真务实、团结奋斗的时代新风。

3. 主题教育坚持目标导向和问题导向相统一，着力解决 6 个方面的突出问题。

理论学习方面，主要是学风不纯不正，学习不走心不深入不系统，用党的创新理论指导实践、解决问题存在差距和不足；政治素质方面，主要是政治判断力、政治领悟力、政治执行力不够强，信仰信念淡化，贯彻落实党中央决策部署和习近平总书记重要指示批示精神有令不行、有禁不止，做选择、搞变通、打折扣、不到位，不顾大局、搞部门和地方保护主义；能力本领方面，主要是新发展理念树得不牢，推动高质量发展、做好群众工作、应对风险挑战的本领不够强，缺乏及时发现和解决自身存在问题的意识和能力；担当作为方面，主要是干事创业精气神不足，缺乏担责意识，缺乏斗争精神，遇事明哲保身，"躺平"不作为，不敢动真碰硬，不敢攻坚克难，存在思维惯性和路径依赖，瞻前顾后、畏首畏尾，上推下卸、推拖躲绕，奉行利己主义；工作作风方面，主要是宗旨意识和群众感情淡漠，脱离群众、脱离实际，调查研究不经常、不深入，对迅速变化的客观实际和群众冷暖了解不深、感知不真，落实党中央决策部署简单化、"一刀切"，照抄照搬、上下一般粗，报喜不报忧，弄虚作假、搞花架子，搞形式主义、官僚主义，存在特权思想和特权行为；廉洁自律方面，主要是纪法意识淡薄，对党规党纪不上心、不了解、不掌握，运用法治思维和法治方式开展工作的意识不强，顶风违纪现象仍有发生，利用权力和影响力谋私贪腐，存在损害群众利益的腐败问题等。

4. 工作安排。

主题教育自上而下分两批进行。第一批包括中央和国家机关及其直属单位、省（自治区、直辖市）和副省级城市机关及其直属单位，中管金融企业、中管企业、中管高校，从 2023 年 4 月开始，2023 年 8 月基本结束；第二批包括省以下各级机关及其直属单位和其他基层党组织，从 2023 年 9 月开始，2024 年 1 月基本结束。

主题教育不划阶段、不分环节，把理论学习、调查研究、推动发展、检视整改等贯通起来，有机融合、一体推进。

第二节　党组织管理

一、党组织及其职责

（一）党的中央组织

1. 党的全国代表大会每五年举行一次，由中央委员会召集。中央委员会认为有必要，或者有三分之一以上的省一级组织提出要求，全国代表大会可以提前举行；如无非常情况，不得延期举行。

2. 党的全国代表大会的职权是：听取和审查中央委员会的报告；审查中央纪律检查委员会的报告；讨论并决定党的重大问题；修改党的章程；选举中央委员会；选举中央纪律检查委员会。

党的全国代表会议的职权是讨论和决定重大问题；调整和增选中央委员会、中央纪律检查委员会的部分成员。调整和增选中央委员及候补中央委员的数额，不得超过党的全国代表大会选出的中央委员及候补中央委员各自总数的五分之一。

3. 党的中央委员会每届任期5年。中央委员会全体会议由中央政治局召集，每年至少举行一次。中央政治局向中央委员会全体会议报告工作，接受监督。

4. 党的中央政治局、中央政治局常务委员会和中央委员会总书记，由中央委员会全体会议选举。中央委员会总书记必须从中央政治局常务委员会委员中产生。

5. 中央政治局和它的常务委员会在中央委员会全体会议闭会期间，中央委员会执行全国代表大会的决议，领导党的全部工作，对外代表中国共产党。

6. 党的中央政治局、中央政治局常务委员会和中央委员会总书记，由中央委员会全体会议选举。中央委员会总书记必须从中央政治局常务委员会委员中产生。中央政治局和常务委员会在中央委员会全体会议闭会期间，行使中央委员会的职权。中央书记处是中央政治局和它的常务委员会的办事机构；成员由中央政治局常务委员会提名，中央委员会全体会议通过。中央委员会总书记负责召集中央政治局会议和中央政治局常务委员会会议，并主持中央书记处的工作。党的中央军事委员会组成人员由中央委员会决定，中央军事委员会实行主席负责制。

（二）党的地方组织

1. 党的省、自治区、直辖市的代表大会，设区的市和自治州的代表大会，县（旗）、自治县、不设区的市和市辖区的代表大会，每5年举行1次。党的地方各级代表大会由同级党的委员会召集。在特殊情况下，经上一级委员会批准，可以提前或延期举行。

2. 党的地方各级代表大会的职权是：听取和审查同级委员会的报告；审查同级纪律检查委员会的报告；讨论本地区范围内的重大问题并作出决议；选举同级党的委员会，选举同级党的纪律检查委员会。

3. 党的省、自治区、直辖市、设区的市和自治州的委员会，每届任期5年。

4. 党的地方各级委员会全体会议，每年至少召开2次。

5. 党的地方各级委员会在代表大会闭会期间，执行上级党组织的指示和同级党代表大会的决议，领导本地方的工作，定期向上级党的委员会报告工作。

6. 党的地方各级委员会全体会议，选举常务委员会和书记、副书记，并报上级党的委员会批准。党的地方各级委员会的常务委员会，在委员会全体会议闭会期间，行使委员会职权；在下届代表大会开会期间，继续主持经常工作，直到新的常务委员会产生为止。

（三）党的基层组织

1. 企业、农村、机关、学校、科研院所、街道社区、社会组织、人民解放军连队和其他基层单位，凡是有正式党员3人以上的，都应当成立党的基层组织。

2. 党的基层组织，根据工作需要和党员人数，经上级党组织批准，分别设立党的基层委员会、总支部委员会、支部委员会。基层委员会由党员大会或代表大会选举产生，总支部委员会和支部委员会由党员大会选举产生，提出委员候选人要广泛征求党员和群众的意见。

3. 党的基层委员会、总支部委员会、支部委员会每届任期3年至5年。基层委员会、总支部委员会、支部委员会的书记、副书记选举产生后，应报上级党组织批准。

4. 党的基层组织是党在社会基层组织中的战斗堡垒，是党的全部工作和战斗力的基础。

（1）宣传和执行党的路线、方针、政策，宣传和执行党中央、上级组织和本组织的决议，充分发挥党员的先锋模范作用，积极创先争优，团结、组织党内外的干部和群众，努力完成本单位所担负的任务；

（2）组织党员认真学习马克思列宁主义、毛泽东思想、邓小平理论、"三个代表"重要思想、科学发展观、习近平新时代中国特色社会主义思想，推进"两学一做"，学习教育常态化制度化，学习党的路线、方针、政策和决议，学习党的基本知识，学习科学、文化、法律和业务知识；

（3）对党员进行教育、管理、监督和服务，提高党员素质，坚定理想信念，增强党性，严格党的组织生活，开展批评和自我批评，维护和执行党的纪律，监督党员切

实履行义务,保障党员的权利不受侵犯;

(4) 密切联系群众,经常了解群众对党员、党的工作的批评和意见,维护群众的正当权利和利益,做好群众的思想政治工作;

(5) 充分发挥党员和群众的积极性创造性,发现、培养和推荐他们中间的优秀人才,鼓励和支持他们在改革开放和社会主义现代化建设中贡献自己的聪明才智;

(6) 对要求入党的积极分子进行教育和培养,做好经常性地发展党员工作,重视在生产、工作第一线和青年中发展党员;

(7) 监督党员干部和其他任何工作人员严格遵守国家法律法规,严格遵守国家的财政经济法规和人事制度,不得侵占国家、集体和群众的利益;

(8) 教育党员和群众自觉抵制不良倾向,坚决同各种违纪违法行为作斗争。

5. 各级党和国家机关中党的基层组织,协助行政负责人完成任务,改进工作,对包括行政负责人在内的每个党员进行教育、管理、监督,不领导本单位的业务工作。

6. 党支部是党的基础组织,担负直接教育党员、管理党员、监督党员和组织群众、宣传群众、凝聚群众、服务群众的职责。

(四) 党支部工作

1. 党支部是党的基础组织,是党组织开展工作的基本单元,是党在社会基层组织中的战斗堡垒,是党的全部工作和战斗力的基础,担负直接教育党员、管理党员、监督党员和组织群众、宣传群众、凝聚群众、服务群众的职责。

2. 党支部工作必须遵循以下原则:

(1) 坚持以马克思列宁主义、毛泽东思想、邓小平理论、"三个代表"重要思想、科学发展观、习近平新时代中国特色社会主义思想为指导,遵守党章,加强思想理论武装,坚定理想信念,不忘初心、牢记使命,始终保持先进性和纯洁性。

(2) 坚持把党的政治建设摆在首位,牢固树立"四个意识",坚定"四个自信",做到"四个服从",旗帜鲜明讲政治,坚决维护习近平总书记党中央的核心、全党的核心地位,坚决维护党中央权威和集中统一领导。

(3) 坚持践行党的宗旨和群众路线,组织引领党员、群众听党话、跟党走,成为党员、群众的主心骨。

(4) 坚持民主集中制,发扬党内民主,尊重党员主体地位,严肃党的纪律,提高解决自身问题的能力,增强生机活力。

(5) 坚持围绕中心、服务大局,充分发挥积极性主动性创造性,确保党的路线方针政策和决策部署贯彻落实。

3. 组织设置:

党支部设置一般以单位、区域为主,以单独组建为主要方式。企业、农村、机关、学校、科研院所、社区、社会组织、人民解放军和武警部队连（中）队以及其他基层单位，凡是有正式党员3人以上的，都应当成立党支部。

党支部党员人数一般不超过50人。

4. 结合实际创新党支部设置形式，使党的组织和党的工作全覆盖。

规模较大、跨区域的农民专业合作组织、专业市场、商业街区、商务楼宇等，符合条件的，应当成立党支部。

正式党员不足3人的单位，应当按照地域相邻、行业相近、规模适当、便于管理的原则，成立联合党支部。联合党支部覆盖单位一般不超过5个。

为期6个月以上的工程、工作项目等，符合条件的，应当成立党支部。

流动党员较多，工作地或者居住地相对固定集中，应当由流出地党组织商流入地党组织，依托园区、商会、行业协会、驻外地办事机构等成立流动党员党支部。

5. 党支部的成立，一般由基层单位提出申请，所在乡镇（街道）或者单位基层党委召开会议研究决定并批复，批复时间一般不超过1个月。

基层党委审批同意后，基层单位召开党员大会选举产生党支部委员会或者不设委员会的党支部书记、副书记。批复和选举结果由基层党委报上级党委组织部门备案。

根据工作需要，上级党委可以直接作出在基层单位成立党支部的决定。

6. 对因党员人数或者所在单位、区域等发生变化，不再符合设立条件的党支部，上级党组织应当及时予以调整或者撤销。

党支部的调整和撤销，一般由党支部报所在乡镇（街道）或者单位基层党委批准，也可以由所在乡镇（街道）或者单位基层党委直接作出决定，并报上级党委组织部门备案。

7. 为执行某项任务临时组建的机构，党员组织关系不转接的，经上级党组织批准，可以成立临时党支部。

临时党支部主要组织党员开展政治学习，教育、管理、监督党员，对入党积极分子进行教育培养等，一般不发展党员、处分处置党员，不收缴党费，不选举党代表大会代表和进行换届。

临时党支部书记、副书记和委员由批准其成立的党组织指定。

临时组建的机构撤销后，临时党支部自然撤销。

8. 党支部的基本任务是：

（1）宣传和贯彻落实党的理论和路线方针政策，宣传和执行党中央、上级党组织及本党支部的决议。讨论决定或者参与决定本地区本部门本单位重要事项，充分发挥党员先锋模范作用，团结组织群众，努力完成本地区本部门本单位所担负的任务。

（2）组织党员认真学习马克思列宁主义、毛泽东思想、邓小平理论、"三个代表"重要思想、科学发展观、习近平新时代中国特色社会主义思想，推进"两学一做"学习教育常态化制度化,学习党的路线方针政策和决议,学习党的基本知识,学习科学、文化、法律和业务知识。做好思想政治工作和意识形态工作。

（3）对党员进行教育、管理、监督和服务,突出政治教育,提高党员素质,坚定理想信念,增强党性,严格党的组织生活,开展批评和自我批评,维护和执行党的纪律,监督党员切实履行义务,保障党员的权利不受侵犯。加强和改进流动党员管理。关怀帮扶生活困难党员和老党员。做好党费收缴、使用和管理工作。依规稳妥处置不合格党员。

（4）密切联系群众,向群众宣传党的政策,经常了解群众对党员、党的工作的批评和意见,了解群众诉求,维护群众的正当权利和利益,做好群众的思想政治工作,凝聚广大群众的智慧和力量。领导本地区本部门本单位工会、共青团、妇女组织等群团组织,支持它们依照各自章程独立负责地开展工作。

（5）对要求入党的积极分子进行教育和培养,做好经常性发展党员工作,把政治标准放在首位,严格程序、严肃纪律,发展政治品质纯洁的党员。发现、培养和推荐党员、群众中间的优秀人才。

（6）监督党员干部和其他任何工作人员严格遵守国家法律法规,严格遵守国家的财政经济法规和人事制度,不得侵占国家、集体和群众的利益。

（7）实事求是对党的建设、党的工作提出意见建议,及时向上级党组织报告重要情况。教育党员、群众自觉抵制不良倾向,坚决同各种违纪违法行为作斗争。

（8）按照规定,向党员、群众通报党的工作情况,公开党内有关事务。

9. 党支部党员大会是党支部的议事决策机构,由全体党员参加,一般每季度召开1次。

党支部党员大会的职权是:听取和审查党支部委员会的工作报告;按照规定开展党支部选举工作,推荐出席上级党代表大会的代表候选人,选举出席上级党代表大会的代表;讨论和表决接收预备党员和预备党员转正、延长预备期或者取消预备党员资格;讨论决定对党员的表彰表扬、组织处置和纪律处分;决定其他重要事项。

村、社区重要事项以及与群众利益密切相关的事项,必须经过党支部党员大会讨论。

党支部党员大会议题提交表决前,应当经过充分讨论。表决必须有半数以上有表决权的党员到会方可进行,赞成人数超过应到会有表决权的党员的半数为通过。

10. 党支部委员会是党支部日常工作的领导机构。

党支部委员会会议一般每月召开1次,根据需要可以随时召开,对党支部重要工作进行讨论、作出决定等。党支部委员会会议须有半数以上委员到会方可进行。重要事项提交党员大会决定前,一般应当经党支部委员会会议讨论。

11. 党员人数较多或者党员工作地、居住地比较分散的党支部,按照便于组织开展活动原则，应当划分若干党小组，并设立党小组组长。党小组组长由党支部指定，也可以由所在党小组党员推荐产生。

党小组主要落实党支部工作要求，完成党支部安排的任务。

党小组会一般每月召开 1 次，组织党员参加政治学习、谈心谈话、开展批评和自我批评等。

12. 党支部党员大会、党支部委员会会议由党支部书记召集并主持。书记不能参加会议的，可以委托副书记或者委员召集并主持。党小组会由党小组组长召集并主持。

13. 党支部应当组织党员按期参加党员大会、党小组会和上党课，定期召开党支部委员会会议。

"三会一课"应当突出政治学习和教育，突出党性锻炼，以"两学一做"为主要内容，结合党员思想和工作实际，确定主题和具体方式，做到形式多样、氛围庄重。

党课应当针对党员思想和工作实际，回应普遍关心的问题，注重身边人讲身边事，增强吸引力感染力。党员领导干部应当定期为基层党员讲党课，党委（党组）书记每年至少讲 1 次党课。

党支部每月相对固定 1 天开展主题党日活动，组织党员集中学习、过组织生活、进行民主议事和志愿服务等。主题党日活动开展前，党支部应当认真研究确定主题和内容；开展后，应当抓好议定事项的组织落实。

对经党组织同意可以不转接组织关系的党员，所在单位党组织可以将其纳入一个党支部或者党小组，参加组织生活。

14. 党支部每年至少召开 1 次组织生活会，一般安排在第四季度，也可以根据工作需要随时召开。组织生活会一般以党支部党员大会、党支部委员会会议或者党小组会形式召开。

组织生活会应当确定主题，会前认真学习，谈心谈话，听取意见；会上查摆问题，开展批评和自我批评，明确整改方向；会后制定整改措施，逐一整改落实。

15. 党支部一般每年开展 1 次民主评议党员，组织党员对照合格党员标准、对照入党誓词，联系个人实际进行党性分析。

党支部召开党员大会，按照个人自评、党员互评、民主测评的程序，组织党员进行评议。党员人数较多的党支部，个人自评和党员互评可以在党小组范围内进行。党支部委员会会议或者党员大会根据评议情况和党员日常表现情况，提出评定意见。

民主评议党员可以结合组织生活会一并进行。

16. 党支部应当经常开展谈心谈话。党支部委员之间、党支部委员和党员之间、党员和党员之间，每年谈心谈话一般不少于 1 次。谈心谈话应当坦诚相见、交流思想、交换意见、帮助提高。

党支部应当注重分析党员思想状况和心理状态。对家庭发生重大变故和出现重大困难、身心健康存在突出问题等情况的党员，党支部书记应当帮助做好心理疏导；对受到处分处置以及有不良反映的党员，党支部书记应当有针对性地做好思想政治工作。

17. 有正式党员 7 人以上的党支部，应当设立党支部委员会。党支部委员会由 3 至 5 人组成，一般不超过 7 人。

党支部委员会设书记和组织委员、宣传委员、纪检委员等，必要时可以设 1 名副书记。

正式党员不足 7 人的党支部，设 1 名书记，必要时可以设 1 名副书记。

18. 村、社区党支部委员会每届任期 5 年，其他基层单位党支部委员会一般每届任期 3 年。

二、党内监督

党内监督以马克思列宁主义、毛泽东思想、邓小平理论、"三个代表"重要思想、科学发展观为指导，深入贯彻习近平总书记重要讲话精神，围绕统筹推进"五位一体"总体布局和协调推进"四个全面"战略布局，尊崇党章，依规治党，坚持党内监督和人民群众监督相结合，增强党在长期执政条件下自我净化、自我完善、自我革新、自我提高能力，确保党始终成为中国特色社会主义事业的坚强领导核心。

党内监督的任务是确保党章党规党纪在全党有效执行，维护党的团结统一，重点解决党的领导弱化、党的建设缺失、全面从严治党不力，党的观念淡漠、组织涣散、纪律松弛，管党治党宽松软问题，保证党的组织充分履行职能、发挥核心作用，保证全体党员发挥先锋模范作用，保证党的领导干部忠诚干净担当。

（一）党内监督的主要内容

1. 遵守党章党规，坚定理想信念，践行党的宗旨，模范遵守宪法法律情况。

2. 维护党中央集中统一领导，牢固树立政治意识、大局意识、核心意识、看齐意识，贯彻落实党的理论和路线方针政策，确保全党令行禁止情况。

3. 坚持民主集中制，严肃党内政治生活，贯彻党员个人服从党的组织，少数服从多数，下级组织服从上级组织，全党各个组织和全体党员服从党的全国代表大会和中央委员会原则情况。

4. 落实全面从严治党主体责任，严明党的纪律特别是政治纪律和政治规矩，推进党风廉政建设和反腐败工作情况。

5. 落实中央八项规定精神，加强作风建设，密切联系群众，巩固党的执政基础情况。

6. 坚持党的干部标准，树立正确选人用人导向，执行干部选拔任用工作规定情况。

7. 廉洁自律、秉公用权情况。

8. 完成党中央和上级党组织部署的任务情况。

（二）党内监督的主要方式

党内监督的重点对象是党的领导机关和领导干部特别是主要领导干部。建立健全党中央统一领导，党委（党组）全面监督，纪律检查机关专责监督，党的工作部门职能监督，党的基层组织日常监督，党员民主监督的党内监督体系。

1. 党的中央组织的监督

党的中央委员会、中央政治局、中央政治局常务委员会全面领导党内监督工作。中央委员会全体会议每年听取中央政治局工作报告，监督中央政治局工作，部署加强党内监督的重大任务。

2. 党委（党组）的监督

党委（党组）在党内监督中负主体责任，书记是第一责任人，党委常委会委员（党组成员）和党委委员在职责范围内履行监督职责。党委（党组）履行以下监督职责：

（1）领导本地区本部门本单位党内监督工作，组织实施各项监督制度，抓好督促检查；

（2）加强对同级纪委和所辖范围内纪律检查工作的领导，检查其监督执纪问责工作情况；

（3）对党委常委会委员（党组成员）、党委委员，同级纪委、党的工作部门和直接领导的党组织领导班子及其成员进行监督；

（4）对上级党委、纪委工作提出意见和建议，开展监督。

党内监督必须加强对党组织主要负责人和关键岗位领导干部的监督，重点监督其政治立场、加强党的建设、从严治党，执行党的决议，公道正派选人用人，责任担当、廉洁自律，落实意识形态工作责任制情况。党组织主要负责人个人有关事项应当在党内一定范围公开，主动接受监督。

党委（党组）应当加强对领导干部的日常管理监督，掌握其思想、工作、作风、生活状况。党的领导干部应当经常开展批评和自我批评，敢于正视、深刻剖析、主动改正自己的缺点错误；对同志的缺点错误应当敢于指出，帮助改进。

巡视是党内监督的重要方式。中央和省、自治区、直辖市党委一届任期内，对所管理的地方、部门、企事业单位党组织全面巡视。巡视党的组织和党的领导干部尊崇党章、党的领导、党的建设和党的路线方针政策落实情况，履行全面从严治党主体责任、执行党的纪律、落实中央八项规定精神、党风廉政建设和反腐败工作以及选人用人情况。发现问题、形成震慑，推动改革、促进发展，发挥从严治党利剑作用。

严格党的组织生活制度，民主生活会应当经常化，遇到重要或者普遍性问题应当及时召开。民主生活会重在解决突出问题，领导干部应当在会上把群众反映、巡视反馈、组织约谈函询的问题说清楚、谈透彻，开展批评和自我批评，提出整改措施，接受组织监督。

坚持党内谈话制度，认真开展提醒谈话、诫勉谈话。发现领导干部有思想、作风、纪律等方面苗头性、倾向性问题的，有关党组织负责人应当及时对其提醒谈话；发现轻微违纪问题的，上级党组织负责人应当对其诫勉谈话，并由本人做出说明或者检讨，经所在党组织主要负责人签字后报上级纪委和组织部门。

严格执行干部考察考核制度，全面考察德、能、勤、绩、廉表现，既重政绩又重政德，重点考察贯彻执行党中央和上级党组织决策部署的表现，履行管党治党责任，在重大原则问题上的立场，对待人民群众的态度，完成急难险重任务的情况。

党的领导干部应当每年在党委常委会（或党组）扩大会议上述责述廉，接受评议。述责述廉重点是执行政治纪律和政治规矩、履行管党治党责任、推进党风廉政建设和反腐败工作以及执行廉洁纪律情况。述责述廉报告应当载入廉洁档案，并在一定范围内公开。

坚持和完善领导干部个人有关事项报告制度，领导干部应当按规定如实报告个人有关事项，及时报告个人及家庭重大情况，事先请示报告离开岗位或者工作所在地等。

建立健全党的领导干部插手干预重大事项记录制度，发现利用职务便利违规干预干部选拔任用、工程建设、执纪执法、司法活动等问题，应当及时向上级党组织报告。

3. 党的纪律检查委员会的监督

党的各级纪律检查委员会是党内监督的专责机关，履行监督执纪问责职责，加强对所辖范围内党组织和领导干部遵守党章党规党纪、贯彻执行党的路线方针政策情况的监督检查，承担下列具体任务：

（1）加强对同级党委特别是常委会委员、党的工作部门和直接领导的党组织、党的领导干部履行职责、行使权力情况的监督；

（2）落实纪律检查工作双重领导体制，执纪审查工作以上级纪委领导为主，线索处置和执纪审查情况在向同级党委报告的同时向上级纪委报告，各级纪委书记、副书记的提名和考察以上级纪委会同组织部门为主；

（3）强化上级纪委对下级纪委的领导，纪委发现同级党委主要领导干部的问题，可以直接向上级纪委报告；下级纪委至少每半年向上级纪委报告1次工作，每年向上级纪委进行述职。

4. 党的基层组织的监督

党的基层组织应当发挥战斗堡垒作用，履行下列监督职责：

（1）严格党的组织生活，开展批评和自我批评，监督党员切实履行义务，保障党员权利不受侵犯；

（2）了解党员、群众对党的工作和党的领导干部的批评和意见，定期向上级党组织反映情况，提出意见和建议；

（3）维护和执行党的纪律，发现党员、干部违反纪律问题及时教育或者处理，问题严重的应当向上级党组织报告。

5. 党员的监督义务

党员应当本着对党和人民事业高度负责的态度，积极行使党员权利，履行下列监督义务：

（1）加强对党的领导干部的民主监督，及时向党组织反映群众意见和诉求；

（2）在党的会议上有根据地批评党的任何组织和任何党员，揭露和纠正工作中存在的缺点和问题；

（3）参加党组织开展的评议领导干部活动，勇于触及矛盾问题、指出缺点错误，对错误言行敢于较真、敢于斗争；

（4）向党负责地揭发、检举党的任何组织和任何党员违纪违法的事实，坚决反对一切派别活动和小集团活动，同腐败现象作坚决斗争。

6. 党内监督和外部监督相结合

各级党委应当支持和保证同级人大、政府、监察机关、司法机关等对国家机关及公职人员依法进行监督，人民政协依章程进行民主监督，审计机关依法进行审计监督。

在纪律审查中发现党的领导干部严重违纪涉嫌违法犯罪的，应当先做出党纪处分决定，再移送行政机关、司法机关处理。

中国共产党同各民主党派长期共存、互相监督、肝胆相照、荣辱与共。各级党组织应当支持民主党派履行监督职能，重视民主党派和无党派人士提出的意见、批评、建议，完善知情、沟通、反馈、落实等机制。

各级党组织和党的领导干部应当认真对待、自觉接受社会监督，利用互联网技术和信息化手段，推动党务公开、拓宽监督渠道，虚心接受群众批评。新闻媒体应当坚持党性和人民性相统一，坚持正确导向，加强舆论监督，对典型案例进行剖析，发挥警示作用。

第三节　群团工作

一、工会工作

税务机关工会必须坚持党的领导，在同级机关党组织领导下，依照法律和《中国工会章程》独立自主地开展工作，依法行使权利和履行义务。

税务机关工会必须以马克思列宁主义、毛泽东思想、邓小平理论、"三个代表"重要思想、科学发展观和习近平新时代中国特色社会主义思想为指导，坚持正确政治方向，在思想上、政治上、行动上同党中央保持一致，坚定不移走中国特色社会主义工会发展道路，认真履行工会各项社会职能，团结动员机关职工为完成机关各项任务做贡献，在全面建成小康社会、实现中华民族伟大复兴的中国梦的历史进程中充分发挥作用。

税务机关工会要坚持以改革创新精神加强自身建设，坚持群众化、民主化、制度化，改进工作作风，保持同职工的密切联系，依靠职工开展工作，把工会组织建设成为职工群众信赖的"职工之家"，把工会干部锤炼成听党话、跟党走、职工群众信赖的"娘家人"。

税务机关应当依法建立工会组织。

税务机关会员人数较多的工会组织，可以根据需要设立相应的专门工作委员会，承担工会委员会的有关工作。

税务机关工会组织按照民主集中制原则建立。

税务机关工会接受同级税务机关党组织和上级工会双重领导，以同级税务机关党组织领导为主。

税务机关工会委员会每届任期3—5年，具体任期由委员大会或者委员代表大会决定。

税务机关工会委员会具备条件的，应当依法申请取得工会法人资格，工会主席或者主持工作的副主席为法定代表人。

税务机关工会的职责是：

（1）加强对干部职工进行中国特色社会主义理论体系教育，深入开展党的基本理论、基本路线、基本纲领、基本经验、基本要求教育，培育和践行社会主义核心价值观，不断提高机关职工政治理论、思想道德、科学文化和业务素质水平；

（2）动员组织干部职工围绕机关中心工作，开展创先争优活动，做好先进工作者的评选、表彰、培养、管理和服务工作；

（3）加强和改进干部职工思想政治工作，注重人文关怀和心理疏导，开展群众性精神文明创建、文化体育活动，丰富职工精神文化生活，推动机关文化建设；

（4）配合党政机关贯彻落实《公务员法》等法律法规，维护机关干部职工合法权益，协助党政机关解决涉及职工切身利益的问题；

（5）加强调查研究，反映机关职工意见和建议，参与机关内部事务民主管理、民主监督，促进机关内部事务公开，保障职工的知情权、参与权、表达权、监督权，推进机关廉政建设；

（6）加强工会组织建设，健全工会民主制度，做好会员的发展、接收、教育和会籍管理工作，加强对专（兼）职工会干部和工会积极分子的培养，深入开展建设职工之家活动；

（7）依法收好、管好、用好工会经费，管理好工会资产。

税务机关工会每年至少召开 1 次会员大会或者会员代表大会。

机关工会委员会主持会员大会或者会员代表大会的日常工作，向会员大会或者会员代表大会负责并报告工作，接受会员监督。

机关工会委员会的主要任务是负责贯彻党组织和上级工会工作部署、会员大会或者会员代表大会决议；向党组织和上级工会请示报告有关召开会员大会或者会员代表大会的重要事宜；研究制订工会工作计划和重大活动方案，提交工作报告；编制和执行工会经费预算，编报工会经费决算，审批重大支出项目；讨论和决定其他重要事项。

机关工会委员会向同级机关党组织请示汇报以下事项：贯彻上级党组织对工会工作重要指示和上级工会重要工作部署的意见；召开会员大会或者会员代表大会的方案、工会工作报告、工作安排、重要活动及主要领导成员的推荐人选；涉及职工切身利益的重大问题及思想工作和生活情况；推荐表彰先进等事项。

机关工会应当根据职工人数相应配备专（兼）职工会干部。

机关工会设专职主席的，一般按同级机关党组织副职领导干部配备；设专职副主席的，一般按相应职级的干部配备。

工会会员按规定标准按月缴纳会费。

工会经费主要用于为职工服务和工会活动。

税务机关工会应当根据经费独立原则建立预算、决算和经费审查制度，坚持量入为出、厉行节约、收支平衡的原则。

工会主席任期届满或者任期内离任的，应当按照规定进行经济责任审计。

各级税务机关单位应当依法为工会办公和开展活动提供必要的设施和活动场所等物质条件。

会员大会或者会员代表大会在选举机关工会委员会的同时，选举产生经费审查委员会，会员人数较少的，可以选举经费审查委员一人。

机关工会经费审查委员会的任期与机关工会委员会相同，向同级会员大会或者会员代表大会负责并报告工作；在会员大会或者会员代表大会闭会期间，向同级工会委员会负责并报告工作。

机关工会有女会员 10 人以上的建立女职工委员会，不足 10 人的设女职工委员。

二、青年工作

中国共产主义青年团是中国共产党领导的先进青年的群团组织，是广大青年在实践中学习中国特色社会主义和共产主义的学校，是中国共产党的助手和后备军。税务机关基层青年组织包括基层团委、团总支部和团支部。

（一）税务机关团组织的设立

税务机关各部门、单位凡有 28 周岁以下共青团员（包括 28 岁以下保留团籍党员）

3人以上的，应当设立团的基层组织（支部委员会、总支部委员会、基层委员会）。

机关各部门、单位凡40周岁以下青年人数在3人以上，且不具备成立团的基层组织条件的，可以成立青年工作委员会。

基层团组织的设置一般应经过以下五个环节：

1. 需建团单位党组织向上一级团委提出报告；
2. 上级团委考察审批；
3. 新建团单位召开团员大会或团员代表大会；
4. 新产生的委员会将选举结果报上级团委和同级党组织批准；
5. 上级团委审批。

（二）税务机关基层青年组织的工作职责

1. 组织团员和青年学习马克思列宁主义、毛泽东思想、邓小平理论、"三个代表"重要思想、科学发展观、习近平新时代中国特色社会主义思想，学习党的路线、方针和政策，学习团章和团的基本知识，学习科学、文化、法律和业务知识。

2. 宣传、执行党和团组织的指示和决议，参与民主管理和民主监督，充分发挥团员的模范作用，积极创先争优，团结带领青年积极投身改革开放和现代化建设，为社会主义经济建设、政治建设、文化建设、社会建设、生态文明建设做贡献。

3. 教育团员和青年学习革命前辈，继承党的优良传统，发扬社会主义道德风尚，弘扬网上主旋律，树立与改革开放和社会发展相适应的新观念，自觉抵制不良倾向，坚决同各种违纪违法行为作斗争。

4. 了解和反映团员与青年的思想、要求，维护他们的权益，关心他们的学习、工作、生活和休息，开展文化、娱乐、体育活动。

5. 对要求入团的青年进行培养教育，做好经常性发展团员工作，收缴团费，办理超龄团员的离团手续。

6. 对团员进行教育、管理和服务，健全团的组织生活，落实"三会两制一课"制度，开展批评和自我批评，监督团员切实履行义务，保障团员的权利不受侵犯，表彰先进，执行团的纪律。

7. 对团员进行党的基本知识教育，推荐优秀团员作党的发展对象；发现和培养青年中的优秀人才，推荐他们进入更重要的生产和工作岗位。

8. 完成本单位党组织和地方团委交办的其他工作。

三、妇女工作

党的十八大以来，以习近平同志为核心的党中央高度重视妇女事业，习近平总书记在不同场合多次强调发展妇女事业的重要意义，为妇女工作的开展指明了方向。

妇女委员会、妇女工作委员会是妇女联合会在机关和事业单位的基层组织,是党和政府联系妇女群众的桥梁和纽带。

坚持党的领导,紧紧围绕党和国家工作大局谋划和开展工作,这是妇联组织发挥作用的根本遵循,是妇联工作不断前进的重要保障。

(一)妇女委员会的设置

妇女委员会委员由妇女大会或妇女代表大会民主选举产生。

县级以上党的直属机关工作委员会建立妇女工作委员会,指导所属部门和系统的妇女委员会、妇女工作委员会工作。

税务机关应建立妇女委员会或妇女工作委员会。

(二)妇女委员会、妇女工作委员会的主要职责

1. 贯彻执行上级妇联组织及本单位妇女大会或妇女代表大会决议,完成妇女联合会部署的工作,推动本单位业务工作的开展。

2. 增进妇女委员会、妇女工作委员会之间及与其他妇女组织之间的交流与合作,密切同工会、共青团等群团组织的联系,共同做好本单位的群众工作。

3. 加强妇女委员会、妇女工作委员会自身建设,建立和完善学习培训、工作会议、人才培养和推荐、评比表彰等工作制度。

(三)妇女委员会、妇女工作委员会的主要任务

1. 宣传和贯彻党的路线、方针、政策。教育、引导妇女发扬自尊、自信、自立、自强精神,提高思想道德素质、科学文化素质和健康素质,成为有理想、有道德、有文化、有纪律的时代新女性。

2. 开展"巾帼建功""五好文明家庭创建"和"女性素质工程"活动,组织培训、交流和研讨等活动,提高妇女的理论素养、知识水平和工作技能,弘扬社会公德、职业道德和家庭美德。

3. 推动并参与有关妇女发展政策的制定和落实,向有关部门反映妇女的意见、建议和要求,代表妇女发挥民主参与、民主管理、民主监督作用。

4. 宣传、表彰妇女先进典型,定期向有关部门和上级妇女联合会推荐妇女人才,推动妇女人才成长。

5. 维护女职工合法权益,协助所在单位以及有关部门查处侵害妇女儿童权益的行为。

★ 习题精练及答案解析

一、单项选择题

1. 党的二十大报告指出，全面建设社会主义现代化国家的首要任务是（　　）。
   A. 改革开放　　　B. 科教兴国　　　C. 科学发展　　　D. 高质量发展
   【参考答案】D
   【解析】党的二十大报告指出，高质量发展是全面建设社会主义现代化国家的首要任务。

2. 抗日战争时期，毛泽东同志在《〈共产党人〉发刊词》中首次指出中国共产党在中国革命中战胜敌人的三大法宝是（　　）。
   A. 实事求是，理论联系实际，批评与自我批评
   B. 统一战线，武装斗争，党的建设
   C. 群众路线，调查研究，团结一致
   D. 党的领导，土地革命，武装斗争
   【参考答案】B
   【解析】抗日战争时期，毛泽东同志在《〈共产党人〉发刊词》中首次指出中国共产党在中国革命中战胜敌人的三大法宝是统一战线，武装斗争，党的建设。

3. 党的（　　）实际上确立了毛泽东同志在党内的领导地位。
   A. 八七会议　　　B. 遵义会议　　　C. 瓦窑堡会议　　　D. 洛川会议
   【参考答案】B
   【解析】遵义会议实际上确立了毛泽东同志在党内的领导地位。

4. 中国共产党第一个党章是在中共（　　）上通过的。
   A. 一大　　　B. 二大　　　C. 三大　　　D. 四大
   【参考答案】B
   【解析】中国共产党第一个党章是在中共二大上通过的。

5. 对下属单位实行集中统一领导的国家工作部门可以建立（　　）。
   A. 党支部　　　B. 党组　　　C. 党委　　　D. 党总支
   【参考答案】C
   【解析】《中国共产党章程》第五十条规定，在对下属单位实行集中统一领导的国家工作部门中可以建立党委，党委的产生办法、职权和工作任务，由中央另行规定。故本题答案选C。

6. 中国民主革命的基本内容是（　　）。
   A. 土地革命　　　B. 武装斗争　　　C. 党的建设　　　D. 统一战线

【参考答案】A

【解析】中国民主革命的基本内容是土地革命。

7. 支部党员大会一般情况下（　　）召开一次，支部委员会一般（　　）召开一次。

   A. 每季度，每月　　　　　　　　B. 每季度，每季度
   C. 每月，每月　　　　　　　　　D. 每月，每季度

【参考答案】A

【解析】支部党员大会一般情况下每季度召开一次，支部委员会一般每月召开一次。故本题答案选A。

8. 中国新民主主义革命总路线的核心是（　　）。

   A. 反对帝国主义　　　　　　　　B. 人民大众的参加
   C. 无产阶级领导　　　　　　　　D. 反对封建主义

【参考答案】C

【解析】中国新民主主义革命总路线的核心是无产阶级领导。

9. 我国社会主义（　　）是进一步解放生产力，发展生产力，逐步实现社会主义现代化，并且为此而改革生产关系和上层建筑中不适应生产力发展的方面和环节。

   A. 建设的根本任务　　　　　　　B. 建设的基本任务
   C. 改革的根本任务　　　　　　　D. 改革的基本任务

【参考答案】A

【解析】《中国共产党章程》总纲指出，我国社会主义建设的根本任务是进一步解放生产力，发展生产力，逐步实现社会主义现代化，并且为此而改革生产关系和上层建筑中不适应生产力发展的方面和环节。故本题答案选A。

10. 习近平总书记在庆祝中国共产党成立100周年大会上指出，一百年前，中国共产党的先驱们创建了中国共产党，形成了坚持真理、（　　）、践行初心、担当使命、不怕牺牲、英勇斗争，对党忠诚、不负人民的伟大建党精神，这是中国共产党的精神之源。

    A. 坚定信念　　B. 坚守理想　　C. 坚守初心　　D. 坚韧不拔

【参考答案】B

【解析】习近平总书记在庆祝中国共产党成立100周年大会上指出，一百年前，中国共产党的先驱们创建了中国共产党，形成了坚持真理、坚守理想、践行初心、担当使命、不怕牺牲、英勇斗争，对党忠诚、不负人民的伟大建党精神，这是中国共产党的精神之源。

11. 党员的党龄，从（　　）之日算起。

    A. 支部大会讨论通过他为预备党员

    B. 上级审批他转为正式党员

C. 预备期满，支部大会通过他转为正式党员

D. 确定为入党发展对象

【参考答案】C

【解析】党龄，是指从预备党员转为正式党员以后的年数，是从预备党员转为正式党员之日算起。

12. 对党员的申辩、辩护、申诉、作证等，进行压制，造成不良后果，情节严重的，给予的处分是（   ）。

    A. 警告   B. 严重警告   C. 开除党籍   D. 撤销党内职务

【参考答案】D

【解析】对党员或者公民的申辩、辩护、申诉、作证等，进行压制，造成不良后果的，给予警告或者严重警告处分；情节严重的，给予撤销党内职务处分。

13. 《中国共产党问责条例》规定，党的问责工作要落实管党治党政治责任，督促各级党组织、党的领导干部负责守责尽责，践行（   ）。

    A. 忠诚干净担当   B. 为民务实清廉

    C. 忠诚干净有为   D. 为民担当清廉

【参考答案】A

【解析】《中国共产党问责条例》第二条规定，党的问责工作要落实管党治党政治责任，督促各级党组织、党的领导干部负责守责尽责，践行忠诚干净担当。故本题答案选A。

14. 党的各级纪律检查委员会要受理党员的（   ）。

    A. 意见和建议   B. 倡议和批评   C. 控告和申诉   D. 检举和揭发

【参考答案】C

【解析】党的各级纪律检查委员会要受理党员的控告和申诉。

15. 发展党员，必须把（   ）放在首位，经过党的支部，坚持个别吸收的原则。

    A. 个人素质   B. 道德品质   C. 思想水平   D. 政治标准

【参考答案】D

【解析】发展党员，必须把政治标准放在首位，经过党的支部，坚持个别吸收的原则。

16. 受到留党察看处分的党员，恢复党员权利后（   ）内，不得在党内担任和向党外组织推荐担任与其原任职务相当或者高于其原任职务的职务。

    A. 1年   B. 2年   C. 3年   D. 半年

【参考答案】B

【解析】根据《中国共产党纪律处分条例》第十二条。

17. 党的各级委员会向（   ）负责并报告工作。

A. 上级代表大会　　　　　　　　B. 同级党的代表大会

C. 同级党委常委会　　　　　　　D. 上级党委常委会

【参考答案】B

【解析】《中国共产党章程》第十条规定，党的各级委员会向同级的代表大会负责并报告工作。故本题答案选 B。

18. 在新时代党的建设中发挥统领作用的是（　　）。

    A. 组织建设　　　B. 政治建设　　　C. 思想建设　　　D. 纪律建设

【参考答案】B

【解析】新时代党的建设中以党的政治建设为统领。

19. 党员留党察看最长不超过（　　）。

    A. 一年　　　B. 一年半　　　C. 两年　　　D. 三年

【参考答案】C

【解析】党员留党察看最长不超过两年。

20. 《关于新形势下党内政治生活的若干准则》规定，各级党组织必须高度重视思想政治建设，其中，开展党内政治生活的首要任务是（　　）。

    A. 发展民主集中制　　　　　　B. 坚定理想信念

    C. 落实"三会一课"　　　　　　D. 全心全意为人民服务

【参考答案】B

【解析】根据《关于新形势下党内政治生活的若干准则》，必须高度重视思想政治建设，把坚定理想信念作为开展党内政治生活的首要任务。

21. 《关于新形势下党内政治生活的若干准则》规定，全党必须牢固树立的"四个意识"是（　　）。

    A. 政治意识、大局意识、核心意识、看齐意识

    B. 政治意识、大局意识、服务意识、看齐意识

    C. 政治意识、责任意识、核心意识、看齐意识

    D. 政治意识、责任意识、服务意识、看齐意识

【参考答案】A

【解析】根据《关于新形势下党内政治生活的若干准则》，坚持党的领导，首先是坚持党中央的集中统一领导。一个国家、一个政党，领导核心至关重要。全党必须牢固树立政治意识、大局意识、核心意识、看齐意识，自觉在思想上政治上行动上同党中央保持高度一致。

22. 习近平总书记指出，中国共产党的先驱们创建了中国共产党，形成了（　　）的伟大建党精神。

    A. 坚持真理、坚守理想，不忘初心、牢记使命，不怕牺牲、敢于斗争，对党忠

诚、不负人民

  B. 坚持真理、坚守理想，不忘初心、牢记使命，不怕牺牲、英勇斗争，对党忠诚、不负人民

  C. 坚持真理、坚守理想，践行初心、担当使命，不怕牺牲、敢于斗争，对党忠诚、不负人民

  D. 坚持真理、坚守理想，践行初心、担当使命，不怕牺牲、英勇斗争，对党忠诚、不负人民

【参考答案】D

【解析】习近平总书记指出，中国共产党的先驱们创建了中国共产党，形成了坚持真理、坚守理想，践行初心、担当使命，不怕牺牲、英勇斗争，对党忠诚、不负人民的伟大建党精神。

23. 党的二十大报告指出，要弘扬以伟大建党精神为源头的中国共产党人精神谱系，用好红色资源，深入开展社会主义核心价值观宣传教育，深化爱国主义、集体主义、社会主义教育，着力培养（ ）的时代新人。

  A. 担当民族复兴大任   B. 干净忠诚担当

  C. 德才兼备、以德为先   D. 政治素养过硬

【参考答案】A

【解析】党的二十大报告指出，要弘扬以伟大建党精神为源头的中国共产党人精神谱系，用好红色资源，深入开展社会主义核心价值观宣传教育，深化爱国主义、集体主义、社会主义教育，着力培养担当民族复兴大任的时代新人。

24. 党员有权向党的上级组织直至中央提出（ ），并要求有关组织给以负责的答复。

  A. 请求、申诉和控告   B. 申辩、申诉和控告

  C. 请求、上诉和控告   D. 申诉、上诉和申辩

【参考答案】A

【解析】《中国共产党章程》第四条规定，党员有权向党的上级组织直至中央提出请求、申诉和控告，并要求有关组织给以负责的答复。故本题答案选A。

25. 中国共产党人追求的共产主义最高理想，只有在（ ）充分发展和高度发达的基础上才能实现。

  A. 社会主义社会   B. 社会主义社会的文明

  C. 社会主义社会的生产力   D. 社会主义初级阶段

【参考答案】A

【解析】中国共产党人追求的共产主义最高理想，只有在社会主义社会充分发展和高度发达的基础上才能实现。

26. 党的"三会一课"制度的"三会"是指定期召开党员大会、支部委员会和（   ）。

   A. 党小组会　　　　　　　　　B. 党员代表大会
   C. 组织生活会　　　　　　　　D. 民主生活会

【参考答案】A

【解析】根据《关于新形势下党内政治生活的若干准则》，严格党的组织生活制度，坚持"三会一课"制度。党员必须参加党员大会、党小组会和上党课，党支部要定期召开支部委员会会议。

27. 党员自觉遵守党的纪律，首先是（   ），模范遵守国家的法律法规，严格保守党和国家的秘密，执行党的决定，服从组织分配，积极完成党的任务。

   A. 党的廉政纪律　　　　　　　B. 党的政治纪律和政治规矩
   C. 党的组织纪律　　　　　　　D. 党的群众纪律

【参考答案】B

【解析】《中国共产党章程》第三条规定，自觉遵守党的纪律，首先是党的政治纪律和政治规矩，模范遵守国家的法律法规，严格保守党和国家的秘密，执行党的决定，服从组织分配，积极完成党的任务。

28. 加强和改进党的作风建设的核心是（   ）。

   A. 建立健全保障作风的制度　　　B. 保持党同人民群众的血肉联系
   C. 加强对权力的约束监督　　　　D. 保持共产党人的理想信念

【参考答案】B

【解析】《中共中央关于加强和改进党的作风建设的决定》指出，加强和改进党的作风建设核心问题是保持党同人民群众的血肉联系。

29. 预备党员的预备期，从支部大会通过他为预备党员之日算起。党员的党龄，从（   ）算起。

   A. 预备期转为正式党员之日算起　　B. 成为入党积极分子之日算起
   C. 成为预备党员之日算起　　　　　D. 成为党员发展对象之日算起

【参考答案】A

【解析】预备党员的预备期，从支部大会通过他为预备党员之日算起。党员的党龄，从预备期转为正式党员之日算起。

30. 预备党员预备期满后，党组织经过考察，认为其不履行党员义务，不具备党员条件，正确的做法是（   ）。

   A. 留党察看　　　　　　　　　B. 延长预备期
   C. 取消预备党员资格　　　　　D. 给予警告

【参考答案】C

【解析】《中国共产党章程》第七条规定，预备党员预备期满，党的支部应当及时讨论他是否转为正式党员。不履行党员义务、不具备党员条件的，应当取消预备党员资格。

31. 党的基层委员会、总支部委员会、支部委员会每届任期为（　　）。

　　A. 一年至两年　　B. 两年至三年　　C. 三年至五年　　D. 两年至四年

【参考答案】C

【解析】党的基层委员会、总支部委员会、支部委员会每届任期为三年至五年。

32. 党内监督体系包括党委（党组）全面监督，纪律检查机关（　　）监督，党的工作部门职能监督，党的基层组织日常监督以及党员民主监督。

　　A. 专责　　　　B. 专门　　　　C. 组织　　　　D. 专职

【参考答案】A

【解析】《中国共产党党内监督条例》指出，党内监督的重点对象是党的领导机关和领导干部，特别是主要领导干部。要建立健全党中央统一领导，党委（党组）全面监督，纪律检查机关专责监督，党的工作部门职能监督，党的基层组织日常监督，党员民主监督的党内监督体系。故本题答案选A。

33. 党支部（　　）至少召开1次组织生活会，也可以根据工作需要随时召开。

　　A. 每月　　　　B. 每季　　　　C. 每年　　　　D. 每半年

【参考答案】C

【解析】《中国共产党党员教育管理工作条例》第十七条规定，党支部每年至少召开1次组织生活会，也可以根据工作需要随时召开。故本题答案为C。

34. 某市税务局党员干部王某酒后驾驶，与他人相撞造成对方重伤，被依法判处有期徒刑4年，现要对王某进行党内处分，以下处分中正确的是（　　）。

　　A. 留党察看　　　　　　　B. 撤销党内职务
　　C. 开除党籍　　　　　　　D. 严重警告

【参考答案】C

【解析】党员犯罪，有下列情形之一的，应当给予开除党籍处分：

（一）因故意犯罪被依法判处刑法规定的主刑（含宣告缓刑）的；

（二）被单处或者附加剥夺政治权利的；

（三）因过失犯罪，被依法判处3年以上（不含3年）有期徒刑的。

因过失犯罪被判处3年以下（含3年）有期徒刑或者被判处管制、拘役的，一般应当开除党籍。对于个别可以不开除党籍的，应当对照处分党员批准权限的规定，报请再上一级党组织批准。

35. 《中国共产党党员教育管理工作条例》规定，党员教育管理是党的建设（　　）工作。

A. 根本性经常性 B. 经常性根本性
C. 基础性根本性 D. 基础性经常性

【参考答案】D

【解析】《中国共产党党员教育管理工作条例》第一章第二条规定，党员教育管理是党的建设基础性经常性工作。

36. 党支部每年至少召开（　　）次组织生活会，也可以根据工作需要随时召开，一般以党员大会、党支部委员会会议或者党小组会形式进行。

A. 1　　　　B. 2　　　　C. 3　　　　D. 4

【参考答案】A

【解析】《中国共产党党员教育管理工作条例》第十七条规定，党支部每年至少召开1次组织生活会，也可以根据工作需要随时召开，一般以党员大会、党支部委员会会议或者党小组会形式进行。

37. 没有正当理由，连续（　　）不参加党的组织生活，或者不交纳党费，或者不做党所分配的工作，按照自行脱党予以除名。

A. 3个月　　B. 6个月　　C. 9个月　　D. 10个月

【参考答案】B

【解析】《中国共产党党员教育管理工作条例》第六章第三十一条规定，没有正当理由，连续6个月不参加党的组织生活，或者不交纳党费，或者不做党所分配的工作，按照自行脱党予以除名。

38. 本地区本单位发生重大违纪违法案件、严重"四风"问题，党委（党组）应当及时召开（　　），认真对照检查，深刻剖析反思，明确整改责任。

A. 专题民主生活会 B. 专题组织生活会
C. 专题党委（党组）会 D. 警示教育会议

【参考答案】A

【解析】《党委（党组）落实全面从严治党主体责任规定》规定，本地区本单位发生重大违纪违法案件、严重"四风"问题，党委（党组）应当及时召开专题民主生活会，认真对照检查，深刻剖析反思，明确整改责任。

39. 没有正当理由，连续6个月不参加党的组织生活，或者不交纳党费，或者不做党所分配的工作，按照自行脱党（　　）。

A. 开除党籍　B. 终止党籍　C. 停止党籍　D. 予以除名

【参考答案】D

【解析】《中国共产党党员教育管理工作条例》第三十一条第（六）项规定：没有正当理由，连续6个月不参加党的组织生活，或者不交纳党费，或者不做党所分配的工作，按照自行脱党予以除名。

40. 党员每年集中学习培训时间一般不少于（　　）学时。

　　A. 24　　　　　　B. 30　　　　　　C. 32　　　　　　D. 48

　　【参考答案】C

　　【解析】《中国共产党党员教育管理工作条例》第四章第二十条规定，党员每年集中学习培训时间一般不少于 32 学时。

41. 对与党组织失去联系（　　）以上、通过各种方式查找仍然没有取得联系的党员，予以停止党籍。

　　A. 3 个月　　　　B. 6 个月　　　　C. 1 年　　　　　D. 2 年

　　【参考答案】B

　　【解析】《中国共产党党员教育管理工作条例》第五章第二十四条规定，对与党组织失去联系 6 个月以上、通过各种方式查找仍然没有取得联系的党员，予以停止党籍。

42. 党支部应当每月开展（　　）次主题党日，贴近党员思想和工作实际，组织党员集中学习、过组织生活、进行民主议事和开展志愿服务等。

　　A. 1　　　　　　B. 2　　　　　　C. 3　　　　　　D. 4

　　【参考答案】A

　　【解析】《中国共产党党员教育管理工作条例》第四章第十六条规定，党支部应当每月开展 1 次主题党日，贴近党员思想和工作实际，组织党员集中学习、过组织生活、进行民主议事和开展志愿服务等。

43. 对党员不按照规定参加党的组织生活、不按时交纳党费、流动到外地工作生活不与党组织主动保持联系的，以及存在其他与党的要求不相符合的行为、情节较轻的，党组织应当采取适当方式及时进行（　　），帮助其改进提高。

　　A. 提醒谈话　　　B. 批评教育　　　C. 书面检查　　　D. 通报批评

　　【参考答案】B

　　【解析】根据《中国共产党党员教育管理工作条例》第六章第二十九条。

44. 党的纪律是多方面，但（　　）是最重要、最根本、最关键的纪律。

　　A. 政治纪律　　　B. 组织纪律　　　C. 人事纪律　　　D. 工作纪律

　　【参考答案】A

　　【解析】《中国共产党章程》第七章第四十条规定，党的纪律主要包括政治纪律、组织纪律、廉洁纪律、群众纪律、工作纪律、生活纪律。必须严明政治纪律。政治纪律是党的纪律中最重要、最根本、最关键的纪律，遵守党的政治纪律是遵守党的全部纪律的重要基础。

45. 新时代党的建设总要求是坚持和加强党的全面领导，坚持党要管党、全面从严治党，以加强党的长期执政能力建设、先进性和纯洁性建设为主线，以党的政治建设为统领，以（　　）为根基，以调动全党积极性、主动性、创造性为着力点。

A. 党的思想建设　　　　　　　　B. 党的先进性、纯洁性建设

C. 理想信念教育　　　　　　　　D. 坚定理想信念宗旨

【参考答案】D

【解析】 新时代党的建设总要求是坚持和加强党的全面领导，坚持党要管党、全面从严治党，以加强党的长期执政能力建设、先进性和纯洁性建设为主线，以党的政治建设为统领，以坚定理想信念宗旨为根基，以调动全党积极性、主动性、创造性为着力点。

46. 党员缺乏革命意志，不履行党员义务，不符合党员条件，党的支部应当对其进行教育，要求其限期改正；经教育仍无转变的，应当（　　）。

A. 将其开除　　　　　　　　　　B. 劝其退党

C. 认为其自行脱党　　　　　　　D. 进行处分

【参考答案】B

【解析】 党员缺乏革命意志，不履行党员义务，不符合党员条件，党的支部应当对其进行教育，要求其限期改正；经教育仍无转变的，应当劝其退党。

47. 党的最高理想和最终目标是（　　）。

A. 实现共产主义　　　　　　　　B. 实现社会主义

C. 实现中华民族伟大复兴　　　　D. 消灭私有制、解放全人类

【参考答案】A

【解析】 党的最高理想和最终目标是实现共产主义。

48. 根据党章，下列哪一项不是党支部直接面向党员的职能。（　　）

A. 教育　　　　B. 服务　　　　C. 管理　　　　D. 监督

【参考答案】B

【解析】 党章第三十四条规定，党支部是党的基础组织，担负直接教育党员、管理党员、监督党员和组织群众、宣传群众、凝聚群众、服务群众的职责。

二、多项选择题

1. 党的地方各级领导机关是（　　）。

A. 地方各级人民政府

B. 党的地方各级代表大会

C. 党的地方各级代表大会所产生的委员会

D. 地方各级人民代表大会

【参考答案】BC

【解析】《中国共产党章程》第十条指出，党的最高领导机关，是党的全国代表大会和它所产生的中央委员会。党的地方各级领导机关，是党的地方各级代表大会和它

们所产生的委员会。

2. 党的基层组织要监督党员干部和其任何工作人员严格遵守（　　），不得侵占国家、集体和群众的利益。

  A. 党的章程　　　　　　　　　B. 国家法律法规

  C. 国家的财政经济法规　　　　 D. 人事制度

【参考答案】BCD

【解析】党的基层组织要监督党员干部和其任何工作人员严格遵守国家法律法规、国家的财政经济法规、人事制度，不得侵占国家、集体和群众的利益。

3. 健全总揽全局、协调各方的党的领导制度体系，完善党中央重大决策部署落实机制，确保全党在（　　）上同党中央保持高度一致，确保党的团结统一。

  A. 政治立场　　B. 政治原则　　C. 政治方向　　D. 政治道路

【参考答案】ABCD

【解析】党的二十大报告指出，健全总揽全局、协调各方的党的领导制度体系，完善党中央重大决策部署落实机制，确保全党在政治立场、政治方向、政治原则、政治道路上同党中央保持高度一致，确保党的团结统一。

4. 《中国共产党章程》明确指出，要完善领导干部双重组织生活会制度。"双重组织生活会"是指（　　）。

  A. 党委的组织生活会　　　　　 B. 党组（党小组、支部）的民主生活会

  C. 纪委监察会　　　　　　　　 D. 工会运动会

【参考答案】AB

【解析】根据《中国共产党章程》第八条，每个党员，不论职务高低，都必须编入党的一个支部、小组或其他特定组织，参加党的组织生活，接受党内外群众监督。党员领导干部还必须参加党委、党组的民主生活会。

5. 完善党的自我革命制度规范体系。坚持制度治党、依规治党，健全（　　）的监督体系。

  A. 党统一领导　　B. 民主法治　　C. 全面覆盖　　D. 权威高效

【参考答案】ACD

【解析】党的二十大报告指出，完善党的自我革命制度规范体系。坚持制度治党、依规治党，健全党统一领导、全面覆盖、权威高效的监督体系。

6. 以下哪些属于党员应履行的义务？（　　）

  A. 学习党的路线、方针、政策和决议，学习党的基本知识

  B. 带头参加改革开放和社会主义现代化建设

  C. 密切联系群众，向群众宣传党的主张，遇事同群众商量

  D. 参加党的有关会议，阅读党的有关文件

【参考答案】ABC

【解析】参加党的有关会议，阅读党的有关文件属于党员享有的权利，不属于党员应履行的义务，其他各项均是。故本题答案选 ABC。

7. 我们确立党在新时代的强军目标，贯彻新时代党的强军思想，贯彻新时代军事战略方针，坚持党对人民军队的绝对领导，统筹加强各方向各领域军事斗争，大刀阔斧深化国防和军队改革，人民军队的四个一新分别是（　　）。

  A. 体制一新 B. 结构一新 C. 格局一新 D. 面貌一新

【参考答案】ABCD

【解析】党的二十大报告指出，我们确立党在新时代的强军目标，贯彻新时代党的强军思想，贯彻新时代军事战略方针，坚持党对人民军队的绝对领导，召开古田全军政治工作会议，以整风精神推进政治整训，牢固树立战斗力这个唯一的根本的标准，坚决把全军工作重心归正到备战打仗上来，统筹加强各方向各领域军事斗争，大抓实战化军事训练，大刀阔斧深化国防和军队改革，重构人民军队领导指挥体制、现代军事力量体系、军事政策制度，加快国防和军队现代化建设，裁减现役员额三十万胜利完成，人民军队体制一新、结构一新、格局一新、面貌一新，现代化水平和实战能力显著提升，中国特色强军之路越走越宽广。

8. 全党要坚持全心全意为人民服务的根本宗旨，（　　）尊重人民首创精神，坚持一切为了人民、一切依靠人民，从群众中来、到群众中去，始终保持同人民群众的血肉联系，始终接受人民批评和监督，始终同人民同呼吸、共命运、心连心，不断巩固全国各族人民大团结，加强海内外中华儿女大团结，形成同心共圆中国梦的强大合力。

  A. 树牢群众观点   B. 贯彻群众观点
  C. 树立群众路线   D. 贯彻群众路线

【参考答案】AD

【解析】全党要坚持全心全意为人民服务的根本宗旨，树牢群众观点，贯彻群众路线，尊重人民首创精神，坚持一切为了人民、一切依靠人民，从群众中来、到群众中去，始终保持同人民群众的血肉联系，始终接受人民批评和监督，始终同人民同呼吸、共命运、心连心，不断巩固全国各族人民大团结，加强海内外中华儿女大团结，形成同心共圆中国梦的强大合力。

9. 必须坚定不移走中国特色社会主义政治发展道路，坚持（　　）有机统一。

  A. 党的领导   B. 人民当家作主
  C. 全过程人民民主 D. 依法治国

【参考答案】ABD

【解析】必须坚定不移走中国特色社会主义政治发展道路，坚持党的领导、人民当家作主、依法治国有机统一。

10. 习近平总书记在党的二十大报告中指出:"加强党的政治建设,严明政治纪律和政治规矩,落实各级党委(党组)主体责任,提高各级党组织和党员干部(　　)。"这是对今后党的政治建设提出的明确要求。

　　A. 政治执行力　　B. 政治引领力　　C. 政治判断力　　D. 政治领悟力

【参考答案】ACD

【解析】习近平总书记在党的二十大报告中指出:"加强党的政治建设,严明政治纪律和政治规矩,落实各级党委(党组)主体责任,提高各级党组织和党员干部政治判断力、政治领悟力、政治执行力。"这是对今后党的政治建设提出的明确要求。各级党组织和党员干部必须不断提高政治判断力、政治领悟力、政治执行力,深刻领悟"两个确立"的决定性意义,切实增强"四个意识"、坚定"四个自信"、做到"两个维护",自觉在思想上政治上行动上同以习近平同志为核心的党中央保持高度一致。

11. 基层党组织必须定期组织进行"三会一课",其中"三会"是指(　　)。

　　A. 支部党员大会　　B. 支部委员会　　C. 民主生活会　　D. 党小组会

【参考答案】ABD

【解析】依据《中国共产党组织工作辞典》。

12. 党的二十大报告在总结党的十八大以来我们党取得的重大理论和实践创新成果基础上,提出了许多新理念、新思想、新战略、新举措。比如,提出了(　　)这一新时代新征程党的奋斗目标;提出了(　　)这一新时代党的作风建设的根本遵循;深刻阐明了党的理论创新"两个结合"、(　　),深刻体现了习近平新时代中国特色社会主义思想的世界观方法论和贯穿其中的立场观点方法;系统阐述了中国式现代化的中国特色、本质要求和必须牢牢把握的重大原则;突出强调了科教兴国、全面依法治国、国家安全并分别进行部署等。

　　A. "两个全面"　　B. "三个务必"　　C. "四个意识"　　D. "六个必须坚持"

【参考答案】ABD

【解析】党的二十大取得了一系列具有长期指导意义的重大理论和实践创新成果。党的二十大报告在总结党的十八大以来我们党取得的重大理论和实践创新成果基础上,提出了许多新理念、新思想、新战略、新举措。比如,提出了"两个全面"(全面建设社会主义现代化国家、全面推进中华民族伟大复兴)这一新时代新征程党的奋斗目标;提出了"三个务必"(务必不忘初心、牢记使命,务必谦虚谨慎、艰苦奋斗,务必敢于斗争、善于斗争)这一新时代党的作风建设的根本遵循;深刻阐明了党的理论创新"两个结合""六个必须坚持",深刻体现了习近平新时代中国特色社会主义思想的世界观方法论和贯穿其中的立场观点方法;系统阐述了中国式现代化的中国特色、本质要求和必须牢牢把握的重大原则;突出强调了科教兴国、全面依法治国、国家安全并分别进行部署等。这些对于新时代新征程党和国家事业发展都具有重大而长远的指导作用。

13. 党委的设立，审批部门一般为（　　）。

  A. 党的中央委员会   B. 本级党的地方委员会

  C. 上级党委   D. 本级党委组织部门

【参考答案】AB

【解析】根据《中国共产党党组工作条例（试行）》第十二条，党组的设立，一般应当由党的中央委员会或者本级党的地方委员会审批。党组不得审批设立党组。

14. 党的民主集中制的基本原则是（　　）。

  A. 全党各个组织和全体党员服从党的全国代表大会和中央委员会

  B. 向党的上级组织直至中央提出请求、申诉和控告，并要求有关组织给以负责的答复

  C. 党禁止任何形式的个人崇拜

  D. 党的最高领导机关是中央委员会

【参考答案】AC

【解析】党的民主集中制的基本原则是全党各个组织和全体党员服从党的全国代表大会和中央委员会，党禁止任何形式的个人崇拜。

15. 下列属于中国共产党党内监督主要内容的有（　　）。

  A. 遵守党的章程和其他党内法规

  B. 贯彻民主集中制的情况

  C. 保障党员权利的情况

  D. 落实中央八项规定精神情况

【参考答案】ABD

【解析】《中国共产党党内监督条例》第一章第五条规定了党内监督的主要内容。

16. 中国共产党在中国新民主主义革命中战胜敌人的三大法宝是（　　）。

  A. 统一战线 B. 工农割据 C. 武装斗争 D. 党的建设

【参考答案】ACD

【解析】中国共产党在领导人民革命的过程中，积累了丰富经验，锻造出了有效的克敌制胜的武器。毛泽东同志指出："统一战线，武装斗争，党的建设，是中国共产党在中国革命中战胜敌人的三个法宝，三个主要的法宝。"

17. 党的纪律是党的各级组织和全体党员必须遵守的行为准则，对违纪的党员纪律处分有（　　）。

  A. 降级 B. 降职 C. 严重警告 D. 留党察看

【参考答案】CD

【解析】按照《中国共产党纪律处分条例》规定，对违纪党员的纪律处分有5种：

警告、严重警告、撤销党内职务、留党察看、开除党籍。

18. 二十世纪，中国人民在前进道路上经历的三次历史性巨大变化是（   ）。

　　A. 辛亥革命，推翻统治中国几千年的君主专制制度

　　B. 五四运动，促进马克思主义在中国的传播及其与中国工人运动的结合

　　C. 中华人民共和国的成立和社会主义制度的建立

　　D. 改革开放，为实现社会主义现代化而奋斗

【参考答案】ACD

【解析】一个世纪以来，中国人民在前进道路上经历了三次历史性的巨大变化，产生了三位站在时代前列的伟大人物：孙中山、毛泽东、邓小平。第一次是辛亥革命，推翻统治中国几千年的君主专制制度。这是孙中山领导的。第二次是中华人民共和国的成立和社会主义制度的建立。这是中国共产党成立后，在以毛泽东为核心的第一代领导集体的领导下完成的。第三次是改革开放，为实现社会主义现代化而奋斗。这是在以邓小平为核心的第二代领导集体的领导下开始的新的革命。

19. 党员受留党察看处分期间，可以保留的权利有（   ）。

　　A. 知情权　　　　B. 选举权　　　　C. 被选举权　　　　D. 建议权

【参考答案】AD

【解析】《中国共产党章程》规定，党员受留党察看处分期间，没有表决权、选举权和被选举权。

20. 某税务机关加强思想政治建设，开展多项活动。下列选项属于税务机关思想政治建设工作范畴的有（   ）。

　　A. 开展"传承好家风家训"活动

　　B. 开展"岗位大练兵""业务大比武"活动

　　C. 成立"党员突击队"，设立"党员示范岗"

　　D. 开展"亮身份、做表率、树形象"活动

【参考答案】ACD

【解析】税务机关思想政治建设工作范畴较为广泛，本题符合规定的有ACD选项。

21. 1961年，中共中央正式决定实施"（   ）"的方针，国民经济转入调整时期。

　　A. 调整　　　　B. 巩固　　　　C. 充实　　　　D. 提高

【参考答案】

【解析】1961年，中共中央正式决定实施"调整、巩固、充实、提高"的八字方针，国民经济转入调整时期。

22. 监督是权力正确运行的根本保障，在党中央的统一领导下，健全党内监督体系包括（   ）。

　　A. 纪律检查机关专责监督　　　　B. 党的工作部门职能监督

C. 党员民主监督 D. 党支部全面监督

【参考答案】ABC

【解析】依据《中国共产党党内监督条例》，党内监督体系包括党的中央组织的监督，党委（组）的全面监督，党的纪律检查委员会的专责监督，巡视审计等工作部门的职能监督，党的基层组织的日常监督，党员的民主监督。

23. 新时代党的建设总要求对于要建设一个什么样的党作出了宏伟、科学、清晰的目标界定，具体包括（   ）。

    A. 朝气蓬勃 B. 人民衷心拥护
    C. 勇于自我革命 D. 经得起各种风浪考验

【参考答案】ABCD

【解析】新时代党的建设总要求对于要建设一个什么样的党作出了宏伟、科学、清晰的目标界定，具体包括朝气蓬勃、人民衷心拥护、勇于自我革命、经得起各种风浪考验。

24. 下列属于预备党员的权利有（   ）。

    A. 选举权 B. 监督权 C. 建议权 D. 表决权

【参考答案】BC

【解析】《中国共产党章程》规定，预备党员的权利，除没有表决权、选举权和被选举权以外，其他权利同正式党员一样。

25. 坚持党对人才工作的全面领导，深入实施新时代人才兴税战略，加快建设税务（   ），着力构建新时代税务人才队伍新体系。

    A. 人才高地 B. 培训基地 C. 学习阵地 D. 实践营地

【参考答案】ABCD

【解析】坚持党对人才工作的全面领导，深入实施新时代人才兴税战略，加快建设税务人才高地、培训基地、学习阵地、实践营地，着力构建新时代税务人才队伍新体系。

26. 对经过 1 年以上培养教育和考察、基本具备党员条件的入党积极分子，在听取（   ）的基础上，支部委员会讨论同意并报上级党委备案后，可列为发展对象。

    A. 党小组 B. 培养联系人
    C. 党员和群众意见 D. 党支部书记

【参考答案】ABC

【解析】《中国共产党发展党员工作细则》第十三条规定，对经过一年以上培养教育和考察、基本具备党员条件的入党积极分子，在听取党小组、培养联系人、党员和群众意见的基础上，支部委员会讨论同意并报上级党委备案后，可列为发展对象。

27. 《中国共产党章程》规定，党按照以下哪些原则选拔干部。（   ）

A. 德才兼备　　　　B. 任人唯贤　　　　C. 以德为先　　　　D. 又红又专

【参考答案】AC

【解析】《中国共产党章程》规定，党按照德才兼备、以德为先原则选拔干部。

28. 《中国共产党章程》规定，党的各级领导干部要加强道德修养，讲党性、重品行、作表率，做到（　　），反对形式主义、官僚主义、享乐主义和奢靡之风，反对任何滥用职权、谋求私利的行为。

A. 自重　　　　B. 自省　　　　C. 自警　　　　D. 自励

【参考答案】ABCD

【解析】《中国共产党章程》第三十六条第（五）项规定：正确行使人民赋予的权力，坚持原则，依法办事，清正廉洁，勤政为民，以身作则，艰苦朴素，密切联系群众，坚持党的群众路线，自觉地接受党和群众的批评和监督，加强道德修养，讲党性、重品行、作表率，做到自重、自省、自警、自励，反对形式主义、官僚主义、享乐主义和奢靡之风，反对任何滥用职权、谋求私利的行为。

29. 要把请示报告和履职尽责统一起来，做到（　　）。

A. 该请示的必须请示　　　　B. 该报告的必须报告
C. 该负责的必须负责　　　　D. 该担当的必须担当

【参考答案】ABCD

【解析】要把请示报告和履职尽责统一起来，做到该请示的必须请示、该报告的必须报告、该负责的必须负责、该担当的必须担当。

30. 建设中国特色社会主义的总布局是"五位一体"，具体包括经济建设、政治建设和（　　）。

A. 文化建设　　　　B. 精神文明建设
C. 社会建设　　　　D. 生态文明建设

【参考答案】ACD

【解析】建设中国特色社会主义的总布局是"五位一体"，它包括经济建设、政治建设、文化建设、社会建设和生态文明建设。

31. 《中国共产党基层组织选举工作条例》规定，加强对党的基层组织选举工作的领导，坚持（　　），严肃政治纪律、组织纪律以及换届工作纪律要求。

A. 教育在先　　　　B. 警示在先　　　　C. 预防在先　　　　D. 吃苦在先

【参考答案】ABC

【解析】《中国共产党基层组织选举工作条例》第三十五条规定，加强对党的基层组织选举工作的领导，坚持教育在先、警示在先、预防在先，严肃政治纪律、组织纪律以及换届工作纪律要求，强化制度意识、严格制度执行、维护制度权威，引导党员和代表正确行使民主权利，保证选举工作平稳有序。

32. (　　)是党的领导决策核心。

　　A. 中央委员会　　　　　　　　　B. 中央政治局

　　C. 中央政治局常委会　　　　　　D. 党的全国代表大会

【参考答案】ABC

【解析】中央委员会、中央政治局、中央政治局常委会是党的领导决策核心。

33. 坚持以党的政治建设为统领，突出(　　)，引导党员遵守党章党规党纪，不忘初心、牢记使命。

　　A. 党性教育　　　　　　　　　　B. 爱国主义教育

　　C. 形势政策教育　　　　　　　　D. 政治理论教育

【参考答案】AD

【解析】《中国共产党党员教育管理工作条例》第一章第四条，坚持以党的政治建设为统领，突出党性教育和政治理论教育，引导党员遵守党章党规党纪，不忘初心、牢记使命。

34. 衡量一名党员干部理想信念坚定不坚定，就看他(　　)。

　　A. 是否能为党和人民事业舍身忘死

　　B. 是否能在重大政治考验面前有政治定力

　　C. 是否能做到吃苦在前、享受在后

　　D. 是否能对工作极端负责

【参考答案】BCD

【解析】衡量一名党员干部理想信念坚定不坚定，就看他是否能在重大政治考验面前有政治定力，是否能做到吃苦在前、享受在后，是否能对工作极端负责。

三、判断题

1. 党员对党的决议和政策如有不同意见，在停止执行的前提下可以向上级组织直至中央提出，但不得公开发表和散布同中央决定相反的意见。(　　)

【参考答案】×

【解析】党章明确指出，个人服从党的组织。党员对党的决议和政策如有不同意见，在坚决执行的前提下可以向上级组织直至中央提出，但不得公开发表和散布同中央决定相反的意见。

2. 党的二大选举产生了中央监察委员会，这是在党的历史上最早设立的中央纪律检查机构。(　　)

【参考答案】×

【解析】党的五大选举产生了中央监察委员会，这是在党的历史上最早设立的中央纪律检查机构。

3. "八七"会议的召开,标志着党的工作已经由城市转移到农村。( )

【参考答案】×

【解析】"八七"会议的召开,标志着从大革命失败到土地战争兴起的历史转折。

4. 党员大会讨论对党员的处分时,应通知受处分的党员回避。( )

【参考答案】×

【解析】应通知受处分的党员出席会议。

5. 中国共产党在社会主义过渡时期的总路线和总任务是逐步实现国家的社会主义工业化。( )

【参考答案】√

【解析】中国共产党在社会主义过渡时期的总路线和总任务是逐步实现国家的社会主义工业化。

6. 党的任何一级组织直至中央都无权剥夺党员应享有的权利。( )

【参考答案】√

【解析】《中国共产党章程》第四条指出,党的任何一级组织直至中央都无权剥夺党员的上述权利。故本题表述正确。

7. 机关基层党组织在本级党的委员会或党的机关工作委员会领导下开展工作,同时接受上级党组(党委)的指导。( )

【参考答案】×

【解析】根据《中国共产党党和国家机关基层组织工作条例》,机关基层党组织在上级党的委员会或者党的机关工作委员会和本单位党组(党委)(包括不设党组、党委的单位领导班子)领导下开展工作,同时接受本部门党组(党委)的指导。

8. 受到改组处理的党组织领导机构成员,除应当受到撤销党内职务以上(含撤销党内职务)处分的外,均开除党籍。( )

【参考答案】×

【解析】根据《中国共产党纪律处分条例》,受到改组处理的党组织领导机构成员,除应当受到撤销党内职务以上(含撤销党内职务)处分的外,均自然免职。

9. 党支部党员大会是党支部的最高权力机构,由全体党员参加,一般每月召开一次。
( )

【参考答案】×

【解析】《中国共产党支部工作条例(试行)》第十一条规定,党支部党员大会是党支部的议事决策机构,由全体党员参加,一般每季度召开一次。

10.《中国共产党纪律处分条例》适用的对象仅是党员。( )

【参考答案】×

【解析】《中国共产党纪律处分条例》适用于违犯党纪应当受到党纪追究的党组织

第一章　党务管理

和党员。

11. 党内监督的重点对象是全体党员和领导干部,特别是各级领导班子主要负责人。
（　　）

　　【参考答案】×

　　【解析】党内监督的重点对象是党的各级领导机关和领导干部,特别是各级领导班子主要负责人。

12. 党章指出,发展社会主义民主政治,要实行依法治国和以德治国相结合。（　　）

　　【参考答案】×

　　【解析】党章指出,建设社会主义精神文明,实行依法治国和以德治国相结合。故本题表述错误。

13. 实践告诉我们,中国共产党为什么能,中国特色社会主义为什么好,归根到底是马克思主义行,是中国化时代化的马克思主义行。（　　）

　　【参考答案】√

　　【解析】实践告诉我们,中国共产党为什么能,中国特色社会主义为什么好,归根到底是马克思主义行,是中国化时代化的马克思主义行。

14. 全过程人民民主是社会主义民主政治本质属性,是最广泛、最真实、最管用的民主。（　　）

　　【参考答案】√

　　【解析】全过程人民民主是社会主义民主政治本质属性,是最广泛、最真实、最管用的民主。

15. 机关工会是一个群众组织,主要是维护机关干部职工合法权益。（　　）

　　【参考答案】×

　　【解析】机关工会是党领导下的群众组织,是机关党组织联系干部群众的桥梁和纽带,承担着代表和维护机关干部职工合法权益的基本职责,要自觉坚持党的领导,围绕中心服务大局,协调各方,群策群力,在税收工作实践中积极开展工作,发挥好自身的作用。

16. 党的基层委员会、总支部委员会、支部委员会每届任期三年至五年。（　　）

　　【参考答案】√

　　【解析】党的基层委员会、总支部委员会、支部委员会每届任期三年至五年。

17. 弘扬以伟大建党精神为源头的中国共产党人精神谱系,用好红色资源,深入开展社会主义核心价值观宣传教育,深化共产主义、集体主义、社会主义教育,着力培养担当民族复兴大任的时代新人。

　　【参考答案】×

　　【解析】党的二十大报告指出,弘扬以伟大建党精神为源头的中国共产党人精神谱系，用好红色资源，深入开展社会主义核心价值观宣传教育，深化爱国主义、集体主义、社会主义教育，着力培养担当民族复兴大任的时代新人。

18. 党的组织建设是党的根本性建设，决定党的建设方向和效果。（ ）

【参考答案】×

【解析】党的政治建设是党的根本性建设，决定党的建设方向和效果。

19. 为人民谋幸福是立党为公、执政为民的本质要求。（ ）

【参考答案】×

【解析】党的二十大报告指出，为民造福是立党为公、执政为民的本质要求。

20. 现阶段，我国社会的主要矛盾是改革生产关系和上层建筑中不适应生产力发展的矛盾。（ ）

【参考答案】×

【解析】现阶段，我国社会的主要矛盾是人民日益增长的美好生活需要和不平衡不充分的发展之间的矛盾。故本题表述错误。

21. 受留党察看处分的党员在留党察看期间有表决权，没有选举权和被选举权。（ ）

【参考答案】×

【解析】《中国共产党基层组织选举工作条例》第一章第五条规定，受留党察看处分的党员在留党察看期间没有表决权、选举权和被选举权。

22. 用党的创新理论武装全党是党的思想建设的根本任务。（ ）

【参考答案】√

【解析】用党的创新理论武装全党是党的思想建设的根本任务。

23. 党员可以向党的上级组织直至中央提出请求、申诉和控告，并要求有关组织给以负责的答复。（ ）

【参考答案】√

【解析】《中国共产党章程》第四条规定，党员享有下列权利：……（八）向党的上级组织直至中央提出请求、申诉和控告，并要求有关组织给以负责的答复。

24. 党支部是党的基础组织，担负直接教育党员、管理党员、监督党员的职责。（ ）

【参考答案】√

【解析】《中国共产党支部工作条例（试行）》规定，党支部是党的基础组织，是党组织开展工作的基本单元，是党在社会基层组织中的战斗堡垒，是党的全部工作和战斗力的基础，担负直接教育党员、管理党员、监督党员和组织群众、宣传群众、凝聚群众、服务群众的职责。

25. 中国共产党在社会主义初级阶段的基本路线是：领导和团结全国各族人民，以经济建设为中心，坚持四项基本原则，坚持改革开放，自力更生，艰苦创业，为把我国建设成为富强民主文明和谐美丽的社会主义现代化强国而奋斗。（　　）

【参考答案】√

【解析】中国共产党在社会主义初级阶段的基本路线是：领导和团结全国各族人民，以经济建设为中心，坚持四项基本原则，坚持改革开放，自力更生，艰苦创业，为把我国建设成为富强民主文明和谐美丽的社会主义现代化强国而奋斗。

四、简答题

1. 全国税务系统思想政治工作相关文件指出，用思想文化引领人、行为文化锤炼人、精神文化激励人、制度文化规范人，培育和践行社会主义核心价值观，形成推进税收现代化的共同理想、工作作风以及行为规范，提升税务干部职工干事创业的精气神。请谈谈如何通过文化建设加强税务机关思想政治工作。

【参考答案】加强文化建设，有利于增强基层税务机关的凝聚力、向心力。

（1）思想政治工作最大特点就是春风化雨，动之以情晓之以理，在日常点滴进行及时灌输，对细小问题进行及时纠正。一是要动员和吸引干部积极参与税务文化建设，不断创新和充实税务文化的形式和内容，打造独具特色的税务文化品牌。二是通过积极推进和谐税务，不断提高基层税务机关的凝聚力，形成干部之间团结亲和、部门之间密切配合、上下级之间指挥顺畅的和谐局面。三是倡导快乐工作、健康生活，要从答疑解惑、调适心理、理顺情绪、振奋精神入手，多做"得人心、暖人心、稳人心"的工作，不断丰富和拓展税务文化的内涵。

（2）抓好文化"硬载体"建设。文化建设离不开载体。"硬载体"是指为基层干部职工创造一个良好的工作、生活环境。要以人为本，解决干部在工作、生活中的实际困难，保障必要的物质需求，使他们能安心工作。要为开展各项文体娱乐活动提供必要的经费保障，如办税服务厅、图书阅览室、文化活动室等，为他们创造出一个窗明几净的工作环境，一个多姿多彩的"文娱阵地"。

（3）抓好文化"软载体"建设。"软载体"是指以创建"文明单位""青年文明号""巾帼文明岗"等为主要内容的精神文明创建。加强换位思考，做好纳税服务不断提高纳税人的满意度，弘扬"聚财为国，执法为民"的核心价值理念。要利用现代化的科学手段和计算机技术，着力巩固思想政治教育网络和平台，以党员和团员为骨干力量，为干部职工提供一个网络交流平台，使他们能够学到知识、交流思想、反映心声、提出建议。要大力开展积极健康向上的文体活动，通过组织兴趣小组将有相同爱好的同志聚集在一起，通过开展书法、摄影、美术、棋类、球类等丰富多彩的文娱活动来凝聚人心、鼓舞斗志，团结力量，用先进的文化占领干部职工的思想文化阵地。

【解析】基层税务机关文化建设是思想政治工作非常有益的补充，能在潜移默化中为受教育者接受和自觉践行。此题考核应试者对文化建设意义的理解。

2. 请简述发展党员过程中应注意和遵循的要求。

【参考答案】发展党员，必须把政治标准放在首位，经过党的支部，坚持个别吸收的原则。

申请入党的人，要填写入党志愿书，要有两名正式党员做介绍人，要经过支部大会通过和上级党组织批准，并且经过预备期的考察，才能成为正式党员。

介绍人要认真了解申请人的思想、品质、经历和工作表现，向他解释党的纲领和党的章程，说明党员的条件、义务和权利，并向党组织作出负责的报告。

党的支部委员会对申请入党的人，要注意征求党内外有关群众的意见，进行严格的审查，认为合格后再提交支部大会讨论。

上级党组织在批准申请人入党以前，要派人同他谈话，作进一步的了解，并帮助他提高对党的认识。

在特殊情况下，党的中央和省、自治区、直辖市委员会可以直接接收党员。

【解析】《中国共产党章程》规定："发展党员，必须把政治标准放在首位，经过党的支部，坚持个别吸收的原则。"新党章增加了"必须把政治标准放在首位"的要求，突出强调了发展党员的首要原则就是要坚持政治标准，主要目的是保证发展党员质量。

3. 请简述党员干部必须具备的基本条件。

【参考答案】党的各级领导干部必须信念坚定、为民服务、勤政务实、敢于担当、清正廉洁，模范地履行党员的各项义务，并且必须具备以下的基本条件：

（一）具有履行职责所需要的马克思列宁主义、毛泽东思想、邓小平理论、"三个代表"重要思想、科学发展观的水平，带头贯彻落实习近平新时代中国特色社会主义思想，努力用马克思主义的立场、观点、方法分析和解决实际问题，坚持讲学习、讲政治、讲正气，经得起各种风浪的考验。

（二）具有共产主义远大理想和中国特色社会主义坚定信念，坚决执行党的基本路线和各项方针、政策，立志改革开放，献身现代化事业，在社会主义建设中艰苦创业，树立正确政绩观，做出经得起实践、人民、历史检验的实绩。

（三）坚持解放思想，实事求是，与时俱进，开拓创新，认真调查研究，能够把党的方针、政策同本地区、本部门的实际相结合，卓有成效地开展工作，讲实话，办实事，求实效。

（四）有强烈的革命事业心和政治责任感，有实践经验，有胜任领导工作的组织能力、文化水平和专业知识。

（五）正确行使人民赋予的权力，坚持原则，依法办事，清正廉洁，勤政为民，以身作则，艰苦朴素，密切联系群众，坚持党的群众路线，自觉地接受党和群众的批评和监督,加强道德修养,讲党性、重品行、作表率,做到自重、自省、自警、自励,反对形式主义、官僚主义、享乐主义和奢靡之风,反对特权思想和特权现象,反对任何滥用职权、谋求私利的行为。

(六)坚持和维护党的民主集中制,有民主作风,有全局观念,善于团结同志,包括团结同自己有不同意见的同志一道工作。

【解析】党章第三十六条规定了党的各级领导干部必须具备的六项基本条件,这是各级领导干部应当达到的基本要求,是干部德才标准的具体化。根据这一规定,党的十八大以来,习近平总书记对干部队伍特别是领导干部提出一系列新要求,包括信念坚定、为民服务、勤政务实、敢于担当、清正廉洁的好干部标准,包括党员干部要忠诚干净担当,包括县委书记要心中有党、心中有民、心中有责、心中有戒,要做政治的明白人、发展的开路人、群众的贴心人和班子的带头人等。各级领导干部要按照这些要求提升自己、约束自己,从思想政治、作风品行、业务能力等方面不断提高素质和能力。

4.《中国共产党章程》规定,党员必须履行哪些义务?

【参考答案】(1)认真学习马克思列宁主义、毛泽东思想、邓小平理论、"三个代表"重要思想、科学发展观、习近平新时代中国特色社会主义思想,学习党的路线、方针、政策和决议,学习党的基本知识和党的历史,学习科学、文化、法律和业务知识,努力提高为人民服务的本领。

(2)增强"四个意识"、坚定"四个自信"、做到"两个维护",贯彻执行党的基本路线和各项方针、政策,带头参加改革开放和社会主义现代化建设,带动群众为经济发展和社会进步艰苦奋斗,在生产、工作、学习和社会生活中起先锋模范作用。

(3)坚持党和人民的利益高于一切,个人利益服从党和人民的利益,吃苦在前,享受在后,克己奉公,多做贡献。

(4)自觉遵守党的纪律,首先是党的政治纪律和政治规矩,模范遵守国家的法律法规,严格保守党和国家的秘密,执行党的决定,服从组织分配,积极完成党的任务。

(5)维护党的团结和统一,对党忠诚老实,言行一致,坚决反对一切派别组织和小集团活动,反对阳奉阴违的两面派行为和一切阴谋诡计。

(6)切实开展批评和自我批评,勇于揭露和纠正工作中的缺点、错误,坚决同消极腐败现象做斗争。

(7)密切联系群众,向群众宣传党的主张,遇事同群众商量,及时向党反映群众的意见和要求,维护群众的正当利益。

(8)发扬社会主义新风尚,带头实践社会主义荣辱观,提倡共产主义道德,弘扬中华民族传统美德,为了保护国家和人民的利益,在一切困难和危险的时刻挺身而出,英勇斗争,不怕牺牲。

【解析】根据《中国共产党章程》第三条。

5. 党员干部有哪些情形，可以不予问责或者免予问责？

【参考答案】有下列情形之一的，可以不予问责或者免予问责：

（1）在推进改革中因缺乏经验、先行先试出现的失误，尚无明确限制的探索性试验中的失误，为推动发展的无意过失；

（2）在集体决策中对错误决策提出明确反对意见或者保留意见的；

（3）在决策实施中已经履职尽责，但因不可抗力、难以预见等因素造成损失的。

对上级错误决定提出改正或者撤销意见未被采纳，而出现本条例第七条所列问责情形的，依照前款规定处理。上级错误决定明显违法违规的，应当承担相应的责任。

【解析】根据《中国共产党问责条例》第十七条。

6. 请简要说明党和共产主义青年团的关系。

【参考答案】（1）中国共产主义青年团是中国共产党领导的先进青年的群团组织，是广大青年在实践中学习中国特色社会主义和共产主义的学校，是党的助手和后备军。共青团中央委员会受党中央委员会领导。共青团的地方各级组织受同级党的委员会领导，同时受共青团上级组织领导。

（2）党的各级委员会要加强对共青团的领导，注意团的干部的选拔和培训。党要坚决支持共青团根据广大青年的特点和需要，生动活泼地、富于创造性地进行工作，充分发挥团的突击队作用和联系广大青年的桥梁作用。

（3）团的县级和县级以下各级委员会书记，企业事业单位的团委员会书记，是党员的，可以列席同级党的委员会和常务委员会的会议。

【解析】党章规定："中国共产主义青年团是中国共产党领导的先进青年的群众组织，是广大青年在实践中学习中国特色社会主义和共产主义的学校，是党的助手和后备军。"这就明确规定了党和共青团的关系。党是共青团的领导者，共青团在中国共产党领导下工作。共青团的工作只有在党的领导下，才能沿着正确的道路和方向前进。党通过共青团吸引、团结和带领广大青年，使他们在改革开放和社会主义现代化建设中认真贯彻执行党的路线、方针、政策。各级共青团组织在同级党委和上级团组织领导下，通过各种适合青年特点的生动活泼的方式，在工作、学习、社会活动等方面广泛地联系广大青年，把整个青年一代紧密地团结在党的周围，使他们在改革开放和社会主义现代化建设的实践中，锻炼成为中国特色社会主义事业和共产主义事业的可靠接班人。（依据党章第五十一条、第五十二条规定）

第二章 监督管理

第一节 纪检工作

一、税务系统省以下纪检机构主要职责

（一）协助推进责任

纪检组组长向同级党组织汇报上级党组织和纪检机构有关党风廉政建设和反腐败工作的部署和要求，提出具体贯彻落实意见。

（二）监督检查责任

经常对党员进行遵守纪律的教育，做出关于维护党纪的决定；对党的组织和党员领导干部履行职责、行使权力进行监督。

（三）纪律审查责任

规范信访举报，对实名举报和违反中央八项规定及其实施细则精神、"四风"问题等信访举报优先办理。

（四）问责追究责任

对党的领导弱化、党的建设缺失、全面从严治党不力、维护党的纪律不力、推进党风廉政建设和反腐败工作不坚决、不扎实，造成严重后果的，按照有关规定和干部管理权限，提出问责建议，履行问责程序，落实问责决定。

二、税务系统信访举报的处理

税务系统纪检信访举报工作，是指税务系统各级纪检部门通过接收群众来信、下载网上举报、接待群众来访、接听举报电话等渠道，受理针对税务机关和税务人员的检举控告及申诉，按照纪检部门的职能和规定的程序处理解决信访举报问题的工作。

处理纪检监察信访举报应坚持以《中国共产党章程》和法律法规为准绳；以事实为依据；处理重要信访问题，坚持民主集中制或行政首长负责制；维护信访举报当事

人的合法权益；属地管理、分级负责、"谁主管、谁负责"；解决实际问题同思想教育相结合的基本原则。

信访举报件实行归口管理制度。各级税务机关纪检组的信访举报管理岗统一接收有关上级转办、下级上报、其他部门移送和本级自收的信访举报件。各级税务机关负责人、内设部门和直属单位及工作人员收到的信访举报，统一交本级税务机关纪检组归口管理。

（一）线索处理方式

纪检监察机关应当加强对问题线索的集中管理、分类处置、定期清理。

纪检监察机关应当结合问题线索所涉及地区、部门、单位总体情况，综合分析，按照谈话函询、初步核实、暂存待查、予以了结4类方式进行处置。

线索处置不得拖延和积压，处置意见应当在收到问题线索之日起1个月内提出，并制订处置方案，履行审批手续。

1. 谈话函询

各级党委（组）和纪检监察机关应当推动加强和规范党内政治生活，经常拿起批评和自我批评的武器，及时开展谈话提醒、约谈函询，促使党员、干部以及监察对象增强党的观念和纪律意识。

纪检监察机关采取谈话函询方式处置问题线索，应当起草谈话函询报批请示，拟订谈话方案和相关工作预案，按程序报批。

谈话应当由纪检监察机关相关负责人或者承办部门负责人进行，可以由被谈话人所在党委（组）、纪委监委（纪检监察组、纪检监察工委）有关负责人陪同；经批准也可以委托被谈话人所在党委（组）主要负责人进行。

谈话应当在具备安全保障条件的场所进行。

纪检监察机关进行函询应当以办公厅（室）名义发函给被反映人，并抄送其所在党委（组）和派驻纪检监察组主要负责人。

承办部门应当在谈话结束或者收到函询回复后1个月内写出情况报告和处置意见，按程序报批。

（1）反映不实，或者没有证据证明存在问题的，予以采信了结，并向被函询人发函反馈。

（2）问题轻微，不需要追究纪律责任的，采取谈话提醒、批评教育、责令检查、诫勉谈话等方式处理。

（3）反映问题比较具体，但被反映人予以否认且否认理由不充分具体的，或者说明存在明显问题的，一般应当再次谈话或者函询；发现被反映人涉嫌违纪或者职务违法、职务犯罪问题需要追究纪律和法律责任的，应当提出初步核实的建议。

（4）对诬告陷害者，依规依纪依法予以查处。

2. 初步核实

纪检监察机关采取初步核实方式处置问题线索，应当制订工作方案，成立核查组，履行审批程序。

核查组经批准可以采取必要措施收集证据，与相关人员谈话了解情况，要求相关组织做出说明，调取个人有关事项报告，查阅复制文件、账目、档案等资料，查核资产情况和有关信息，进行鉴定勘验。

需要采取技术调查或者限制出境等措施的，纪检监察机关应当严格履行审批手续，交有关机关执行。

初步核实工作结束后，核查组应当撰写初步核实情况报告，列明被核查人基本情况、反映的主要问题、办理依据以及初步核实结果、存在疑点、处理建议，由核查组全体人员签名备查。

承办部门应当综合分析初步核实情况，按照拟立案审查调查、予以了结、谈话提醒、暂存待查或者移送有关党组织处理等方式提出处置建议。

初步核实情况报告应当报纪检监察机关主要负责人审批，必要时向同级党委主要负责人报告。

3. 审查调查

党委（组）应当按照管理权限，加强对党员、干部以及监察对象涉嫌严重违纪或者职务违法、职务犯罪问题审查调查处置工作，定期听取重大案件情况报告，加强反腐败协调机构的机制建设，坚定不移、精准有序地惩治腐败。

纪检监察机关经过初步核实，对党员、干部以及监察对象涉嫌违纪或者职务违法、职务犯罪，需要追究纪律或者法律责任的，应当立案审查调查。

（1）凡报请批准立案的，应当已经掌握部分违纪或者职务违法、职务犯罪事实和证据，具备进行审查调查的条件。

（2）立案审查调查决定应当向被审查调查人宣布，并向被审查调查人所在党委（组）主要负责人通报。

（3）对涉嫌严重违纪或者职务违法、职务犯罪人员立案审查调查，纪检监察机关主要负责人应当主持召开由纪检监察机关相关负责人参加的专题会议，研究批准审查调查方案。

（4）纪检监察机关相关负责人批准成立审查调查组，确定审查调查谈话方案、外查方案，审批重要信息查询、涉案财物查扣等事项。

（5）监督检查、审查调查部门主要负责人组织研究提出审查调查谈话方案、外查方案和处置意见建议，审批一般信息查询，对调查取证审核把关。

（6）审查调查组组长应当严格执行审查调查方案，不得擅自更改；以书面形式报告审查调查进展情况，遇到重要事项及时请示。

（7）审查调查组可以依照党章党规和监察法，经审批进行谈话、讯问、询问、留置、查询、冻结、搜查、调取、查封、扣押（暂扣、封存）、勘验检查、鉴定，提请有关机关采取技术调查、通缉、限制出境等措施。

（8）承办部门应当建立台账，记录使用措施情况，向案件监督管理部门定期备案。

（9）案件监督管理部门应当核对检查，定期汇总重要措施使用情况并报告纪委监委领导和上一级纪检监察机关，发现违规违纪违法使用措施的，区分不同情况进行处理，防止擅自扩大范围、延长时限。

（10）需要对被审查调查人采取留置措施的，应当依据《中华人民共和国监察法》进行，在24小时内通知其所在单位和家属，并及时向社会公开发布。

（11）审查调查工作应当依照规定由两人以上进行，按照规定出示证件，出具书面通知。

（12）审查调查应当充分听取被审查调查人陈述，保障其饮食、休息，提供医疗服务，确保安全。

（13）在审查调查期间，对被审查调查人以同志相称，安排学习党章党规党纪以及相关法律法规，开展理想信念宗旨教育，通过深入细致的思想政治工作，促使其深刻反省、认识错误、交代问题，写出忏悔反思材料。

（14）外查工作必须严格按照外查方案执行，不得随意扩大审查调查范围、变更审查调查对象和事项，重要事项应当及时请示报告。

（15）纪检监察机关应当严格依规依纪依法收集、鉴别证据，做到全面、客观，形成相互印证、完整稳定的证据链。

（16）调查取证应当收集原物原件，逐件清点编号，现场登记，由在场人员签字盖章，原物不便搬运、保存或者取得原件确有困难的，可以将原物封存并拍照录像或者调取原件副本、复印件；谈话应当现场制作谈话笔录并由被谈话人阅读后签字。

（17）严禁以威胁、引诱、欺骗以及其他违规违纪违法方式收集证据；严禁隐匿、损毁、篡改、伪造证据。

（18）查封、扣押（暂扣、封存）、冻结、移交涉案财物，应当严格履行审批手续。

（19）对涉嫌严重违纪或者职务违法、职务犯罪问题的审查调查，监督执纪人员未经批准并办理相关手续，不得将被审查调查人或者其他重要的谈话、询问对象带离规定的谈话场所，不得在未配置监控设备的场所进行审查调查谈话或者其他重要的谈话、询问，不得在谈话期间关闭录音录像设备。

（20）查明涉嫌违纪或者职务违法、职务犯罪问题后，审查调查组应当撰写事实材料，与被审查调查人见面，听取意见。

（21）审查调查工作结束，审查调查组应当集体讨论，形成审查调查报告，列明被审查调查人基本情况、问题线索来源及审查调查依据、审查调查过程，主要违纪或者职务违法、职务犯罪事实，被审查调查人的态度和认识，处理建议及党纪法律依据，并由审查调查组组长以及有关人员签名。

（22）审查调查报告以及忏悔反思材料，违纪或者职务违法、职务犯罪事实材料，涉案财物报告等，应当按程序报纪检监察机关主要负责人批准，连同全部证据和程序材料，依照规定移送审理。

4. 审理

纪检监察机关应当对涉嫌违纪或者违法、犯罪案件严格依规依纪依法审核把关，提出纪律处理或者处分的意见，做到事实清楚、证据确凿、定性准确、处理恰当、手续完备、程序合规。

纪律处理或者处分必须坚持民主集中制原则，集体讨论决定，不允许任何个人或者少数人决定和批准。

坚持审查调查与审理相分离的原则，审查调查人员不得参与审理。

（1）案件审理部门收到审查调查报告后，经审核符合移送条件的予以受理，不符合移送条件的可以暂缓受理或者不予受理。

（2）对于重大、复杂、疑难案件，监督检查、审查调查部门已查清主要违纪或者职务违法、职务犯罪事实并提出倾向性意见的；对涉嫌违纪或者职务违法、职务犯罪行为性质认定分歧较大的，经批准案件审理部门可以提前介入。

（3）案件审理部门受理案件后，应当成立由两人以上组成的审理组，全面审理案卷材料，提出审理意见。

（4）坚持集体审议原则，在民主讨论基础上形成处理意见；对争议较大的应当及时报告，形成一致意见后再作出决定。

（5）对主要事实不清、证据不足的，经纪检监察机关主要负责人批准，退回监督检查、审查调查部门重新审查调查；需要补充完善证据的，经纪检监察机关相关负责人批准，退回监督检查、审查调查部门补充审查调查。

（6）审理工作结束后应当形成审理报告，内容包括被审查调查人基本情况、审查调查简况、违纪违法或者职务犯罪事实、涉案财物处置、监督检查或者审查调查部门意见、审理意见等。

审理工作应当在受理之日起1个月内完成，重大复杂案件经批准可以适当延长。

审理报告报经纪检监察机关主要负责人批准后，提请纪委常委会会议审议。

处分决定做出后，纪检监察机关应当通知受处分党员所在党委（组），抄送同级党委组织部门，并依照规定在1个月内向其所在党的基层组织中的全体党员以及本人宣布。

对不服处分决定的申诉，由批准或者决定处分的党委（组）或者纪检监察机关受理；需要复议复查的，由纪检监察机关相关负责人批准后受理。

申诉办理部门成立复查组，调阅原案案卷，必要时可以进行取证，经集体研究后，提出办理意见，报纪检监察机关相关负责人批准或者纪委常委会会议研究决定，做出复议复查决定。

坚持复议复查与审查审理分离，原案审查、审理人员不得参与复议复查。

(二) 信访举报日常管理

1. 统计分析

各级税务纪检部门应按照规定对信访举报情况进行分析，向领导提供动态工作信息和决策信息。

各级税务纪检部门应按规定向上级部门报送信访举报情况统计表。

2. 档案管理

(1) 档案类别及归档材料。

纪检监察信访举报工作档案分为两类：信访举报文书类档案和信访案件类档案，采用"谁办理、谁立卷"的方法办理立卷归档手续。

①信访举报文书类档案。信访举报文书类档案采用按年分类组卷，归档材料包括会议文件、资料；信访举报部门派人员参加的调研材料；工作制度、信访举报情况分析等工作情况材料；通知、规定、请示报告、编印的各类信息载体等综合材料；统计材料；重要的事务性材料；除信访案件以外的其他保有价值的资料。

②信访案件类档案。信访案件类档案以案件为单位按年组卷，归档材料包括本级纪检监察信访举报部门直接承办的案件；督促催办下级纪检部门查报结果的案件；转请下级纪检部门处理信访举报的函件；下级纪检部门汇报的备案件。

(2) 立卷归档要求。

纪检监察信访举报立卷归档应做到文件齐全，认真筛选，剔除无保存查考作用的文件、资料；科学组卷，保持文件、资料的联系；按规定要求加工整理，包括排列合理、编目完备、装订牢固、裱糊齐整等；随时立卷、及时归档，按规定要求移送，信访案件类档案应做到案结卷成；必须用毛笔或钢笔书写，不得在归档文件、资料上加批注和任意涂改。

三、"一案双查"相关规定

税务系统"一案双查"工作既包括纪检监察案件"一案双查"，也包括税收违法案件"一案双查"。

纪检案件"一案双查"包括两部分内容。严格落实中国共产党第十九届中央纪律检查委员会第三次全体会议精神，坚持"一案双查"，巩固发展反腐败斗争压倒性胜利,一体推进不敢腐、不能腐、不想腐,坚决破除形式主义、官僚主义,持续整治群众身边腐败和作风问题,既追究主体责任、监督责任,又严肃追究领导责任。

这里主要介绍税收违法案件"一案双查"。

(一)"一案双查"的概念、原则和范围

1. "一案双查"的概念和职责分工

税收违法案件"一案双查"是指在查处纳税人、扣缴义务人和其他涉税当事人(以下简称涉税当事人)偷逃税、虚开发票和骗取出口退税等税收违法案件的同时,对税务机关或者税务人员违纪违法行为依照有关规定进行调查和责任追究。

"一案双查"税务总局以党建部门为牵头单位,省以下税务局以纪检机构为牵头部门。纪检机构负责调查税务机关和税务人员违纪违法行为。稽查、督查内审等部门以及税务总局派驻各地特派办按照分工履行职责。

2. "一案双查"的原则

"一案双查"应遵循以下原则:(1)依纪依法、全面从严的原则;(2)统一领导、分级管理的原则;(3)各负其责、协调配合的原则;(4)纠建并举、标本兼治的原则。

3. "一案双查"受理范围

(1)有下列情形之一的,实行"一案双查":检举涉税当事人税收违法行为,同时检举税务机关或者税务人员违纪违法行为,线索具体的;稽查部门在检查中发现税务机关或者税务人员涉嫌失职渎职、索贿受贿或者侵犯公民、法人和其他组织合法权益等行为的;重大税收违法案件存在税务机关或者税务人员涉嫌违法违纪行为的;牵头部门认为需要实行"一案双查"的其他税收违法案件。

(2)重大税收违法案件包括以下三类:虚开增值税专用发票和骗取出口退税达到一定标准的案件;上级税务机关督办的重大案件;造成重大社会影响的案件。

(二)"一案双查"线索和资料的转交

1. 转交线索

稽查部门向纪检部门转交违法违纪线索,应制作"税务机关(人员)违法违纪线索转交单"。

2. 转交证据和材料

稽查部门在检查中发现税务机关或者税务人员涉嫌下列行为之一的,应当妥善保存有关证据和材料,并按规定转交所在税务局纪检部门:

(1)与不法分子相勾结,虚开、非法买卖发票,偷税、逃税、骗税、抗税的;

(2)为涉案当事人通风报信、提供伪证、说情,影响案件查处的;

(3)隐匿、转移、毁灭证据的;

（4）索取、收受贿赂，利用职务之便为自己或者他人谋取利益的；

（5）侵犯公民、法人和其他组织合法权益等行为的；

（6）经商办企业或者在企业入股分红，以及其他违反规定从事营利性活动的；

（7）有其他违纪违法行为的。

3. 办理流程

省以下税务局稽查部门在检查中发现税务机关或者税务人员涉嫌违纪违法行为的，按照下列程序移交同级纪检机构协调处理：

（1）稽查人员应当在发现情况或线索之日起 2 个工作日内逐级报告至稽查部门主要负责人；

（2）稽查部门主要负责人应当在收到报告之日起 3 个工作日内签报分管稽查工作的税务局领导，并附"税务机关（人员）涉嫌违纪违法问题线索移交单"；

（3）分管稽查工作的税务局领导应当在 3 个工作日内作出是否批准移交的决定，决定批准的，应当在 2 个工作日内连同有关证据和材料一并移交纪检机构；不批准移交的，应当签署不批准移交的理由。

稽查部门发现税务机关以外的国家机关或者工作人员涉嫌违反税收法律、行政法规或者其他违纪违法行为的，应当将相关证据或者线索转交纪检部门，由牵头部门依照有关规定移送有权机关处理。

（三）"一案双查"的办理

1. 一案双查牵头部门组织开展调查应成立不少于 2 人的调查组，必要时可联合稽查、督察内审等部门人员参加。调查组实行组长负责制，开展调查前应制定调查方案，调查结束时应提交调查报告，提出初步处理意见，并按有关程序进行处理。

2. 稽查部门在税收违法案件检查过程中或者督察内审部门在检查执法行为规范性过程中，发现税务机关或者税务人员涉嫌违纪违法行为的，可以提请一案双查牵头部门提前介入。有证据或线索证明税务机关或者税务人员涉嫌重大违纪违法行为的，或者存在证据灭失风险的，一案双查牵头部门应及时提前介入。

3. 对检举涉税当事人税收违法行为同时检举税务机关或者税务人员违纪违法问题严重的，可由一案双查牵头部门会同稽查、督察内审等部门组成联合调查组，同时进行检查和调查审查。

4. 相关检查、调查工作完成后，依据检查、调查结果，区分不同情况分别做出处理：

（1）未发现问题的，及时做了结或结案处理；

（2）对存在税收执法过错行为的，由税收执法责任制工作领导小组及其办公室按照税收执法过错责任追究有关规定处理；

(3) 对涉及违纪违法的,由纪检机构、人事部门依纪依法依规进行处理。

5. 相关处理决定做出后,一案双查牵头部门、督察内审部门应及时向有关税务机关发出问题整改建议书,督促有关税务机关认真落实整改并及时反馈整改结果。

(四)"一案双查"责任追究

1. 发现税务机关或者税务人员涉嫌失职渎职以及其他违纪违法行为的事实或者线索,隐瞒不报或者私自留存、处理、销毁有关证据材料的;
2. 稽查、督察内审部门按照有关规定应移交不移交的;
3. 一案双查牵头部门接到稽查、督察内审部门移交的有关证据材料、具体线索,无正当理由不组织开展调查或调查中无故拖延、推诿责任的;
4. 对涉税违法案件举报人或者提供线索的税务人员打击报复的;
5. 违反规定泄露有关工作秘密的;
6. 不按要求提供有关材料,拒绝、阻碍调查实施的;
7. 提供虚假情况,掩盖事实真相,串供或者伪造、隐匿证据,以及阻止他人揭发检举、提供证据的;
8. 利用职权或职务上的影响干预调查工作、以案谋私的;
9. 滥用职权、玩忽职守、徇私舞弊的;
10. 其他需追究责任的行为。

第二节 巡视巡察工作

一、《中国共产党巡视工作条例》的基本内涵

党的十八大以来,以习近平总书记为核心的党中央在深刻分析反腐败斗争严峻复杂形势的基础上,不断加强和改进巡视工作,初步确立了新时期巡视工作的指导方针体系,并以《中国共产党巡视工作条例》等党内法规予以制度化。

(一)关于巡视的定位、内容和目标

1. 巡视工作定位

巡视是政治巡视,其本质是政治监督,要把"两个维护"作为根本政治任务,正确把握政治和业务的关系。

2. 巡视监督重点
(1)聚焦"六围绕一加强"。
围绕党的政治建设,重点检查践行"两个维护"情况;围绕党的思想建设,重点

检查学习贯彻习近平新时代中国特色社会主义思想情况；围绕党的组织建设，重点检查选人用人和基层党组织建设情况；围绕党的作风建设，重点检查整治"四风"，特别是整治形式主义、官僚主义情况，落实中央八项规定及其实施细则精神情况；围绕党的纪律建设，重点检查执行党规党纪和监督执纪问责情况；围绕夺取反腐败斗争压倒性胜利，重点检查领导干部廉洁自律和整治群众身边腐败问题；切实加强巡视整改情况的监督检查。

（2）落实"五个持续"。

持续深入学习贯彻习近平新时代中国特色社会主义思想和党的十九大精神，持续强化管党治党政治责任，持续保持惩治腐败的高压态势，持续纠正"四风"问题，持续净化党内政治生态。

（3）强化"五个紧扣、五个推进"。

紧扣督促做到"两个维护"根本任务，推进政治监督具体化、常态化；紧扣形成"四个全覆盖"权力监督格局，构建科学、严密、有效的监督网；紧扣做好巡视"后半篇文章"，推动形成整改长效机制；紧扣巡视工作向纵深发展，完善上下联动的巡视巡察格局；紧扣巡视工作规范化建设，提高依规依纪依法水平。推进经济高质量发展、推进改革开放走深走实、推进农村现代化、推进社会治理创新、推进红色基因传承。

（4）做到"四个聚焦"。

聚焦落实党委政治责任，聚焦严明政治纪律和政治规矩，聚焦破除形式主义、官僚主义，聚焦整治群众身边腐败和作风问题。

3. 关于巡视目标

明确巡视工作要落实全面从严治党要求，严肃党内政治生活，净化党内政治生态，加强党内监督，发现问题、形成震慑，推动改革、促进发展，确保党始终成为中国特色社会主义事业的坚强领导核心。

（二）关于巡视的方式、机制和制度

1. 巡视工作方针

发现问题，形成震慑，推动改革，促进发展，并发挥其震慑、遏制、治本作用和标本兼治战略作用，坚持发现问题是生命线、推动解决问题是落脚点。

2. 巡视工作方式方法

巡视组长"一次一授权"、谁参加巡视不固定、巡视什么地区和单位也不固定，坚持常规巡视与专项巡视相结合，对巡视过的地方和单位随时开展"回头看"，并创新组织方式。

3. 巡视机制

明确"中央巡视工作领导小组应当加强对省、自治区、直辖市党委，中央有关部委，中央国家机关部门党组（党委）巡视工作的领导"；明确省委常委会听取巡视汇报，"五人小组"听取领导小组综合性巡视汇报，领导小组直接听取各巡视组汇报的"三个汇报机制"和巡视组组长不固定、巡视的单位不固定、巡视组与巡视对象的关系不固定的"三个不固定"机制。

4. 巡视制度

强调要依纪依法开展巡视，逐步形成配套完备、有效管用的巡视制度体系。

5. 巡视组的权限

明确巡视组可以采取"抽查核实领导干部报告个人有关事项的情况"等措施。

（三）关于巡视的责任

巡视工作主体责任：开展巡视工作是管党治党的重大政治责任，是党委履行全面从严治党主体责任的具体化，党委要承担巡视主体责任，党委书记是第一责任人，党委委员落实"一岗双责"。

（四）关于巡视的成果运用和巡视整改

强调立行立改、分类处置，做到件件有着落。

（五）关于巡视巡察的格局

要建立巡视巡察上下联动监督网，完善巡视巡察格局，坚持中央统一领导、分级负责，建立指导督导机制，层层传导压力，促进巡视巡察上下联动、上下贯通。

二、税务系统的巡视巡察工作

（一）税务系统巡视巡察工作的指导思想和基本原则

1. 指导思想

以习近平新时代中国特色社会主义思想和党的十九大二中、三中、四中、五中、六中全会精神为指导，全面贯彻习近平总书记关于巡视工作重要论述，增强"四个意识"、坚定"四个自信"，做到"两个维护"，以党的政治建设为统领，坚定不移深化政治巡视巡察，坚持发现问题、形成震慑不动摇，建立健全新时代税务巡视巡察立体格局，推进巡视巡察有形有效全覆盖，督促税务系统各级党组织和领导干部贯彻落实党的路线方针政策和党中央、国务院重大决策部署，为推动全面从严治党向纵深发展、向基层延伸提供坚强政治保证。

2. 基本原则

（1）坚持统一领导、分级负责；

（2）坚持政治定位、聚焦重点；

（3）坚持人民立场、依靠群众；

（4）坚持问题导向、强化整改；

（5）坚持实事求是、遵规守纪；

（6）坚持闭环管理、持续提升。

（二）巡视工作程序

1. 巡视准备

巡视准备包括制订巡视计划、组建巡视（巡察）组、进行动员部署、组织集中学习、了解基本情况、印发工作通知、完善组内机制、部署组内工作、起草讲话文稿、协调进驻事宜等步骤。

2. 巡中了解

巡视了解包括发布公告、设置意见箱、召开见面沟通会、召开巡视巡察动员会议、听取工作汇报、组织个别谈话、调阅相关资料、走访相关部门、受理信访举报、召开座谈会、列席相关会议、询问知情人、增加抽查对象、下沉巡视巡察、开展明察暗访、组织问卷调查、了解问题线索、重要情况报告、提请工作协助、开展专项检查、制作问题底稿、巡中情况汇报、汇总分析情况、推动立行立改、沟通情况、出具工作鉴定、组织撤离驻地等方法步骤。

3. 汇报处置

汇报处置包括起草报告文件、呈报审阅报告、汇报研究处置等步骤。

4. 组织反馈

组织反馈包括起草反馈意见、进行正式反馈、公开反馈信息等步骤。

5. 办理移交

巡视移交包括分类办理移交、督办移交事项等工作。

6. 落实整改

巡视整改包括落实整改责任、报送整改进展报告、报告整改进展情况、整改分析评价、督促整改公开、加强日常监督等工作。

7. 成果运用

成果运用包括综合运用成果、依规开展宣传、推动闭环管理等工作。

8. 立卷归档

立卷归档包括立卷归档、档案移交和档案管理等工作。

（三）税务系统巡视工作"双闭环"管理

巡视工作"双闭环"管理是坚定不移深化政治巡视的有效办法。

1. 第一闭环是巡视工作闭环,即"发现问题——推动整改——完善制度——规范管理",着眼巡视工作全流程管理,坚持问题导向,压实整改责任,倒逼完善制度,促进各项工作进一步规范。

(1) 发现问题,进驻被巡视党组织后,按照规定权限和巡视工作方案,采取听取汇报、个别谈话、受理来信来电来访、调阅资料等方式积极开展工作,对反映被巡视党组织领导班子及其成员的重要问题和线索,可以进行初步了解。

(2) 推动整改,被巡视党组织根据巡视反馈意见,在10个工作日内制订上报巡视整改方案,及时召开专题民主生活会,建立问题清单、任务清单、责任清单,实行台账管理,对账销号,层层压实责任,抓实落细整改工作,并于2个月内将巡视整改情况报告和主要负责人组织落实情况报告报送巡视办。

(3) 完善制度,纪检监察、人事部门应当建立完善巡视整改情况日常监督制度,明确监督职责、内容、方式和成果运用。

(4) 规范管理,建立并持续完善巡视巡察定位规范、巡视巡察组织规范、巡视巡察内容规范、巡视巡察程序规范、巡视巡察成果运用规范、巡视巡察文书档案规范六大体系,以及其他需要规范的巡视工作事项。

2. 第二闭环是深化整改闭环,即"巡视整改——专项整治——督导检查——推动问责",旨在推进整改深度,强化信息共享,形成整改合力,深化成果应用,发挥震慑作用,促使巡视监督持续推进。

(1) 巡视整改,巡视办通过调阅资料、约谈、实地调研检查等方式,了解被巡视党组织违反中央八项规定及其实施细则精神、"四风"问题等边巡边改、立行立改事项是否整改到位,是否召开专题民主生活会研究整改工作,是否落实整改主体责任,主要负责人是否落实整改工作第一责任人的责任,其他班子成员是否落实整改工作的"一岗双责",是否按时报送"两个报告"等情况,督促按时保质完成整改工作。

(2) 专项整治,巡视办会同巡视组深入分析巡视问题,对巡视发现的普遍性问题提出专项整治建议,报经巡视工作领导小组审议、国家税务总局党委批准,明确牵头司局,开展专项整治。

(3) 督导检查,巡视办对被巡视党组织履行巡视整改主体责任和主要负责人落实第一责任人情况、其他班子成员落实整改"一岗双责"情况、巡视反馈问题整改落实情况、巡视发现的共性问题整改落实情况、专项整治的整改落实情况、巡视移交问题线索和信访举报处置办理情况以及是否存在新问题等开展督导检查。

(4) 推动问责,坚持失责必问、问责必严,对应该问责的情形,应当依照相关程序和规定严肃责任追究。

(三) 巡视成果运用

巡视成果的运用事关巡视制度的严肃性和生命力。

1. 派出巡视（巡察）组的党委及其人事部门把巡视巡察结果作为干部考核评价、选拔任用的重要依据。

2. 纪检机构综合运用监督执纪"四种形态"，依规依纪依法处置巡视巡察移交的领导干部涉嫌违纪违法问题线索。

3. 巡视（巡察）办梳理和分析每轮巡视巡察发现的问题，形成综合分析报告，提出意见建议，推动建立长效机制。

（四）巡视工作信息化

全面规划，分步实施，研发"巡视工作信息管理系统"，包括网上测评、"三重一大"事项管理、巡视过程管理和巡视日常管理等功能。

第三节　组织处理规定

（一）组织处理工作

组织处理工作坚持以习近平新时代中国特色社会主义思想为指导，贯彻新时代党的建设总要求和新时代党的组织路线，落实从严管理监督要求，严肃处理对党不忠、从政不廉、为官不为、品行不端等问题，督促领导干部不忘初心、牢记使命，始终做到忠诚干净担当。

组织处理，是指党组织对违规违纪违法、失职失责失范的领导干部采取的岗位、职务、职级调整措施，包括停职检查、调整职务、责令辞职、免职、降职。

（二）组织处理工作坚持原则

1. 全面从严治党、从严管理监督干部；
2. 党委（党组）领导、分级负责；
3. 实事求是、依规依纪依法；
4. 惩前毖后、治病救人。

（三）组织处理工作管理

党委（党组）及其组织（人事）部门按照干部管理权限履行组织处理职责。

有关机关、单位在执纪执法、日常管理监督等工作中发现领导干部存在需要进行组织处理的情形，应当向党委（党组）报告，或者向组织（人事）部门提出建议。

（四）组织处理工作情形

领导干部在政治表现、履行职责、工作作风、遵守组织制度、道德品行等方面，有苗头性、倾向性或者轻微问题，以批评教育、责令检查、诫勉为主，存在以下情形之一且问题严重的，应当受到组织处理：

1. 在重大原则问题上不同党中央保持一致，有违背"四个意识""四个自信""两个维护"错误言行的；

2. 理想信念动摇，马克思主义信仰缺失，搞封建迷信活动造成不良影响，或者违规参加宗教活动、信奉邪教的；

3. 贯彻落实党的基本理论、基本路线、基本方略和党中央决策部署不力，做选择、打折扣、搞变通，造成不良影响或者严重后果的；

4. 面对大是大非问题、重大矛盾冲突、危机困难，不敢斗争、不愿担当，造成不良影响或者严重后果的；

5. 工作不负责任、不正确履职或者疏于管理，出现重大失误错误或者发生重大生产安全事故、群体性事件、公共安全事件等严重事故、事件的；

6. 工作不作为，敷衍塞责、庸懒散拖，长期完不成任务或者严重贻误工作的；

7. 背弃党的初心使命，群众意识淡薄，对群众反映强烈的问题推诿扯皮，在涉及群众生产、生活等切身利益问题上办事不公、作风不正，甚至损害、侵占群众利益，造成不良影响或者严重后果的；

8. 形式主义、官僚主义问题突出，脱离实际搞劳民伤财的"形象工程""政绩工程"，盲目举债，弄虚作假，造成不良影响或者重大损失的；

9. 违反民主集中制原则，个人或者少数人决定重大问题，不执行或者擅自改变集体决定，不顾大局闹无原则纠纷、破坏团结，造成不良影响或者严重后果的；

10. 在选人用人工作中跑风漏气、说情干预、任人唯亲、突击提拔、跑官要官、拉票贿选、违规用人、用人失察失误，造成不良影响或者严重后果的；

11. 搞团团伙伙、拉帮结派、培植个人势力等非组织活动，破坏所在地方或者单位政治生态的；

12. 无正当理由拒不服从党组织根据工作需要作出的分配、调动、交流等决定的；

13. 不执行重大事项请示报告制度产生不良后果，严重违反个人有关事项报告、干部人事档案管理、领导干部出国（境）等管理制度，本人、配偶、子女及其配偶违规经商办企业的；

14. 诬告陷害、打击报复他人，制造或者散布谣言，阻挠、压制检举控告，造成不良影响或者严重后果的；

15. 违反中央八项规定精神、廉洁从政有关规定的；

16. 违背社会公序良俗，造成不良影响或者严重后果的；

17. 其他应当受到组织处理的情形。

（五）组织处理一般按照以下程序进行

1. 调查核实

组织（人事）部门对领导干部存在的问题以及所应担负的责任进行调查核实，听取有关方面意见，与领导干部本人谈话听取意见。执纪执法等机关已有认定结果的，可以不再进行调查。

2. 提出处理意见

组织（人事）部门根据调查核实情况或者执纪执法等机关认定结果、有关建议，以及领导干部一贯表现、认错悔错改错等情况，综合考虑主客观因素，研究提出组织处理意见报党委（党组）。

3. 研究决定

党委（党组）召开会议集体研究，作出组织处理决定。对双重管理的领导干部，主管方应当就组织处理意见事先征求协管方意见。

4. 宣布实施

组织（人事）部门向受到组织处理的领导干部所在单位和本人书面通知或者宣布组织处理决定，向提出组织处理建议的机关、单位通报处理情况，在1个月内办理受到组织处理的领导干部调整职务、职级、工资以及其他有关待遇的手续。对选举和依法任免的领导干部，按照有关规定履行任免程序。对需要向社会公开的组织处理，按照有关规定予以公开。

（六）组织处理影响期

1. 停职检查期限一般不超过6个月。受到调整职务处理的，1年内不得提拔职务、晋升职级或者进一步使用。受到责令辞职、免职处理的，1年内不得安排领导职务，2年内不得担任高于原职务层次的领导职务或者晋升职级。受到降职处理的，2年内不得提拔职务、晋升职级或者进一步使用。同时受到党纪政务处分和组织处理的，按照影响期长的规定执行。

2. 领导干部受到组织处理的，当年不得评选各类先进。当年年度考核按以下规定执行：受到调整职务处理的，不得确定为优秀等次；受到责令辞职、免职、降职处理的，只写评语不确定等次。同时受到党纪政务处分和组织处理的，按照对其年度考核结果影响较重的处理处分确定年度考核等次。

3. 对受到责令辞职、免职处理的领导干部，可以根据工作需要以及本人特长，安排适当工作任务。

4. 领导干部对组织处理决定不服的，可以在收到组织处理决定后，向作出组织处理决定的党委（党组）提出书面申诉。党委（党组）应当在收到申诉的1个月内作出申诉处理决定，以书面形式告知干部本人以及所在单位。领导干部对申诉处理决定不服的，可以向上级组织（人事）部门提出书面申诉。上级组织（人事）部门应当在 2 个月内予以办理并作出答复，情况复杂的不超过 3 个月。

申诉期间，不停止组织处理决定的执行。

第四节　督察内审工作

一、内部审计

（一）内部审计概述

政府部门内部审计是政府行政管理体制的一部分，它作为政府管理改革的一项重要举措，在全世界范围内受到广泛关注。

1. 审计的分类

审计，按照审计主体，即审计活动的执行者，可以将审计划分为国家审计、内部审计和社会审计。国家审计的实施主体是国家审计机关；内部审计的实施主体是部门、单位内部设置的审计机构或专职审计人员；社会审计（即民间审计）是由依法成立的社会审计组织（主要是会计师事务所）接受委托人的委托所实施的审计，具有有偿性。日常工作中，税务人员接触较多的是国家审计和政府部门的内部审计。

国家审计作为一种外部审计，与政府部门内部审计相辅相成、互相促进。国家审计一方面可以利用政府部门内部审计的工作成果，减少工作量、提高工作效率，弥补审计机关审计力量不足的缺陷；另一方面可以对政府部门的内部审计进行指导，以促进内部审计工作的规范化，提高内部审计质量。

内部审计作为一种独立、客观的确认和咨询活动，它通过运用系统、规范的方法，审查和评价组织的业务活动、内部控制和风险管理的适当性和有效性，以促进组织完善治理、增加价值和实现目标。随着我国行政管理体制改革不断深化，公众也对政府部门提出了越来越高的要求，迫使政府部门必须加强内部控制和审计。

2. 中国政府部门内部审计的作用

政府部门内部审计是政府部门内部控制体系的重要组成部分。

目前，中国政府部门内部审计的作用表现在多个方面：查处违纪违规事件；进行组织机构的风险评估与管理，提出完善内部管理控制的建议和措施；开展领导干部的任期经济责任评价；监督和控制投资资金的支出与效益等。

（二）税务系统内部审计概述

税务系统内部审计，是指内部审计机构和审计人员，在上级内部审计机构和本单位负责人的领导下,根据有关法律、法规和规定,采用一定的程序和方法,对本单位及下属单位的内部控制、预算管理、财务收支、固定资产管理、基本建设管理、政府采购管理、专项资金管理等活动以及领导干部经济责任进行检查和评价的一种独立的经济监督行为。

1. 税务系统内部审计总体目标

税务系统内部审计旨在对税务系统内部预算编制和执行、财务收支、专项资金管理、基本建设管理和政府采购管理等情况进行审计,查找管理过程中的薄弱环节,揭露和制止损失浪费、隐瞒收入、虚列支出、国有资产流失、会计信息失真等问题,促进完善规章制度,规范会计核算和财务管理行为,强化会计基础,不断提高财务管理水平。

2. 税务系统内部审计主要内容

税务系统内部审计主要审查以下事项:各项财经制度遵循和落实情况;各项资产和债权债务管理的完整性、合规性;各项经费支出结构的合理性并评价资金使用的效益性;基本建设、政府采购管理的合规性。

(1)财务内部控制审计;

(2)预算管理审计;

(3)财务收支审计;

(4)国有资产管理审计;

(5)基本建设管理审计;

(6)政府采购审计;

(7)专项经费审计;

(8)领导干部经济责任审计。

(三)税务系统领导干部经济责任审计

经济责任审计,是指税务系统负责督察内审工作的部门(以下统称督察内审部门)依法依规对各级主要领导干部经济责任履行情况进行监督、评价和鉴证的活动。

1. 对象和类别

(1)经济责任审计的对象。税务系统经济责任审计的对象如下:

①各级税务局党委书记、局长;

②各级税务局主持工作1年以上的副职领导干部;

③各级税务局所属独立核算的事业单位正职领导干部以及主持工作1年以上的副职领导干部;

④兼任下级单位正职领导职务的上级领导干部;

⑤上级领导干部兼任下级单位的正职领导职务但不实际履行经济责任时,实际负

责本单位常务工作的副职领导干部；

⑥其他需要审计的领导干部。

直辖市、计划单列市和副省级省会城市税务局辖区税务局所属的税务分局局长、税务所所长是否进行经济责任审计，由各直辖市、计划单列市和副省级省会城市税务局确定。

（2）经济责任审计类别。在领导干部每个任期内至少对其进行1次经济责任审计。在同一岗位任职满3年的领导干部应当对其进行任中经济责任审计。

领导干部在调任、转任、交流、免职、辞职、退休前，应当对其进行离任经济责任审计。拟提拔晋升且符合审计条件的领导干部，应当在考察环节对其进行经济责任审计。

在同一单位任职的领导干部距上次经济责任审计不到1年时间离任的，可以不再安排离任经济责任审计。

各级税务局党委书记不实际履行经济责任的，可以不进行经济责任审计。

2. 审计内容

税务系统领导干部经济责任审计内容主要有以下三个方面。

（1）税收管理方面：①贯彻落实党和国家重大方针政策、上级税务机关决策部署，推动本单位（系统）税收工作科学发展情况；②执行有关税收法律、法规、规章、规范性文件情况；③建立和执行税收管理内部控制制度情况；④税收收入任务完成情况；⑤税收规范性文件的合法性；⑥税收具体行政行为的合法性；⑦其他需要审计的内容。

（2）财务管理方面：①贯彻落实党和国家有关方针政策和上级税务机关重大决策部署情况；②遵守有关财务管理法律、法规、规章、规范性文件情况；③建立和执行财务管理内部控制制度情况；④重大经济事项决策情况；⑤本单位（系统）预算编制、执行和其他财政收支、财务收支的真实、合法和效益情况；⑥基本建设等重要项目的投资、建设和管理情况；⑦政府采购的真实、合法和效益情况；⑧国有资产的采购、管理、使用和处置情况；⑨贯彻落实中央八项规定精神和厉行节约反对浪费规定的情况；⑩其他需要审计的内容。

（3）其他方面：①被审计领导干部履行有关党风廉政建设第一责任人职责情况，以及本人遵守有关廉政规定的情况；②机构设置、编制使用以及有关规定的执行情况；③对下属单位税收管理和财务管理活动的管理、监督情况；④对以往审计中发现问题的整改情况；⑤群众来信来访反映的有关问题；⑥其他需要审计的内容。

被审计领导干部在同一岗位任职满3年的，审计年限不得少于2年。根据实际需要，可以追溯至其他年度和延伸至其他相关单位。

上级领导干部兼任下级单位的正职领导职务，且实际履行经济责任的，对其进行经济责任审计时，审计内容应当仅限于其兼任职务所应当履行的经济责任。

3. 经济责任审计报告和审计结果报告

（1）经济责任审计报告。督察内审部门在审计结束后依据审计情况，向被审计领导干部及所在单位下发审计报告。

审计报告应当包括以下内容：①基本情况，包括审计依据、实施审计的基本情况、被审计领导干部任职及分工情况、所任职单位的基本情况等；②被审计领导干部履行经济责任的主要情况，包括被审计领导干部及其所在单位以往接受内外部审计整改情况等；③审计发现的主要问题与责任认定，包括审计发现问题的事实、定性、被审计领导干部应当承担的责任及有关依据，审计期间被审计领导干部及其所在单位对审计发现问题已经整改的，可以包括有关整改情况；④审计处理意见和建议；⑤其他必要的内容。

审计报告中涉及的重大经济案件调查等特殊事项，经局领导批准，可以不征求被审计领导干部及其所在单位的意见。

被审计领导干部及其所在单位应当自收到审计报告征求意见稿之日起10日内，提出书面反馈意见。限期内未提出书面意见的，视同无意见。书面反馈意见，须经被审计领导干部本人签字，并加盖被审计单位公章。

审计发现的有关重大事项，可以直接报送局领导或相关部门，不在审计报告中反映。

被审计领导干部对审计报告有异议的，可以自收到审计报告之日起30日内向出具审计报告的税务局申诉，税务局应当自收到申诉之日起30日内作出复查决定；被审计领导干部对复查决定仍有异议的，可以自收到复查决定之日起30日内向上一级税务局申请复核，上一级税务局应当自收到复核申请之日起60日内做出复核决定。

上一级税务局的复核决定和国家税务总局的复查决定为最终决定。

（2）经济责任审计结果报告。督察内审部门应当以审计报告为依据，出具审计结果报告。

审计结果报告是指督察内审部门在审计报告的基础上，精简提炼形成的反映审计结果的报告，重点反映被审计领导干部履行经济责任的主要情况、审计发现的主要问题和责任认定、审计处理方式和建议。

审计结果报告应当报送本级局党委书记、局长和授权审计的上级税务局，提交委托审计的人事部门，存入被审计领导干部个人档案；根据需要抄送本级联席会议有关成员单位和涉及的其他主管部门。

4. 审计评价

督察内审部门应当依照法律法规、国家有关政策规定以及国家税务总局干部考核评价的有关规定，根据审计查证或者认定的事实，客观公正、实事求是地进行审计评价。

审计评价应当有充分的审计证据支持，对审计中未涉及、审计证据不适当或者不充分的事项不做评价。

审计评价应当与审计内容相统一。

5. 评价依据

（1）法律、法规、规章和规范性文件，中国共产党党内法规和规范性文件；

（2）中央有关税收工作方针政策和决策部署；

（3）国家统一的财政、财务管理制度；

（4）税务系统有关发展规划、年度计划和责任制考核目标；

（5）国家税务总局制定的内部管理工作规范和内部控制制度；

（6）领导干部所在单位的"三定"规定和有关领导的职责分工文件，有关会议记录、纪要、决议和决定，有关预算、决算和合同（协议），有关内部管理制度和绩效目标；

（7）有关职能部门、主管部门发布或者认可的统计数据、考核结果和评价意见；

（8）其他依据。

6. 责任类型

领导干部履行经济责任过程中存在的问题应当负有的责任应当按照直接责任、主管责任、领导责任三种责任类型做出界定。

（1）直接责任。

直接责任，是指被审计的领导干部对其任职期间履行经济责任过程中的下列行为应当承担的责任：①本人或者与他人共同违反有关法律法规、国家有关规定和单位内部管理规定的；②授意、指使、强令、纵容、包庇下属人员违反有关法律法规、国家有关规定和单位内部管理规定的；③未经民主决策、相关会议讨论或者文件传签等规定的程序，直接决定、批准、组织实施重大经济事项，并造成国家利益重大损失、公共资金或国有资产严重损失浪费以及严重损害公共利益等后果的；④主持相关会议讨论或者以文件传签等其他方式研究，在多数人不同意的情况下，直接决定、批准、组织实施重大经济事项，由于决策不当或者决策失误造成国家利益重大损失、公共资金或国有资产严重损失浪费以及严重损害公共利益等后果的；⑤对有关法律法规和文件制度规定的被审计领导干部作为第一责任人的事项、签订的有关目标责任事项或者应当履行的其他重要职责，由于授权（委托）其他领导干部决策且决策不当或者决策失误造成国家利益重大损失、公共资金或国有资产严重损失浪费以及严重损害公共利益等后果的；⑥其他失职、渎职或者应当承担直接责任的。

（2）主管责任。

主管责任，是指被审计的领导干部对其任职期间履行经济责任过程中的下列情形应当承担的责任：①除直接责任外，领导干部对其直接分管或者主管的工作，不履行或者不正确履行经济责任的；②除直接责任外，主持相关会议讨论或者以文件传签等其他方式研究，并且在多数人同意的情况下，决定、批准、组织实施重大经济事项，由于决策不当或者决策失误造成国家利益损失、公共资金或国有资产损失浪费以及损害公共利益等后果的；③疏于监管，致使所分管部门和单位发生重大违纪违法问题或者造成重大损失浪费等后果的；④其他应当承担主管责任的。

（3）领导责任。

领导责任，是指除直接责任和主管责任外，被审计领导干部对其职责范围内不履行或者不正确履行经济责任的其他行为应当承担的责任。

7. 结果运用

经济责任审计结果和审计发现问题的整改情况应当作为被审计领导干部考核、任免和奖惩的重要依据。

各级联席会议和督察内审、纪检监察、人事等部门应当逐步健全并严格落实经济责任审计情况通报、责任追究、整改落实、结果公告等制度。

人事、纪检监察部门应当将督察内审部门移送问题的处理结果及时反馈给督察内审部门。

被审计领导干部及其所在单位根据审计结果，应当采取以下整改措施：

（1）在单位内部通报审计结果和整改要求，及时制订整改方案，认真进行整改；

（2）按照上级税务机关发出的审计报告、审计决定书进行处理和整改，并自收到之日起30日内将处理情况和整改结果书面报告上级税务机关；

（3）根据审计结果反映出的问题，落实有关责任人员的责任，采取相应的处理措施；

（4）根据审计建议，采取措施，健全制度，加强管理；

（5）按照有关要求，在一定范围内公告或通报整改结果。

二、税收执法考评与过错责任追究

（一）税收执法考评

税收执法，是指税务机关及工作人员行使法定职权对税务行政相对人做出的行政行为。税收执法考评，包括税务机关对所属单位及税收执法人员的税收执法行为的考核与税收执法质量的评价。

税收执法责任制是由税收执法岗位职责、工作规程、执法质量考核、执法过错责任追究等制度组成的税务机关内部的一种执法监督机制。

（二）税收执法考核

税收执法考核的结果是税收执法过错责任追究、税收执法质量评价的依据。

税收执法考核包括对税务机关的考核和对税收执法人员的考核。

1. 税收执法考核内容

(1) 是否存在不作为情形;

(2) 税收执法主体资格是否符合规定;

(3) 税收执法人员是否取得执法资格;

(4) 税收执法是否符合执法权限;

(5) 税收执法适用依据是否正确;

(6) 税收执法程序是否合法;

(7) 税收执法文书使用是否规范;

(8) 税收执法认定的事实是否清楚,证据是否充分;

(9) 税收执法决定是否合法、完整、适当;

(10) 制定规范性文件是否合法合规;

(11) 其他情况。

2. 税收执法考核实施方式

应当按月实施,通过内部控制监督平台定期扫描税收业务,获取税收执法数据和过错信息;过错信息推送至税务机关、税收执法人员;税务机关、税收执法人员对推送的过错信息核实、申辩、确认,并予以反馈;考核结果告知相关税务机关、税收执法人员。

3. 税收执法考核范畴

(1) 税务机关监督部门开展督察、审计、巡视等工作确认的税收执法问题;(2) 税务机关其他主管部门发现并确认的税收执法问题;(3) 审计、财政等外部监督部门查处的税收执法问题;(4) 舆论监督及社会公众反映并查实的税收执法问题;(5) 行政复议决定、行政诉讼判决或者裁定未支持原行政行为的税收执法问题;(6) 通过其他形式发现的税收执法问题。

(三) 税收执法过错责任追究

1. 税收执法过错责任追究形式

(1) 批评教育;(2) 责令作出书面检查;(3) 通报批评;(4) 取消评选先进的资格;(5) 责令待岗;(6) 调离执法岗位;(7) 取消执法资格。

2. 归责原则

实行过错责任原则,即谁的过错,谁承担责任。过错涉及两名以上税收执法人员,应当根据税收执法过错的具体情形确定税收执法过错责任人,并区分主要责任、次要责任或者同等责任、全部责任。

3. 可以从轻或者免予追究的情形

(1) 税收执法过错情节显著轻微,主动发现并及时纠正,未造成危害后果的;(2) 在国务院,省、自治区、直辖市和计划单列市人民政府,以及国家税务总局批准的探索性、试验性工作中发生税收执法过错并及时纠正、有效避免损失的;(3)其他可以从轻或者免予追究的情形。

4. 应当从重追究的情形

(1)税收执法人员因主观故意或者不作为导致税收执法过错发生的;(2)导致国家税款流失并且数额较大的;(3)被责令限期改正逾期不改正,又无正当理由的;(4)税收执法过错发生后瞒报或者不采取有效措施,致使损害后果扩大的;(5)隐瞒事实真相、出具伪证、毁灭证据,或者以其他方式阻碍、干扰税收执法过错调查的;(6)因税收执法过错形成负面涉税舆情、造成恶劣社会影响的;(7)因税收执法过错导致税务机关承担国家赔偿责任的;(8)其他应当从重追究的情形。

5. 税收执法过错责任追究规定

(1)适用批评教育的,由过错责任人主管领导实施,留存谈话记录,并由过错责任人签名确认;

(2)适用责令做出书面检查的,由税收执法责任制工作领导小组办公室实施,留存手写书面检查原件,并由过错责任人签名确认;

(3)适用通报批评的,由税收执法责任制工作领导小组办公室以本机关名义行文;

(4)适用取消评选先进资格的,由税收执法责任制工作领导小组办公室告知有关部门,记录相关情况;

(5)适用责令待岗的,应当暂扣执法证件,由税收执法责任制工作领导小组办公室责成主管部门办理相关手续,暂扣执法证件期间不得从事税收执法活动;

(6)适用调离执法岗位的,应当收回保管执法证件,由税收执法责任制工作领导小组办公室责成主管部门办理相关手续,1年内不得重返执法岗位,重返执法岗位前应当接受适当形式培训;

(7)适用取消执法资格的,应当吊销执法证件,调离执法岗位,由税收执法责任制工作领导小组办公室责成主管部门办理相关手续,两年内不得重返执法岗位,重返执法岗位前应当重新取得执法资格。

(四)税收执法质量评价与结果运用

税收执法质量评价包括对税务机关的评价和对税收执法人员的评价。

税收执法质量评价内容包括税务登记、发票管理、申报征收、税收优惠、税收法制、税务稽查等税收业务中的税收执法行为。

各级税务机关应当将税收执法质量评价结果纳入绩效考核,具体实施办法由各级税收执法责任制工作领导小组办公室会同绩效管理部门研究确定。

（五）追究结果的申诉

税务机关、税收执法人员对过错责任追究决定有异议的，应当自追究结果告知之日起5个工作日内，提出申诉。

税收执法责任制工作领导小组办公室应当自收到申诉材料之日起15个工作日内组织调查核实，形成调查结论，并作出答复。

对答复有异议的，有关税务机关或者税收执法人员可以自收到答复之日起5个工作日内向上一级税务机关税收执法责任制工作领导小组办公室提出书面复核申请。

（六）依法履职免责内容

在事实表述、法条引用、文书制作等方面存在执法瑕疵，不影响执法结果的正确性及效力的，不予追究税收执法过错责任，但应当进行税收执法质量评价，并予以纠正。

不予追究的情形：（1）法律、法规、规章、税收规范性文件不明确或者有争议的；（2）执行上级税务机关的书面答复、决定、命令；（3）不可抗力或者意外事件；（4）业务流程或者税收业务相关软件存在疏漏或者发生改变的；（5）税务行政相对人提供虚假材料、隐瞒涉税信息等其他不依法诚信履行纳税义务的；（6）有证据证明税收执法人员不存在故意或者过失的其他情形。

第五节　内控机制建设

一、总体要求、思路、工作任务和基本原则

内控机制建设是一项长期复杂的系统性工作，由各级税务部门的领导班子、职能部门及其工作人员共同参与，通过精心谋划，统筹推进，着力构建"制度、流程、信息和监督"四道防线，从而在税收管理和行政管理等各项权力运行中，形成内生制约力的管理机制。

（一）总体要求

国家税务总局对内控机制建设的总体要求是以权力制衡为核心，以防范税收执法风险、行政管理风险、廉政风险为重点，以完善制度为基础，以流程控制为主线，以信息化手段为依托，以监督检查为保障，以"两覆盖、两优化、两提升"为要求，建立与税收治理体系和治理能力现代化相适应的，权责一致、制衡有效、运行顺畅、执行有力、管理科学的内部控制体系。

（二）总体思路

经过充分研究论证，国家税务总局确定了建立"制度、流程、信息、监督"四道防线的总体思路，深入推进内控机制建设。

1. 完善制度防线，建立包括内部控制基本制度、专项制度、操作指引及管理制度在内的"四位一体"的内部控制制度体系。

2. 优化流程防线，针对权力运行的特点和节点，通过流程的优化和管控，形成既相互协调又相互制约的工作机制。

3. 推进信息防线，继续加强信息化建设，着力落实业务软件风险防控内生化，建立内部控制监督平台，进一步提升内部控制信息化水平，优化内部控制的方法和路径。

4. 强化监督防线，进一步做好巡视、督察、审计等监督检查工作，发现问题，完善措施，以查促管，以查促控。

5. 内控机制建设的具体工作任务，就是要完成好国家税务总局党委提出的"两覆盖、两优化、两提升"的要求。

（1）做好"两覆盖"；

（2）做好"两优化"；

（3）做好"两提升"。

6. 基本原则。

（1）全面覆盖；

（2）突出重点；

（3）权力制衡；

（4）融合联动；

（5）持续改进。

（三）内部控制对象

税务系统内部控制的内容包括政策制定风险、税收执法风险、行政管理风险以及由此产生的廉政风险。

1. 政策制定风险，是指税务机关在制定税收政策的过程中，因目标或导向失误、制定依据不充分、与上位法相抵触、制定程序违规等，造成国家利益或行政管理相对人利益损失的可能性。

2. 税收执法风险，是指税务机关及其工作人员在税收执法过程中，因故意或过失，损害国家利益或行政管理相对人合法权益的可能性。

3. 行政管理风险，是指税务机关及其工作人员在内部管理过程中，因故意或过失，损害国家利益、管理秩序或相关当事人合法权益的可能性。

4. 廉政风险，是指税务机关及其工作人员在政策制定、税收执法和行政管理工作中利用职权谋取不正当利益等腐败行为的可能性。

★ 习题精练及答案解析

一、单项选择题

1. 监察机关应当按照管理权限，加强对公职人员的监督，依法给予违法的公职人员（　　）。

   A. 行政处罚　　　B. 行政处分　　　C. 政务处分　　　D. 处分

   【参考答案】C

   【解析】《中华人民共和国公职人员政务处分法》第三条：监察机关应当按照管理权限，加强对公职人员的监督，依法给予违法的公职人员政务处分。

2. 习近平总书记指出：要以新时代中国特色社会主义思想为指导，增强"四个意识"、坚定"四个自信"、做到"两个维护"，以党的政治建设为统领全面推进党的建设，取得全面从严治党更大战略性成果，巩固发展反腐败斗争压倒性胜利，一体推进（　　），健全党和国家监督体系，确保党的十九大精神和党中央重大决策部署坚决贯彻落实到位，以优异成绩庆祝中华人民共和国成立70周年。

   A. 不想腐、不能腐、不敢腐　　　　B. 不能腐、不敢腐、不想腐

   C. 不敢腐、不能腐、不想腐　　　　D. 不想腐、不敢腐、不能腐

   【参考答案】C

   【解析】依据习近平总书记在中国共产党第十九届中央纪律检查委员会第三次全体会议上的重要讲话。

3. 各级税务机关的（　　）是督查工作管理机构。

   A. 纪检组　　　　　　　　　　　B. 办公室

   C. 督察内审部门　　　　　　　　D. 巡视巡察部门

   【参考答案】B

   【解析】各级税务机关的办公室是督查工作管理机构。

4. 2023年，全国税务系统全面从严治党工作会议强调，要激励税务干部担当作为，全面落实"三个区分开来"，认真落实容错纠错制度，切实把从严管理监督和激励担当作为高度统一起来。在税务系统纵深推进全面从严治党过程中，不属于"三个区分开来"的内容是（　　）。

   A. 把深化改革过程中的创新失败，同不锐意进取的躺平摆烂区分开来

   B. 把为推动发展的无意过失，同为谋取私利的违纪违法行为区分开来

   C. 要把干部在推进改革中因缺乏经验、先行先试出现的失误和错误，同明知故犯

的违纪违法行为区分开来

D. 把上级尚无明确限制的探索性试验中的失误和错误，同上级明令禁止后依然我行我素的违纪违法行为区分开来

【参考答案】A

【解析】习近平总书记在二十届中央纪委二次全会上发表重要讲话，强调要坚持严管和厚爱结合、激励和约束并重，坚持"三个区分开来"。"三个区分开来"指：把因缺乏经验先行先试出现的失误与明知故犯行为区分开来，把国家尚无明确规定时的探索性试验与国家明令禁止后的有规不依行为区分开来，把为推动改革的无意过失与为谋取私利的故意行为区分开来。

5. 深化政治巡视，建立巡视巡察上下联动的监督网，继续健全派驻领导体制和工作机制，加强国家监察，形成纪律监督、监察监督、（　　）、巡视监督"四个全覆盖"的权力监督格局。

A. 人事监督　　B. 财务监督　　C. 执法监督　　D. 派驻监督

【参考答案】D

【解析】深化政治巡视，建立巡视巡察上下联动的监督网，继续健全派驻领导体制和工作机制，加强国家监察，形成纪律监督、监察监督、派驻监督、巡视监督"四个全覆盖"的权力监督格局。

6. 税务系统巡视巡察工作应当以问题为导向，下列选项中不属于巡视巡察工作重点发现问题的是（　　）。

A. 任人唯亲严重不团结　　　　B. 干部选拔过程中违规用人

C. 违反廉洁纪律　　　　　　　D. 教育培训不规范

【参考答案】D

【解析】根据《中国共产党巡视工作条例》第十五条，巡视组对巡视对象执行《中国共产党章程》和其他党内法规，遵守党的纪律，落实全面从严治党主体责任和监督责任等情况进行监督，着力发现党的领导弱化、党的建设缺失、全面从严治党不力，党的观念淡漠、组织涣散、纪律松弛，管党治党宽松软问题：（一）违反政治纪律和政治规矩，存在违背党的路线方针政策的言行，有令不行、有禁不止，阳奉阴违、结党营私、团团伙伙、拉帮结派，以及落实意识形态工作责任制不到位等问题；（二）违反廉洁纪律，以权谋私、贪污贿赂、腐化堕落等问题；（三）违反组织纪律，违规用人、任人唯亲、跑官要官、买官卖官、拉票贿选，以及独断专行、软弱涣散、严重不团结等问题；（四）违反群众纪律、工作纪律、生活纪律，落实中央八项规定精神不力，搞形式主义、官僚主义、享乐主义和奢靡之风等问题；（五）派出巡视组的党组织要求了解的其他问题。

7. 下列不属于监督执纪"四种形态"的是（　　）。

A. 党内关系要正常化，批评和自我批评要经常开展，让咬耳扯袖、红脸出汗成为常态

B. 党纪轻处分和组织处理要成为大多数

C. 对严重违纪的重处分、作出重大职务调整应当是少数

D. 特别严重的违纪违法案件必须严肃查处、形成高压震慑

【参考答案】D

【解析】监督执纪"四种形态"具体内容。

8. 受到撤销党内职务处分的党员，其在党内担任两个以上职务，如果决定撤销其某个职务，则必须从其担任的（　　）。

A. 最高职务开始依次撤销　　　　B. 最低职务开始依次撤销

C. 多个职务中任选其一撤销　　　D. 所有职务都予以撤销

【参考答案】A

【解析】根据《中国共产党纪律处分条例》的规定。

9. 习近平总书记指出，要保持反腐败政治定力，不断实现（　　）一体推进的战略目标。

A. 不想腐、不敢腐、不能腐　　　B. 不敢腐、不能腐、不想腐

C. 不敢腐、不想腐、不能腐　　　D. 不想腐、不能腐、不敢腐

【参考答案】B

【解析】依据习近平总书记在十九届中央纪委六次全会上发表的重要讲话。习近平总书记指出，要保持反腐败政治定力，不断实现不敢腐、不能腐、不想腐一体推进的战略目标。

10. 《中国共产党章程》明确，党的市（地、州、盟）和县（市、区、旗）委员会建立（　　）。

A. 巡察制度　　B. 巡视制度　　C. 巡查制度　　D. 监察制度

【参考答案】A

【试题解析】依据《中国共产党章程》第十四条规定内容。

11. 监督执纪工作应当坚持纪律检查工作双重领导体制，监督执纪工作以（　　）为主，线索处置、立案审查等在向同级党委报告的同时应当向上级纪委报告。

A. 上级纪委领导　　　　　　　　B. 同级党委领导

C. 上级党委领导　　　　　　　　D. 中央纪委领导

【参考答案】A

【解析】依据《中国共产党纪律检查机关监督执纪工作规则》第三条第（二）项：坚持纪律检查工作双重领导体制，监督执纪工作以上级纪委领导为主，线索处置、立案审查等在向同级党委报告的同时应当向上级纪委报告。

12. 对监督检查中发现的问题,被检查单位逾期未整改的,由领导班子主要负责人或纪检组组长对被检查单位领导班子（　　）实行诫勉谈话,仍未整改的,对被检查单位领导班子（　　）先免职、后处理。

　　A. 主要负责人　　　　　　　　　　B. 纪检组组长
　　C. 出现问题的分管领导　　　　　　D. 全体成员

【参考答案】A

【解析】根据《税务系统领导班子和领导干部监督管理办法实施细则》,对监督检查中发现的问题应向党组报告,提出整改意见,向被检查单位发出限期整改通知书。被检查单位逾期未整改的,由领导班子主要负责人或纪检组组长对被检查单位领导班子主要负责人实行诫勉谈话,仍未整改的,对被检查单位领导班子主要负责人先免职、后处理。

13. 根据《税收执法责任管理与过错追究办法》的规定,下列不属于税收执法过错责任追究形式的是（　　）。

　　A. 批评教育　　　　　　　　　　　B. 自我批评
　　C. 取消评先资格　　　　　　　　　D. 取消执法资格

【参考答案】B

【解析】根据《税收执法责任管理与过错追究办法》的规定,执法过错责任追究形式,包括批评教育,责令做出书面检查,通报批评,取消评选先进或优秀资格,责令待岗,取消执法资格等。

14. 《党政机关厉行节约反对浪费条例》规定,党政机关国内发生的公务差旅费、公务接待费、公务用车购置及运行费、会议费、培训费等经费支出,除按规定实行财政直接支付或者银行转账外,应当使用（　　）结算。

　　A. 支票　　　B. 公务卡　　　C. 借条　　　D. 现金

【参考答案】B

【解析】根据《党政机关厉行节约反对浪费条例》第十一条,全面实行公务卡制度。健全公务卡强制结算目录,党政机关国内发生的公务差旅费、公务接待费、公务用车购置及运行费、会议费、培训费等经费支出,除按规定实行财政直接支付或者银行转账外,应当使用公务卡结算。

15. 下列关于公务员监督与惩戒的说法正确的是（　　）。

　　A. 公务员执行公务时,认为上级的决定或者命令有错误的,可以不予执行
　　B. 对公务员同一违纪违法行为,监察机关已经作出政务处分决定的,公务员所在机关不再给予处分
　　C. 公务员处分有警告、严重警告、记过、记大过、降级、撤职、开除7种
　　D. 公务员在受处分期间不得晋升职务、职级和级别,不得晋升工资档次

【参考答案】B

【解析】根据《公务员法》第六十条规定，公务员执行公务时，认为上级的决定或者命令有错误的，可以向上级提出改正或者撤销该决定或者命令的意见；上级不改变该决定或者命令，或者要求立即执行的，公务员应当执行该决定或者命令，执行的后果由上级负责，公务员不承担责任；但是，公务员执行明显违法的决定或者命令的，应当依法承担相应的责任，故 A 项错误；第六十一条规定，对同一违纪违法行为，监察机关已经作出政务处分决定的，公务员所在机关不再给予处分，故 B 项正确；第六十二条规定，处分分为：警告、记过、记大过、降级、撤职、开除，故 C 错误；第六十四条规定，公务员在受处分期间不得晋升职务、职级和级别，其中受记过、记大过、降级、撤职处分的，不得晋升工资档次，故 D 错误。

16. 税收违法案件"一案双查"联席会议（　　）召开一次，统筹研究、组织、实施"一案双查"工作，并协调处理相关问题，通报移送、处置、处理情况。如遇需紧急协调、沟通的事项，可随时召开。联席会议应形成会议纪要，相关部门认真抓好落实。

    A. 每月　　　　B. 每季度　　　　C. 每半年　　　　D. 每年

【参考答案】B

【解析】组织召开联席会议，省以下税务机关联席会议由纪检机构组织，稽查部门、督察内审职能部门和相关税收业务部门以及人事、党建等部门负责人参加。联席会议每季度召开一次，统筹研究、组织、实施一案双查工作，并协调处理相关问题，通报移送、处置、处理情况。如遇需紧急协调、沟通的事项，可随时召开。联席会议应形成会议纪要，相关部门认真抓好落实。

17. 在税收执法过错责任追究过程中，适用取消执法资格的，应当吊销执法证件调离。执法岗位由税收执法责任管理与过错追究，领导小组责成主管部门办理相关手续，一定期限内不得重返执法的岗位，这一期限是指（　　）。

    A. 半年　　　　B. 1 年　　　　C. 两年　　　　D. 3 年

【参考答案】C

【解析】《税收执法责任管理与过错追究办法》规定，适用取消执法资格的，应当吊销执法，证件调离执法岗位由税收执法责任管理与过错追究，领导小组责成主管部门办理相关手续，两年内不得重返执法岗位，重返执法岗位前应当重新取得执法资格。

18. 对党员的纪律处分，必须经（　　）讨论决定，报党的基层委员会批准。

    A. 党小组会　　B. 支部大会　　C. 支部委员会　　D. 党组会

【参考答案】B

【试题解析】党章第四十条规定：对党员的纪律处分，必须经支部大会讨论决定，报党的基层委员会批准。

19. 加强和规范涉税案件（　　）工作，支持纪检监察部门加大查办案件力度，加大打击力度，防范廉政风险。

　　A."多案并查"　　B."案件快查"　　C."一案多查"　　D."一案双查"

【参考答案】D

【解析】根据税务系统各级党组落实全面从严治党主体责任实施办法，加强和规范涉税案件"一案双查"工作。完善税收违法案件"一案双查"管理办法，支持纪检监察部门加大查办案件力度，及时发现和查处虚开增值税专用发票、骗取出口退税等重大涉税案件中税务人员的违纪违法问题，加大打击力度，防范廉政风险。对反复发生的案件和问题，从体制机制上查找原因，采取预防措施。

20. 各级党委班子成员（　　），要全力支持纪检监察部门查办案件，坚持有案必查、有贪必肃，保持查处腐败案件的高压态势。

　　A. 主动参与案件查办

　　B. 不得以任何形式干扰、阻挠案件查办

　　C. 可以采用适当手段干涉案件查办

　　D. 不得以任何形式过问案件查办情况

【参考答案】B

【解析】根据税务系统各级党组落实全面从严治党主体责任实施办法，坚决查办违法违纪案件。全力支持纪检监察部门查办案件，坚持有案必查、有贪必肃，保持查处腐败案件的高压态势。党组班子成员不得以任何形式干扰、阻挠案件查办。

21. 党员受到何种处罚，其党内职务自然撤销？（　　）

　　A. 严重警告　　　　　　　　B. 撤销党内职务

　　C. 留党察看　　　　　　　　D. 开除党籍

【参考答案】C

【试题解析】根据《中国共产党纪律处分条例》第十二条，党员受到留党察看处分，其党内职务自然撤销。对于担任党外职务的，应当建议党外组织撤销其党外职务。受到留党察看处分的党员，恢复党员权利后二年内，不得在党内担任和向党外组织推荐担任与其原任职务相当或者高于其原任职务的职务。

22. 某区税务局新调任至纪检组不久的小肖拟写本单位纪检监察案件查办工作制度，下列表述准确的是（　　）。

　　A. 纪检监察机关的职权包括处分处理权

　　B. 对于党员的党纪处分，一般不宜由支部大会直接讨论

　　C. 监察机关无法直接对违纪财产作出处理，需要经过党组通过才能执行

　　D. 对于已经涉嫌构成犯罪，需要追究刑事责任的，程序上经过党的基层委员会超过半数审核通过方可移送

【参考答案】A

【解析】纪检监察机关的职权包括处分处理权。对于党员的党纪处分，一般由党的支部大会讨论决定，报党的基层委员会批准。监察机关有权对违纪财产做出处理。对于已经涉嫌构成犯罪，需要追究刑事责任的，纪检监察机关应当将其移送司法机关处理。

23. 党委会议应当有（   ）以上党委委员到会方可召开，讨论和决定干部任免、处分党员事项必须有（   ）以上党委委员到会。

    A. 半数，半数 B. 半数，三分之二
    C. 三分之二，半数 D. 三分之二，三分之二

【参考答案】B

【试题解析】依据《中共国家税务总局委员会工作规则》：党委会议应当有半数以上党委委员到会方可召开，讨论和决定干部任免、处分党员事项必须有三分之二以上党委委员到会。

24. 某区税务局纪检组小吴负责纪检监察信访举报工作，根据规定，下列纪检监察信访举报中她不应当受理的是（   ）。

    A. 对税务机关、税务人员违反党纪政纪问题的检举、控告
    B. 受理的税务人员不服党纪政纪处分的申诉
    C. 对党风廉政建设和纪检监察工作的批评和建议
    D. 违反税收政策法规的信访事项

【参考答案】D

【解析】应由税务机关其他部门受理的违反税收政策法规、纳税服务制度、税收工作规程、人事管理规定、行政管理规定等不属于税务纪检监察部门职权范围内的信访事项。

25. 将公务活动中形成的应当归档的文件材料、资料据为己有，拒绝交档案机构、档案工作人员归档的，对有关责任人员，给予（   ）处分。

    A. 警告 B. 记过 C. 记大过 D. 降级

【参考答案】A

【试题解析】将公务活动中形成的应当归档的文件材料、资料据为己有，拒绝交档案机构、档案工作人员归档的，对有关责任人员，给予警告处分；情节较重的，给予记过或者记大过处分；情节严重的，给予降级或者撤职处分。

26. 根据《中国共产党巡视工作条例》，巡视工作坚持的原则除了坚持中央统一领导、分级负责，坚持实事求是、依法依规外，还要坚持（   ）。

    A. 群众路线、发扬民主 B. 立足民主、依法办事
    C. 严格规范、富有效率 D. 充满活力、联系群众

【参考答案】A

【解析】根据中共中央新修订的《中国共产党巡视工作条例》第四条，巡视工作坚持中央统一领导、分级负责；坚持实事求是、依法依规；坚持群众路线、发扬民主。

27. 税务系统内部控制活动中，制约控制方法不包含（   ）。

  A. 职责分工控制   B. 公开运行控制

  C. 上级督办控制   D. 流程控制

【参考答案】C

【解析】根据全国税务系统内部控制基本制度的相关规定。

28. 行政机关公务员在受处分期间受到新的处分的，其处分期为原处分期尚未执行的期限与新处分期限之和。但是，处分期最长不得超过（   ）。

  A. 12 个月 B. 18 个月 C. 36 个月 D. 48 个月

【参考答案】D

【解析】根据《行政机关公务员处分条例》，行政机关公务员在受处分期间受到新的处分的，其处分期为原处分期尚未执行的期限与新处分期限之和。最长不超过 48 个月。

29. 党委（党组）每（   ）应当至少召开 1 次常委会会议（党组会议）专题研究全面从严治党工作，分析研判形势，研究解决瓶颈和短板，提出加强和改进的措施。

  A. 月   B. 季度   C. 半年   D. 年

【参考答案】C

【解析】依据《党委（党组）落实全面从严治党主体责任规定》第十条。

30. 各级税务局各职能部门加强风险预警，做到问题早发现、监管早跟进、风险早处置。对发现的涉嫌违纪违法问题线索及时转交（   ）归口管理。

  A. 纪检机构   B. 信访部门

  C. 党建工作部门   D. 督察内审部门

【参考答案】A

【解析】《进一步加强税务系统部门职能监督实施办法》第四章第二十七条规定，对发现的涉嫌违纪违法问题线索及时转交纪检机构归口管理。

31. 《中国共产党问责条例》明确，问责应当分清责任，领导班子主要负责人和直接主管的班子成员在职责范围内承担（   ）。

  A. 全面领导责任   B. 主要领导责任

  C. 重要领导责任   D. 直接领导责任

【参考答案】B

【解析】领导班子主要负责人和直接主管的班子成员在职责范围内承担主要领导责任。

32. 组织开展一案双查工作,省以下税务机关以( )为牵头部门,负责一案双查工作的统一组织、统筹协调和督促落实,负责调查税务机关和税务人员违纪行为。

    A. 党建工作部门   B. 稽查部门

    C. 督查内审部门   D. 纪检机构

【参考答案】D

【解析】职责分工:组织开展一案双查工作,税务总局以党建工作局为牵头部门,省以下税务机关以纪检机构为牵头部门,负责一案双查工作的统一组织、统筹协调和督促落实,负责调查税务机关和税务人员违纪行为。

33. 根据《中华人民共和国监察法》,下列说法正确的是( )。

    A. 被调查人既涉嫌严重职务违法或者职务犯罪,又涉嫌其他违法犯罪的,一般应当由检察机关为主调查,其他机关予以协助

    B. 监察人员辞职、退休两年内,不得从事与监察和司法工作相关联且可能发生利益冲突的职业

    C. 监察对象不包括居委会从事管理的人员

    D. 留置时间不得超过三个月。在特殊情况下,可以延长一次,延长时间不得超过三个月

【参考答案】D

【解析】留置时间不得超过三个月。在特殊情况下,可以延长一次,延长时间不得超过三个月。

34. 对党的领导干部的问责方式不包括( )。

    A. 检查   B. 通报   C. 诫勉   D. 纪律处分

【参考答案】A

【解析】《中国共产党问责条例》第七条规定,对同级党委管理的领导干部,纪委和党的工作机关报经同级党委或者其主要负责人批准,可以采取通报、诫勉方式进行问责;提出组织调整或者组织处理的建议。采取纪律处分方式问责的,按照党章和有关党内法规规定的权限、程序执行。

35. 各级税务局党委承担监督工作主体责任,( )是第一责任人,领导班子成员在职责范围内履行监督职责,既要管人管事、又要担当担责,实现全方面、各领域的监督全覆盖。

    A. 党委委员   B. 纪委书记   C. 党组成员   D. 党委书记

【参考答案】D

【解析】各级税务局党委承担监督工作主体责任,党委书记是第一责任人,领导班子成员在职责范围内履行监督职责,既要管人管事、又要担当担责,实现全方面、各领域的监督全覆盖。

36. 党员张三一种行为应受严重警告处分，还有一种行为应受撤销党内职务处分，那么最后应给予何种纪律处分？（ ）

    A. 严重警告　　　　　　　　　　B. 撤销党内职务

    C. 留党察看　　　　　　　　　　D. 开除党籍

【参考答案】C

【解析】依据《中国共产党纪律处分条例》第二十三条规定。

37. 对于受到降级以上政务处分的，应当由人事部门按照管理权限在作出政务处分决定后（ ）内办理职务、工资及其他有关待遇等的变更手续；特殊情况下，经批准可以适当延长办理期限，但是最长不得超过（ ）。

    A. 一个月　一个月　　　　　　　B. 一个月　三个月

    C. 三个月　六个月　　　　　　　D. 一个月　六个月

【参考答案】D

【解析】依据《中华人民共和国公职人员政务处分法》第五十四条规定。

38. 以下措施适用于不能完全排除存在问题可能性的情形的是（ ）。

    A. 谈话提醒　　B. 警示谈话　　C. 批评教育　　D. 诫勉谈话

【参考答案】B

【解析】谈话提醒，一般适用于有苗头性、倾向性问题的情形；警示谈话，一般适用于不能完全排除存在问题可能性的情形；批评教育，一般适用于存在一定问题，尚不构成违纪，但造成一定不良影响或后果的情形。谈话提醒、警示谈话、批评教育针对不同情形分别单独适用。

39. 党的问责工作以马克思列宁主义、毛泽东思想、邓小平理论、"三个代表"重要思想、科学发展观为指导，深入贯彻习近平总书记系列重要讲话精神，围绕统筹推进"五位一体"总体布局和（ ），促使党的领导干部做到有权必有责、有责要担当、失责必追究，落实党组织管党治党政治责任，督促党的领导干部践行忠诚干净担当。

    A. 协调推进"四个全面"战略布局　　B. 坚持党的领导

    C. 加强党的建设　　　　　　　　　　D. 全面从严治党

【参考答案】A

【解析】依据《中国共产党党内监督条例》，党的问责工作以马克思列宁主义、毛泽东思想、邓小平理论、"三个代表"重要思想、科学发展观为指导，深入贯彻习近平总书记系列重要讲话精神，围绕统筹推进"五位一体"总体布局和协调推进"四个全面"战略布局，促使党的领导干部做到有权必有责、有责要担当、失责必追究，落实党组织管党治党政治责任，督促党的领导干部践行忠诚干净担当。

40. 为加强党内监督，完善巡视制度，规范巡视工作，党中央根据（ ），制定了

《中国共产党巡视工作条例》。

A.《中华人民共和国宪法》 B.《中国共产党章程》
C.《中国共产党纪律处分条例》 D.《中国共产党党内监督条例》

【参考答案】B

【解析】为加强党内监督，完善巡视制度，规范巡视工作，党中央根据《中国共产党章程》，制定了《中国共产党巡视工作条例》。

二、多项选择题

1. 政务处分是监察机关对违法的公职人员给予的惩戒，下列哪些属于政务处罚。（　　）

    A. 警告　　　　B. 严重警告　　　C. 撤职　　　　D. 开除

【参考答案】ACD

【试题解析】依据《中华人民共和国公职人员政务处分法》第二章第七条规定，政务处分的种类为：（一）警告；（二）记过；（三）记大过；（四）降级；（五）撤职；（六）开除。第八条规定，政务处分的期间为：（一）警告，六个月；（二）记过，十二个月；（三）记大过，十八个月；（四）降级、撤职，二十四个月。政务处分决定自作出之日起生效，政务处分期自政务处分决定生效之日起计算。

2. 纪检监察机关要坚持以（　　）做事，弘扬伟大建党精神，勇于（　　），在党风廉政建设和反腐败斗争一线砥砺品格操守，在围绕中心、服务大局中彰显担当作为，在各种风险挑战中筑牢坚强屏障。

    A. 党性立身　　B. 为民服务　　　C. 自我革命　　D. 自我监督

【参考答案】AC

【解析】依据习近平总书记在二十届中央纪委二次全会上发表的重要讲话。

3. 党员应当本着对党和人民事业高度负责的态度，积极行使党员权利，履行监督义务。下列说法不正确的有（　　）。

    A. 加强对党的领导干部的民主监督，及时向党组织反映群众意见和诉求
    B. 在党的会议上任意批评党的任何组织和任何党员，揭露和纠正工作中存在的缺点和问题
    C. 参加党组织开展的评议领导干部活动，勇于触及矛盾问题、指出缺点错误，对错误言行敢于较真、敢于斗争
    D. 向党积极地揭发、检举党的任何组织和任何党员违纪违法的事实，坚决反对一切派别活动和小集团活动，同腐败现象作坚决斗争

【参考答案】BD

【解析】依据《中国共产党党内监督条例》。

4. 领导干部操办本人及直系亲属婚丧喜庆等事项应事前向领导班子主要负责人和纪检组组长报告,领导班子主要负责人如操办上述事项应向纪检组组长通报,并报上级纪检监察部门备案。事后15日内书面报( ),内容包括操办事项、方式、邀请人员、数量等。

  A. 上级人事部门   B. 本单位人事部门

  C. 上级纪检监察部门   D. 本单位纪检监察部门

  【参考答案】BD

  【解析】根据税务系统领导班子和领导干部监督管理办法实施细则,领导干部操办本人及直系亲属婚丧喜庆等事项应事前向领导班子主要负责人和纪检组组长报告,领导班子主要负责人如操办上述事项应向纪检组组长通报,并报上级纪检监察部门备案。事后15日内书面报本单位人事、纪检监察部门,内容包括操办事项、方式、邀请人员、数量等。

5. 下面关于运用监督执纪"四种形态"正确的表述是( )。

  A. 经常开展批评和自我批评、约谈函询,让"红红脸、出出汗"成为绝大多数

  B. 党纪轻处分、组织调整成为违纪处理的大多数

  C. 党纪重处分、重大职务调整的成为少数

  D. 严重违纪涉嫌违法立案审查的成为极少数

  【参考答案】BCD

  【试题解析】经常开展批评和自我批评、约谈函询,让"红红脸、出出汗"成为常态。

6. 违纪党员有下列( )情形之一的,应当开除党籍。

  A. 因故意犯罪被依法判处《刑法》规定的主刑(含宣告缓刑)的

  B. 单处或者附加剥夺政治权利的

  C. 因过失犯罪,被依法判处3年以上(不含3年)有期徒刑的

  D. 重婚的

  【参考答案】ABCD

  【解析】根据《中国共产党纪律处分条例》的规定。

7. 纪检监察机关要增强( ),不断提高纪检监察工作规范化、法治化、正规化水平。要完善内控机制,自觉接受各方面监督,对纪检监察干部从严管理,对系统内的腐败分子从严惩治,坚决防治"灯下黑"。

  A. 法治意识 B. 程序意识 C. 证据意识 D. 规矩意识

  【参考答案】ABC

  【解析】依据习近平总书记在二十届中央纪委二次全会上发表的重要讲话。

8. 对违规选人用人问题,党委(党组)不需要负( )责任。

A. 主要领导责任 B. 全面领导

C. 相应责任 D. 领导责任

【参考答案】ACD

【试题解析】《干部选拔任用工作监督检查和责任追究办法》第三十四条：对违规选人用人问题，党委（党组）负全面领导责任，领导班子主要负责人和直接主管的班子成员承担主要领导责任，参与决策的领导班子其他成员承担领导责任。

9. 下列是税务系统督察内审部门职责的是（　　）。

  A. 税收执法督察 B. 税收执法责任制

  C. 税务审计 D. 内部审计

  【参考答案】ABD

  【解析】督察内审部门的主要职责为税收执法督察、税收执法责任制和内部审计。

10. 根据《中国共产党党内监督条例》，党内监督体系除了包括党的工作部门职能监督、党的基层组织日常监督外，还包括（　　）。

  A. 党委全面监督 B. 纪律检查机关专责监督

  C. 党员民主监督 D. 人民群众的外部监督

  【参考答案】ABC

  【解析】根据《中国共产党党内监督条例》第九条。

11. 根据《中国共产党问责条例》，党的问责工作应当坚持的原则有（　　）。

  A. 依规依纪、实事求是 B. 失责必问、问责必严

  C. 惩前毖后、治病救人 D. 分级负责、层层落实责任

  E. 分清责任、分别问责

  【参考答案】ABCD

  【解析】根据《中国共产党问责条例》第三条，党的问责工作应当坚持的原则：依规依纪、实事求是，失责必问、问责必严，惩前毖后、治病救人，分级负责、层层落实责任。

12. 构建税务系统一体化综合监督体系，落实"1+1+5+N"总体框架，下列属于"5"的内容有（　　）。

  A. 群众监督 B. 地方党政机关监督

  C. 部门职能监督 D. 党的基层组织日常监督

  【参考答案】BCD

  【解析】《关于构建税务系统一体化综合监督体系的意见》第一条第（三）项规定，构建税务系统一体化综合监督体系，落实"1+1+5+N"（"1"是党委全面监督；"1"是纪检机构专责监督；"5"是接受地方党政机关监督、部门职能监督、党的基层组织日常监督、党员和群众民主监督、接受社会监督；"N"是若干配套制度机制）总

体框架,形成党委统一领导、各司其责、全面覆盖、集成高效、贯通协同的监督工作格局,着力完善一套制度、健全一组机制、推出一批措施、搭建一个网络、打造一支铁军、取得一流成效,强化对权力运行的制约和监督,使上级监督更有力、同级监督更直接、下级监督更广泛、外部监督更有效、各方监督更协同、运行机制更顺畅。

13. 税务系统内部控制的内容包括（　　）。

  A. 政策制定风险   B. 税收执法风险

  C. 行政管理风险   D. 廉政风险

  【参考答案】ABCD

  【解析】根据全国税务系统内部控制基本制度的相关规定。

14. 某区税务局科员黄某的违纪行为得到免予处分的处理,是因为同时满足（　　）条件。

  A. 行政机关公务员具有违纪的行为

  B. 违纪行为情节轻微

  C. 上缴了违纪所得

  D. 违纪行为人本人经过批评教育后确已改正了错误

  【参考答案】ABD

  【解析】免予处分必须同时具备以下三个条件:一是行政机关公务员具有违纪的行为;二是违纪行为情节轻微;三是违纪行为人本人经过批评教育后确已改正了错误。缺少任何一个条件,都不符合免予处分的要求。党纪从轻或减轻处分的情形:一是主动交代本人应当受到党纪处分的问题的;二是检举同案人或他人应当受到党纪处分或者法律追究的问题的;三是主动挽回损失、消除不良影响或者有效阻止危害结果发生的;四是上缴违纪所得的;五是有其他立功表现的。

15. 构建税务系统一体化综合监督体系,要求各级税务局党委要统筹各类监督力量,切实做到"四个有人管",即（　　）。

  A. 风险该发现没发现有人管 B. 发现后没及时推送有人管

  C. 推送后没及时处置有人管 D. 处置后没及时改进有人管

  【参考答案】ABCD

  【解析】《关于构建税务系统一体化综合监督体系的意见》规定,（四）建立健全各类监督贯通融合的工作机制;各级税务局党委建立健全和完善党委全面监督、纪检机构专责监督、部门职能监督、党组织日常监督、党员和群众民主监督、系统外部监督的贯通融合机制,统筹各类监督力量,充分利用信息化手段和大数据资源,探索开展智慧监督,推动机关和系统纵向联动、各类监督横向贯通,形成内部控制、风险预警、问题处置、以案示警、专项整治、完善制度的工作闭环机制,切实做到"四个有人管",即风险该发现没发现有人管、发现后没及时推送有人管、推送后没及时处置有人管、处置后没及时改进有人管。

16. 在干部选拔任用工作中，有下列情形之一，应当在事前向上级组织（人事）部门报告。（　　）

    A. 机构变动或者主要领导成员即将离任前提拔、调整干部的
    B. 领导干部秘书等身边工作人员提拔任用的
    C. 领导干部近亲属在领导干部所在单位（系统）内提拔任用，或者在领导干部所在地区提拔担任下一级领导职务的
    D. 领导干部因问责引咎辞职或者被责令辞职、免职、降职、撤职，影响期满拟重新担任领导职务或者提拔任职的

【参考答案】ABCD

【试题解析】《干部选拔任用工作监督检查和责任追究办法》第十七条规定，在干部选拔任用工作中，有下列情形之一，应当在事前向上级组织（人事）部门报告：

（一）机构变动或者主要领导成员即将离任前提拔、调整干部的；

（二）除领导班子换届外，一次集中调整干部数量较大或者一定时期内频繁调整干部的；

（三）因机构改革等特殊情况暂时超职数配备干部的；

（四）党委和政府及其工作部门个别特殊需要的领导成员人选，不经民主推荐，由组织推荐提名作为考察对象的；

（五）破格、越级提拔干部的；

（六）领导干部秘书等身边工作人员提拔任用的；

（七）领导干部近亲属在领导干部所在单位（系统）内提拔任用，或者在领导干部所在地区提拔担任下一级领导职务的；

（八）国家级贫困县、集中连片特困地区地市在完成脱贫任务前党政正职职级晋升或者岗位变动的，以及市（地、州、盟）、县（市、区、旗）、乡（镇）党政正职任职不满3年进行调整的；

（九）领导干部因问责引咎辞职或者被责令辞职、免职、降职、撤职，影响期满拟重新担任领导职务或者提拔任职的；

（十）各类高层次人才中配偶已移居国（境）外或者没有配偶但子女均已移居国（境）外人员、本人已移居国（境）外的人员（含外籍专家），因工作需要在限制性岗位任职的；

（十一）干部达到任职或者退休年龄界限，需要延迟免职（退休）的；

（十二）其他应当报告的事项。

17. 纪检机关通过谈话函询方式对问题线索进行处置后，发现被反映人存在问题轻微不需要追究纪律责任的信息，应当采取相应的处理措施，具体包括（　　）。

A. 党内警告处分 B. 谈话提醒 C. 批评教育 D. 责令检查

【参考答案】BCD

【解析】根据《中国共产党纪律检查机关监督执纪工作规则》的规定，对于问题轻微不需要追究纪律责任的，采取谈话提醒批评教育，责令检查，诫勉谈话等方式处理。

18. 内部控制活动，是指对税务工作风险进行（　　）过程。

　　A. 识别　　　　　B. 分类　　　　　C. 定级　　　　　D. 应对

【参考答案】ACD

【解析】根据全国税务系统内部控制基本制度的相关规定。

19. 税收执法过错责任追究形式包括（　　）。

　　A. 批评教育　　　　　　　　　　B. 通报批评
　　C. 取消评选先进的资格　　　　　D. 开除公职

【参考答案】ABC

【解析】《税收执法考评与过错责任追究暂行办法》第四章第二十一条规定，税收执法过错责任追究形式包括：（一）批评教育；（二）责令作出书面检查；（三）通报批评；（四）取消评选先进的资格；（五）责令待岗；（六）调离执法岗位；（七）取消执法资格。上述追究形式可以单独适用，也可以合并适用。

20. 下列属于公务员处分种类的有（　　）。

　　A. 警告　　　　　B. 记过　　　　　C. 记大过　　　　　D. 开除

【参考答案】ABCD

【解析】《中华人民共和国公务员法》第九章第六十二条规定，处分分为：警告、记过、记大过、降级、撤职、开除。

21. 上级党组织应当加强对党委（党组）落实全面从严治党主体责任情况的监督检查和巡视巡察，应当注重发挥（　　）以及新闻媒体等的作用，推动形成监督合力。

　　A. 党员　　　　　B. 干部　　　　　C. 基层党组织　　　　　D. 群众

【参考答案】ABCD

【解析】《党委（党组）落实全面从严治党主体责任规定》第四章监督追责第二十条规定，上级党组织应当加强对党委（党组）落实全面从严治党主体责任情况的监督检查和巡视巡察，着力发现和解决责任不明确、不全面、不落实等问题。监督检查和巡视巡察中，应当注重发挥党员、干部、基层党组织和群众、新闻媒体等的作用，推动形成监督合力。

22. 税务系统建立和实施内部控制，应当遵循的原则包括（　　）。

　　A. 融合联动　　　　B. 突出重点　　　　C. 系统科学　　　　D. 全面覆盖

【参考答案】ABD

【解析】《全国税务系统内部控制基本制度（试行）》第四条规定，税务系统建立和实施内部控制，应遵循以下原则：全面覆盖、突出重点、权力制衡、融合联动、持续改进。

23. 税务系统内部控制制度体系包括（   ）。

    A. 基本制度　　　　B. 专项制度　　　　C. 操作规程　　　　D. 管理制度

    【参考答案】ABCD

    【解析】内部控制制度体系，包括：（1）基本制度，是指国家税务总局制定的，用于指导全国税务系统建立和实施内部控制的基本准则。（2）专项制度，是指国家税务总局依据基本制度制定的，用于指导税务工作特定领域风险防控的专门制度。省税务机关可以结合实际制定本单位（系统）的专项制度。（3）操作规程，是指各级税务机关依据基本制度和专项制度制定的，用于防控税务工作特定领域具体风险的有关职责、措施、流程和程序的集合。（4）管理制度，是指各级税务机关依据基本制度制定的，用于规范内部控制自我评估、监督检查、考核评价、结果运用等工作的制度或办法。

24. 各级税务局党委加强对巡视巡察工作的领导，发挥巡视巡察综合监督平台作用，有针对性地开展（   ），提高全覆盖质量。

    A. 专项巡视巡察　　　　　　　　　B. 机动巡视巡察

    C. 动态巡视巡察　　　　　　　　　D. 巡视巡察"回头看"

    【参考答案】ABD

    【解析】各级税务局党委加强对巡视巡察工作的领导，发挥巡视巡察综合监督平台作用，坚持"发现问题、形成震慑，推动改革、促进发展"的工作方针，围绕"两个维护"深化政治巡视，有针对性开展专项巡视巡察、机动巡视巡察和巡视巡察"回头看"，提高全覆盖质量。

25. 税务系统党委纪检组（纪委）协助党委推进全面从严治党，承担（   ）具体工作。

    A. 监督检查　　　B. 执纪审查　　　C. 问责追责　　　D. 调查审查

    【参考答案】ABC

    【解析】税务系统党委纪检组（纪委）协助党委推进全面从严治党，承担监督检查、执纪审查、问责追责具体工作。

26. 下列属于构建税务系统一体化综合监督体系工作机制的是（   ）。

    A. 建立健全加强党委全面监督的领导机制

    B. 建立健全强化纪检机构专责监督的工作机制

    C. 建立健全自觉接受系统外部监督的工作机制

    D. 建立健全各类监督贯通融合的工作机制

    【参考答案】ABCD

【解析】《关于构建税务系统一体化综合监督体系的意见》规定，工作机制：（一）建立健全加强党委全面监督的领导机制；（二）建立健全强化纪检机构专责监督的工作机制；（三）建立健全自觉接受系统外部监督的工作机制；（四）建立健全各类监督贯通融合的工作机制。

27. 信访举报形式包括（   ）形式。

A. 书面形式　　　　B. 口头形式　　　　C. 电子资料形式　　D. 其他形式

【参考答案】ABCD

【解析】《税务系统纪检机构监督执纪工作规范（试行）》规定，信访举报形式包括书面形式、口头形式、电子资料形式、其他形式。

28. 《中国共产党问责条例》规定，实行终身问责，对失职失责性质恶劣、后果严重的，不论其责任人是否（   ），都应当严肃问责。

A. 调离转岗　　　　B. 提拔　　　　　　C. 辞职　　　　　　D. 退休

【参考答案】ABD

【解析】《中国共产党问责条例》第十六条规定，实行终身问责，对失职失责性质恶劣、后果严重的，不论其责任人是否调离转岗、提拔或者退休等，都应当严肃问责。

29. 根据《中国共产党组织处理规定（试行）》有关规定，组织处理工作应坚持的原则包括（   ）。

A. 全面从严治党、从严管理监督干部

B. 实事求是、依规依纪依法

C. 党委（党组）领导、分级负责

D. 惩前毖后、治病救人

【参考答案】ABCD

【试题解析】根据《中国共产党组织处理规定（试行）》第四条有关规定。

30. 强化（   ）巡视巡察整改主体责任，压实（   ）和（   ）整改日常监督责任，深化巡视巡察整改和成果运用，探索建立整改促进机制、评估机制。

A. 党委　　　　　　　　　　　　　　B. 纪检机构

C. 组织人事部门　　　　　　　　　　D. 党建工作部门

【参考答案】ABC

【解析】《进一步加强税务系统党委全面监督实施办法》第十四条规定，强化党委巡视巡察整改主体责任，压实纪检机构和组织人事部门整改日常监督责任，深化巡视巡察整改和成果运用，探索建立整改促进机制、评估机制。注重与各项监督工作信息互通、整改互动、形成合力，推动监督更聚焦、更精准。

31. 巡视工作人员实行（   ）。

A. 任职回避　　　　B. 地域回避　　　　C. 任期回避　　　　D. 公务回避

【参考答案】ABD

【解析】《中国共产党巡视工作条例》第二章第十二条规定选配巡视工作人员应当严格标准条件，对不适合从事巡视工作的人员，应当及时予以调整。巡视工作人员应当按照规定进行轮岗交流。巡视工作人员实行任职回避、地域回避、公务回避。

32. 税收执法考评，包括税务机关对所属单位及税收执法人员的税收（　　）的考核与税收（　　）的评价。

    A. 执法行为　　　B. 执法依据　　　C. 执法数量　　　D. 执法质量

【参考答案】AD

【解析】税收执法考评，包括税务机关对所属单位及税收执法人员的税收执法行为的考核与税收执法质量的评价。

33. 监察机关及其工作人员对监督、调查过程中知悉的（　　），应当保密。

    A. 舆情信息　　　B. 商业秘密　　　C. 国家秘密　　　D. 个人隐私

【参考答案】BCD

【解析】依据《中华人民共和国监察法》第十八条。

34. 税收执法质量评价内容包括（　　）、税收优惠、税收法制、税务稽查等税收业务中的税收执法行为。

    A. 税务登记　　　B. 发票管理　　　C. 申报征收　　　D. 出口退税

【参考答案】ABC

【解析】税收执法质量评价内容包括税务登记、发票管理、申报征收、税收优惠、税收法制、税务稽查等税收业务中的税收执法行为。

35. 公务员因违纪违法应当承担纪律责任的，依照《中华人民共和国公务员法》给予处分或者由监察机关依法给予政务处分，下列属于处分类型的有（　　）。

    A. 警告　　　B. 严重警告　　　C. 记过　　　D. 开除

【参考答案】ACD

【解析】公务员处分分为：警告、记过、记大过、降级、撤职、开除。

36. 税收违法案件一案双查应遵循以下原则：（　　）。

    A. 依纪依法、全面从严的原则　　　B. 统一领导、分级管理的原则
    C. 各负其责、协调配合的原则　　　D. 纠建并举、标本兼治的原则

【参考答案】ABCD

【解析】《税收违法案件一案双查实施办法（试行）》第三条规定，一案双查应遵循以下原则：（一）依纪依法、全面从严的原则；（二）统一领导、分级管理的原则；（三）各负其责、协调配合的原则；（四）纠建并举、标本兼治的原则。

37. 深化税务系统纪检监察体制改革试点以健全制度、完善机制、加强队伍建设、取得工作实效为重点，坚决高质量完成深化改革试点的各项任务，着力实现"六个一"

目标。下列属于"六个一"目标的有（　　）。

A. 巩固一个基础　　　　　　B. 推出一批措施

C. 完善一套制度　　　　　　D. 打造一支铁军

【参考答案】BCD

【解析】改革试点的工作目标：1. 完善一套制度；2. 健全一组机制；3. 推出一批措施；4. 搭建一个网络；5. 打造一支铁军；6. 取得一流成效。

三、判断题

1. 落实党风廉政建设责任制，要坚持党组统一领导，党政齐抓共管，主要领导负总责，分管领导分工负责，相关部门各负其责，纪检监察部门组织协调，依靠群众支持和参与的领导体制和工作机制。（　　）

   【参考答案】√

   【解析】根据《税务系统贯彻中央〈关于实行党风廉政建设责任制的规定〉实施办法》，实行党风廉政建设责任制，要坚持党组统一领导，党政齐抓共管，主要领导负总责，分管领导分工负责，相关部门各负其责，纪检监察部门组织协调，依靠群众支持和参与的领导体制和工作机制。

2. 纪检监察机关要转职能、转方式、转作风，明确职责定位，把不该管的工作交还主责部门，做到不越位、不缺位、不错位。（　　）

   【参考答案】√

   【解析】纪检监察机关要转职能、转方式、转作风，明确职责定位，把不该管的工作交还主责部门，做到不越位、不缺位、不错位。

3. 各级税务机关党委是党风廉政建设的责任主体，领导班子主要负责人是职责范围内的党风廉政建设第一责任人，班子其他成员根据工作分工，履行"一岗双责"，对职责范围内的党风廉政建设负直接领导责任。（　　）

   【参考答案】×

   【解析】根据《税务系统贯彻中央〈关于实行党风廉政建设责任制的规定〉实施办法》，班子其他成员根据工作分工，履行"一岗双责"，对职责范围内的党风廉政建设负主要领导责任。

4. 公务员在受处分期间不得晋升职务和级别，其中受记过、记大过、降级、撤职处分的，不得晋升工资档次。（　　）

   【参考答案】√

   【解析】根据《公务员法》第六十四条规定。

5. "一把手"在民主生活会和组织生活会上，要按照末位发言的原则开展批评和自我批评。（　　）

【参考答案】×

【解析】《中共中央关于加强对"一把手"和领导班子监督的意见》规定，坚持民主生活会和组织生活会制度，"一把手"要带头开展批评和自我批评，领导班子成员按规定对个人有关事项以及群众反映、巡视巡察反馈、组织约谈函询的问题实事求是作出说明。

6. 留党察看处分的最长期限不超过三年。（ ）

【参考答案】×

【解析】留党察看处分，分为留党察看一年、留党察看二年。对于受到留党察看处分一年的党员，期满后仍不符合恢复党员权利条件的，再延长一年留党察看期限。留党察看期限最长不得超过二年。党员在留党察看期间没有表决权、选举权和被选举权。

7. 税务系统实施问责的对象是税务系统各级党委、纪检组及其领导成员，基层党组织及党员领导干部，重点是主要负责人。（ ）

【参考答案】√

【解析】《中共国家税务总局委员会贯彻〈中国共产党问责条例〉实施办法（试行）》第四条规定，问责对象是税务系统各级党委、纪检组及其领导成员，基层党组织及党员领导干部，重点是主要负责人。

8. 国家监察委员会统筹协调与其他国家、地区、国际组织开展的反腐败国际交流、合作，组织反腐败国际条约实施工作。（ ）

【参考答案】√

【解析】根据《中华人民共和国监察法》第五十条规定。

9. 某区税务局党委会议上，纪检组对某干部违反党的纪律情况的处理意见，与某副局长存在较大分歧。该副局长认为，纪检组的处理意见必须经过本级党委同意，才能按程序上报市局纪检组。（ ）

【参考答案】×

【解析】纪检机关可以不经本级党委（组）同意，直接向上级纪检机关反映情况，对同级党委处理案件的决定有不同意见，可以请求上级纪委予以复查。

10. 《中国共产党党内监督条例》规定，党组织主要负责人个人有关事项应当在党内全部范围公开，主动接受监督。（ ）

【参考答案】×

【解析】《中国共产党党内监督条例》第十七条规定，党组织主要负责人个人有关事项应当在党内一定范围公开，主动接受监督。

11. 税务系统内部控制的内容包括政策制定风险、税收执法风险、财务管理风险以及由此产生的廉政风险。（ ）

【参考答案】×

【解析】《全国税务系统内部控制基本制度（试行）》第九条规定，税务系统内部控制的内容包括政策制定风险、税收执法风险、行政管理风险以及由此产生的廉政风险。

12. 《中国共产党巡视工作条例》规定，巡视组对反映被巡视党组织领导班子及其成员的重要问题和线索，可以进行深入了解。　　　　　　　　　　　　（　　）

【参考答案】√

【解析】《中国共产党巡视工作条例》第二十二条，巡视组对反映被巡视党组织领导班子及其成员的重要问题和线索，可以进行深入了解。

14. 纪检监察机关信访举报部门不能以电话、面谈等方式核实是否属于实名检举控告。
（　　）

【参考答案】×

【解析】纪检监察机关信访举报部门可以通过电话、面谈等方式核实是否属于实名检举控告。

15. 提倡署真实姓名反映违纪事实，党组织应当为检举控告者严格保密，并以适当方式向其反馈办理情况。　　　　　　　　　　　　　　　　　　　　　　　（　　）

【参考答案】√

【解析】《中国共产党党内监督条例》第四十三条规定，党组织应当保障党员知情权和监督权，鼓励和支持党员在党内监督中发挥积极作用。提倡署真实姓名反映违纪事实，党组织应当为检举控告者严格保密，并以适当方式向其反馈办理情况。

16. 因不可抗力或者意外事件，导致税收执法行为违法或者不履行法定职责的，从轻确认过错责任。　　　　　　　　　　　　　　　　　　　　　　　　　　（　　）

【参考答案】×

【解析】具有下列情形之一，导致税收执法行为违法或者不履行法定职责的，不予追究：（一）法律、法规、规章、税收规范性文件不明确或者有争议的；（二）执行上级税务机关的书面答复、决定、命令；（三）不可抗力或者意外事件；（四）业务流程或者税收业务相关软件存在疏漏或者发生改变的；（五）税务行政相对人提供虚假材料、隐瞒涉税信息等其他不依法诚信履行纳税义务的；（六）有证据证明税收执法人员不存在故意或者过失的其他情形。

17. 因业务流程或者税收业务相关软件存在疏漏或者发生改变，导致税收执法行为违法或者不履行法定职责的，不予追究责任。　　　　　　　　　　　　　（　　）

【参考答案】×

【解析】具有下列情形之一，导致税收执法行为违法或者不履行法定职责的，不予追究：（一）法律、法规、规章、税收规范性文件不明确或者有争议的；（二）执行上级税务机关的书面答复、决定、命令；（三）不可抗力或者意外事件；（四）业务流程或者税收业务相关软件存在疏漏或者发生改变的；（五）税务行政相对人提供虚假材料、隐瞒涉税信息等其他不依法诚信履行纳税义务的；（六）有证据证明税收执法人员不存在故意或者过失的其他情形。

18. 税收执法过错情节明显轻微，主动发现并及时纠正，未造成危害后果的，不予追究相关责任。（ ）

【参考答案】×

【解析】对各级税务机关和税务人员在依法行政或改革创新等履职担当过程中，未能实现预期目标或出现偏差失误，但不违反相关法律法规和政策禁止性规定，勤勉尽责，未谋取私利并及时纠正错误，且有下列情形之一的，可以容错，予以从轻、减轻或免除相关责任：（一）税收执法过错情节明显轻微，主动发现并及时纠正，未造成危害后果的。

19. 《关于新形势下党内政治生活的若干准则》规定，营造党内民主监督环境，畅通党内民主监督渠道。（ ）

【参考答案】√

【解析】根据《关于新形势下党内政治生活的若干准则》。

20. 《中国共产党问责条例》规定，建立健全问责典型问题通报曝光制度，采取组织调整或者组织处理、纪律处分方式问责的，一般不用向社会公开。（ ）

【参考答案】×

【解析】《中国共产党问责条例》建立健全问责典型问题通报曝光制度，采取组织调整或者组织处理、纪律处分方式问责的，一般应当向社会公开。

四、简答题

1. 习近平总书记在省部级主要领导干部学习贯彻党的十八届五中全会精神专题研讨班上的重要讲话中提出"三个区分开来"，请简述其主要内容。

【参考答案】"三个区分开来"是指：要把干部在推进改革中因缺乏经验、先行先试出现的失误和错误，同明知故犯的违纪违法行为区分开来；把上级尚无明确限制的探索性试验中的失误和错误，同上级明令禁止后依然我行我素的违纪违法行为区分开来；把为推动发展的无意过失，同为谋取私利的违纪违法行为区分开来。

【解析】习近平总书记在二十届中央纪委二次全会上发表重要讲话强调，要坚持严管和厚爱结合、激励和约束并重，坚持"三个区分开来"，更好激发广大党员、干部的积极性、主动性、创造性，形成奋进新征程、建功新时代的浓厚氛围和生动局面。

2. 简述开展监督执纪工作应当遵循的原则。

【参考答案】（1）坚持和加强党的全面领导，牢固树立政治意识、大局意识、核心意识、看齐意识，坚定中国特色社会主义道路自信、理论自信、制度自信、文化自信，坚决维护习近平总书记党中央的核心、全党的核心地位，坚决维护党中央权威和集中统一领导，严守政治纪律和政治规矩，体现监督执纪工作的政治性，构建党统一指挥、全面覆盖、权威高效的监督体系；

（2）坚持纪律检查工作双重领导体制，监督执纪工作以上级纪委领导为主，线索处置、立案审查等在向同级党委报告的同时应当向上级纪委报告；

（3）坚持实事求是，以事实为依据，以党章党规党纪和国家法律法规为准绳，强化监督、严格执纪，把握政策、宽严相济，对主动投案、主动交代问题的宽大处理，对拒不交代、欺瞒组织的从严处理；

（4）坚持信任不能代替监督，执纪者必先守纪，以更高的标准、更严的要求约束自己，严格工作程序，有效管控风险，强化对监督执纪各环节的监督制约，确保监督执纪工作经得起历史和人民的检验。

【解析】根据《中国共产党纪律检查机关监督执纪工作规则》第三条。

3. 监督执纪"四种形态"是什么？

【参考答案】监督执纪"四种形态"是指：1. 党内关系要正常化，批评和自我批评要经常开展，让咬耳扯袖、红脸出汗成为常态；2. 党纪轻处分和组织处理要成为大多数；3. 对严重违纪的重处分、作出重大职务调整应当是少数；4. 严重违纪涉嫌违法立案审查的只能是极少数。

【解析】"四种形态"的针对对象是各级党组织和全体党员，目的是惩前毖后，治病救人。对党员严格要求，规范纪律，增强意识，服务人民。监督执纪"四种形态"的颁布，其目的就是要以严明的纪律推进全面从严治党，规范党员作风，严格要求党员以身作则。通过颁布监督执纪来营造不敢腐的氛围，对苗头性、倾向性问题抓早抓小，关口前移，真正体现对党员的严格要求和关心爱护。

4. 领导干部经济责任审计报告应当包括哪些内容？

【参考答案】（1）基本情况，包括审计依据、实施审计的基本情况、被审计领导干部任职及分工情况、所任职单位的基本情况等；（2）被审计领导干部履行经济责任的主要情况，包括被审计领导干部及其所在单位以往接受内外部审计整改情况等；（3）审计发现的主要问题与责任认定，包括审计发现问题的事实、定性、被审计领导干部应当承担的责任及有关依据，审计期间被审计领导干部及其所在单位对审计发现问题已经整改的，可以包括有关整改情况；（4）审计处理意见和建议；（5）其他必要的内容。

【解析】根据国家税务总局系统主要领导干部经济责任审计规定的相关内容。

5. 巡视组对巡视对象执行党章和其他党内法规，遵守党的纪律，落实全面从严治党主体责任和监督责任等情况进行监督，请简述巡视巡察工作目的与意义。

【参考答案】巡视巡察工作的目的是通过深入查找和推动解决问题，促进被巡视巡察单位改进工作。

巡视巡察工作的意义是，开展巡视巡察工作是对领导班子和干部的政治体检。巡视工作的首要任务是对基层领导班子和干部的政治体检，它的实质意义是"早发现、早制止、早提醒"。开展检查是对现有合格干部的积极保护。由于各种检查是对现有合格干部的积极保护，被检查单位的一些干部被误解为问题干部。检查组要有针对性，通过广泛深入的调查研究，澄清事实，客观公正地向社会和职工反映，公正交代。

巡察和巡查的区别：一是对象不同。巡察是指上级党组织对下级党组进行全面检视，巡查多指对工程、线路、管网等进行检视。二是内容不同。巡察是查找落实全面从严治党薄弱环节，巡查则重在发现隐患。三是处理方式不同。巡察需对照问题制定整改措施，全面完成整改任务，巡查是有问题就改，无问题则不予理会。

【解析】以巡视带动巡察，不仅有效地发挥了巡视对巡察的示范、指导和推动作用，而且有效地起到了巡察的补充、拓展和延伸作用。

6. 税务系统内部控制的定义是什么？

【参考答案】是指以风险防控为导向，通过查找、梳理、评估税务工作中的各类风险，制定、完善并有效实施一系列制度、流程、方法和标准，对税务工作风险进行事前防范、事中控制、事后监督和纠正的动态管理过程和机制。

【解析】根据全国税务系统内部控制基本制度的相关规定。

7. 请简述全国税务系统内部控制基本制度的主要目标是什么。

【参考答案】税务系统内部控制，是指以风险防控为导向，通过查找、梳理、评估税务工作中的各类风险，制定、完善并有效实施一系列制度、流程、方法和标准，对税务工作风险进行事前防范、事中控制、事后监督和纠正的动态管理过程和机制。内部控制目标，主要包括：1. 服务中心工作，提高工作质效，有效履行税收职能，贯彻落实好党中央、国务院决策部署。2. 坚持依法治税，规范税收执法行为，有效维护行政管理相对人合法权益，各项税收业务活动合法合规。3. 严格内部管理，规范政务运转，提高行政效能，各项行政管理工作安全有序。4. 规范权力运行，筑牢反腐防线，防范职务风险，促进廉洁从税。

【解析】税务系统建立内部控制基本制度，旨在贯彻依法治国基本方略，落实全面从严治党主体责任，增强税收在国家治理中的基础性、支柱性、保障性作用，进一步深化内部控制机制，有效防控税务工作风险，根据有关法律法规和相关规定，结合税务系统工作实际，制定该制度。

第三章 政务管理

第一节 公文处理

一、公文特点和作用

公文是公务文书的简称,是指党政机关、社会团体、企事业单位等有关组织和单位在公务活动中所形成的具有规定格式和现行效用的信息记录材料。

公文的特点:

1. 权威性和政策性。
2. 针对性和指导性。
3. 规范性和约束性。
4. 程序性和严密性。
5. 时效性和实用性。

公文的作用:

1. 指导工作,传达意图。
2. 联系工作,交流情况。
3. 请示工作,答复问题。
4. 总结工作,推广经验。
5. 记载工作,积累史料。

二、税务机关常用公文种类

根据《全国税务机关公文处理办法》(国税发〔2012〕92号)规定,税务机关的公文种类主要有13种,包括命令(令)、决议、决定、公告、通告、意见、通知、通报、报告、请示、批复、函、纪要。中办、国办印发的《党政机关公文处理工作条例》规定公文种类有15种,税务机关公文种类中没有议案、公报。

1. 命令(令)适用于依照有关法律、行政法规发布税务规章,宣布施行重大强制性行政措施,嘉奖有关单位及人员。
2. 决议适用于会议讨论通过的重大决策事项。
3. 决定适用于对重要事项做出决策和部署、奖惩有关单位和人员、变更或者撤销下级机关不适当的决定事项。

4. 公告适用于向国内外宣布重要事项或者法定事项。

5. 通告适用于在一定范围内公布应当遵守或者周知的事务性事项。

6. 意见适用于对重要问题提出见解和处理办法。

7. 通知适用于发布、传达要求下级机关执行和有关单位周知或者执行的事项，批转、转发公文。

8. 通报适用于表彰先进，批评错误，传达重要精神和告知重要情况。

9. 报告适用于向上级机关汇报工作，反映情况，回复上级机关询问。

10. 请示适用于向上级机关请求指示、批准。

11. 批复适用于答复下级机关请示事项。

12. 函适用于不相隶属机关之间商洽工作、询问和答复问题、请求批准和答复审批事项。

13. 纪要适用于记载会议主要情况和议定事项。

三、正确选用文种

应根据行文目的、行文方向、隶属关系和职权规范，在规定的文种中正确选用：

1. 按照文种的使用对象在规定范围内正确选文种。税务机关必须在《全国税务机关公文处理办法》规定的13个文种范围内选用。

2. 依据行文方向选用文种。文件制发机关与受文机关的上级、平级、下级关系、决定了文种的选用。向上级机关请示、汇报工作或对重要问题提出建议时用"请示""报告"或"意见"；同平级机关或不相隶属机关之间会商工作，请求批准有关事项用"函"；向下级机关行文种类较多，通常用"通知""批复""通报""决定"等。

3. 依据制发机关的职权范围选用文种。制发公文时，制发机关必须根据职权范围准确选用文种，若超越发文者法定权限选用文种，属越权行为，文件也就失去了效力。比如，行政机关中只有国务院和各级人民政府才能以"议案"这一文种报请人大审议各类法律、法规和规章，而各部委和各级政府主管部门则没有使用"议案"这一文种的职权；公报的使用层级较高，税务机关一般也不用。

4. 依据行文目的选用文种。文种选用不当，会影响公文的有效运转，达不到应有的目的。如强制性的规定事项用"函"这一文种，就不会引起受文者的重视。如用"报告"向上级机关请求指示或批准有关事项，上级机关可以不予答复，就不能达到请求上级批示和予以答复的目的。因此，向上级机关请求指示或批准有关事项，应当用"请示"文种。

5. 依据来文单位的隶属关系选用文种。比如，对有隶属关系的下级税务机关来文请示有关事项，行文时，可以对来文单位直接答复，使用"批复"文种；对没有隶属关系的平级单位或其他单位来文请示批准有关涉税事项,行文时,则不能使用"批复"文种,而应当采用"通知"或其他文种行文。

6. 按照公文内容的差异正确选用文种。如通过会议做出有关某一重要事项的决策时,是用"决议"文种还是用"决定"文种?这就需要综合分析,慎重选用,从公文内容上进行分析判断。如果公文的内容涉及面比较广泛、全面,是全方位并带有指导性的,应选用"决议"文种;如果公文内容集中、直接、具体,针对性较强并带有指导性的,则应选用"决定"文种。

7. 按照约定俗成的文种使用习惯、做法选用文种。如税务机关表彰某些集体和个人,可以使用"决定""通报"这两个文种。到底选用哪个文种?应着眼于对象的性质、种类、级别、公示范围及社会影响度等具体情况,同时结合长期以来本机关、本系统、本单位文种使用的习惯,恰当地选用相应的文种。如用于命名性表彰,表彰事迹比较突出、在全国税务系统内有较大贡献和影响,能在更大范围内起到教育和引导作用的先进集体和个人,选用"决定"这个文种;表彰一般性典型,表彰某一具体税收工作、人物或业务性质的工作,则用"通报"文种。"通报"制发层级较低,越是基层单位应用越广。

四、行文规则

(一) 行文一般规则

行文规则是文件从拟制到发布必须遵循的行为规范。
1. 行文必须确有必要,讲究实效,注重针对性和可操作性。
2. 法律、法规中已有明确规定的,不再制发文件。
3. 现行文件规定仍然适用的,不再重复发文。
4. 已标注公开发布的文件,不再翻印。
5. 机关负责人的讲话,不以正式公文形式下发。
6. 对使用电话、内部网站等途径可以办理的事项,不发正式公文。
7. 在规定的职权范围内行文。
8. 各级税务机关一般不得越级行文。

(二) 下行文规则

行文向下级机关行文应当遵循:
1. 主送受理机关,根据需要抄送相关机关。
2. 各级税务机关不得向下级党委、政府发布指令性公文或者在公文中向下级党委、政府提出指令性要求。

3. 各级税务机关可以以函的形式向下一级政府行文，商洽工作、询问和答复问题、审批事项。

4. 涉及其他部门职权范围内的事务，未协商一致的，不得向下行文；擅自行文的，上级税务机关应当责令其纠正或者撤销。

5. 上级机关向受双重领导的下级机关行文，必要时抄送该下级机关的另一个上级机关。

（三）上行文规则

向上级机关行文应当遵循：

1. 原则上主送一个上级机关，根据需要同时抄送相关上级机关和同级机关，不抄送下级机关。

2. 下级税务机关向上级税务机关请示、报告重大事项，应当同时遵循本级党委、政府的有关规定。

3. 属于职权范围内的事项应当直接报送上级税务机关。

4. 下级机关的请示事项，如需以本机关名义向上级机关请示，应当提出倾向性意见后上报，不得原文转报上级机关。

5. 请示必须在事前，应当一文一事，不得在报告等非请示性公文中夹带请示事项。

6. 除上级机关负责人直接交办事项外，不得以本机关名义向上级机关负责人报送公文，不得以本机关负责人名义向上级机关报送公文。

7. 受双重领导的机关向一个上级机关行文，必要时抄送另一个上级机关。

8. 各级税务机关报送上级税务机关的公文，不得同时报送上级税务机关的内设机构；在邮寄时，收件人（单位）应与公文主送单位一致。

（四）平行文规则

向其他党政部门行文应当遵循的规则及有关注意事项：

1. 各级税务机关可以与同级党政各部门、下一级党委政府、相应的军队机关、同级人民团体和具有行政职能的事业单位联合行文。

2. 各级税务机关在职权范围内，可以向其他党政部门行文，向外部门回复意见或提供资料，应遵循复文与来文对等的原则处理。

3. 各级税务机关的办公室根据授权可以代表本级机关行文。

4. 各级税务机关的内设机构根据工作需要，在规定的职权范围内，向上、下级税务机关的内设机构和其他机关的有关内设机构行非正式公文时使用便函，机关内设机构之间根据工作需要也可以使用便函。

五、公文格式

1. 税务公文格式的组成要素

税务公文格式的组成要素一般包括：份号、密级和保密期限、紧急程度、发文机关标志、发文字号、签发人、标题、主送机关、正文、附件说明、发文机关署名、成文日期、印章、附注、附件、抄送机关、承办部门名称和印发部门名称及印发日期、页码等。

2. 公文份号

公文份号是公文印制份数的顺序号。涉密公文应当标注份号。份号一般用6位3号阿拉伯数字，顶格编排在版心左上角第一行。

3. 公文的密级和保密期限

公文的密级是指公文涉及国家秘密程度的等级。税务工作国家秘密范围分为"绝密""机密""秘密"三个等级。涉密公文应当分别标注密级和保密期限，一般用3号黑体字，顶格编排，在版心左上角第二行，格式为"密级★保密期限"或"密级★解密时间"或"密级★解密条件"，如"秘密★10年"或"秘密★2016年5月1日前"或"机密★公布前"。保密期限中的数字用阿拉伯数字标注。

国家秘密的保密期限，除另有规定外，秘密级不超过10年，机密级不超过20年，绝密级不超过30年。

4. 公文和电报的紧急程度的规定

紧急公文是指内容重要，时间紧迫，需要打破常规提前办理的公文。公文的紧急程度分为"特急""加急"。

"特急"是指内容重要并特别紧急，已临近规定的办结时限，需特别优先传递处理的公文。

"加急"是指内容重要并紧急，需打破工作常规，优先传递处理的公文。

电报的紧急程度分为"特提""特急""加急""平急"。"特提"适用于要求即刻办理的十分紧急事项，注明"特提"等级的电报，发电单位要提前通知收文单位机要部门；"特急"适用于2日内要办的紧急事项；"加急"适用于4日内要办的较急事项；"平急"适用于6日内要办的稍缓事项。

划分公文的紧急程度，有利于分清轻重缓急，以确保紧急公文的及时优先传递和处理。

5. 发文机关标志形式

发文机关标志是公文版头部分的核心，用套红大字居中印在公文首页上半部。主要有两种形式：一是发文机关全称或者规范化简称加"文件"；二是使用发文机关全称或者规范化简称。联合行文，可并用联合发文机关名称，也可单独使用主办机关名称。

根据发文机关标志的不同，前者称为公文的"文件格式"，后者称为公文的"信函格式"，两者均为具有法定效力和规范体式的正式公文。

6. 公文标题

公文标题是文件的总提要，具有揭示文件内容和主题的功能。结构完整、表述准确规范的标题，对受文者具有一定的提示作用，有助于了解公文的制发机关、内容、性质，既便于公文的登记、阅处、查询，又便于运用计算机进行公文管理和公文归档、检索。因此，准确拟写公文标题十分重要。公文标题由发文机关（责任者）、发文事由（内容）和文种三个基本要素组成，应当准确简要地概括公文的主要内容并标明公文种类。

7. 主送机关和抄送机关

主送机关是公文的主要受理机关，负有对公文内容进行了解、答复或贯彻执行的责任。

抄送机关是除主送机关外需要执行或者知晓公文内容的其他机关，可以是上级、平级、下级及不相隶属机关，但要注意，上行文不能抄送下级机关。

8. 公文的成文日期

成文日期是公文的生效时间，是党政机关公文生效的重要标志。

确定成文日期的原则是：会议通过的决议、决定等以会议正式通过的日期为准；经机关负责人签发的公文，以签发日期为准；经多位局领导签发的公文，以最后一位局领导签发的日期为准；联合行文，以最后签发的机关负责人签发的日期为准。

9. 公文附注要求

公文附注是指公文印发传达范围以及在正文中不宜说明的其他事项，如"对税务系统内只发电子文件""联系人和联系电话"等。

附注的位置：居左空二字加圆括号，标注在成文日期下一行。附注内容各条之间用逗号分隔，结尾不用句号。

信息公开选项为公文附注的特殊形式，一般标注在版记中首条分割线上左侧空一字，用3号黑体字。

六、公文归档

1. 公文办理完毕后，应当根据《中华人民共和国档案法》及档案管理有关规定，及时将公文定稿、正本和有关材料交本部门文秘人员整理、归档。

2. 联合办理的公文，原件由主办机关整理归档，其他机关保存复制件或其他形式的公文副本。

3. 税务机关公文归档，应在每年6月30日前将本部门上一年度办理完毕的公文、材料整理后集中向本机关档案管理部门进行移交。

第二节 涉税舆情管理

一、涉税舆情概述

（一）涉税舆情的特点

涉税舆情，是指在一定时期内，社会公众通过互联网围绕相关涉税新闻事件、社会问题、社会现象及税务人员等所表达的有较强影响力和倾向性的言论观点，是纳税人情绪、态度、意见的集合。涉税舆情直接影响征纳关系，损害税务机关形象，甚至影响组织收入大局和社会稳定。

涉税舆情的特点：

1. 直接性。当前，以互联网为代表的新技术、新媒体，正在广泛而深刻地影响媒体格局和舆论生态。一方面，新兴媒体覆盖面广、互动性强、传播速度快，为信息传播提供了更加便捷的渠道和更为广阔的空间；另一方面，"人人都是自媒体，个个都有麦克风"，越来越多的人通过网络发表意见看法、表达利益诉求，在集聚和放大效应的作用下，很多意想不到的事情都可能引发"现场直播"，造成"全民围观"。税务机关代表国家参与国民收入分配，征纳双方、不同利益群体之间的矛盾在一定时期内仍将存在，这导致涉税话题很容易挑动网民的神经，直接引发公众广泛地参与话题讨论。近年来由新媒体引发的涉税舆情呈多发高发态势，进而对税务机关的舆情引导提出更高挑战。

2. 突发性。网络舆论的形成往往非常迅速，一个热点事件的存在加上一种情绪化的意见，就可以成为点燃一片舆论的导火索。税收关系到社会多个层面、阶层，几乎涉及每个公民的切身利益，因此一旦涉税舆论事件发生，无处不在的媒体通过各种渠道争相报道，在线率高的网民们迅速跟帖、转发，铺天盖地的各方言论就容易形成强大的舆论风暴。

3. 偏差性。由于网络平台发布和传播信息简单、直接、可隐蔽身份、尚缺少规则限制和有效监督，加之在网络监督过程中群众的知情权、参与权、表达权和监督权得到很大程度的实现，导致无论是合法权利没有受到保护或者在现实生活中遇到挫折、对社会问题片面认识的普通民众，以及少数别有用心的违法乱纪分子，都可以就某一税务事件通过网络发帖、媒体传播迅速引起社会关注。这就要求税务机关在处理舆情工作时，既要厘清舆情中公众的合理诉求并及时回应、妥善处理，也要积极防范负面偏激声音的发酵、减少不和谐因素的影响。

（二）舆情监测的举措

各级税务机关要从思想上高度重视舆情工作，时刻保持对舆情的清醒认识，正视网络媒体挑战，把握网络舆情的发展趋势，把网络舆情当作重中之重来应对。按照全面覆盖、科学规划、分级负责、属地管理、重点突出、严密组织、细致疏导的原则，加强与有关管理部门的协作，完善网络涉税舆情监测机制，加强涉税舆情监控。

1. 健全涉税舆情领导机制。各级税务机关在由主要领导、分管税收宣传工作局领导、各部门主要负责人成立涉税情工作领导小组之外，还要明确网络舆情应对工作部门，配强网络舆情应对责任人及网络宣传员，负责日常的网络舆情的监测工作。省税务机关应配备专职人员或委托专业机构对涉税舆情进行24小时不间断监控。

2. 健全涉税舆情协作机制。税务机关内部各部门之间需加强舆情信息防控工作的沟通协作，共同研究解决工作中的难点、热点问题，提升涉税舆情的防控水平和应对能力。选拔一批政治过硬、业务精通、熟练掌握信息网络技术的税务人员，兼任网络宣传员，建立涉税舆情管理人才库。邀请相关领域的专家学者、媒体人士担任特邀税收评论员。加强对税收舆情工作人员和网络宣传员的培训，帮助他们加强对税收政策制定执行、税收征管、行政管理等工作的了解，防患于未然。

3. 健全涉税舆情监控制度。对监控出来的涉税舆情立即编写舆情报告，密切关注其发展动态，及时进行分类整理研判舆情风险级别，提出处理意见，为领导和上级机关科学决策提供依据。

（三）涉税舆情研判

涉税舆情研判旨在对涉税舆情进行判断、评估，形成舆情预警信息，及时做好各种应对准备，增强防范和化解舆情危机的能力。纵观各类网络舆情事件的发展进程，如果在事件爆发之初对危机有较强的预警意识和较为准确的趋势研判，往往能够在很大程度上缓和冲突、化解危机。

应依据一定时期涉税网络舆情的内容和特征，组织做好舆情会商和量化分析工作，预判舆论热点、媒体焦点及其发展趋势，根据其影响力和覆盖范围，科学界定舆情重要程度，分析研判舆情对税收工作的潜在影响和风险，根据网络舆情的活跃程度、影响深度和覆盖范围，有针对性地提出舆情应对措施和工作改进意见，编发网络舆情日志、舆情专报等，为领导科学决策提供依据。

舆情负责部门对重要社会舆情信息要进行长期跟踪分析研究，准确判断舆情变化的趋势。对突发舆情事件，要及时形成舆情研判分析报告，报告应包含涉税舆情突发事件的各要素，包括时间、地点、人物；事件起因、性质、规模、基本过程、已造成的危害、影响范围；信息来源、舆情现状、未来走势判断；目前处置情况、事态发展趋势和下一步工作建议。

（四）涉税舆情引导与管理

税收舆情管理，就是着眼于营造和谐税收环境，根据社会舆论关注的涉税热点，科学应对和及时处置涉税舆情。舆情管理是税收宣传工作的重要一环，必须坚持底线思维，持续加强，不能放松。涉税网络舆情既是民众利用新媒体参与执法监督的重要途径，也是税务部门重建公信力、重塑和谐征纳关系的必经之路。只有深入研究涉税网络舆情的应对和管理办法，才能防舆情于未然。

1. 完善工作机制。把税收舆情管理工作作为一项重要任务，与税收业务工作紧密结合起来，一同部署，一同落实，一同推进。按照"谁主管、谁负责"的原则，严格落实属地管理责任，建立健全主要领导负总责、分管领导直接负责、办公室（宣传部门）牵头组织协调、各部门参与配合的组织领导体系，健全完善税收舆论工作机制。

2. 抓好重点环节。完善岗位职责和工作流程，规范舆情管理。制定应急预案，明确舆情处置各环节的措施和要求，包括发布信息、引导公众、平衡舆论、消除影响等方面的操作流程和策略技巧，确保出现舆情时应对工作有条不紊。要充实舆情管理力量，安排专人实时监测，全面收集舆情信息，及时准确报告，加强分析研判，发生重大舆情要迅速启动应急预案，确保及时发现、准确判断、快速处置。认真落实主要负责人亲自研究应对重大负面舆情要求，出现重大舆情要在第一时间向上级税务机关和当地党委、政府及有关部门报告，及时采取防范措施，不得瞒报、漏报、迟报。

3. 正确引导舆论。加强与当地重点媒体的沟通合作，形成良好互动机制。舆情事发地税务机关应根据舆情事态发展情况采取相应引导措施，及时发布新闻通稿做好相关解读，结合实际选择信息发布形式、发布平台和发布时机，坚持速报事实、慎报原因、重报态度、续报进展的原则，客观、准确发布信息，包括调查核实情况、税务机关态度及处理意见等。针对负面的涉税舆论，要发挥网络宣传员和特邀评论员作用，发生重大涉税舆情时各方联动、及时发声，做到冷热均衡、疏密得当、深浅适宜，统一口径、快速发声，回应关切，以正视听。对于舆情中暴露的问题和矛盾要积极应对，第一时间发布客观、真实的信息，消除负面舆论，维护税务机关公信力。

4. 多部门联合应对。要加强对外协调，各地税务机关要主动向当地党委、政府工作报告舆情工作，加强与当地新闻宣传、公安、网监等部门的联系，密切与当地新闻媒体和重点网站的工作联系，建立多部门的信息交换、舆情通报、联席会议等制度，主动争取支持。要加强内部配合，相关业务部门要积极参与舆情管理，特别是涉及收入、政策、执法、服务等方面的舆情，要紧密配合，共同应对。

5. 落实舆情管理责任。舆情管理涉及方方面面，必须强化责任、狠抓落实。要强化舆情管理属地责任，按照分级负责的原则，坚持一级管一级、层层传导压力，哪里出现负面舆情，就在哪里处置，及时将舆情苗头化解在基层、遏制在萌芽状态。税务总局和省税务局要对下级舆情应对实行督办与绩效考核，督促指导舆情发生地税务机关做好应对处置工作，对舆情处置情况按月通报，对排名靠后或负面舆情明显增多的单位要求做出解释说明。加强责任追究，对工作不到位导致舆情处置不力，造成工作被动和不良影响的,严肃追究有关单位和人员的责任。各级税务机关要切实加强税收宣传归口管理,严肃新闻宣传纪律。

6. 形成舆情倒逼机制。各级税务机关特别是领导干部要强化舆情意识,根据舆情反映的问题,有针对性地加强自身建设,从源头上防范和减少负面舆情。特别是对国务院重大决策部署以及其他直接面向纳税人的关键环节、敏感问题,加强排查,发现苗头性问题迅速整改,最大限度防止负面舆情的发生、发酵。要针对税收治理能力不足的问题,进一步规范执法服务,强化内部管理,防止因决策不科学、政策不落实、执法不规范、为税不清廉等引发负面舆情。要针对少数干部宗旨意识、服务观念淡化的问题,加强群众观点和群众路线宣传教育,使其自觉摆正位置,尊重纳税人,服务纳税人。要针对群众诉求渠道不畅的问题,注重运用网上调查、投诉举报、在线访谈等方式,引导纳税人通过正常程序和途径反映问题、表达意见、维护权益,密切税务机关与纳税人的联系。

第三节 税收宣传

一、税收宣传基础知识

(一) 税收宣传的概念

税收宣传是税务部门通过报刊、图书、广播、电视、网络等媒体和社会公众易于接受的其他方式,使纳税人、税务干部和其他各界人士及时了解党中央、国务院关于税收工作的方针政策、税收法律法规及税收工作情况而开展的各类宣传活动。

(二) 加强税收宣传的必要性

1. 加强税收宣传是实现税收职能的必然要求。
2. 加强税收宣传是建立和谐的税收征纳关系的客观需要。

(三) 加强税收宣传的重要性

1. 加强税收宣传可以有力推进税收事业的发展。
2. 加强税收宣传可以大力推进依法治税。
3. 加强税收宣传可以彰显税收工作的重要价值。

(四) 税收宣传的主要内容

1. 中央对税收工作的部署要求。大力宣传党中央、国务院关于税收工作的方针、政策、重大决策和部署以及重要指示等。

2. 税收法律、法规和政策。广泛宣传各项税收法律、法规和政策，加强对新出台的税收政策的解读和宣传，突出税法和纳税实务等方面知识的宣传。

3. 税收职能作用和基本知识。广泛深入地宣传税收取之于民、用之于民的性质，宣传税收筹集国家财政收入、调控经济和调节分配，推动科学发展，促进社会和谐的重要职能作用，普及税收基本知识。

4. 纳税人的权利和义务。深入宣传法律法规赋予纳税人的权利和义务，以及纳税人维护权利和履行义务的基本要求。

5. 税收工作及税务干部队伍建设成效大力宣传税务系统在坚持依法治税、落实税收制度、优化纳税服务、规范税收管理、加强队伍建设、推进反腐倡廉等方面取得的成效。

6. 税收工作中的正反典型。广泛宣传依法诚信纳税和依法治税、清正廉洁等方面的先进典型；集中反映涉税大案要案的查处、税收专项检查和区域专项整治的成果，曝光涉税违法典型案件。

7. 其他税收内容。包括办税流程，对国际税收制度、惯例和国外税收管理情况的介绍等。

（五）税收宣传的方式

税收宣传的活动形式多样，应坚持"轻重结合、上下结合、内外结合、长短结合"的思路，构建立体的宣传架构和科学的宣传体系。

二、税收新闻宣传写作注意事项

税务机关通过新闻单位发表稿件，宣传税务机关工作情况、政策变动、重大事件或典型人物等，包括接受新闻单位约稿和主动向新闻单位投稿两种形式。

税收新闻宣传稿件写作应注意以下事项：所有新闻稿件必须坚持审稿制度，税收宣传管理部门要严格审核把关，注重时效性、真实性、准确性和涉密性。

三、新闻发布会管理

（一）税收新闻发布的概念及原则

税收新闻发布是指运用广播、电视、网站等媒体向社会各界和广大纳税人发布税收政策、征管制度、税收统计数据、税收工作重大举措以及其他重要新闻的活动。税收新闻发布工作，要保障社会公众的知情权和监督权；坚持实事求是，客观、准确、及时地发布税收新闻；坚持归口管理、统一发布。

（二）税收新闻发布的主要内容

1. 发布党和国家税收工作方针、重大税收决策部署的贯彻执行情况，重要税收政策、征管制度及其实施情况。
2. 发布税收收入等统计数据、税收重点工作的阶段性进展和成效。
3. 发布涉税违法案件以及重大突发性税收事件及处理情况。
4. 针对社会舆论关注的税收热点和难点问题，及时发布权威信息，解疑释惑。
5. 需要发布的其他税收信息。

（三）税收新闻发布的主要方式

税收新闻发布的方式有以下几种：新闻发布会。新闻通报会（包括记者招待会等）。以新闻发言人的名义发布新闻、声明、谈话。组织新闻记者集体采访或单独采访。国家税务总局网站。其他形式或渠道发布。

（四）税收新闻发布的主要程序

1. 明确发布主题。国家税务总局办公厅根据工作需要拟定税收新闻发布主题，报新闻发言人和总局领导审定。
2. 组织发布材料。新闻发布材料一般包括主旨讲话和背景材料。主旨讲话主要介绍要发布的主题内容，应形成书面材料并在会上散发；背景材料应根据一个时期税收工作的热点和难点问题，做必要的答复准备；上述材料由参加发布的相关司局提供，国家税务总局办公厅负责汇总把关，报总局领导审定。
3. 确定发布形式和人员。以国务院新闻办公室名义召开的新闻发布会，一般由国家税务总局领导或新闻发言人发布；以国家税务总局名义召开的自主发布会，一般由新闻发言人发布，也可邀请总局领导或相关司局负责人发布。除新闻发言人外，其他发布人员由国家税务总局办公厅提出建议后，报总局领导确定。
4. 自主新闻发布会应在相对固定场所，对讲台、背景、标识等做规范化的场景布置。

（五）税收新闻发布有关要求

税收新闻发布是政府信息公开和税收宣传工作的重要方式，要充分发挥税收新闻发布和新闻发言人制度的积极作用，服务于社会各界和广大纳税人；要严格执行新闻宣传纪律和国家有关保密规定不得泄露国家秘密；未经批准，任何部门或个人不得以税务机关名义举办新闻发布活动或对外公开涉税新闻和信息。

四、新媒体运用

（一）新媒体的概念

广义的新媒体包括两大类：一是基于技术进步引起的媒体形态的变革，尤其是基于无线通信技术和网络技术的媒体形态，如数字电视、IPTV（交互式网络电视）、手机终端等；二是随着人们生活方式的转变，以前已经存在，现在才被应用于信息传播的载体，如楼宇电视、车载电视等。

税收宣传常用的新媒体一般指税务网站、微博、微信及移动客户端等。

（二）新媒体传播的特点

1. 传播方式双向化。
2. 接收方式从固定到移动。
3. 传播行为更加个性化。
4. 传播内容多元化。
5. 宣传方式的便捷化。

（三）税务系统新媒体宣传的要求

1. 强化税务网站建设管理。
2. 用好"两微一端"新平台。

第四节 政务信息

一、税收信息工作概述

税收信息是反映税收工作情况、服务各级领导决策、指导基层税收工作的各类消息。从形式上可划分为动态性信息、经验性信息、问题建议性信息。从内容上可划分为行政管理信息、税收业务信息。从类型来说可划分为快讯、专报。

二、税收信息的意义

（一）汇报情况

及时将本单位的工作情况向上级汇报和反映。

（二）交流工作

如上级机关将下级单位的情况和经验在全系统推介，促进其他单位学习借鉴。

（三）推动发展

上下级机关通过信息沟通，把握动向，指导和推动全局工作的开展。

三、税收信息管理流程

（一）税收信息流程

税收信息流程包括税收信息的收集、筛选、整理、刊发。

（二）信息收集

信息收集是通过捕捉、搜集，把零散无序的税收信息聚集起来的过程，是信息处理流程的第一环节。

（三）信息筛选

税收信息员按照为领导服务、为基层服务的原则，对收集到的税收信息进行筛选。

（四）信息整理

税收信息员要及时整理筛选后的税收信息，做到材料准确、主题突出、观点鲜明、层次清楚、文字精练，不断提高信息质量。

（五）信息刊发

国家税务总局编报、编发税收信息的主要刊物有：

1. 《税收专报》。

《税收专报》用于上报中办、国办，是国家税务总局专题向中央反映重要税收工作情况的刊物，主要刊发中央重大决策部署、税收政策贯彻落实情况以及重要税收工作动态、重大涉税事件等中央领导关心的，有利于中央领导了解、决策和指导税收工作的信息。

2. 《税务简报》。

《税务简报》主要发国家税务总局各司局以及各省、自治区、直辖市和计划单列市税务局，报国家税务总局领导。

3. 《税收动态》。

《税收动态》发国家税务总局各司局，报国家税务总局领导。

4. 《税收经济调研》。

《税收经济调研》发国家税务总局各司局以及各省、自治区、直辖市和计划单列市税务局，报国家税务总局领导。

5.《情况通报》。

《情况通报》发国家税务总局各司局以及各省、自治区、直辖市和计划单列市税务局。

四、税收信息写作技能

（一）税收信息写作基本原则

1. 真实性原则。
2. 实用性原则。
3. 时效性原则。

（二）税收信息选题技巧

1. 重大决策部署落实情况。
2. 税务工作创新开展情况。
3. 税收工作中的突出问题。

（三）税收信息编写技巧

税收信息编写要突出中心，有主有次，文字规范。一忌面面俱到；二忌语言不够简练；三忌穿靴戴帽；四忌结构不合理；五忌详略不当；六忌使用语言和标点符号不准确；七忌行文不规范。同时要把握好不同类别信息的编写要求："动态类"信息突出时效性，"经验类"信息突出特色性，"分析类"信息突出深度性，"调研类"信息突出对策性。

（四）税收信息修改方法

1. 以政策为准绳。
2. 压缩信息篇幅。
3. 对原稿进行改写。

第五节　会议管理

一、会议管理

会议活动是一项有目的、有计划、有组织的活动，是管理工作的一种重要方法。

（一）会议筹备

完整的会议策划是成功举办会议的前提。

（二）会议控制

为了使会议能以最短的会期、最佳的形式、最低的成本取得最高的会议效率，达到预期的会议目标，就必须对会议进行控制。会议实行分类管理、分级审批。

（三）会议协调

会议协调是会议组织管理的重要手段，其实质是统一认识、调整关系、解决矛盾、协调行动。

（四）会议精神落实

会议决议是会议目标的具体体现，在会议过程中，相关人员要积极协助会议主持人，督促会议决议的形成。

（五）会议应急管理

要从战略和全局的高度，提高公共安全和处理突发事件的能力，保障生命和财产安全。

二、会议座次安排

（一）主席台的座次安排

一般以左为上，右为下。领导为单数时，1号领导居中，2号领导在1号领导左手位置，3号领导在1号领导右手位置；领导为偶数时，1、2号领导同时居中，2号领导依然在1号领导左手位置，3号领导依然在1号领导右手位置。

（二）签字仪式的座次安排

一般为签字双方主人在左边，客人在主人的右边。双方其他人数一般对等，按主客左右排列。

三、税务系统会议分类

从不同的角度来看，同一个会议可以分为不同的种类。每类会议都有其各自的特点和要求，了解和掌握会议的类型，目的在于更好地认识和组织会议，最大限度地发挥会议的作用。按照不同的标准，会议分类如下：

（一）按会议范围分类

1. 税务系统会议。

根据《中央和国家机关会议费管理办法》的会议分类，税务系统会议分为二、三、四类会议：

二类会议，是指税务总局召开的全国税务工作会议，要求各省、自治区、直辖市和计划单列市税务局主要负责同志参加。

三类会议，是指税务总局及其内设机构召开的专业性会议及各省税务召开的每年一次的年度工作会议。

四类会议，是指除二、三类会议以外的其他业务性会议，包括税务总局内设机构召开或各省税务局及其下属各单位召开的小型业务会、研讨会、座谈会、评审会等。

二、三、四类会议会期均不得超过 2 天；传达、布置类会议会期不得超过 1 天。会议报到和离开时间：二、三类会议合计不得超过 2 天，四类会议合计不得超过 1 天。

2. 局内会议。

（1）局党委会议。

（2）局务会议。

（3）局长办公会议。

（4）局领导专题会议。

（二）按会议内容分类

1. 税收工作会议。
2. 全国税务系统全面从严治党工作会议。
3. 专题工作会议。

（三）按会议形式分类

1. 见面会议。
2. 视频会议。

第六节　政府信息公开

一、政府信息公开概述

政府信息公开是指行政机关在履行职责过程中制作或获取的，以一定形式记录、保存的信息，及时、准确地公开发布。

国务院办公厅是全国政府信息公开工作的主管部门,负责推进、指导、协调、监督全国的政府信息公开工作。县级以上地方人民政府办公厅(室)是本行政区域的政府信息公开工作主管部门,负责推进、指导、协调、监督本行政区域的政府信息公开工作。实行垂直领导的部门的办公厅(室)主管本系统的政府信息公开工作。

行政机关公开政府信息,应当坚持以公开为常态、不公开为例外,遵循公正、公平、合法、便民的原则。

二、信息公开流程

(一)主动公开的内容

对涉及公众利益调整、需要公众广泛知晓或者需要公众参与决策的政府信息,行政机关应当主动公开。

1. 行政法规、规章和规范性文件。
2. 机关职能、机构设置、办公地址、办公时间、联系方式、负责人姓名。
3. 国民经济和社会发展规划、专项规划、区域规划及相关政策。
4. 国民经济和社会发展统计信息。
5. 办理行政许可和其他对外管理服务事项的依据、条件、程序以及办理结果。
6. 实施行政处罚、行政强制的依据、条件、程序以及本行政机关认为具有一定社会影响的行政处罚决定。
7. 财政预算、决算信息。
8. 行政事业性收费项目及其依据、标准。
9. 政府集中采购项目的目录、标准及实施情况。
10. 重大建设项目的批准和实施情况。
11. 扶贫、教育、医疗、社会保障、促进就业等方面的政策、措施及其实施情况。
12. 突发公共事件的应急预案、预警信息及应对情况。
13. 环境保护、公共卫生、安全生产、食品药品、产品质量的监督检查情况。
14. 公务员招考的职位、名额、报考条件等事项以及录用结果。
15. 法律、法规、规章和国家有关规定应当主动公开的其他政府信息。

行政机关应当确定主动公开政府信息的具体内容,并按照上级行政机关的部署,不断增加主动公开的内容。

(二)建立健全政府信息发布机制

行政机关应当建立健全政府信息发布机制,将主动公开的政府信息通过政府公报、政府网站或者其他互联网政务媒体、新闻发布会以及报刊、广播、电视等途径予以公开。

各级人民政府应当加强依托政府门户网站公开政府信息的工作，利用统一的政府信息公开平台集中发布主动公开的政府信息。

各级人民政府应当在国家档案馆、公共图书馆、政务服务场所设置政府信息查阅场所，并配备相应的设施、设备，为公民、法人和其他组织获取政府信息提供便利。

行政机关可以根据需要设立公共查阅室、资料索取点、信息公告栏、电子信息屏等场所及设施，公开政府信息。参见修订后的《中华人民共和国政府信息公开条例》，自2019年5月15日起施行。行政机关应当及时向国家档案馆、公共图书馆提供主动公开的政府信息。

（三）政府信息主动公开的时限要求

属于主动公开范围的政府信息，应当自该政府信息形成或者变更之日起20个工作日内及时公开。

（四）依申请公开的概念

除行政机关主动公开的政府信息外，公民、法人或者其他组织可以向地方各级人民政府、对外以自己名义履行行政管理职能的县级以上人民政府部门申请获取相关的政府信息。

行政机关应当建立完善政府信息公开申请渠道，为申请人依法申请获取政府信息提供便利。

公民、法人或者其他组织申请获取政府信息的，应当向行政机关的政府信息公开工作机构提出，并采用包括信件、数据电文在内的书面形式；采用书面形式确有困难的，申请人可以口头提出，由受理该申请的政府信息公开工作机构代为填写政府信息公开申请。

（五）政府信息公开申请

政府信息公开申请应当包括下列内容：

1. 申请人的姓名或者名称、身份证明、联系方式。
2. 申请公开的政府信息的名称、文号或者便于行政机关查询的其他特征性描述。
3. 申请公开的政府信息的形式要求，包括获取信息的方式、途径。

政府信息公开申请内容不明确的，行政机关应当给予指导和解释，并自收到申请之日起7个工作日内一次性告知申请人做出补正，说明需要补正的事项和合理的补正期限。

（六）行政机关收到政府信息公开申请的时间确定

行政机关收到政府信息公开申请的时间，按照下列规定确定：

1. 申请人当面提交政府信息公开申请的，以提交之日作为收到申请之日。

2. 申请人以邮寄方式提交政府信息公开申请的，以行政机关签收之日作为收到申请之日；以平常信函等无须签收的邮寄方式提交政府信息公开申请的，政府信息公开工作机构应当于收到申请的当日与申请人确认，确认之日为收到申请之日。

3. 申请人通过互联网渠道或者政府信息公开工作机构的传真提交政府信息公开申请的，以双方确认之日为收到申请之日。

依申请公开的政府信息公开会损害第三方合法权益的，行政机关应当书面征求第三方的意见。

（七）依申请公开政府信息的答复要求

行政机关收到政府信息公开申请，能够当场答复的，应当当场予以答复。

行政机关不能当场答复的，应当自收到申请之日起 20 个工作日内予以答复；需要延长答复期限的，应当经政府信息公开工作机构负责人同意并告知申请人，延长的期限最长不得超过 20 个工作日。

行政机关征求第三方和其他机关意见所需时间不计算在前款规定的期限内。

申请公开的政府信息由两个以上行政机关共同制作的，牵头制作的行政机关自收到政府信息公开申请后可以征求相关行政机关的意见，被征求意见机关应当自收到征求意见书之日起 15 个工作日内提出意见，逾期未提出意见的视为同意公开。

申请人申请公开政府信息的数量、频次明显超过合理范围，行政机关可以要求申请人说明理由。

（八）依申请公开政府信息的答复方式

对政府信息公开申请，行政机关根据下列情况分别作出答复：

1. 所申请公开信息已经主动公开的，告知申请人获取该政府信息的方式、途径。

2. 所申请公开信息可以公开的，向申请人提供该政府信息或者告知申请人获取该政府信息的方式、途径和时间。

3. 行政机关依据本条例的规定决定不予公开的，告知申请人不予公开并说明理由。

4. 经检索没有所申请公开信息的，告知申请人该政府信息不存在。

5. 所申请公开信息不属于本行政机关负责公开的，告知申请人并说明理由；能够确定负责公开该政府信息的行政机关的，告知申请人该行政机关的名称、联系方式。

6. 行政机关已就申请人提出的政府信息公开申请作出答复、申请人重复申请公开相同政府信息的，告知申请人不予重复处理。

7. 所申请公开信息属于工商、不动产登记资料等信息，有关法律、行政法规对信息的获取有特别规定的，告知申请人依照有关法律、行政法规的规定办理。

行政机关依申请提供政府信息，不收取费用。

（九）针对申请情况进行完善和调整

申请公开政府信息的公民存在阅读困难或者视听障碍的，行政机关应当为其提供必要的帮助。

多个申请人就相同政府信息向同一行政机关提出公开申请，且该政府信息属于可以公开的，行政机关可以纳入主动公开的范围。

对行政机关依申请公开的政府信息，申请人认为涉及公众利益调整、需要公众广泛知晓或者需要公众参与决策的，可以建议行政机关将该信息纳入主动公开的范围。

行政机关应当建立健全政府信息公开申请登记、审核、办理、答复、归档的工作制度，加强工作规范。

（十）政府信息公开工作年度报告应当包括下列内容：

1. 行政机关主动公开政府信息的情况；
2. 行政机关收到和处理政府信息公开申请的情况；
3. 因政府信息公开工作被申请行政复议、提起行政诉讼的情况；
4. 政府信息公开工作存在的主要问题及改进情况，各级人民政府的政府信息公开工作年度报告还应当包括工作考核、社会评议和责任追究结果情况；
5. 其他需要报告的事项。

全国政府信息公开工作主管部门应当公布政府信息公开工作年度报告统一格式，并适时更新。

第七节 保密工作

一、税务工作国家秘密范围和密级

（一）税务工作国家秘密范围和密级

涉及国家安全和利益的事项，泄露后可能损害国家在政治、经济、国防、外交等领域的安全和利益，应当确定为国家秘密。

（二）国家秘密的密级划分

国家秘密的密级分为绝密、机密、秘密三级。

绝密级国家秘密是最重要的国家秘密，泄露会使国家安全和利益遭受特别严重的损害；机密级国家秘密是重要的国家秘密，泄露会使国家安全和利益遭受严重的损害；

秘密级国家秘密是一般的国家秘密，泄露会使国家安全和利益遭受损害。

（三）保密期限

国家秘密的保密期限，除另有规定外，绝密级不超过30年，机密级不超过20年，秘密级不超过10年。各级税务机关应当根据工作需要，确定具体的保密期限、解密时间或者解密条件。国家秘密的保密期限已满的，自行解密。

（四）不得确定为国家秘密的事项

需要社会公众广泛知晓或者参与的；属于工作秘密、商业秘密、个人隐私的；已经依法公开或者无法控制知悉范围的；法律、法规或者国家有关规定要求公开的。

（五）国家秘密标志形式

机关、单位对承载国家秘密的纸介质、光介质、电磁介质等国家秘密载体，应当做出国家秘密标志。国家秘密标志形式为"密级★保密期限""密级★解密时间"或者"密级★解密条件"。对无法做出或不宜在物品本身做出国家秘密标志的，定密机关、单位应当书面通知知悉范围内的机关、单位或者人员。

二、保密工作管理

（一）涉密人员管理

涉密人员是经审查批准经常接触、处理国家秘密事项或知悉、掌握国家秘密事项，在保守国家秘密安全方面负有责任的人员。

税务机关按照下管一级的原则，对涉密人员实行分级管理。

涉密人员离岗、离职的，按照人事管理权限和有关保密规定办理。

（二）保密要害部门、部位管理

税务机关保密要害部门，是指日常工作中产生、传递、使用和管理绝密级、机密级、秘密级的国家秘密的最小行政单位，如办公室、财务处等；保密要害部位，是指集中制作、存储、保管国家秘密载体的专用、独立、固定场所，如档案室、机要室、计算机中心等。

保密要害部门、部位必须严格管理制度，建立健全管理责任制，签订保密要害部门、部门负责人保密责任书。

（三）定密工作管理

定密工作，是指对税务工作中所产生的国家秘密事项，及时准确确定密级、保密期限、知悉范围,并对国家秘密载体做出标识,及时通知应当知悉的机关单位和人员,并按规定进行全过程管理的活动。

税务总局具有税务工作国家秘密绝密级、机密级、秘密级定密权,省税务局、税务总局驻各地特派办具有税务工作国家秘密机密级、秘密级定密权。

税务总局、省税务局主要负责人为本单位的定密责任人,对定密工作负总责。根据工作需要,税务总局、省税务局主要负责人可以指定本单位其他负责人、内设机构负责人或者其他工作人员为定密责任人,并明确相应的定密权限。

定密责任人名单及其定密权限,应当在本单位内部公布,并报同级保密行政管理部门备案。

(四)国家秘密载体管理

国家秘密载体,简称涉密载体,是指以文字、数据、符号、图形、图像、声音等方式记载国家秘密信息的纸介质、光介质、电磁介质等各类物品。

秘密载体应当专人管理、专本登记、专柜存放,并建立台账管理,在接收、运转、复制、汇编、销毁、清退各环节,要做好详细记录。秘密载体不能由个人私自保存和处理,应在保密室集中妥善保存。机关、单位的保密室应配备符合国家保密标准的"三铁一器",即铁门、铁窗、铁柜和报警器。

保存秘密载体,应当选择安全保密的场所和部位,并配备必要的保密设备。工作人员离开办公场所,应当将秘密载体存放在保密设备里,并锁好门窗。

(五)信息设备和信息系统的保密管理

1. 信息设备,是指计算机及存储介质、打印机、传真机、复印机、扫描仪、照相机、摄像机等具有信息存储和处理功能的设备。

信息设备必须统一采购、登记、标识、配备,明确涉密信息设备的管理责任人。

涉密信息设备应在醒目位置标明密级、编号、责任人。

规范使用涉密计算机:

(1)计算机和打印机必须通过国家保密局技术部门检测后,才能作为涉密计算机和打印机使用管理。

(2)不得在涉密计算机与非涉密计算机之间共用打印机、扫描仪等信息设备。

(3)不得在涉密计算机上使用具有无线功能或配备无线键盘、无线鼠标等无线装置的信息设备处理国家秘密。

(4)不得在涉密计算机上进行手机充电。

税务机关人员在使用信息设备时不得有下列行为:

(1)将涉密信息设备接入互联网及其他公共信息网络;

（2）使用非涉密信息设备存储、处理国家秘密；

（3）在涉密计算机与非涉密计算机之间交叉使用存储介质；

（4）使用低密级信息设备存储、处理高密级信息；

（5）在未采取技术防护措施的情况下，将互联网及其他公共信息网络上的数据复制到涉密信息设备；

（6）在涉密计算机与非涉密计算机之间共用打印机、扫描仪等信息设备；

（7）在涉密场所连接互联网的计算机上配备或安装麦克风或摄像头等音频视频输入设备；

（8）使用具有无线互联功能或配备无线键盘、无线鼠标等无线装置的信息设备处理国家秘密；

（9）擅自卸载涉密计算机上的安全保密防护软件或设备；

（10）将涉密信息设备通过普通邮政或其他无保密措施的渠道邮寄、托运。

2. 信息系统保密管理。

信息系统，是指由计算机及其配套设备、设施构成，按照一定应用目标和规则存储、处理、传输信息的系统或者网络。

涉密信息系统应按照存储、处理和传输信息的相应密级进行管理和防护。

集中存储、处理和传输工作秘密的信息系统参照涉密信息系统管理。

涉密信息系统应当指定专门人员管理和维护，严格设定用户权限，按照最高密级防护和最小授权管理的原则，控制涉密信息知悉范围。

税务机关人员在使用信息系统时不得有下列行为：

（1）将涉密信息系统接入互联网及其他公共信息网络；

（2）在非涉密信息系统中存储、处理和传输国家秘密信息；

（3）在未经审批的涉密信息系统中存储、处理和传输国家秘密信息；

（4）在低密级涉密信息系统中存储、处理和传输高密级信息；

（5）擅自改变涉密信息系统的安全保密防护措施。

（六）涉密会议活动的保密管理

举办涉密会议活动主办部门应当事先确定密级、参加人员范围以及活动涉及的涉密文件资料等，所涉及的涉密文件资料、密品等要经过保密审查。

涉密会议活动所用的涉密文件资料、密品等，须由专人统一保管、编号、登记、签字发放、清点回收。

涉密会议、活动应在符合保密要求的场所进行，使用的计算机、扩音、录音、录像等设备、设施应经安全保密检查检测，携带、使用录音、录像设备应经主办单位审批同意。

不得使用手机、对讲机、无绳电话、无线电话、无线话筒、无线键盘、无线网络等无线设备或装置，不得使用不具备保密条件的电视电话会议系统。

（七）对外交流合作的保密管理

公开发布信息和对外宣传提供资料，遵循谁公开、谁审查的原则，严格执行政府信息公开条例和有关保密规定，对拟在非涉密信息系统发布的信息进行保密审查，严格履行信息公开审查审批手续。

（八）泄密事件管理

泄密事件，是指违反保密法律法规，使国家秘密被不应知悉者知悉，或者超出了限定的接触范围，而不能证明未被不应知悉者知悉的事件。

对属于国家秘密的密品、密件，自发现下落不明之日起，绝密级 10 日内，机密、秘密级 60 日内查无下落的，按泄密事件处理。

税务工作人员发现国家秘密已经泄露或者可能泄露时，应当立即采取补救措施，并及时报告上级税务机关和同级保密行政管理部门，填写泄露国家秘密事件报告表。

税务机关发生泄密事件，应当在发现后 24 小时内书面上报上级税务机关和同级保密行政管理部门。

税务机关工作人员违反规定，发生泄密案件的，按照干部管理权限，依据严重程度分别对直接负责的主管人员和其他直接责任人员给予党纪政纪处理。

第八节　信访工作

一、信访工作概述

1. 信访的含义

信访工作是党的群众工作的重要组成部分，是党和政府了解民情、集中民智、维护民利、凝聚民心的一项重要工作，是各级机关、单位及其领导干部、工作人员接受群众监督、改进工作作风的重要途径。

2. 信访工作应当遵循的原则

（1）坚持党的全面领导。把党的领导贯彻到信访工作各方面和全过程，确保正确政治方向。

（2）坚持以人民为中心。践行党的群众路线，倾听群众呼声，关心群众疾苦，千方百计为群众排忧解难。

（3）坚持落实信访工作责任。党政同责、一岗双责，属地管理、分级负责，谁主管、谁负责。

（4）坚持依法按政策解决问题。将信访纳入法治化轨道，依法维护群众权益、规范信访秩序。

（5）坚持源头治理化解矛盾。多措并举、综合施策，着力点放在源头预防和前端化解，把可能引发信访问题的矛盾纠纷化解在基层、化解在萌芽状态。

3. 信访工作体制机制

信访工作的领导体制。坚持和加强党对信访工作的全面领导，构建党委统一领导、政府组织落实、信访工作联席会议协调、信访部门推动、各方齐抓共管的信访工作格局。

各级党委和政府信访部门是开展信访工作的专门机构，履行下列职责：

（1）受理、转送、交办信访事项；

（2）协调解决重要信访问题；

（3）督促检查重要信访事项的处理和落实；

（4）综合反映信访信息，分析研判信访形势，为党委和政府提供决策参考；

（5）指导本级其他机关、单位和下级的信访工作；

（6）提出改进工作、完善政策和追究责任的建议；

（7）承担本级党委和政府交办的其他事项。

各级党委和政府信访部门以外的其他机关、单位应当根据信访工作形势任务，明确负责信访工作的机构或者人员，参照党委和政府信访部门职责，明确相应的职责。

二、信访事项的提出和受理

（一）信访事项的提出

公民、法人或者其他组织可以采用信息网络、书信、电话、传真、走访等形式，向各级机关、单位反映情况，提出建议、意见或者投诉请求，有关机关、单位应当依规依法处理。按规定的形式，反映情况，提出建议、意见或者投诉请求的公民、法人或者其他组织，称信访人。

各级机关、单位应当向社会公布网络信访渠道、通信地址、咨询投诉电话、信访接待的时间和地点、查询信访事项处理进展以及结果的方式等相关事项，在其信访接待场所或者网站公布与信访工作有关的党内法规和法律、法规、规章，信访事项的处理程序，以及其他为信访人提供便利的相关事项。

各级机关、单位领导干部应当阅办群众来信和网上信访、定期接待群众来访、定期下访，包案化解群众反映强烈的突出问题。

市、县级党委和政府应当建立和完善联合接访工作机制，根据工作需要组织有关机关、单位联合接待，一站式解决信访问题。

任何组织和个人不得打击报复信访人。

信访人一般应当采用书面形式提出信访事项，并载明其姓名（名称）、住址和请求、事实、理由。对采用口头形式提出的信访事项，有关机关、单位应当如实记录。

信访人提出信访事项，应当客观真实，对其所提供材料内容的真实性负责，不得捏造、歪曲事实，不得诬告、陷害他人。

信访事项已经受理或者正在办理的，信访人在规定期限内向受理、办理机关、单位的上级机关、单位又提出同一信访事项的，上级机关、单位不予受理。

（二）信访事项的受理

各级党委和政府信访部门收到信访事项，应当予以登记，并区分情况，在15日内分别按照下列方式处理：

1. 对依照职责属于本级机关、单位或者其工作部门处理决定的，应当转送有权处理的机关、单位；情况重大、紧急的，应当及时提出建议，报请本级党委和政府决定。

2. 涉及下级机关、单位或者其工作人员的，按照"属地管理、分级负责，谁主管、谁负责"的原则，转送有权处理的机关、单位。

3. 对转送信访事项中的重要情况需要反馈办理结果的，可以交由有权处理的机关、单位办理，要求其在指定办理期限内反馈结果，提交办结报告。

各级党委和政府信访部门对收到的涉法涉诉信件，应当转送同级政法部门依法处理；对走访反映涉诉问题的信访人，应当释法明理，引导其向有关政法部门反映问题。对属于纪检监察机关受理的检举控告类信访事项，应当按照管理权限转送有关纪检监察机关依规依纪依法处理。

（三）信访事项的办理

党委和政府信访部门以外的其他机关、单位收到信访人直接提出的信访事项，应当予以登记；对属于本机关、单位职权范围的，应当告知信访人接收情况以及处理途径和程序；对属于本系统下级机关、单位职权范围的，应当转送、交办有权处理的机关、单位，并告知信访人转送、交办去向；对不属于本机关、单位或者本系统职权范围的，应当告知信访人向有权处理的机关、单位提出。

对信访人直接提出的信访事项，有关机关、单位能够当场告知的，应当当场书面告知；不能当场告知的，应当自收到信访事项之日起15日内书面告知信访人，但信访人的姓名（名称）、住址不清的除外。

对党委和政府信访部门或者本系统上级机关、单位转送、交办的信访事项，属于本机关、单位职权范围的，有关机关、单位应当自收到之日起15日内书面告知信访人接收情况以及处理途径和程序；不属于本机关、单位或者本系统职权范围的，有关机关、单位应当自收到之日起 5 个工作日内提出异议，并详细说明理由，经转送、交办的信访部门或者上级机关、单位核实同意后，交还相关材料。

政法部门处理涉及诉讼权利救济事项、纪检监察机关处理检举控告事项的告知按照有关规定执行。

对《信访工作条例》第三十一条第六项规定的信访事项应当自受理之日起 60 日内办结；情况复杂的，经本机关、单位负责人批准，可以适当延长办理期限，但延长期限不得超过 30 日，并告知信访人延期理由。

信访人对信访处理意见不服的，可以自收到书面答复之日起 30 日内请求原办理机关、单位的上一级机关、单位复查。收到复查请求的机关、单位应当自收到复查请求之日起 30 日内提出复查意见，并予以书面答复。

信访人对复查意见不服的，可以自收到书面答复之日起 30 日内向复查机关、单位的上一级机关、单位请求复核。收到复核请求的机关、单位应当自收到复核请求之日起 30 日内提出复核意见。

（四）信访事项的督促检查

各级党委和政府应当对开展信访工作、落实信访工作责任的情况组织专项督查。

信访工作联席会议及其办公室、党委和政府信访部门应当根据工作需要开展督查，就发现的问题向有关地方和部门进行反馈，重要问题向本级党委和政府工作报告。

各级党委和政府督查部门应当将疑难复杂信访问题列入督查范围。

第九节　督查督办

一、督查督办概述

（一）督查督办的概念

督查督办是确保政令畅通，上级和本级机关做出的重大决策、工作部署以及各项工作顺利实现的重要措施。

（二）督查督办的管理机构

各级税务机关办公室（厅）是督查督办的管理机构，主管本机关的督查督办并负责指导下级机关督查督办工作的开展。

（三）税务机关督查督办工作的主要内容

税务机关的督查督办工作主要有以下四个方面内容：

1. 党中央、国务院，上级党委、政府和上级税务机关做出的重大决策和工作部署以及上级文件和上级会议决定中需要报告贯彻落实情况的事项；上级领导重要批示的贯彻落实情况。

2. 本级税务机关年度工作会议、党委会议、局务会议、局长办公会议、重要专题会议作出的重要工作部署、决定和议定事项的贯彻落实情况；本级领导重要批示和交办事项的落实情况；年度重要工作目标和阶段性重要工作的贯彻落实情况；局领导调研时基层税务机关反映问题的办理情况。

3. 各级人大代表议案、建议和政协委员提案的办理情况；重要信访案件和群众反映的"热点""难点"问题的办理情况；社会新闻媒体以及税务系统内部媒体反映税收有关问题的办理情况；有关部门来电、来函征求意见、会签文件的办理情况；下级税务机关请示答复的办理情况。

4. 其他需要列入督办事项的办理情况。

二、督查督办工作的基本流程

（一）督查督办的程序

督查督办流程一般包括：督查立项、实施准备、实地督查、反馈意见、总结汇报、督促整改等环节。

（二）督查督办的开始环节

开始环节主要包括立项和交办。

1. 立项，开展督查前，根据年度督查计划和工作推进情况，办公厅拟定督查事项、对象、时间等，报局领导批准立项。

2. 交办，是指经审定立项的事项，督查部门应及时将"督办通知单"或文件转交有关承办单位办理。

（三）督查督办的中间环节

中间环节主要包括承办和督促。

1. 承办，是指承办单位收到督办任务后，应按督办要求尽快落实。

2. 督促，是指督办事项下达后，督查人员应采取电话催办、网络提醒、实地查看等多种形式进行督查。

（四）督查督办的事后环节

事后环节主要包括反馈、审核和归档。

三、督查督办工作方法

主要包括实地督查、案头督查、暗访督查、交叉督查、二次督查。

第十节 应急管理

一、应急管理概述

应急管理，是指政府及其他公共机构在突发事件的事前预防、事发应对、事中处置和善后恢复过程中，通过建立必要的应对机制，采取一系列必要措施，保障公众生命、健康和财产安全，促进社会和谐稳定、健康发展的有关活动。

二、涉税突发事件及其应对原则

（一）突发事件定义及其分类分级

突发事件，是指突然发生的，造成或可能造成损害、构成威胁，需要采取应急处置措施予以应对的自然灾害、事故灾难、社会安全和公共卫生事件。

上述各类突发事件按照其性质、严重程度、可控性和影响范围等因素分成 4 级，特别重大的是 Ⅰ 级，重大的是 Ⅱ 级，较大的是 Ⅲ 级，一般的是 N 级。

（二）涉税突发事件应对工作原则

1. 以人为本，减少危害。
2. 属地为主，分级负责。
3. 依法规范，统一指挥。
4. 注重预防，科学处置。

三、涉税突发事件的应对和处置

（一）涉税突发事件的预防预警

各级税务机关要建立应对突发事件的预防、预警、处置、信息报告、信息发布、恢复重建等运行机制，提高应急预防、处置和指挥水平。

各级税务机关应积极参与当地政府组织的应急预警工作，加强本部门的情况监测，最大限度地发现突发事件的苗头、征兆。

（二）涉税突发事件的先期处置

涉税突发事件发生后，事发地税务机关应紧密依靠当地政府及有关部门采取措施控制事态发展，保护突发事件现场涉密资料、重要物资的安全，收集并保存相关证据，组织开展应急救援工作，并及时向上级税务机关报告。

（三）涉税突发事件的应急响应

税务系统特别重大（Ⅰ级）、重大（Ⅱ级）突发事件发生后，事发地税务机关要立即报告上一级税务机关，最迟不超过1小时。

对较大（Ⅲ级）、一般（Ⅳ级）涉税突发事件因本身比较敏感、发生在敏感地区、敏感时间，或可能发展为重大（Ⅱ级）以上的涉税突发事件，事发地税务机关可以不受特别重大、重大突发公共事件分级标准的限制，直接向上级机关报告信息。

报告形式包括口头报告、书面报告。

四、涉税突发事件的后续管理

涉税突发事件已处置完毕或取得预期处置结果后，应终止应急程序。

受突发事件影响的税务机关要根据伤亡损失情况有序开展救助、补偿、抚慰、抚恤、安置等恢复重建工作。

突发事件应急处置工作实行行政领导负责制和责任追究制。

第十一节　印信管理

一、印信的概念和范畴

印信，是指印章、介绍信等代表机关职权的凭证和标志，是代表机关的物化标志之一。

税务部门的印章主要有法定名称章、具有法律效力的个人名章、冠以税务部门法定名称的专用印章、税务部门特殊用章等。

介绍信是用来介绍联系、接洽事宜的一种应用文体，是税务机关（部门）派人到其他单位（组织）联系工作、洽谈业务、参加活动（会议）、了解情况时使用的函件，主要用于自我说明。使用介绍信，可以使对方了解来人的身份和目的，以便得到对方的信任和支持，介绍信具有介绍、证明双重作用。

二、印信的管理与使用

印信管理是对各种印信的制发、使用、审批的管理。

(一)印信的制发

各级税务机关(部门)必须使用上级机关制发的正式印章。

各类印章的启用,应由印章管理部门起草文件,以本单位或者单位办公室(厅)的名义印发启用通知后生效。

各级税务机关(部门)的介绍信由办公室(厅)统一印制,介绍信要具备序号、时间、介绍单位、被介绍人、事项、落款、印信、使用期限、存根等内容。

实行民族区域自治地区的税务机关(部门)印信,可以并刊汉字和相应的民族文字。

(二)印信的保管

各级税务机关(部门)的印章和介绍信由办公室(厅)明确专人保管;冠以单位字头的专用印章,由单位行政首长授权的部门明确专人保管;单位的内设机构、直属单位的印章,由各内设机构、直属单位明确专人保管。

印信保管实行保管人和办公室(厅)主任负责制。

重要印信要存放在保险柜内,印信管理部门和印信保管人员应采取相应的安全措施,确保印信安全保管。

印信保管人员应坚持"用时取印、用毕入柜、入柜落锁",杜绝印信脱管失控。

(三)印信的使用范围

1. 以税务机关名义签发的文件、文书,包括各类通知、通报、报告、决定、计划、纪要、函件、报表等。

2. 代表税务机关对外工作联系的介绍信。

3. 本单位的各类合同、项目协议、授权书、承诺书及其他需要的签章。

4. 税务机关对外提供的各类涉税证明材料。

(四)印信的使用审批

使用印信必须履行审批手续,坚持"依职审签,依签用印,谁签章谁负责"的原则,由单位领导严格按照职责权限审批。

1. 以单位名义印发文件、文书,签订合同,开具介绍信、证明信等,根据情况分别使用单位党委(组)印章、行政印章、专用印章或者单位办公室(厅)印章,不得使用其他内设机构印章。

2. 使用单位党委(组)印章,须经单位党委(组)书记或者其他主持党委(组)工作的领导批准。

3. 使用单位行政印章,须经单位行政首长或者其他领导在职权范围内批准。

4. 使用单位办公室（厅）印章，须经单位办公室（厅）主任或其授权的副主任批准；由单位领导签发、以办公室（厅）名义制发的公文用印，由签发公文的单位领导批准。

5. 使用冠以单位字头的专用印章，须经单位行政首长或者行政首长授权的其他领导批准。

6. 外单位或者下级机关因工作需要，临时使用本单位印章的，应先由业务主管部门对有关事项的合法性、真实性、准确性予以审核鉴证，然后报单位主要或者分管领导批准后用印。

（五）印信的使用要求

印信管理者和使用者，在处理公务时必须符合政策、规章制度，严格规范流程，杜绝违规用印，同时符合规范化、程序化的要求。

开具介绍信要按规定将内容填列齐全，介绍信存根要保管五年。

三、印信管理主要风险点

1. 严禁把印信带离办公场所。

2. 严禁在空白的纸张、介绍信、表格、信函、证件、合同、协议、奖状、荣誉证书等上面使用印章，严禁在没有任何文字、图表等内容的空白区域使用印章。

3. 在单位组织机构代码证书、复印件等用以授权的证明材料上用印时，应在压印处注明具体用途。

4. 印信管理人员要严格遵守保密规定，不得泄露用印文件、函、电或者其他文书中的内容和涉密事项。

5. 在外单位、下级单位以及个人申请用印时，应注意严格履行用印审批手续，对一些涉及个人信息的表格文书要经主管部门认真核实，并且在用印处注明材料用途。

对违反印信管理有关规定的，要追究本人及有关人员的责任；对造成严重影响和危害的，要严肃处理。

第十二节　档案管理

一、档案的概述

（一）档案的特征

档案，是指国家、组织或个人在以往的社会实践活动中直接形成的具有保存价值的，各种门类和载体的历史记录。

档案具有历史再现性、知识性、信息性、政治性、文化性、教育性等属性，其中历史再现性为其本质属性。"直接形成"说明档案的原始性，"历史记录"说明档案的记录性，档案是记录历史真实面貌的原始文献，具有历史再现性。正因为档案具有原始性和记录性，档案才具有凭证价值。

（二）档案的形式

档案的形式多种多样，可以从载体、制作手段、表现方式等方面进行分类。从载体分类，有甲骨、金石、缣帛、简册、纸质、光介质、电磁介质等；从制作手段分类，有刀刻、笔写、印刷、复制、摄影、录音、摄像等；从表现方式分类，有文字、图表、声像等。

（三）税务档案的范畴

税务档案，是指各级税务机关在工作中直接形成的，有保存价值的各种文字、图表、音像等不同形式的历史记录，包括税收征管、纳税服务、税务执法和行政管理等各方面各环节工作的文书档案、声像档案、实物档案等。

（四）税务系统档案管理原则

税务系统档案管理坚持"双重管理"原则，即垂直管理和属地管理相结合。各级税务机关办公室（厅）主管本级机关档案工作，在业务上接受上级税务机关和地方同级档案行政管理机关的监督与指导。各级税务机关应当在办公室（厅）内建立档案室，配备必要的专兼职档案管理人员，档案管理人员要尽量保持稳定。

二、档案的管理

（一）文件材料的归档

各级税务机关应建立健全文件材料的归档制度。

各级税务机关档案主管部门应根据全国税务机关文件材料归档范围和文书档案保管期限的相关规定要求，结合本机关职能和工作实际，编制本机关的文件材料归档范围和文书档案保管期限表。

1. 需要归档的文件材料范围

（1）反映本机关主要职能活动和基本历史面貌的，对本机关工作、国家建设和历史研究具有利用价值的文件材料；

（2）机关工作活动中形成的在维护国家、集体和公民权益等方面具有凭证价值的文件材料；

(3) 本机关需要贯彻执行的上级机关、同级机关的文件材料，下级机关报送的重要文件材料；

(4) 其他对本机关工作具有查考价值的文件材料。

2. 不需要归档的文件材料范围

(1) 上级机关文件材料中，普发性不需要本机关办理的文件材料，任免、奖惩非本机关工作人员的文件材料，供工作参考的抄件等。

(2) 本机关文件材料中的重份文件，无参考利用价值的事务性、临时性文件，一般性文件的历次修改稿，文件各次校对稿，无特殊保存价值的信封，无须办理的一般性人民来信、电话记录，机关内部互相抄送的文件材料，本机关负责人兼任外单位职务形成的与本机关无关的文件材料，有关工作参考的文件材料。

(3) 同级机关文件材料中，不需要贯彻执行的文件材料，不需要办理的抄送文件材料。

(4) 下级机关文件材料中，供参阅的简报、情况反映，抄送或越级抄送的文件材料。

(二) 归档文件的整理

各级税务机关应把工作活动中形成的，具有使用和保存价值的文件材料，包括纸质和电子文件材料，在办理完毕后，由各责任部门整理后，按规定移交至档案管理部门。

归档文件应以件为单位进行组件、分类、排列、编号、编目等（纸质归档文件还包括修整、装订、编页、装盒、排架；电子文件还包括格式转换、元数据收集、归档数据包组织、存储等）。

(三) 文书档案的保管期限

按照国家档案局令第 8 号，机关文书档案的保管期限划分为永久、定期两种。定期一般分为 30 年、10 年。

1. 永久保管的文书档案

(1) 本机关制定的法规政策性文件材料；

(2) 本机关召开重要会议、举办重大活动等形成的主要文件材料；

(3) 本机关职能活动中形成的重要业务文件材料；

(4) 本机关关于重要问题的请示与上级机关的批复、批示，重要的报告、总结、综合统计报表等；

(5) 本机关机构演变、人事任免等文件材料；

(6) 本机关房屋买卖、土地征用，重要的合同协议、资产登记等凭证性文件材料；

(7) 上级机关制发的属于本机关主管业务的重要文件材料；

（8）同级机关、下级机关关于重要业务问题的来函、请示与本机关的复函、批复等文件材料。

2. 定期保管的文书档案

（1）本机关职能活动中形成的一般性业务文件材料；

（2）本机关召开会议、举办活动等形成的一般性文件材料；

（3）本机关人事管理工作形成的一般性文件材料；

（4）本机关一般性事务管理文件材料；

（5）本机关关于一般性问题的请示与上级机关的批复、批示，一般性工作报告、总结、统计报表等；

（6）上级机关制发的属于本机关主管业务的一般性文件材料；

（7）上级机关和同级机关制发的非本机关主管业务但要贯彻执行的文件材料；

（8）同级机关、下级机关关于一般性业务问题的来函、请示与本机关的复函、批复等文件材料；

（9）下级机关报送的年度或年度以上计划、总结、统计、重要专题报告等文件材料。

（四）档案的鉴定、销毁

各级税务机关的档案管理部门会同有关业务单位，根据档案保管期限表，定期对档案进行鉴定，核定保管期限，剔除无保存价值的档案。

销毁确无保存价值的档案时，应当写出销毁档案报告，说明销毁理由、原保管期限、数量和简要内容，连同编写的销毁清册一起送有关业务单位领导和办公室（厅）负责人审核，报机关领导批准后方可销毁，并在原案卷目录上注销。

（五）档案管理的注意事项

各级税务机关要建立健全档案资源体系、档案利用体系和档案安全体系，把档案工作纳入本单位发展规划和年度工作计划，列入工作考核检查的内容；分管领导要定期听取档案主管部门工作汇报，定期督促检查，及时研究并协调解决档案工作中的重大问题，为档案工作顺利开展提供人力、财力、物力等方面保障，支持档案主管部门依法监督指导本系统、机关和所属单位的档案工作，推动档案工作发展同税收事业发展相协调。

三、档案的利用与开发

（一）档案利用

档案的利用，是指对档案的阅览、复制和摘录。

1. 本单位工作人员因工作需要可以借阅库存档案。但是，如果借阅非本人主管业务的机密文件,必须经办公室负责人批准后,按照保密相关规定执行。外单位来人查阅本机关档案,必须持有单位介绍信,并经本机关办公室负责人批准。

2. 绝密级文件一般不得复制、汇编、摘抄,确因工作需要复制绝密文件,必须经原发文机关批准。复制机密或者非本人主管业务的文件必须经办公室负责人批准,密码电报一律不得复制。

3. 档案借阅者必须遵循有关规定,履行必要的手续,不得涂损档案,不得转借他人,阅完及时归还。借阅绝密、机密档案,还负有保密的责任,违者按照有关规定处理。

4. 档案工作者必须热情服务,并认真地检查归还的档案有无遗失、涂损等现象。

(二) 档案开发

档案开发,是指对档案信息的分析研究、综合加工,提供档案信息产品,挖掘档案的内在价值。

各级税务机关档案主管部门要增强大局意识、服务意识和创新意识,主动跟进税收改革重大事项、税收工作重要部署,配合重大纪念活动,加强对档案信息的深度开发,通过开展网上利用、主动宣传推介、编辑出版档案选编、举办档案展览等形式,最大限度地发挥档案存凭、留史、咨政、育人等效用,更好为各级税务机关决策、管理提供参考。

第十三节 税收科研

一、课题分类

科研课题分为重点课题、一般性课题、专项课题三类。

1. 重点课题是指为解决国家经济建设、社会发展和税收事业发展过程中具有前瞻性、战略性、全局性的重大理论和实际问题,以及税收经济领域重点、难点、热点问题为研究内容。

2. 一般性课题是指针对经济社会发展和税收工作某一方面问题进行研究而设立的课题。

3. 专项课题是指为完成特定工作或者为实现特定目的而专门设立的课题。

二、管理职责

1. 科研课题领导小组负责组织和管理科研课题:
(1) 审核科研课题管理办法及相关规章制度。

（2）审核科研课题中长期规划。

（3）审核科研课题的立项和结题评审。

（4）其他工作。

2. 领导小组下设办公室，具体负责科研课题的规划和申报、立项、执行管理、结题评审等工作。

三、课题申报

1. 凡符合申报条件的单位或个人，均可申报。

2. 领导小组办公室根据国家经济社会发展和税收工作面临的热点难点问题等业务需求来确定年度课题指南。课题选题可参照课题指南，也可根据课题指南自拟。

3. 科研课题申请者应符合以下条件和规定：（1）科研机构的人员须具有副高以上职称；税务机关和社团组织的人员应具有副高以上职称或处级以上职务，本科以上学历，从事与申请课题相关工作5年以上。重点课题申请者须具有正高职称或者司局级以上行政职务。（2）课题负责人只能申请1个课题。（3）申请课题的课题组成员必须从事课题的实质性研究工作。（4）承担科研课题但尚未完成者，不得申请新的课题。

4. 申请人的选题和课题设计论证必须坚持正确的研究方向，具有较为充分的科学性和可行性。课题设计论证的文字应简明扼要。

5. 申请科研课题按照下列程序进行：（1）申请人填写申请书等材料，并送所在单位领导和管理部门审查。（2）申请人所在单位领导和管理部门审查后，签署意见，并承诺承担课题的管理任务。（3）申请人在规定时间内将课题申请材料寄送领导小组办公室。（4）在课题申请中弄虚作假的，课题负责人所在单位2年内不得申请科研课题，课题负责人3年内不得申请科研课题。

四、立项审批

1. 领导小组办公室负责对申报课题的初审工作。对于初审合格的课题，由领导小组办公室提交领导小组进行复审。复审通过的课题，上报领导或局长办公会批准立项。

2. 领导小组办公室对立项课题进行汇总，由发文下达立项通知。

五、课题管理

1. 领导小组办公室对课题进行全程跟踪和管理，实施中期检查制度，主要检查课题的进度、阶段性成果以及下一步工作安排情况。

2. 课题负责人所在单位和管理部门应当督促课题负责人，共同做好课题中期检查工作，保证课题按期保质完成。

3. 凡有下列情形之一者，须由课题负责人提交书面申请，并经所在单位同意，报领导小组办公室审批。(1) 变更课题负责人。(2) 变更课题名称。(3) 变更课题最终成果形式。(4) 变更课题研究内容。(5) 变更课题管理单位。(6) 申请课题延期。(7) 申请撤销课题。

六、课题结题

1. 一般采用专家评审和委托单位评审验收的方式进行结题。

2. 申请结题须按照立项申请书的设计完成研究任务，确保成果质量。课题完成后按照以下程序予以结题：(1) 课题负责人完成课题后应填写《结题申请书》，提出结题申请。(2) 领导小组办公室组织对课题成果进行验收，确定课题结题等级并报领导小组审定。(3) 科研课题结题等级分为优秀、良好、合格、不合格 4 个级别。验收时被评定不合格的课题，允许课题组在 3 个月内对成果进行修改，并重新申请结题；仍不能通过的，按撤项处理。(4) 经评审予以结题的，向课题负责人发放结题证书。

3. 在课题验收中发现下列情形之一的，对该课题予以撤项：(1) 研究成果的政治观点有明显问题的。(2) 剽窃他人研究成果的。(3) 逾期不提交延期申请，或批准延期时间已到期仍不能完成的。(4) 研究成果学术质量低劣的。(5) 与批准的课题设计严重不符的。(6) 第一次结题未能通过，经修改后重新申请结题，仍未能通过的。(7) 严重违反经费开支计划的。(8) 其他违反课题管理原则和规定的行为，造成严重不良影响的。被撤销的课题，课题负责人所在单位 2 年内不得申请科研课题，课题负责人 3 年内不得申请科研课题。

★ 习题精练及答案解析

一、单项选择题

1. 公文收文程序和发文程序都有的办理程序是（　　）。

   A. 核发　　　　B. 审核　　　　C. 分发　　　　D. 催办

   【参考答案】B

   【解析】《全国税务机关公文处理办法》第六章"发文办理"中的第七十七条规定，发文办理包括复核、编号、校对、印制、用印、登记、封发等程序。第七章"收文办理"中的第八十七条规定，收文办理指对收到公文的处理过程，包括签收、登记、审核、拟办、批办、承办、传阅、催办、答复等程序。

2. 以下不属于税务机关主要公文文种的是（　　）。

   A. 纪要　　　　B. 批复　　　　C. 议案　　　　D. 意见

   【参考答案】C

   【解析】《全国税务机关公文处理办法》第十条规定，税务机关主要有命令（令）、决议、决定、公告、通告、意见、通知、通报、报告、请示、批复、函、纪要等 13 种类公文。

3. 地市级税务机关召开的四类会议，应严格控制会议规模，参会人员视内容而定，一般不得超过（　　）人。

  A. 40   B. 50   C. 60   D. 70

【参考答案】B

【解析】根据《国家税务局系统会议费管理办法》第十条。

4. 引用公文应当（　　）。

  A. 先引发文字号，后引文件标题 B. 仅引文件标题

  C. 先引文件标题，后引发文字号 D. 仅引发文字号

【参考答案】C

【解析】根据《全国税务机关公文处理办法》。

5. 根据《党政机关公文处理工作条例》规定，复制、汇编机密级、秘密级公文，应当符合有关规定并经（　　）批准。

  A. 定密机关   B. 上级机关

  C. 本机关负责人 D. 本机关主要负责人

【参考答案】C

【解析】根据《党政机关公文处理工作条例》第三十二条规定，"复制、汇编机密级、秘密级公文，应当符合有关规定并经本机关负责人批准"。

6. 通讯写作的三要素是指：主题、材料和（　　）。

  A. 结构   B. 人物   C. 事件   D. 时间

【参考答案】A

【解析】通讯写作的三要素包括主题、材料和结构。

7. 请示类公文作为法定公文，（　　）符合请示类公文写作要求。

  A. 事后请示   B. 报送多个主管机关

  C. 一文一事   D. 上报时抄送下级机关

【参考答案】C

【解析】《全国税务机关公文处理办法》第五十五条规定，请示必须在事前，应当一文一事，不得在报告等非请示性公文中夹带请示事项。正文末应当有请示语，在公文附注处注明联系人的姓名和电话。

8. 公文的正文一般用的字体（　　）。

  A. 三号仿宋_GB2312 体字 B. 四号宋体字

  C. 四号楷体_GB2312 体字 D. 五号黑体字

【参考答案】A

【解析】《全国税务机关公文处理办法》第三十三条规定，公文首页必须显示正文，使用 3 号仿宋_GB2312 体字，编排于主送机关名称下一行，每个自然段左空二字，回行顶格。

9. 属于下行文的是（　　）。

　　A. 请示　　　　　B. 函　　　　　C. 决定　　　　　D. 议案

　　【参考答案】C

　　【解析】根据《全国税务机关公文处理办法》。

10. 印信保管实行保管人和办公厅（室）主任负责制。以下选项中哪一个是印信管理的直接责任人？（　　）

　　A. 办公厅（室）主任　　　　　B. 印信保管人员

　　C. 办公厅（室）分管主任　　　D. 单位行政首长

　　【参考答案】B

　　【解析】印信保管实行保管人和办公厅（室）主任负责制。印信保管人员是印信管理的直接责任人，要求具有高度的政治责任感、严格的保密观念，政治可靠、作风正派、严守制度、不徇私情。

11. 机关文书档案的保管期限划分为永久、定期两种。定期一般分为（　　）年。

　　A. 20 年、10 年　　B. 20 年、5 年　　C. 30 年、10 年　　D. 30 年、15 年

　　【参考答案】C

　　【解析】根据国家税务总局档案管理相关制度办法。

12. 各级税务机关的内设机构除以下（　　）部门和法律规定具有独立执法权的机构外，不得对外正式行文。

　　A. 政策法规部门　　B. 人事部门　　C. 办公厅（室）　　D. 机关党委

　　【参考答案】C

　　【解析】各级税务机关的内设机构除办公厅（室）和法律规定具有独立执法权的机构外不得对外正式行文。

13. 由涉税舆情事件引发的突发事件类别应当是（　　）。

　　A. 自然灾害　　　B. 事故灾害　　　C. 社会安全事件　　D. 公共卫生事件

　　【参考答案】C

　　【解析】社会安全事件主要包括恐怖袭击事件、民族宗教事件、经济安全事件、群体性事件、刑事案件、信访事件、舆情事件和税收行政执法引起的其他事件等。

14. 关于印章的使用，下列选项中正确的是（　　）。

　　A. 多局联合发文用印前，需经主管处（科）室负责人审核签字，方可用印

　　B. 人事报表数量繁多，为节约时间，用印人员与其他人员分开盖行政章和领导签名章

C. 办公室制发的公文用印，可由办公室主任批准用印

D. 因特殊情况需外出用印，须经印章管理部门负责人同意，由用章所在处室负责人带章出去，并采取安全防范措施

【参考答案】C

【解析】联合发文由所有联署机关的负责人会签后，方可用印。印信保管人员要严格按照用印规范，亲自使用印单位盖章，不得擅自委托他人代用印章。根据印章用印管理规定，严禁把印章带离办公场所。如因特殊情况需外出用印的，须经印章管理部门主要负责人批准；印章保管人员应随同监印，并采取相应安全防范措施。所以ABD不正确。

15. 信访督促检查的内容不包括（　　）。

A. 上级关于信访工作重要部署和阶段性重点工作要求的落实情况

B. 信访矛盾纠纷排查情况

C. 联席会议议定事项的落实情况

D. 上级交办和领导批示需报送处理结果的信访事项办理情况

【参考答案】B

【解析】信访督促检查的内容包括：上级关于信访工作重要部署和阶段性重点工作要求的落实情况、信访制度建设和执行情况、联席会议议定事项的落实情况、上级交办和领导批示需报送处理结果的信访事项办理情况等。

16. 信访事项应当自受理之日起（　　）办结；情况复杂的，经机关领导批准可以适当延长办理期限，但延长期限不得超过30日，并告知信访人延期理由。法律、行政法规另有规定的，从其规定。

A. 15日内　　　　B. 30日内　　　　C. 60日内　　　　D. 90日内

【参考答案】C

【解析】信访事项应当自受理之日起60日内办结；情况复杂的，经机关领导批准可以适当延长办理期限，但延长期限不得超过30日，并告知信访人延期理由。法律、行政法规另有规定的，从其规定。

17. 下列关于上行文的描述，正确的是（　　）。

A. 上行文一般主送一个上级机关

B. 下级机关的请示事项，需以本机关名义向上级机关请示，可以原文转报上级机关

C. 请示应当一文一事，可以事前或者事后请示

D. 受双重领导的机关向一个上级机关行文，必须抄送另一个上级机关

【参考答案】A

【解析】根据《全国税务机关公文处理办法》第五十五条，上行文原则上主送一个上级机关，根据需要同时抄送相关上级机关和同级机关；下级机关的请示事项，如

需以本机关名义向上级机关请示，应当提出倾向性意见后上报，不得原文转报上级机关；请示必须在事前，应当一文一事；受双重领导的机关向一个上级机关行文，必要时抄送另一个上级机关。

18. 没有明确时限要求的督办事项，承办单位一般应在（　　）内办结并上报。

　　A. 15日　　　　　　B. 30日　　　　　　C. 45日　　　　　　D. 60日

　　【参考答案】B

　　【解析】有明确时限要求的，承办单位一般应在时限要求内提前2个工作日报局领导审定后按时报送；没有明确时限要求的，承办单位一般在30日内办结并上报。

19. 涉税舆情处置中要做好联合应对，加强对外协调，建立相关的会议制度是（　　）。

　　A. 主要领导会议制度　　　　　　B. 责任部门会议制度

　　C. 联席会议制度　　　　　　　　D. 分管领导会议制度

　　【参考答案】C

　　【解析】涉税舆情要加强对外协调，加强与当地新闻宣传、公安、网监等部门的联系，密切与当地新闻媒体和重点网站的工作联系，建立信息交换、舆情通报、联席会议等制度，主动争取支持。

20. 党委会议应有（　　）以上的党委成员到会。

　　A. 1/2　　　　　　B. 2/3　　　　　　C. 3/4　　　　　　D. 3/5

　　【参考答案】B

　　【解析】根据党组会决策重大事项议事规则的相关规定。

21. 含有重要的国家秘密，泄露会使国家的安全与利益遭受严重损害的文件，属于（　　）。

　　A. 秘密文件　　　　B. 绝密文件

　　C. 机密文件　　　　D. 保密文件

　　【参考答案】C

　　【解析】机密文件含有重要的国家秘密，泄露会使国家的安全与利益遭受严重损害的。

22. 督查事项办理的一般程序是（　　）。

　　①立项　②承办　③交（转）办　④督促　⑤审核　⑥反馈　⑦归档

　　A. ①②③④⑤⑥⑦　　　　　　B. ①④②③⑤⑦⑥

　　C. ①③②④⑥⑤⑦　　　　　　D. ①⑤②③⑥④⑦

　　【参考答案】C

　　【解析】各级凡列为督查督办的事项，一般应按督查立项、交办、承办、督促、反馈、审核、归档的程序进行工作。

23. 下列选项不属于税收宣传范畴的是（   ）。

   A. 某省税务局按季度发布税务部门组织税收收入、落实税收政策、创新服务管理、打击税收违法情况

   B. 某市税务局和某日报签订了合同，在该报经济版开辟税经动态栏目，刊发税收经济方面的稿件

   C. 某县税务局在当地最优惠超市的广场大屏幕上巡回播放《税事春秋》

   D. 办公室小王加班起草了《关于加强车辆购置税管理的工作报告》，供局长参会使用

   【参考答案】D

   【解析】按季度发布税务部门组织税收收入、落实税收政策、创新服务管理、打击税收违法情况，在媒体开辟专栏进行宣传，播放税收宣传视频等都属于税收宣传范畴。起草工作报告属于内部行政管理范畴。

24. 政府督查的主要任务是，推动党中央、国务院决策部署贯彻落实，促进政府全面依法履职。从监督体系的角度来看，政府督查属于（   ）监督的范畴。

   A. 监察　　　　B. 行政　　　　C. 党内　　　　D. 纪律

   【参考答案】B

   【解析】政府督查的主要任务是推动党中央、国务院决策部署贯彻落实，促进政府全面依法履职。从监督体系的角度来看，政府督查属于行政监督的范畴。

二、多项选择题

1. 按照税务机关工作规则规定，局内会议包括（   ）。

   A. 局务会议　　　　　　　　B. 局党委会议
   C. 局长办公会议　　　　　　D. 局领导专题会议

   【参考答案】ABCD

   【解析】局内会议包括局党委会议、局务会议、局长办公会议和局领导专题会议四种。

2. 突发事件是指突然发生的，对税务机关、税务工作人员和相关人员及其财产造成或可能造成损害、构成威胁，需要采取应急处置措施予以应对的（   ）等。

   A. 自然灾害　　　　　　　　B. 事故灾难
   C. 信息安全事件　　　　　　D. 公共卫生事件

   【参考答案】ABD

   【解析】突发事件是指突然发生的，对税务机关、税务工作人员和相关人员及其财产造成或可能造成损害、构成威胁，需要采取应急处置措施予以应对的自然灾害、事故灾难、社会安全和公共卫生事件。

3. 关于突发事件的应对工作原则，下列表述正确的有（　　）。

  A. 以人为本，减少危害   B. 下级为主，分级负责

  C. 依法规范，统一指挥   D. 注重预防，科学处置

  【参考答案】ACD

  【解析】突发事件应对工作原则：以人为本，减少危害；属地为主，分级负责；依法规范，统一指挥；注重预防，科学处置。

4. 秘书作为领导干部"身边人"，知密时间早、内容多、程度深，负有比一般涉密人员更为重大的保密责任，要做到（　　）。

  A. 秘书就是领导的替身，领导知道的秘书早晚会知道，不必回避

  B. 秘书人员要正视岗位特殊性，积极发挥"保密能动性"

  C. 机关单位要对秘书人员一视同仁，抓好这个"关键少数"

  D. 领导干部要明确责任，担起对秘书人员的保密管理职责

  【参考答案】BCD

  【解析】秘书作为领导干部"身边人"，知密时间早、内容多、程度深，负有比一般涉密人员更为重大的保密责任。不能错误地把秘书当成领导的替身，要做到：一是秘书人员要正视岗位特殊性，积极发挥"保密能动性"。二是机关单位要对秘书人员一视同仁，抓好这个"关键少数"。三是领导干部要明确责任，担起对秘书人员的保密管理职责。

5. 税务机关档案的管理包括档案的收集、（　　）、保管和利用等工作。

  A. 整理   B. 鉴定   C. 移交   D. 统计

  【参考答案】ABCD

  【解析】税务机关档案的管理包括档案的收集、整理、鉴定、移交、统计、保管和利用等工作。

6. 公务接待应当坚持（　　）等原则。

  A. 有利公务 B. 务实节俭 C. 严格标准 D. 简化礼仪

  【参考答案】ABCD

  【解析】根据《党政机关国内公务接待管理规定》的相关规定。

7. 对于转发、印发类通知，下列做法正确的有（　　）。

  A. 应当在通知的文尾标明"附件"

  B. 无须在通知的文尾标明"附件"

  C. 被转发、印发的公文要与前面的通知分开装订

  D. 被转发、印发的公文不能与前面的通知分开装订，且页码要连贯

  【参考答案】BD

  【解析】根据《党政机关公文处理工作条例》。

8. 涉嫌下列（　　）情形的，应当以过失泄露国家秘密罪立案。

　　A. 过失泄露国家秘密或者遗失国家秘密载体，隐瞒不报、不如实提供有关情况或者不采取补救措施的

　　B. 过失泄露机密级国家秘密 2 项（件）以上的

　　C. 过失泄露秘密级国家秘密 4 项（件）以上的

　　D. 违反保密规定，将涉及国家秘密的计算机或者计算机信息系统与互联网相连接，泄露国家秘密

【参考答案】ACD

【解析】涉嫌下列情形之一的，应当以过失泄露国家秘密罪立案：

（1）泄露绝密级国家秘密 1 项（件）以上的。

（2）泄露机密级国家秘密 3 项（件）以上的。

（3）泄露秘密级国家秘密 4 项（件）以上的。

（4）违反保密规定，将涉及国家秘密的计算机或者计算机信息系统与互联网相连接，泄露国家秘密的。

（5）泄露国家秘密或者遗失国家秘密载体，隐瞒不报、不如实提供有关情况或者不采取补救措施的；

（6）其他情节严重的情形。

9. 根据《档案法》规定，按照国家规定应当形成档案的机关、团体、企业事业单位和其他组织，应当建立档案工作责任制，依法健全档案管理制度。下列材料应当纳入归档范围的包括（　　）。

　　A. 反映机关、团体组织沿革和主要职能活动的

　　B. 反映国有企业事业单位主要研发、建设、生产、经营和服务活动，以及维护国有企业事业单位权益和职工权益的

　　C. 反映基层群众性自治组织城乡社区治理、服务活动的

　　D. 反映历史上各时期国家治理活动、经济科技发展、社会历史面貌、文化习俗、生态环境的

【参考答案】ABCD

【解析】根据《档案法》第十三条规定，直接形成的对国家和社会具有保存价值的下列材料，应当纳入归档范围：（一）反映机关、团体组织沿革和主要职能活动的；（二）反映国有企业事业单位主要研发、建设、生产、经营和服务活动，以及维护国有企业事业单位权益和职工权益的；（三）反映基层群众性自治组织城乡社区治理、服务活动的；（四）反映历史上各时期国家治理活动、经济科技发展、社会历史面貌、文化习俗、生态环境的；（五）法律、行政法规规定应当归档的。

10. 召开有下级税务机关参加的视频会议，会议承办部门要先会签相关部门，以下哪些

是需要会签的部门（　　）。

  A. 人事部门　　　　　　　　B. 办公厅（室）

  C. 信息技术部门　　　　　　D. 后勤服务部门

【参考答案】BCD

【解析】视频会议签报应会签办公厅（室）、信息技术部门、后勤服务部门。

11. 根据税务总局会议管理的有关制度，二类会议指年度全国税务工作会议，要求下列人员参加。（　　）

  A. 各省税务局主要负责同志

  B. 直辖市税务局主要负责同志

  C. 计划单列市税务局主要负责同志

  D. 总局机关副司局级以上干部

【参考答案】ABC

【解析】二类会议指年度全国税务工作会议，要求各省、自治区、直辖市、计划单列市税务局和总局驻各地特派办主要负责同志参加。三类会议指税务总局及其内设机构召开的专业性会议以及各省税务局召开的每年一次的年度工作会议。四类会议包括小型业务会、研讨会、座谈会、评审会。

12. 某单位拟就一起重大责任事故的处理向上级机关书面请示，同时抄送下属单位。下列关于这一做法的说法，正确的有（　　）。

  A. 可以同时抄送给各下级单位，希望引以为戒

  B. 应请示上级机关并获得批准之后再抄送

  C. 请示是上行文，不能同时抄送下级机关

  D. 经本机关领导同意，可另行向下属单位发文，希望引以为戒

【参考答案】CD

【解析】根据《党政机关公文处理工作条例》。

13. 机关、单位在定密过程中，对不明确和有争议的事项，确定其密级的行政管理部门有（　　）。

  A. 机关、单位定密责任人

  B. 上级主管部门和同级保密行政管理部门

  C. 国家保密行政管理部门

  D. 省、自治区、直辖市保密行政管理部门

【参考答案】CD

【解析】根据《保守国家秘密法实施条例》第二十条，机关、单位对原定密机关、单位未予处理或者对作出的决定仍有异议的，按照下列规定办理：

（1）确定为绝密级的事项和中央国家机关确定的机密级、秘密级的事项，报国家

保密行政管理部门确定。

（2）其他机关、单位确定的机密级、秘密级的事项，报省、自治区、直辖市保密行政管理部门确定；对省、自治区、直辖市保密行政管理部门做出的决定有异议的，可以报国家保密行政管理部门确定。

14. 税务系统档案管理坚持"双重管理"原则，具体包括（　　）。

   A. 垂直管理　　　B. 系统管理　　　C. 属地管理　　　D. 地方管理

   【参考答案】AC

   【解析】税务系统档案管理坚持"双重管理"原则，即垂直管理和属地管理相结合。

15. 信息公开选项包括哪几种类型。（　　）

   A. 主动公开　　　B. 不予公开　　　C. 依申请公开　　　D. 可以公开

   【参考答案】ABC

   【解析】根据《中华人民共和国信息公开条例》。

16. 关于印信的保管，下列说法正确的有（　　）。

   A. 单位的内设机构、直属单位的印章，由单位行政首长授权的部门明确专人保管

   B. 各级税务机关的印章和介绍信由办公厅（室）明确专人保管

   C. 冠以单位字头的专用印章，由单位行政首长授权的部门明确专人保管

   D. 各级税务机关的印章和介绍信由办公厅（室）统一保管

   E. 由各级税务机关办公厅（室）工作人员共同保管

   【参考答案】BC

   【解析】各级税务机关的印章和介绍信由办公厅（室）明确专人保管；冠以单位字头的专用印章，由单位行政首长授权的部门明确专人保管；单位的内设机构、直属单位的印章，由各内设机构、直属单位明确专人保管。

17. 下列有关印信管理使用，说法正确的有（　　）。

   A. 印信保管人员因事离岗时，须自行指定人员暂时代管，以免贻误工作

   B. 严禁在空白的纸张、介绍信、表格、信函、证件等上面使用印章

   C. 在单位组织机构代码复印件等用以授权的证明材料上用印时，应在压印处注明具体用途

   D. 严禁把印信带离办公场所，如因特殊原因需异地使用印信，须经单位领导批准，印信管理人员应与有关人员两人以上在用印现场监印

   【参考答案】BCD

   【解析】印信保管人员因事离岗时，必须由印信管理部门负责人指定人员暂时代管，以免贻误工作；注意规避印信使用风险：严禁在空白的纸张、介绍信、表格、信函、证件等上面使用印章。在单位组织机构代码复印件等用以授权的证明材料上用印

时，应在压印处注明具体用途。严禁把印信带离办公场所，如因特殊原因需异地使用印信，须经单位领导批准，印信管理人员应与有关人员两人以上在用印现场监印。

18. 机关需要重新制发印章的情况有（　　）。

　　A. 机构合并　　　　　　　　　B. 机构变更名称
　　C. 机构人事调动　　　　　　　D. 机构撤销

【参考答案】ABD

【解析】因机构合并、机构变更名称或撤销，需要重新制发印章，原印章由局办公室收缴、封存或者按规定销毁。

19. 根据《行政机关公务员处分条例》第三章"违法违纪行为及其适用的处分"第二十六条规定，泄露国家秘密、工作秘密，或者泄露因履行职责掌握的商业秘密、个人隐私，应分情形给予以下处分（　　）。

　　A. 造成不良后果的，给予警告、记过或者记大过处分
　　B. 情节较重的，给予降级或者撤职处分
　　C. 情节较重的，给予记大过处分或降级处分
　　D. 情节严重的，给予开除处分

【参考答案】ABD

【解析】根据《行政机关公务员处分条例》第三章"违法违纪行为及其适用的处分"第二十六条：泄露国家秘密、工作秘密，或者泄露因履行职责掌握的商业秘密、个人隐私：

（1）造成不良后果的，给予警告、记过或者记大过处分。
（2）情节较重的，给予降级或者撤职处分。
（3）情节严重的，给予开除处分。

20. 根据《中华人民共和国保守国家秘密法》规定，机关、单位应当加强对涉密信息系统的管理。下列行为违反涉密信息系统管理的有（　　）。

　　A. 经批准，将涉密计算机、涉密存储设备接入互联网及其他公共信息网络
　　B. 在未采取防护措施的情况下，在涉密信息系统与互联网及其他公共信息网络之间进行信息交换
　　C. 经批准，使用非涉密计算机、非涉密存储设备存储、处理国家秘密信息
　　D. 将未经安全技术处理的退出使用的涉密计算机、涉密存储设备赠送、出售、丢弃或者改作其他用途

【参考答案】ABCD

【解析】根据《中华人民共和国保守国家秘密法》第二十四条规定，机关、单位应当加强对涉密信息系统的管理，任何组织和个人不得有下列行为：（一）将涉密计算机、涉密存储设备接入互联网及其他公共信息网络；（二）在未采取防护措施的情况

下，在涉密信息系统与互联网及其他公共信息网络之间进行信息交换；（三）使用非涉密计算机、非涉密存储设备存储、处理国家秘密信息；（四）擅自卸载、修改涉密信息系统的安全技术程序、管理程序；（五）将未经安全技术处理的退出使用的涉密计算机、涉密存储设备赠送、出售、丢弃或者改作其他用途。

21. 《中国共产党重大事项请示报告条例》规定，建立健全纠错机制，对于重大事项请示报告工作中出现的（　　）等问题，上级党组织应当及时提醒纠正，并将有关情况体现到考评通报中。

    A. 主体不适当　　　B. 内容不准确　　　C. 程序不规范　　　D. 责任不明确

    【参考答案】ABC

    【解析】《中国共产党重大事项请示报告条例》第四十三条规定，建立健全纠错机制，对于重大事项请示报告工作中出现的主体不适当、内容不准确、程序不规范、方式不合理等问题，上级党组织应当及时提醒纠正，并将有关情况体现到考评通报中。

22. 根据《保守国家秘密法》规定，在涉密岗位工作的人员，按照涉密程度分为（　　），实行分类管理。

    A. 核心涉密人员　　　　　　　　B. 关键涉密人员
    C. 重要涉密人员　　　　　　　　D. 一般涉密人员

    【参考答案】ACD

    【解析】根据《中华人民共和国保守国家秘密法》第三十五条规定："在涉密岗位工作的人员，按照涉密程度分为核心涉密人员、重要涉密人员和一般涉密人员，实行分类管理。"

23. 国家税务总局绩效管理规划，主要包含的内容有（　　）。

    A. 一年试运行　　B. 两年见成效　　C. 三年创品牌　　D. 四年树形象

    【参考答案】ABC

    【解析】税务总局按照"一年试运行、两年见成效、三年创品牌"的规划，扎实推进绩效管理工作。

24. 根据《中国共产党重大事项请示报告条例》及税务总局党委关于做好请示报告工作的相关要求，下列（　　）事项需要向税务总局党委请示。

    A. 贯彻落实减税降费政策中的重要情况

    B. 省税务局党委书记接受央视记者采访

    C. 召开省税务局党委会议

    D. 省税务局党委重大决策时存在较大意见分歧的情况

    【参考答案】ABD

    【解析】A项所列请示事项属于贯彻落实党中央、国务院重大决策部署中的重要情况和问题，B项所列请示事项属于重要税费政策的宣传报道口径、税收新闻宣传和意

153

识形态工作中的全局性问题和不易把握的问题，D 项所列事项为税务总局党委明确的各省税务局党委应当请示的重大事项清单。C 项属于各省税务局党委日常工作安排，一般不需要请示。

三、判断题

1. 为减少发文，在向上级机关呈送的报告中，可附带请示问题。　　　（　　）

   【参考答案】×

   【解析】《党政机关公文处理工作条例》第十五条，向上级机关行文，应当遵循以下规则：请示应当一文一事。不得在报告等非请示性公文中夹带请示事项。

2. 实地督查督办中，一般由 3 位以上督查组成员参加。督查人员要认真做好记录，填写督查工作底稿。　　　（　　）

   【参考答案】×

   【解析】根据《系统督查管理办法》，实地督查督办中，一般由 2 位以上督查组成员参加。督查人员要认真做好记录，填写督查工作底稿。

3. 税务机关在处理舆情工作时，要厘清舆情中公众的合理诉求并及时给予回应、进行妥善处理。对于负面偏激信息可消极应对冷处理，让其慢慢淡化负面信息的影响。
   　　　（　　）

   【参考答案】×

   【解析】税务机关在处理舆情工作时，既要厘清舆情中公众的合理诉求并及时回应、妥善处理，也要积极防范负面偏激声音的发酵，减少不和谐因素的影响。

4. 系统督查流程一般包括：督查立项、实施准备、实地督查、反馈意见、总结汇报、督促整改等环节。（　　）

   【参考答案】√

   【解析】参见国家税务总局系统督查管理相关办法。

5. 督办事项办结标准为所有工作流程办理完毕。（　　）

   【参考答案】×

   【解析】国家税务总局督办管理相关办法规定：督办事项以按文件、领导指示批示要求全部完成为办结标准。

6. 根据双重领导管理体制要求，各级税务局党委在向上级税务局党委请示报告重大事项时，不需要抄送当地党委。　　　（　　）

   【参考答案】×

   【解析】《中共国家税务总局委员会关于进一步做好税务系统重大事项请示报告工作的通知》中第四条的关于规范报送程序规定，各级税务局党委要严格落实以税务总局为主、与省区市党委和政府双重领导的管理体制要求，正常情况下应当向上级税务局党委请示报告,同时抄送当地党委;也可根据事项性质和内容向当地党委请示报告,同时抄送上级税务局党委。特殊情况下,可以不抄送。

7. 请示应当一文一事,不得在报告等非请示公文中夹带请示事项。 ( )

【参考答案】√

【解析】参见《全国税务机关公文处理办法》。

8. 请示报告应当逐级进行,特殊紧急情况下,可以越级请示报告,但需要抄送上级机关党委和地方党委。 ( )

【参考答案】×

【解析】《中共国家税务总局委员会关于进一步做好税务系统重大事项请示报告工作的通知》中第四条的关于规范报送程序规定,各级税务局党委要严格按照《条例》规定的程序进行请示报告。请示报告应当逐级进行,一般不得越级请示报告。

9. 凡是收到的下级税务机关来文,上级税务机关必须使用"批复"回复。 ( )

【参考答案】×

【解析】请示需要批复,报告无须回复。

10. 党组织根据重大事项类型和缓急程度,可以采用口头或书面方式进行请示报告。 ( )

【参考答案】√

【解析】《中国共产党重大事项请示报告条例》第二十八条规定,党组织应当根据重大事项类型和缓急程度采用口头或书面方式进行请示报告。

11. 印章是税务机关印信凭证的一种,是代表税务机关权力、职责的凭据,是税务机关职能作用的法律标志。 ( )

【参考答案】√

【解析】印章的意义。

12. 会议服务中要处理好继承与创新的关系。创新不是推倒重来,过去办会的那一套完全不行。 ( )

【参考答案】√

【解析】时任浙江省委书记的习近平同志曾说,会议服务中要处理好继承与创新的关系,创新不是推倒重来。

13. 保密干部须经保密培训并向上级税务机关备案。 ( )

【参考答案】×

【解析】保密干部须经保密培训并向上级税务机关和同级保密行政管理部门备案。

14. 某县税务局纳税服务股起草了一份需要与纪检组会签的公文,该纳税服务股应当在与纪检组取得一致意见后行文。 ( )

【参考答案】√

【解析】根据《全国税务机关公文处理办法》第六十九条，凡需会签的公文，主办部门应当与会办部门取得一致意见后行文。

15. 会议费开支范围包括会议住宿费、伙食费、会议室租金、交通费等方面。会议费开支实行综合定额控制，各单位应在综合定额标准以内结算报销。　　　　（　　）

【参考答案】√

【解析】《中央和国家机关会议费管理办法》第十五条规定，会议费开支实行综合定额控制，各项费用之间可以调剂使用。综合定额标准是会议费开支的上限。各单位应在综合定额标准以内结算报销。

16. 税务机关工作人员因工作需要可以借阅库存档案，如需借阅非本人主管业务的机密文件时，经办公室（厅）负责人批准方可借阅。　　　　（　　）

【参考答案】√

【解析】税务机关工作人员因工作需要可以借阅库存档案，如需借阅非本人主管业务的机密文件时，经办公室（厅）负责人批准。

17. 要针对各类突发事件完善预防机制，开展风险分析和排查，做到早发现、早报告、早处置。　　　　（　　）

【参考答案】√

【解析】要针对各类突发事件完善预防机制，开展风险分析和排查，做到早发现、早报告、早处置。对可能发生的突发事件，要及时进行综合评估，预防突发事件的发生。

18. 实施绩效管理，不但需要各级税务部门和税务干部广泛参与，也需要广大纳税人的支持和参与。　　　　（　　）

【参考答案】√

【解析】根据《国家税务总局关于实施绩效管理的意见》第四部分第三条，实施绩效管理，不但需要各级税务部门和税务干部广泛参与，也需要社会各界和广大纳税人理解支持。

19. 机关督办工作应按照立项、承办、交办、反馈、督促、审核、归档的程序依次进行。　　　　（　　）

【参考答案】×

【解析】根据国家税务总局机关督办管理办法，机关督办工作按照立项、交办、承办、督促、反馈、审核、归档等程序进行。

20. 会议费开支实行综合定额控制，各项费用之间可以调剂使用。　　　　（　　）

【参考答案】√

【解析】《中央和国家机关会议费管理办法》第十五条规定，会议费开支实行综合定额控制，各项费用之间可以调剂使用。

四、简答题

1. 简述案头督查的主要程序的四个环节。

【参考答案】

一是立项通知。经领导批准下发督查通知，布置督查任务。

二是跟踪催办。对需要落实和整改的事项，进行跟踪催办，督促被督查单位落实整改到位。

三是情况反馈。被督查单位按要求认真整改落实到位，并将整改报告以正式公文报督查部门。

四是总结报告。对整改落实情况进行审核分析，报局领导审示。

【解析】 略。

2. 简述督察内审工作的规范流程。

【参考答案】

督察内审工作的组织开展主要包括准备阶段、实施阶段、报告阶段、整改阶段四个阶段。

一是准备阶段。制定工作方案，下达通知书，督察审计前准备，制定项目实施方案，查前培训。

二是实施阶段。进驻会议，督察审计公示，签订承诺书，接收资料，数据采集和分析应用，测评内控，审核资料，现场督审，督察审计取证，项目评价，编制底稿，听取陈述申辩，撰写报告，退出会议。

三是报告阶段。征求被督察审计单位意见，报告审理，问题移交，出具报告，处理决定复查复核，整理立卷。

四是整改阶段。督察审计整改，建议追责，整改反馈，整改情况督查，案卷归档。

【解析】 略。

3. 习近平总书记强调，要加强传播手段建设和创新，发展网站、微博、微信、电子阅报栏、手机报、网络电视等各类新媒体，积极发展各种互动式、服务式、体验式新闻信息服务，实现新闻传播的全方位覆盖、全天候延伸、多领域拓展，推动党的声音直接进入各类用户终端，努力占领新的舆论场。请你结合税务总局关于新时期税收宣传工作的要求，谈谈创新税收宣传方式、增强税收宣传效果的好的措施或方法。

【参考答案】

一要坚持一体化发展方向，通过流程优化、平台再造，实现各种媒介资源有效整合，实现信息内容、技术应用、平台终端、管理手段共融互通，催化融合质变，放大一体效能。二要坚持移动优先策略，借助移动传播，占据税收宣传的传播制高点。三要探索将人工智能运用在信息采集、接收、反馈中，全面提高宣传引导能力。四要创新税收宣传方式、增强税收宣传效果。积极制作标语口号、政策图解、公益广告、主题 MV、系列快闪、短视频、微动漫等一系列喜闻乐见、易于传播的融媒体精品,不断创新传播方式,坚持移动优先、全媒传播、立体覆盖,形成优势互补、协同发声的宣传声势。大力拓展宣传渠道,报纸、电视、网络、客户端、微博微信等共同上阵,广泛利用办税服务厅大屏幕、户外大屏、楼宇传媒、高铁动车、公交地铁、影视院线、广播电视等平台投放税收宣传品,形成全方位立体传播矩阵。

【解析】创新税收宣传方式、增强税收宣传效果的好的措施或方法要适应互联网、移动传播和融媒体发展新形势,转变工作思路,创新工作方式,提高宣传质效。要将创新税收宣传方式、增强税收宣传效果与"融媒体"发展深度糅合。

4. 什么是保密要害部门、保密要害部位?

【参考答案】

保密要害部门,是指日常工作中产生、传递、使用和管理绝密级、机密级、秘密级国家秘密的最小行政单位,如办公室、财务处等;保密要害部位,是指集中制作、存储、保管国家秘密载体的专用、独立、固定场所,如档案室、机要室、计算机中心等。

【解析】根据《中华人民共和国保守国家秘密法》。

5. 简要说明当前税务系统档案管理坚持的"双重管理"原则。

【参考答案】税务系统档案管理坚持"双重管理"原则,即垂直管理和属地管理相结合。全国税务机关的档案管理工作,由国家档案局在宏观上统筹规划、组织协调、统一制度、监督指导,由税务总局制定规划、建立制度,实施检查、监督和指导。各级税务机关办公室(厅)主管本级机关档案工作,在业务上接受上级税务机关和地方同级档案行政管理机关的监督与指导。

【解析】税务系统档案管理坚持"双重管理"原则,即垂直管理和属地管理相结合。

6. 简述督查督办的程序。

【参考答案】凡列为督查督办的事项,一般应按督查立项、交办、承办、督促、反馈、审核、归档的程序进行工作。

【解析】根据全国税务系统督查督办办法规定。

7. 近年来,网上发生了多起涉及税务机关的网络舆情事件,如"河北官员安排 10 余名亲属进税务系统事件"等涉税舆情事件,因应对与引导不力,对国家税务机关形象和政府公信力造成了影响,对正常的税收工作秩序和管理造成了冲击,甚至可能影响国家财政安全。请谈一谈你对涉税网络舆情的认识,以及如何引导和管理涉税舆情。

【参考答案】具体做法:一是建立完善涉税舆情应对管理机制和应急预案,统筹指导舆情应对工作;二是加强涉税舆情分析研判,安排专人或者委托专业机构进行 24 小时监测,第一时间发现并处理舆情"易燃点";三是加强涉税舆情引导与管理,出现重大涉税舆情要第一时间向上级税务机关和当地党委政府报告,积极争取有关部门支持;四是正确引导舆论,坚持速报事实、慎报原因、重报态度、续报进展的原则;五是强化舆情管控意识,根据舆情反映的问题,有针对性加强自身建设,从源头上防范和减少负面舆情。

【解析】涉税网络舆情是指在一定时期内,社会公众通过互联网围绕相关涉税新闻事件、社会问题、社会现象及税务人员等所表达的有较大影响力和倾向性的言论观点,是纳税人情绪、态度、意见的集合,具有直接性、突发性和偏差性等特点。

8. 税务机关要不断提高应急预防、处置和指挥水平。在应对突发事件时,应当遵循哪些工作原则?

【参考答案】

(1) 以人为本,减少危害;

(2) 属地为主,分级负责;

(3) 依法规范,统一指挥;

(4) 注重预防,科学处置。

【解析】各级税务机关要建立对突发事件的应急管理机制,各项工作必须遵循以人为本,减少危害;属地为主,分级负责;依法规范,统一指挥;注重预防,科学处置的应对工作原则。

第四章　干部管理

第一节　人事管理

一、公务员

（一）公务员的职位分类

国家实行公务员职位分类制度。

职位分类是国家公务员制度一项重要的基础性工作，通过职能分解、设置职位、编制职位说明书，明确每个职位的任务、职责、权利和职位所需的资格条件，达到以事择人、人尽其才、才尽其用、精简机构和提高工作效率的目的；同时也为国家公务员的考试录用、考核、晋升、培训、工资待遇等提供依据。

根据《中华人民共和国公务员法》（以下简称《公务员法》）规定，公务员职位类别按照公务员职位的性质、特点和管理需要，划分为综合管理类、专业技术类和行政执法类。根据《公务员法》规定，对于具有职位特殊性，需要单独管理的，可以增设其他职位类别。

（二）公务员的职务、职级与级别

1. 国家实行公务员职务与职级并行制度，根据公务员职位类别和职责设置公务员领导职务、职级序列。

领导职务层次分为：国家级正职、国家级副职、省部级正职、省部级副职、厅局级正职、厅局级副职、县处级正职、县处级副职、乡科级正职、乡科级副职。

公务员职级在厅局级以下设置。综合管理类公务员职级序列分为：一级巡视员、二级巡视员、一级调研员、二级调研员、三级调研员、四级调研员、一级主任科员、二级主任科员、三级主任科员、四级主任科员、一级科员、二级科员。

职级序列按照综合管理类、专业技术类、行政执法类等公务员职位类别分别设置。综合管理类以外其他职位类别公务员的职级序列，根据《公务员法》由国家另行规定。

2. 公务员领导职务、职级对应相应的级别。

领导职务对应的级别，按照国家有关规定执行。

综合管理类公务员职级对应的级别是：

(1) 一级巡视员：十三级至八级；

(2) 二级巡视员：十五级至十级；

(3) 一级调研员：十七级至十一级；

(4) 二级调研员：十八级至十二级；

(5) 三级调研员：十九级至十三级；

(6) 四级调研员：二十级至十四级；

(7) 一级主任科员：二十一级至十五级；

(8) 二级主任科员：二十二级至十六级；

(9) 三级主任科员：二十三级至十七级；

(10) 四级主任科员：二十四级至十八级；

(11) 一级科员：二十六级至十八级；

(12) 二级科员：二十七级至十九级。

3. 厅局级以下领导职务对应的综合管理类公务员最低职级是：

(1) 厅局级正职：一级巡视员；

(2) 厅局级副职：二级巡视员；

(3) 县处级正职：二级调研员；

(4) 县处级副职：四级调研员；

(5) 乡科级正职：二级主任科员；

(6) 乡科级副职：四级主任科员。

4. 公务员的领导职务、职级与级别是确定公务员工资以及其他待遇的依据。公务员的级别根据所任领导职务、职级及其德才表现、工作实绩和资历确定。

根据工作需要和领导职务与职级的对应关系，公务员担任的领导职务和职级可以互相转任、兼任；符合规定资格条件的，可以晋升领导职务或者职级。

(三) 综合管理类公务员职级设置与职数比例

1. 综合管理类公务员职级按照下列规格设置：

(1) 中央机关，省、自治区、直辖市机关设置一级巡视员以下职级；

(2) 副省级城市机关设置一级巡视员以下职级，副省级城市的区领导班子设置一级、二级巡视员；

(3) 市（地、州、盟）、直辖市的区领导班子设置一级巡视员，市（地、州、盟）、直辖市的区机关设置二级巡视员以下职级，副省级城市的区机关设置一级调研员以下职级；

(4) 县（市、区、旗）领导班子设置二级巡视员、一级调研员、二级调研员、三级调研员，县（市、区、旗）、乡镇机关设置二级调研员以下职级。

2. 职级职数按照各类别公务员行政编制数量的一定比例核定。综合管理类公务员职级职数按照下列比例核定：

（1）中央机关一级、二级巡视员不超过机关综合管理类职位数量的12%，其中，正部级单位一级巡视员不超过一级、二级巡视员总数的40%，副部级单位一级巡视员不超过一级、二级巡视员总数的20%；一级至四级调研员不超过机关综合管理类职位数量的65%。

（2）省、自治区、直辖市机关一级、二级巡视员不超过机关综合管理类职位数量的5%，其中一级巡视员不超过一级、二级巡视员总数的30%；一级至四级调研员不超过机关综合管理类职位数量的45%。

（3）副省级城市机关一级、二级巡视员不超过机关综合管理类职位数量的2%，其中一级巡视员不超过一级、二级巡视员总数的30%；一级至四级调研员不超过机关综合管理类职位数量的43%，其中一级调研员不超过一级至四级调研员总数的20%。

（4）市（地、州、盟）、直辖市的区领导班子一级巡视员不超过领导班子职数的15%。市（地、州、盟）、直辖市的区机关二级巡视员不超过机关综合管理类职位数量的1%；一级至四级调研员不超过机关综合管理类职位数量的20%，其中一级、二级调研员不超过一级至四级调研员总数的40%，一级调研员不超过一级、二级调研员总数的50%；一级至四级主任科员不超过机关综合管理类职位数量的60%，其中一级、二级主任科员不超过一级至四级主任科员总数的50%。

（5）副省级城市的区领导班子一级、二级巡视员不超过领导班子职数的15%，其中一级巡视员不超过一级、二级巡视员总数的40%；副省级城市的区机关一级调研员以下职级职数，按照第四项规定执行。

（6）县（市、区、旗）领导班子二级巡视员不超过领导班子职数的10%，一级、二级调研员不超过领导班子职数的20%。县（市、区、旗）、乡镇机关二级调研员不超过机关综合管理类职位数量的2%；三级、四级调研员不超过机关综合管理类职位数量的10%，其中三级调研员不超过三级、四级调研员总数的40%；一级至四级主任科员不超过机关综合管理类职位数量的60%，其中一级、二级主任科员不超过一级至四级主任科员总数的50%。

（四）公务员录用

1. 录用对象及方法。

录用担任一级主任科员以下及其他相当职级层次的公务员，采取公开考试、严格考察、平等竞争、择优录取的办法；民族自治地方依照法律和有关规定可对少数民族报考者予以适当照顾。

2. 录用程序。

录用公务员，应当在规定的编制限额内，并有相应的职位空缺。

录用公务员，应当发布招考公告。

公务员录用考试采取笔试和面试等方式进行，考试内容根据公务员应该具备的基本能力和不同职位类别、不同层级机关分别设置。

招录机关根据考试成绩、考察情况和体检结果，提出拟录用人员名单，并予以公示。

公示期满，中央一级招录机关应当将拟录用人员名单报中央公务员主管部门备案；地方各级招录机关应当将拟录用人员名单报省级或者设区的市级公务员主管部门审批。

3. 不得录用公务员的规定。

因犯罪受过刑事处罚的；被开除中国共产党党籍的；被开除公职的；被依法列为失信联合惩戒对象的等。

（五）公务员考核

1. 考核内容：全面考核公务员的德、能、勤、绩、廉，重点考核政治素质和工作实绩。考核指标根据不同职位类别、不同层级机关分别设置。

2. 公务员的考核分为平时考核、专项考核和定期考核等方式。

非领导成员公务员的定期考核采取年度考核的方式。

定期考核的结果分为优秀、称职、基本称职和不称职四个等次。

3. 考核结果运用：定期考核的结果作为调整公务员职位、职务、职级、级别、工资以及公务员奖励、培训、辞退的依据。

（六）公务员职务、职级任免与升降

1. 任免：公务员领导职务实行选任制、委任制和聘任制。

选任制公务员在选举结果生效时即任当选职务；任期届满不再连任或者任期内辞职、被罢免、被撤职的，其所任职务即终止。

委任制公务员试用期满考核合格，职务、职级发生变化，以及其他情形需要任免职务、职级的，应当按照管理权限和规定的程序任免。

公务员任职应当在规定的编制限额和职数内进行，并有相应的职位空缺。

2. 晋升领导职务条件：具备拟任职务所要求的政治素质、工作能力、文化程度和任职经历等方面的条件和资格。

3. 晋升领导职务程序：动议；民主推荐；确定考察对象，组织考察；按照管理权限讨论决定；履行任职手续。

4. 晋升职级，在职级职数内逐级晋升，并且具备一定的条件和资格。

公务员晋升职级的基本条件如下：

（1）政治素质好，拥护中国共产党的领导和社会主义制度，坚决维护习近平总书记核心地位，坚决维护党中央权威和集中统一领导；

（2）具备职位要求的工作能力和专业知识，忠于职守，勤勉尽责，勇于担当，工作实绩较好；

（3）群众公认度较高；

（4）符合拟晋升职级所要求的任职年限和资历；

（5）作风品行好，遵纪守法，自觉践行社会主义核心价值观，清正廉洁。

公务员晋升职级的基本资格如下：

（1）晋升一级巡视员，应当任厅局级副职或者二级巡视员四年以上；

（2）晋升二级巡视员，应当任一级调研员4年以上；

（3）晋升一级调研员，应当任县处级正职或者二级调研员3年以上；

（4）晋升二级调研员，应当任三级调研员两年以上；

（5）晋升三级调研员，应当任县处级副职或者四级调研员2年以上；

（6）晋升四级调研员，应当任一级主任科员两年以上；

（7）晋升一级主任科员，应当任乡科级正职或者二级主任科员2年以上；

（8）晋升二级主任科员，应当任三级主任科员两年以上；

（9）晋升三级主任科员，应当任乡科级副职或者四级主任科员2年以上；

（10）晋升四级主任科员，应当任一级科员两年以上；

（11）晋升一级科员，应当任二级科员两年以上。

5. 公务员晋升职级根据工作需要、德才表现、职责轻重、工作实绩和资历等因素综合考虑，不是达到最低任职年限就必须晋升，也不能简单按照任职年限论资排辈，应体现正确的用人导向。

6. 晋升职级程序：

（1）党委（组）或者组织（人事）部门研究提出工作方案；

（2）对符合晋升职级资格条件的人员进行民主推荐或者民主测评，提出初步人选；

（3）考察了解并确定拟晋升职级人选；

（4）对拟晋升职级人选进行公示，公示期不少于5个工作日；

（5）审批。

7. 公务员的职务、职级实行能上能下，具有下列情形之一的，应当按照规定降低职级：

（1）不能胜任职位职责要求的；

（2）年度考核被确定为不称职等次的；

（3）受到降职处理或者撤职处分的；

（4）法律法规和党内法规规定的其他情形。

8. 公务员具有下列情形之一的，不得晋升职级：

（1）不具备晋升职级的基本条件和基本资格的；

（2）受到诫勉、组织处理或者处分等影响期未满或者期满影响使用的；

（3）涉嫌违纪违法正在接受审查调查尚未做出结论的；

（4）影响晋升职级的其他情形。

（七）公务员奖励

1. 奖励原则：坚持定期奖励与及时奖励相结合，精神奖励与物质奖励相结合、以精神奖励为主的原则。

2. 奖励条件（有下列情形之一的）：忠于职守，积极工作，勇于担当，工作实绩显著的；遵纪守法，廉洁奉公，作风正派，办事公道，模范作用突出的；在工作中有发明创造或者提出合理化建议，取得显著经济效益或者社会效益的；为增进民族团结，维护社会稳定做出突出贡献的；爱护公共财产，节约国家资财有突出成绩的；防止或者消除事故有功，使国家和人民群众利益免受或者减少损失的；在抢险、救灾等特定环境中做出突出贡献的；同违纪违法行为做斗争有功绩的；在对外交往中为国家争得荣誉和利益的；有其他突出功绩的。

3. 奖励种类及奖金标准：嘉奖奖金为1 500元，记三等功奖金为3 000元，记二等功奖金为6 000元，记一等功奖金为12 000元，授予荣誉称号奖金为20 000元。

4. 对受奖励的公务员或者公务员集体予以表彰，并对受奖励的个人给予一次性奖金或者其他待遇。

（八）公务员监督与惩戒

1. 监督内容：思想政治、履行职责、作风表现、遵纪守法等情况。

2. 发现问题的处置：对公务员监督发现问题的，应当区分不同情况，予以谈话提醒、批评教育、责令检查、诫勉、组织调整、处分。

3. 公务员纪律的内容。

公务员应当遵纪守法，不得有下列行为：散布有损宪法权威、中国共产党和国家声誉的言论，组织或者参加旨在反对宪法、中国共产党领导和国家的集会、游行、示威等活动；组织或者参加非法组织，组织或者参加罢工；挑拨、破坏民族关系，参加民族分裂活动或者组织、利用宗教活动破坏民族团结和社会稳定；不担当，不作为，玩忽职守，贻误工作；拒绝执行上级依法做出的决定和命令；对批评、申诉、控告、检举进行压制或者打击报复的；弄虚作假，误导、欺骗领导和公众；贪污贿赂，利用职务之便为自己或者他人谋取私利；违反财经纪律，浪费国家资财；滥用职权，侵害公民、法人或者其他组织的合法权益；泄露国家秘密或者工作秘密；在对外交往中损害国家荣誉和利益；参与或者支持色情、吸毒、赌博、迷信等活动；违反职业道德、社会公德和家庭美德；违反有关规定参与禁止的网络传播行为或者网络活动；违反有关规定从事或者参与营利性活动，在企业或者其他营利性组织中兼任职务；旷工或者因公外出、请假期满无正当理由逾期不归；违纪违法的其他行为。

4. 处分种类与期间。

处分分为警告、记过、记大过、降级、撤职、开除。

受处分的时间为：警告，6 个月；记过，12 个月；记大过，18 个月；降级、撤职，24 个月。

5. 处分有关规定。

对公务员的处分，应当事实清楚、证据确凿、定性准确、处理恰当、程序合法、手续完备。

公务员在受处分期间不得晋升职务、职级和级别，其中受记过、记大过、降级、撤职处分的，不得晋升工资档次。

（九）公务员工资、福利、保险

1. 公务员工资制度。

公务员实行国家统一规定的工资制度。公务员工资制度贯彻按劳分配的原则，体现工作职责、工作能力、工作实绩、资历等因素，保持不同领导职务、职级、级别之间的合理工资差距。国家建立公务员工资的正常增长机制。

2. 工资构成。

公务员工资包括基本工资、津贴、补贴和奖金。公务员按照国家规定享受地区附加津贴、艰苦边远地区津贴、岗位津贴等津贴以及住房、医疗等补贴、补助。在定期考核中被确定为优秀、称职的，可以享受年终奖金

3. 禁止不得违反国家规定自行更改公务员工资、福利、保险政策，擅自提高或者降低公务员的工资、福利、保险待遇。任何机关不得扣减或者拖欠公务员的工资。

4. 待遇。

按照国家规定享受福利待遇。国家根据经济社会发展水平提高公务员的福利待遇。公务员执行国家规定的工时制度，按照国家规定享受休假。公务员在法定工作日之外加班的，给予相应的补休不能补休的按照国家规定给予补助。公务员依法参加社会保险，按照国家规定享受保险待遇。公务员因公牺牲或者病故的，其亲属享受国家规定的抚恤和优待。

（十）公务员辞职、辞退与退休

1. 辞职。

公务员辞去公职，应当向任免机关提出书面申请。任免机关自接到申请之日起 30

日内予以审批,其中对领导成员辞去公职的申请,自接到申请之日起 90 日内予以审批。

公务员有下列情形之一的,不得辞去公职:

(1) 未满国家规定的最低服务年限的;

(2) 在涉及国家秘密等特殊职位任职或者离开上述职位不满国家规定的脱密期限的;

(3) 重要公务尚未处理完毕,且须由本人继续处理的;

(4) 正在接受审计、纪律审查、监察调查,或者涉嫌犯罪,司法程序尚未终结的;

(5) 法律、行政法规规定的其他不得辞去公职的情形。

2. 领导干部辞职。

因个人或者其他原因,可以自愿提出辞去领导职务;因工作严重失误、失职造成重大损失或者恶劣社会影响的,或者对重大事故负有领导责任的,引咎辞去领导职务;因其他原因不再适合担任现任领导职务的,或者应当引咎辞职本人不提出辞职的,责令其辞去领导职务。

3. 辞退。

公务员有以下情形之一的,予以辞退:在年度考核中,连续 2 年被确定为不称职的;不胜任现职工作,又不接受其他安排的;因所在机关调整、撤销、合并或者缩减编制员额需要调整工作,本人拒绝合理安排的;不履行公务员义务,不遵守法律和公务员纪律,经教育仍无转变,不适合继续在机关工作,又不宜给予开除处分的;旷工或者因公外出、请假期满无正当理由逾期不归连续超过 15 天,或者 1 年内累计超过 30 天的。

4. 不得辞退。

公务员有以下情形之一的,不得辞退:因公致残,被确认丧失或者部分丧失工作能力的;患病或者负伤,在规定的医疗期内的;女性公务员在孕期、产假、哺乳期内的;法律、行政法规规定的其他不得辞退的情形。

5. 退休。

公务员达到国家规定的退休年龄或者完全丧失工作能力的,应当退休。

6. 提前退休。

公务员符合下列条件之一的,本人自愿提出申请,经任免机关批准,可以提前退休:

(1) 工作年限满 30 年的;

(2) 距国家规定的退休年龄不足 5 年,且工作年限满 20 年的;

(3) 符合国家规定的可以提前退休的其他情形的。

二、公务员登记

公务员登记坚持以马克思列宁主义、毛泽东思想、邓小平理论、"三个代表"重要思想、科学发展观、习近平新时代中国特色社会主义思想为指导，贯彻新时代中国共产党的组织路线，坚持党管干部原则，加强党对公务员队伍的集中统一领导，坚持依法依规、分级负责、及时准确。

（一）公务员登记要求

公务员登记采取各级机关统一组织的形式，由各级机关按照规定的程序确定登记对象、填写"公务员登记表"，报审核、审批及备案机关。

公务员登记应当在国家行政编制限额内，严格按照规定的范围、对象、条件和程序进行。

（二）登记的范围和条件

1. 依法履行公职、纳入国家行政编制、由国家财政负担工资福利且在编在职的除工勤人员以外的工作人员；
2. 具备公务员法第十三条规定的条件。

（三）登记的对象

1. 试用期满经考核合格的新录用公务员；
2. 按规定安置到公务员职位工作的军队转业干部；
3. 通过调任、聘任、面向社会选拔等方式到机关任职的人员；
4. 原不具有公务员身份，依照法律或者有关章程经选举等方式担任机关领导职务的人员；
5. 已经进行参照公务员法管理机关（单位）工作人员登记，因工作需要交流到机关任职的人员；
6. 其他符合登记条件的人员。

（四）登记工作的程序

1. 所在机关确定登记对象，填写"公务员登记表"，报审核机关；
2. 审核机关签署意见，报审批机关；
3. 审批机关签署意见；
4. 需要备案的，由审批机关报备案机关。

（五）登记工作的管理权限

1. 县级以下机关公务员登记，由所在机关确定登记对象、填写"公务员登记表"，县级公务员主管部门审核，市（地）级公务员主管部门审批后，报省级公务员主管部门备案。

市（地）级机关公务员登记，由所在机关干部人事部门确定登记对象、填写"公务员登记表"，所在机关审核，同级公务员主管部门审批后，报省级公务员主管部门备案。

省级机关公务员登记，由所在机关干部人事部门确定登记对象、填写"公务员登记表"，所在机关审核，同级公务员主管部门审批。

2. 中央机关公务员登记，由所在机关干部人事部门确定登记对象、填写"公务员登记表"并审核，所在机关审批后，报中央公务员主管部门备案。

3. 中央垂直管理部门公务员登记，由所在机关确定登记对象、填写"公务员登记表"，省级机关审核，中央垂直管理机关审批后，报中央公务员主管部门备案。

省以下垂直管理部门公务员登记，由所在机关确定登记对象、填写"公务员登记表"，省垂直管理机关审核，省级公务员主管部门审批。

（六）公务员登记相关要求

1. 各级机关领导成员的公务员登记按照干部管理权限进行。

2. 公务员登记审批一般应当在公务员任职后1个月内进行。

除新录用公务员外，公务员登记审批完成后，所在机关方可按照有关规定履行工资审批等各项手续。

审批后的"公务员登记表"应当装入被登记人员干部人事档案。

3. 备案机关可根据实际情况，确定登记备案的方式和时限，但每年度应当至少集中备案一次。

4. 登记备案的材料一般应当包括登记备案说明、"公务员登记备案汇总表"、"公务员登记表"复印件、被登记人员进入机关的证明材料等。

登记备案说明的内容一般应当包括本单位行政编制数、实有人员数、各职务职级层次的职数及实有人员数等。

三、领导干部选拔任用

（一）选拔任用党政领导干部原则

根据《党政领导干部选拔任用工作条例》，选拔任用党政领导干部，必须坚持下列原则：

1. 党管干部原则;
2. 五湖四海、任人唯贤原则;
3. 德才兼备、以德为先原则;
4. 注重实绩、群众公认原则;
5. 民主、公开、竞争、择优原则;
6. 民主集中制原则;
7. 依法办事原则。

(二) 选拔任用党政领导干部基本条件

选拔任用党政领导干部,必须符合把领导班子建设成为坚持党的基本理论、基本路线、基本纲领、基本经验、基本要求,全心全意为人民服务,具有领导社会主义现代化建设能力,结构合理、团结坚强的领导集体的要求。应当注重培养选拔优秀年轻干部,注重使用后备干部,用好各年龄段干部。应当树立注重基层的导向。

1. 自觉坚持以马克思列宁主义、毛泽东思想、邓小平理论、"三个代表"重要思想、科学发展观、习近平新时代中国特色社会主义思想为指导,努力用马克思主义立场、观点、方法分析和解决实际问题,坚持讲学习、讲政治、讲正气,牢固树立政治意识、大局意识、核心意识、看齐意识,坚决维护习近平总书记核心地位,坚决维护党中央权威和集中统一领导,自觉在思想上、政治上、行动上同党中央保持高度一致,经得起各种风浪考验。

2. 具有共产主义远大理想和中国特色社会主义坚定信念,坚定道路自信、理论自信、制度自信、文化自信,坚决贯彻执行党的理论和路线方针政策,立志改革开放,献身现代化事业,在社会主义建设中艰苦创业,树立正确的政绩观,做出经得起实践、人民、历史检验的实绩。

3. 坚持解放思想,实事求是,与时俱进,求真务实,认真调查研究,能够把党的方针政策同本地区本部门实际相结合,卓有成效地开展工作,落实"三严三实"要求,主动担当作为,真抓实干,讲实话,办实事,求实效。

4. 有强烈的革命事业心、政治责任感和历史使命感,有斗争精神和斗争本领,有实践经验,有胜任领导工作的组织能力、文化水平和专业素养。

5. 正确行使人民赋予的权力,坚持原则,敢抓敢管,依法办事,以身作则,艰苦朴素,勤俭节约,坚持党的群众路线,密切联系群众,自觉接受党和群众的批评、监督,加强道德修养,讲党性、重品行、作表率,带头践行社会主义核心价值观,廉洁从政、廉洁用权、廉洁修身、廉洁齐家,做到自重自省自警自励,反对形式主义、官僚主义、享乐主义和奢靡之风,反对任何滥用职权、谋求私利的行为。

6. 坚持和维护党的民主集中制,有民主作风,有全局观念,善于团结同志,包括团结同自己有不同意见的同志一道工作。

(三) 破格提拔

党政领导干部应当逐级提拔。破格提拔的特别优秀干部，应当政治过硬、德才素质突出、群众公认度高，且符合下列条件之一：在关键时刻或者承担急难险重任务中经受住考验、表现突出、做出重大贡献；在条件艰苦、环境复杂、基础差的地区或者单位工作实绩突出；在其他岗位上尽职尽责，工作实绩特别显著。

(四) 选拔任用程序

1. 分析研判和动议

根据日常了解情况，对领导班子和领导干部进行综合分析研判，为党委（组）选人用人提供依据和参考。

2. 民主推荐

选拔任用党政领导干部，必须经过民主推荐。民主推荐包括会议推荐和个别谈话推荐，推荐结果作为选拔任用的重要参考，在1年内有效。

3. 考察

确定考察对象。确定考察对象，根据工作需要和干部德才条件，将民主推荐与日常了解、综合分析研判以及岗位匹配度等情况综合考虑，深入分析、比较择优，防止把推荐票等同于选举票，简单以推荐票取人。

（1）有下列情形之一的，不得列为考察对象：违反政治纪律和政治规矩的；群众公认度不高的；上一年年度考核结果为基本称职以下等次的；有跑官、拉票等非组织行为的；除特殊岗位需要外，配偶已移居国（境）外，或者没有配偶但子女均已移居国（境）外的；受到诫勉、组织处理或者党纪政务处分等影响期未满或者期满影响使用的；其他原因不宜提拔或者进一步使用的。

（2）考察内容。考察党政领导职务拟任人选，必须依据干部选拔任用条件和不同领导职务的职责要求，全面考察其德、能、勤、绩、廉。

突出考察政治品质和道德品行，深入了解理想信念、政治纪律、坚持原则、敢于担当、开展批评和自我批评、行为操守等方面的情况。

注重考察工作实绩，深入了解履行岗位职责、推动和服务科学发展的实际成效。考察地方党政领导班子成员，应当把有质量、有效益、可持续的经济发展和民生改善、社会和谐进步、文化建设、生态文明建设、党的建设等作为考核评价的重要内容，更加重视劳动就业、居民收入、科技创新、教育文化、社会保障、卫生健康等的考核，强化约束性指标考核，加大资源消耗、环境保护、消化产能过剩、安全生产、债务状况等指标的权重，防止单纯以经济增长速度评定工作实绩。考察党政工作部门领导干部，应当把执行政策、营造良好发展环境、提供优质公共服务、维护社会公平正义等作为评价的重要内容。

加强作风考察，深入了解为民服务、求真务实、勤勉敬业、奋发有为，反对形式主义、官僚主义、享乐主义和奢靡之风等情况。

强化廉政情况考察，深入了解遵守廉洁自律有关规定，保持高尚情操和健康情趣，慎独慎微，秉公用权，清正廉洁，不谋私利，严格要求亲属和身边工作人员等情况。

各级党委（党组）应当根据实际，制定具体考察标准。

（3）考察工作的组织。组织考察组，制定考察工作方案；

同考察对象呈报单位或者所在单位党委（党组）主要领导成员就考察工作方案沟通情况，征求意见；

根据考察对象的不同情况，通过适当方式在一定范围内发布干部考察预告；

采取个别谈话、发放征求意见表、民主测评、实地走访、查阅干部档案和工作资料、同考察对象面谈等方法，广泛深入地了解情况，根据需要进行民意调查、专项调查、延伸考察；

综合分析考察情况，与考察对象的一贯表现进行比较、相互印证，全面准确地对考察对象做出评价；向考察对象呈报单位或者所在单位党委（党组）主要领导成员反馈考察情况，并交换意见；

考察组研究提出人选任用建议，向派出考察组的组织（人事）部门汇报，经组织（人事）部门集体研究提出任用建议方案，向本级党委（党组）报告。

4. 讨论决定

（1）决定权限。选拔任用党政领导干部，按照干部管理权限由党委（组）集体讨论做出任免决定，或者决定提出推荐、提名的意见。

（2）集体决定。党委（组）讨论决定干部任免事项，必须有 2/3 以上成员到会，并保证与会成员有足够时间听取情况介绍、充分发表意见。

（3）讨论程序。党委（组）分管组织（人事）工作的领导成员或者组织（人事）部门负责人，逐个介绍领导职务拟任人选的推荐、考察和任免理由等情况，其中涉及破格提拔等需要按照要求事先向上级组织（人事）部门报告的选拔任用有关工作事项，应当说明具体事由和征求上级组织（人事）部门意见的情况；参加会议人员进行充分讨论；进行表决，以党委（组）应到会成员超过半数同意形成决定。

（4）呈报审批。需要报上级党委（组）审批的拟提拔任职的干部，必须呈报党委（组）请示并附干部任免审批表、干部考察材料、本人档案和党委（组）会议纪要、讨论记录、民主推荐情况等材料。

5. 任职

党政领导职务实行选任制、委任制，部分专业性较强的领导职务可以实行聘任制。

聘任办法另行规定。

（1）任前公示。提拔担任厅局级以下领导职务的，除特殊岗位和在换届考察时已进行过公示的人选外，在党委（党组）讨论决定后、下发任职通知前，应当在一定范围内进行公示。公示内容应当真实准确，便于监督，涉及破格提拔的，还应当说明破格的具体情形和理由。公示期不少于5个工作日。公示结果不影响任职的，办理任职手续。

（2）任职试用。实行党政领导干部任职试用期制度，提拔担任非选举产生的厅局级以下领导职务的，试用期为1年。

（3）任职谈话。实行任职谈话制度，对决定任用的干部，由党委（组）指定专人同本人谈话，肯定成绩，指出不足，提出要求和需要注意的问题。

（五）党政领导干部交流制度

公务员可以在公务员队伍内部交流，也可以与国有企业事业单位、人民团体和群众团体中从事公务的人员交流。交流的方式包括调任、转任和挂职锻炼。

交流的对象包括因工作需要交流的；需要通过交流锻炼提高领导能力的；在一个地方或者部门工作时间较长的；按照规定需要回避的；因其他原因需要交流的。

党政机关内设机构处级以上领导干部在同一职位上任职时间较长的，应当进行交流。

（六）党政领导干部任职回避制度

党政领导干部任职回避的亲属关系为：夫妻关系、直系血亲关系、三代以内旁系血亲以及近姻亲关系。有上列亲属关系的，不得在同一机关担任双方直接隶属于同一领导人员的职务或者有直接上下级领导关系的职务，也不得在其中一方担任领导职务的机关从事组织（人事）、纪检监察、审计、财务工作。

领导干部不得在本人成长地担任县（市）党委和政府以及纪检机关、组织部门、人民法院、人民检察院、公安部门正职领导成员，一般不得在本人成长地担任市（地、盟）党委和政府以及纪检机关、组织部门、人民法院、人民检察院、公安部门正职领导成员。

（七）免职、辞职、降职

党政领导干部有下列情形之一的，一般应当免去现职：

1. 达到任职年龄界限或者退休年龄界限的。
2. 受到责任追究应当免职的。
3. 辞职或者调出的。
4. 非组织选派，离职学习期限超过1年的。

5. 因工作需要或者其他原因，应当免去现职的。

辞职包括因公辞职、自愿辞职、引咎辞职和责令辞职。

辞职应当符合有关规定，手续依照法律或者有关规定程序办理。

引咎辞职、责令辞职和因问责被免职的党政领导干部，一年内不安排职务，两年内不得担任高于原任职务层次的职务。同时受到党纪政纪处分的，按照影响期长的规定执行。

实行党政领导干部降职制度。党政领导干部在年度考核中被确定为不称职的，因工作能力较弱、受到组织处理或者其他原因不适宜担任现职务层次的，应当降职使用。降职使用的干部，其待遇按照新任职务的标准执行。

降职使用的干部重新提拔，按照有关规定执行。

（八）党政领导干部选拔任用的纪律和监督

1. 选拔任用党政领导干部纪律

（1）不准超职数配备、超机构规格提拔领导干部、超审批权限设置机构配备干部，或者违反规定擅自设置职务名称、提高干部职务职级待遇；

（2）不准采取不正当手段为本人或者他人谋取职务、提高职级待遇；

（3）不准违反规定程序动议、推荐、考察、讨论决定任免干部，或者由主要领导成员个人决定任免干部；

（4）不准私自泄露研判、动议、民主推荐、民主测评、考察、酝酿、讨论决定干部等有关情况；

（5）不准在干部考察工作中隐瞒或者歪曲事实真相；

（6）不准在民主推荐、民主测评、组织考察和选举中搞拉票、助选等非组织活动；

（7）不准利用职务便利私自干预下级或者原任职地区、系统和单位干部选拔任用工作；

（8）不准在机构变动，主要领导成员即将达到任职年龄界限、退休年龄界限或者已经明确即将离任时，突击提拔、调整干部；

（9）不准在干部选拔任用工作中任人唯亲、排斥异己、封官许愿，拉帮结派、搞团团伙伙，营私舞弊；

（10）不准篡改、伪造干部人事档案，或者在干部身份、年龄、工龄、党龄、学历、经历等方面弄虚作假。

2. 干部选拔任用工作监督与责任追究

加强干部选拔任用工作全程监督，严格执行干部选拔任用全程纪实和任前事项报告、"一报告两评议"、专项检查、离任检查、立项督查、"带病提拔"问题倒查等制度。

四、领导班子和干部管理

(一)税务系统领导班子分工制度的有关要求

税务系统领导班子实行集体领导和个人分工负责相结合的制度,领导班子成员的分工由主要负责人提出初步意见,征求其他领导班子成员意见,经党委会讨论决定,及时公布并向上一级党委报告。

领导班子成员按照分权制衡的原则进行分工,主要负责人不直接分管人事、财务和基建工作,领导班子成员分管税务稽查工作的,不得同时分管重大案件审理工作,分管财务工作的,不得同时分管审计工作。

(二)"三重一大"事项决策的有关要求

中央规定的重大决策、重大项目安排、重要干部任免和大额度资金使用等事项,实行集体研究、集体决策。

常委会有2/3以上成员到会,在研究重大事项难以形成统一意见时,暂缓作出决议,经沟通酝酿仍达不成一致意见的,实行无记名票决,投票赞成率达到应参会党委成员过半数以上方可形成决定或决议,纪检监察部门负责人对票决情况进行监督,表决过程和结果如实记录存档。

税务机关领导班子成员违反党委议事规则和局长办公会制度,做出不当决策,或擅自改变集体决定的,限期整改并追究责任。

(三)民主生活会制度

民主生活会是党内政治生活的重要内容,是党的组织生活基本制度,是发扬党内民主、加强党内监督、依靠领导班子自身力量解决矛盾和问题的重要方式。

1. 召开民主生活会的重要作用

《县以上党和国家机关党员领导干部民主生活会若干规定》指出,坚持和完善民主生活会制度,对于新形势下加强和规范党内政治生活,增强党自我净化、自我完善、自我革新、自我提高能力,实现党的正确领导,维护党的团结和集中统一,引导党员领导干部牢固树立政治意识、大局意识、核心意识、看齐意识,自觉践行"三严三实"要求,始终做到忠诚干净担当,具有重要作用。

2. 民主生活会的内容

民主生活会围绕主题,就以下基本内容进行对照检查,开展批评和自我批评。

(1)遵守党章,坚定理想信念,贯彻党的理论路线方针政策和决议,执行党的政治纪律和政治规矩,维护党中央权威的情况;

（2）加强领导班子自身建设，实行民主集中制，维护领导班子团结，严格党的组织生活制度，坚持正确用人导向，开展批评和自我批评的情况；

（3）正确行使权力，履职尽责、积极作为，坚持科学决策、民主决策、依法决策，反对特权、秉公用权的情况；

（4）带头践行社会主义核心价值观，艰苦奋斗，清正廉洁，遵纪守法，注重家庭、家教、家风，教育管理好亲属和身边工作人员的情况；

（5）执行党的群众路线，站稳人民立场，改进领导作风，深入调查研究，密切联系群众的情况；

（6）履行全面从严治党主体责任和监督责任，加强党风廉政建设和反腐败工作的情况。

3. 召开民主生活会的时间

每年召开1次，一般安排在第四季度。

4. 民主生活会的程序步骤

会前的四个准备工作：一是领导班子成员认真学习党章党规和党的创新理论以及有关文件，提高思想认识，把握标准要求。二是由党委（组）或者委托组织部门、机关党委征求党员、干部和群众的意见建议，并如实向领导班子及其成员反馈。领导班子成员应当就反映本人的有关问题，向组织做出说明。三是领导班子成员之间互相谈心谈话，交流思想，交换意见，并与分管单位主要负责人谈心，也接受党员、干部约谈。四是撰写领导班子对照检查材料和个人发言提纲，查摆问题，进行党性分析，提出整改措施。个人发言提纲自己动手撰写，并按规定说明个人有关事项。

会上的四个程序：一是通报上一次民主生活会整改措施落实情况和本次民主生活会征求意见情况。二是主要负责人代表领导班子作对照检查。三是领导班子成员逐一进行对照检查。做自我批评，其他成员对其提出批评意见。四是主要负责人总结会议情况，提出整改工作要求。

5. 民主生活会的领导督导

各级党委（组）履行组织开好民主生活会的领导责任。

6. 民主生活会的责任追究

执行民主生活会制度情况，纳入领导班子及其成员履行全面从严治党主体责任考核内容，作为考核评价领导班子的重要依据。

7. 民主生活会要严肃认真开展批评和自我批评

领导干部在会上把自身存在的突出问题说清楚、谈透彻，开展批评和自我批评，明确整改方向。

第二节 教育培训管理

一、干部教育培训

(一) 税务干部教育培训的对象与类别

1. 税务干部教育培训对象

税务干部教育培训对象是各级税务机关及其所属事业单位的在职干部,重点是科级以上领导干部和优秀中青年干部。

2. 税务干部教育培训类别

(1) 贯彻落实党和国家重大决策部署的集中轮训。集中轮训是为了适应新的形势和任务的需求,在一定时期内有针对性地组织某一部分或某一类干部,分期分批地集中学习同一内容的培训类型。

(2) 党的基本理论和党性教育的专题培训。专题培训是指紧紧围绕党和国家工作大局,立足于破解经济社会发展和党的建设中的重点难点问题设置培训专题,开展学习和研讨的培训类型。

(3) 新录(聘)用的初任培训。税务机关新录(聘)用干部必须参加初任培训。未经初任培训或培训考核不合格的不得上岗。

(4) 晋升领导职务的任职培训。晋升司级、处级、科级领导职务的人员必须参加相应的任职培训。担任县处级副职以上领导职务的公务员任职培训时间原则上不少于30天,担任乡科级领导职务的公务员任职培训时间原则上不少于15天。

(5) 在职期间的岗位培训。岗位培训是根据税务干部在职期间履行岗位职责的需要,有计划进行的政治理论、政策
法规、业务知识、文化素养和操作技能的教育培训。

(6) 从事专项工作的专门业务培训。根据税收工作各项业务的需要及时开展专门业务培训。

(7) 其他培训。随着干部教育培训的发展,培训类别将会不断扩展延伸。

(二) 税务干部教育培训的内容

税务干部教育培训坚持以政治理论、政策法规、理想信念、党性修养、道德品行、廉政教育为重点,注重税收业务知识和岗位技能培训,注重科学人文素养教育,全面提高税务干部素质和能力。

1. 政治理论教育

政治理论教育重点开展马克思列宁主义、毛泽东思想、邓小平理论、"三个代表"重要思想、科学发展观和习近平总书记重要讲话精神教育培训,加强党的路线方针政策、社会主义核心价值观、党史国史、国情形势等教育培训,引导干部坚定共产主义远大理想和中国特色社会主义共同理想,增强中国特色社会主义道路自信、理论自信、制度自信、文化自信,提高运用马克思主义立场、观点、方法分析解决实际问题的能力,增强推进税收现代化建设的本领。

对党员税务干部,必须加强党性教育,重点开展党章、党的宗旨、党规党纪、党的优良传统、党风廉政建设等教育培训,引导党员干部增强党的意识、宗旨意识、执政意识、大局意识、责任意识、规矩意识,做到对党忠诚、个人干净、敢于担当。

对党外税务干部,也根据其特点,开展相应的政治理论教育。

2. 政策法规教育

政策法规教育重点加强宪法法律、党内法规和税收法律法规教育,开展党中央关于经济建设、政治建设、文化建设、社会建设、生态文明建设和党的建设等方面重大决策部署的培训,提高税务干部科学执政、民主执政、依法执政水平。

开展总体国家安全观教育,增强税务干部国家安全意识和推进国家安全建设的本领。

3. 税收业务知识和岗位技能培训

税收业务知识和岗位技能培训根据税务干部岗位特点和工作要求,有针对性地开展履行岗位职责所必备知识的培训,加强推进税收现代化需要的新知识、新技能的教育培训,帮助税务干部提高专业素养和实际工作能力。

4. 科学人文素养教育

科学人文素养教育按照提高税务干部综合素质的要求,广泛开展哲学、历史、科技、文学、艺术、军事、外交、民族、宗教、保密、心理健康等方面教育培训,帮助税务干部加快知识更新、优化知识结构、拓宽眼界视野。

(三)税务干部教育培训的方式和方法

主要方式为:脱产培训、党委(组)中心组学习、网络培训、在职自学等。

1. 脱产培训

脱产培训以组织调训为主。

2. 党委(组)中心组学习

中心组学习以党的理论和路线方针政策为基本内容,在自学和调研基础上,保证每个季度不少于1次集体学习研讨。

3. 网络培训

充分运用现代信息技术,建立兼容、开放、共享、规范的税务干部网络培训体系。

4. 在职自学

建立健全干部在职自学制度。

主要方法：根据内容要求和干部特点，综合运用讲授式、研讨式、案例式、模拟式和体验式等教学方法，实现教学相长、学学相长。

（四）税务干部教育培训机构、师资、课程、教材及经费的相关规定

1. 教育培训机构

加强税务干部教育培训机构建设，构建分工明确、优势互补、布局合理、竞争有序的税务干部教育培训机构体系，充分发挥税务干部院校在干部教育培训中的主渠道和主阵地作用。

各级税务机关干部教育培训管理部门可以委托具有干部教育培训办学条件的高等学校、科研院所、社会培训机构等承担干部教育培训任务。

税务干部教育培训机构应当以教学为中心，深化教学改革，完善培训内容，科学设置培训班次和学制，优化学科结构，改进课程设计，创新教学方法，提高教学水平。

2. 师资

按照政治合格、素质优良、规模适当、结构合理、专兼结合的原则，建设高素质税务干部教育培训师资队伍。

建立完善税务干部教育培训师资库，实行动态管理，推动全系统师资共享。

3. 课程、教材

建立完善干部教育培训课程开发和更新机制，加强精品课程建设，构建富有时代特征和实践特色、务实管用的税务干部教育培训课程体系。

坚持干部教育培训教材的开发和利用相结合，逐步建立开放的、形式多样的、具有时代特色的税务干部教育培训教材体系。

国家税务总局教材编审委员会负责组织制定税务干部教育培训教材建设规划，审定国家税务总局统一编写的干部教育培训教材。

4. 经费

干部教育培训经费列入各级税务机关年度经费预算，保证干部教育培训工作需要。

税务干部个人参加社会化培训，费用一律由本人承担，不得由财政经费和单位经费报销，不得接受任何机构和他人的资助或者变相资助。

二、人才管理

（一）中共中央人才工作精神

梳理近年来中共中央关于人才工作的文件，主要有《关于进一步加强人才工作的

决定》《关于印发〈国家高层次人才特殊支持计划〉的通知》《关于进一步加强党管人才工作的意见》《关于深化人才发展体制机制改革的意见》等。

核心要点：以能力建设为核心，加强人才培养工作。

(二) 税务系统人才规划

1. 税务系统人才队伍建设的目标

全国税务系统中长期人才队伍建设的目标是，税务人才总量显著增长，人才规模和结构与税收事业发展相适应，有利于税收事业科学发展的人才引进、培养、使用、激励等方面的制度建设取得突破性进展，人才工作体制机制趋于科学完善，税收事业科学发展与人的全面发展有机融合，人才辈出、活力迸射的生动局面充分涌现。

2. 税务系统人才队伍建设的任务

(1) 领导人才队伍。以提高领导水平和执政能力为核心，以厅、处级领导干部和县区局局长为重点，建设一支政治坚定、勇于创新、勤政廉洁、求真务实、奋发有为、善于推动税收事业科学发展的高素质领导人才队伍。

专业人才队伍。以提高执法水平和征管能力为核心，培养大批涵盖各主要税收业务。

(2) 领域，数量充足、结构合理的高素质行政执法人才。人才库是集聚、整合、储备、共享和优化人才资源的有效载体。

(3) 复合型人才。研究制定复合型人才培养计划，按照一专多能的原则，精选一批有培养潜力的中青年骨干，委托国内知名高校、研究机构进行跨专业学位学历教育、培训进修，组织一些学科交叉、起点较高、专业性强的培训项目，并结合实践锻炼的方式，选派优秀专业人才到其他专业领域进行多部门、多岗位锻炼，积极培养既精通税收业务又熟练掌握法律、财会、外语、计算机等方面知识的复合型人才。

3. 素质提升"115工程"

为适应税收现代化建设需要，国家税务总局决定自2016年起在全国税务系统实施素质提升"115工程"，即通过五年努力，打造一支拥有1千名领军人才、1万名业务骨干和5万名岗位能手的高素质人才队伍。

"岗位大练兵、业务大比武"活动作为素质提升"115工程"的组成部分，既是加强人才队伍建设、提升干部队伍整体素质的重要举措，也是促进税收重点工作落实、推进税收现代化建设的重要保障。

"岗位大练兵"坚持干什么练什么，面向全体在职人员，紧紧围绕税收工作重点任务，分行政管理、征管评估、税务稽查、纳税服务和信息技术5个岗位大类，以税务干部应知应会知识和业务技能为主要内容，提升全员业务素质和履职能力。

"业务大比武"坚持练什么比什么，自下而上采取笔试、业务竞赛、上机操作、情景模拟、实战演练等多种方式组织开展。

第三节 数字人事

一、数字人事的内涵

1. 数字人事的定义

数字人事指税务系统根据中央关于干部考核评价和日常管理制度规定,运用大数据理念和方法,建立形成的数字化干部考核评价管理体系。

2. 评价管理制度机制

日常化。强化干部日常管理,注重干部日常表现,以平时考核为重点、平时考核与定期考核及专项考核相结合。

多维化。科学规划干部整个职业生涯,建立职业基础、平时考核、公认评价、业务能力评价、领导胜任力评价各方面多维指标体系。

数据化。创新管理方式,对所有考核指标进行量化,用数据说话,全面定量展现干部综合素质和工作实绩。

累积化。建立税务干部个人成长账户,科学分类、连续记载税务职业生涯各个阶段的每项指标数据。

二、考核

1. 考核类别

结合岗位职责、工作任务,区分不同类别、层级和职位干部特点,设置考核指标及权重。根据职务特征将人员分为领导班子正职、副职,部门正职、副职,其他人员5类。

2. 职业基础

从业基础包括税务干部接受教育信息、考录信息以及新进培养信息等。

职位基础,是指税务干部在同一职务(职级)层级一定考核期间内的年度考核情况。

三、平时考核

1. 平时考核内容

包括组织绩效挂钩、个人绩效、领导评鉴、现实表现测评和加减分项目。

2. 组织绩效挂钩,是指将本级税务局或者部门的组织绩效成绩,按照不同权重与税务干部个人平时考核得分相挂钩。

3. 个人绩效，是指按照中央组织部关于开展公务员绩效管理试点的部署要求，结合岗位职责、任务分工，根据组织绩效任务、年度重点任务、专项工作任务、领导交办任务等，组织税务干部编制个人绩效指标，推进绩效执行并对执行情况进行跟踪问效，及时开展考核评价和结果反馈。

4. 领导评鉴，是指以税务干部的工作记实和个人小结为参考，按照领导评鉴参考标准、政治表现负面清单，结合日常了解、群众评价及服务对象意见等情况，按季由主管领导对个人进行评鉴。

5. 现实表现测评，是指对税务干部德、能、勤、绩、廉等方面表现进行评价，主要通过定期测评的方式进行。

6. 加减分项目，是指税务干部在履职尽责、完成日常工作、承接组织绩效任务时，在德、能、勤、绩、廉等方面的表现，尤其是在承担急难险重任务、处理复杂问题、应对重大考验等方面应予以加分或者减分的事项。

四、公认评价

1. 内部评价，是指年度终了对全体税务干部进行的年终测评，对党员干部的党建评价，领导班子成员还应包括"一报告两评议"测评和廉政测评。

2. 外部评价，是指纳税人和缴费人（以下简称"纳税人"）、地方党委政府及有关单位对税务系统单位及个人工作质效进行的综合评价，包括政务服务"好差评"、纳税人满意度调查和地方党政考核。

五、业务能力评价

1. 业务能力评价，是指对税务干部履行岗位职责应具备的税收专业化能力进行评价，主要通过业务能力升级的方式实现。

2. 业务能力专业类别，分为综合管理、纳税服务、征收管理、税务稽查和信息技术等5类

3. 业务能力级档，分为初级、中级和高级，共11档。

六、领导胜任力评价

领导胜任力评价，是指对领导干部履行岗位职责应具备的素质和能力进行评价，包括组织绩效挂钩、内部评价、任职考察、试用期管理、党建工作、专项考评、领导胜任力测试等内容。

第四章 干部管理

★ 习题精练及答案解析

一、单项选择题

1. 公务员平时考核坚持（　　）原则。
   A. 政治统领　　　B. 党管干部　　　C. 客观公正　　　D. 注重实绩

   【参考答案】B

   【解析】《公务员平时考核办法（试行）》第三条规定，公务员平时考核坚持党管干部原则，坚持把政治标准放在首位，坚持严管和厚爱结合、激励和约束并重，坚持客观公正、精准科学，坚持注重实绩、奖惩分明，坚持分级分类、简便易行。

2. 公务员平时考核由（　　）组织实施，作为加强公务员日常管理的重要抓手，党委（党组）承担考核工作主体责任，组织（人事）部门承担具体工作责任。
   A. 其党委（党组）　　　　　　　　B. 其组织（人事）部门
   C. 其所在机关　　　　　　　　　　D. 公务员主管部门

   【参考答案】C

   【解析】《公务员平时考核办法（试行）》第四条第一款规定，公务员平时考核由其所在机关组织实施，作为加强公务员日常管理的重要抓手，党委（党组）承担考核工作主体责任，组织（人事）部门承担具体工作责任。

3. （　　）负责公务员平时考核工作的业务指导、综合管理和监督检查。
   A. 党委（党组）　　　　　　　　　B. 上级组织（人事）部门
   C. 本级组织（人事）部门　　　　　D. 公务员主管部门

   【参考答案】D

   【解析】《公务员平时考核办法（试行）》第四条第二款规定，公务员主管部门负责公务员平时考核工作的业务指导、综合管理和监督检查。

4. 机关可以结合职能职责和工作任务，区分不同类别、层级和职位公务员特点，设置（　　）。
   A. 考核方案　　　B. 考核细则　　　C. 考核指标　　　D. 考核办法

   【参考答案】C

   【解析】《公务员平时考核办法（试行）》第六条规定，机关可以结合职能职责和工作任务，区分不同类别、层级和职位公务员特点，设置考核指标。

5. 机关（　　）应当结合实际，提出评定平时考核结果等次的标准，对考核工作进行督促检查，及时掌握平时考核情况。
   A. 党委（党组）　　　　　　　　　B. 办公室（党委办公室）
   C. 考核考评部门　　　　　　　　　D. 组织（人事）部门

183

【参考答案】D

【解析】《公务员平时考核办法（试行）》第九条规定，机关组织（人事）部门应当结合实际，提出评定平时考核结果等次的标准，对考核工作进行督促检查，及时掌握平时考核情况。

6. 按照中央做好新形势下离退休干部工作的要求，加强离退休干部的"两项建设"是指（　　）。

   A. 思想政治建设和活动阵地建设　　B. 思想政治建设和党组织建设
   C. 活动阵地建设和党组织建设　　　D. 党组织建设和社团组织建设

   【参考答案】B

   【解析】加强离退休干部"两项建设"，是指离退休干部思想政治建设和创新完善离退休干部党组织建设。

7. 基本养老保险费由单位和个人共同负担，职业年金所需费用由单位和工作人员共同承担。基本养老保险费和职业年金个人承担的比例分别是（　　）。

   A. 8%；4%　　B. 20%；8%　　C. 20%；4%　　D. 4%；8%

   【参考答案】A

   【解析】根据《国务院关于机关事业单位工作人员养老保险制度改革的决定》，机关事业单位工作人员基本养老保险费和职业年金个人承担的比例分别为8%和4%。

8. 机关在年度考核时可以设立考核委员会。考核委员会由本机关领导成员、组织（人事）部门、纪检监察机关及其他有关部门人员和（　　）组成。

   A. 群众代表　　B. 党员代表　　C. 职工代表　　D. 公务员代表

   【参考答案】D

   【解析】《公务员考核规定》第三章第十三条规定，机关在年度考核时可以设立考核委员会。考核委员会由本机关领导成员、组织（人事）部门、纪检监察机关及其他有关部门人员和公务员代表组成。

9. 调任或者转任的公务员，由其（　　）进行考核并确定等次。

   A. 原工作单位　　　　　　　　　B. 当年工作半年以上的单位
   C. 调任或者转任的现工作单位　　D. 原工作单位或现工作单位

   【参考答案】C

   【解析】《公务员考核规定》第五章第二十六条规定，调任或者转任的公务员，由其调任或者转任的现工作单位进行考核并确定等次。

10. 根据《公务员奖励规定》，记一等功，由（　　）批准。

    A. 乡（镇）级以上党委和政府或者县级以上机关
    B. 县级以上党委和政府或者市（地）级以上机关
    C. 市（地）级以上党委和政府或者省级以上机关

184

D. 省级党委和政府或者中央和国家机关

【参考答案】D

【解析】《公务员奖励规定》第三章第七条规定，给予公务员、公务员集体的奖励，经同级公务员主管部门或者市（地）级以上机关干部人事部门审核后，按照下列权限审批：（一）嘉奖、记三等功，由县级以上党委和政府或者市（地）级以上机关批准。（二）记二等功，由市（地）级以上党委和政府或者省级以上机关批准。（三）记一等功，由省级党委和政府或者中央和国家机关批准。经省委同意，副省级城市党委和政府可以对本地区公务员、公务员集体给予记一等功奖励。（四）授予称号，由省级以上党委和政府批准。对下级单位实行垂直管理或者实行双重领导并以上级单位领导为主的机关，可以按照奖励权限，对本系统公务员、公务员集体给予奖励。市（地）级以上机关可以按照奖励权限，对本系统公务员、公务员集体开展及时奖励。由市（地）级以上机关审批的奖励，应当事先将奖励实施方案报同级公务员主管部门审核。

11. 公务员在受（　　）处分期间不得晋升工资档次。

①警告　②记过　③记大过　④降级　⑤撤职

A. ①②③④　　　B. ②③④⑤　　　C. ①③④⑤　　　D. ①②③④⑤

【参考答案】B

【解析】根据《公务员法》第六十四条规定，公务员在受处分期间不得晋升职务、职级和级别，其中受记过、记大过、降级、撤职处分的，不得晋升工资档次。

12. 各级稽查局是各级税务系统依法对外设置的（　　）。

A. 直属机构　　B. 派出机构　　C. 内设机构　　D. 事业单位

【参考答案】B

【解析】各级税务局稽查局是各级税务局依法对外设置的派出机构，级别与所属税务局内设机构一致。

13. 对获得记（　　）奖励的公务员、公务员集体所属工作人员，可以由公务员主管部门或者所在机关组织开展休假疗养、学习培训、参观考察等活动。

A. 嘉奖以上　　B. 三等功以上　　C. 二等功以上　　D. 一等功以上

【参考答案】C

【解析】依据《公务员奖励规定》第四章第十条相关规定，公务员奖励作为公务员考核和晋升职务职级的重要参考。对在处理突发事件和承担专项重要工作中做出显著成绩、获得记三等功以上奖励的公务员，当年年度考核确定优秀等次时予以倾斜。获得记三等功以上奖励的公务员集体，按照有关规定可以适当提高当年年度考核优秀等次比例。对获得记二等功以上奖励的公务员、公务员集体所属工作人员，可以由公务员主管部门或者所在机关组织开展休假疗养、学习培训、参观考察等活动。获得"人民满意的公务员"称号的公务员，按照有关规定享受省部级以上表彰奖励获得者待遇。

14. 对晋升领导职务的公务员应当在（　　）进行任职培训。
   ①任职前　②任职后半年内　③任职后一年内
   A. ①　　　　　B. ②　　　　　C. ①或②　　　　　D. ①或③

   【参考答案】D

   【解析】对晋升领导职务的公务员应当在任职前或者任职后一年内进行任职培训。

15. 调任是指国有企业、高等院校和科研院所以及其他不参照公务员法管理的事业单位中从事公务的人员调入机关担任领导职务或者（　　）以上及其他相当层次的职级。
   A. 四级调研员　　B. 三级调研员　　C. 一级主任科员　　D. 二级主任科员

   【参考答案】A

   【解析】《公务员调任规定》第一章第二条规定，调任是指国有企业、高等院校和科研院所以及其他不参照公务员法管理的事业单位中从事公务的人员调入机关担任领导职务或者四级调研员以上及其他相当层次的职级。

16. 某县税务机关领导班子进行分工调整，副局长李某不服从此次调整其分管征管和纳税服务工作，个人没有提出正当理由。针对这种情况，该局主要负责人或市局人事、纪检部门应对其进行（　　）。
   A. 谈心谈话　　B. 诫勉谈话　　C. 约谈　　D. 通报批评

   【参考答案】B

   【解析】根据相关规定，个人无正当理由不服从调整的，由本单位主要负责人或上级人事、纪检部门对其进行诫勉谈话。

17. 根据税务系统领导班子和领导干部监督管理办法的规定，中央规定的重大决策、重大项目安排、重要干部任免和大额度资金使用等事项，实行的是（　　）。
   A. 集体研究、集体决策　　　　B. 集体讨论、主要负责人决策
   C. 集体研究、分管领导决策　　D. "一把手"负责制

   【参考答案】A

   【解析】根据《税务系统领导班子和领导干部监督管理办法》的相关规定，中央规定的重大决策、重大项目安排、重要干部任免和大额度资金使用等事项，实行集体研究、集体决策。

18. 地方省级以下机关调任公务员应当报（　　）以上公务员主管部门审批。
   A. 副省级　　B. 乡镇级　　C. 市（地）级　　D. 县（区）级

   【参考答案】C

   【解析】《公务员调任规定》第三章第十四条规定，地方省级以下机关调任公务员应当报市（地）级以上公务员主管部门审批。

19. 税务干部政治理论教育的重点不包括（　　）。

A. 开展马克思列宁主义、毛泽东思想、邓小平理论、"三个代表"重要思想、科学发展观和习近平总书记重要讲话精神的教育培训

B. 加强党的路线方针政策、社会主义核心价值观的教育培训

C. 加强传统文化、哲学历史的教育培训

D. 加强党史国史、国情形势的教育培训

【参考答案】C

【解析】传统文化、哲学历史等相关的教育培训属于科学人文素养教育。

20. 调任调入市（地）级以下机关任职的，应当具有（　　）以上文化程度。

A. 博士研究生　　B. 硕士研究生　　C. 大学本科　　D. 大学专科

【参考答案】D

【解析】《公务员调任规定》第二章第六条规定，调任调入市（地）级以下机关任职的，应当具有大学专科以上文化程度。

21. 根据全国税务系统关于培训费管理相关规定，30天以内的培训按照综合定额标准控制；超过30天的培训，超过天数按照综合定额标准的（　　）控制。

A. 80%　　　　　B. 85%　　　　　C. 70%　　　　　D. 75%

【参考答案】C

【解析】根据全国税务系统关于培训费管理相关规定，30天以内的培训按照综合定额标准控制；超过30天的培训，超过天数按照综合定额标准的70%控制。

22. 《机构编制"12310"举报受理工作规定》规定，举报事项自确定承办单位之日起（　　）个工作日内办结。

A. 10　　　　　B. 30　　　　　C. 60　　　　　D. 90

【参考答案】C

【解析】举报事项应当自确定承办单位之日起60个工作日内办结。

23. 领导成员在辞去公职后（　　）内不得从事与原工作业务直接相关的营利性活动。

A. 1年　　　　　B. 2年　　　　　C. 3年　　　　　D. 4年

【参考答案】C

【解析】领导成员在辞去公职后3年内不得从事与原工作业务直接相关的营利性活动。

24. 公务员张某受降级处分后，一直表现较好。2年后，张某所受处分被解除，根据法规，下列做法正确的是（　　）。

A. 恢复原级别

B. 不恢复原级别，但今后晋升职务、级别和工资档次，受原处分影响

C. 恢复原级别，今后晋升职务、级别和工资档次，受原处分影响

D. 不恢复原级别，今后晋升职务、级别和工资档次，不再受原处分影响

【参考答案】D

【解析】解除处分后，晋升工资档次、级别和职务不再受原处分的影响。但是，解除降级、撤职处分的，不视为恢复原级别、原职务。

二、多项选择题

1. 对于转办、交办的举报件，有下列（　　）情形的，应当予以督办。

   A. 规定期限内没有报送办结报告或者未将办理结果和反馈情况报送备案的

   B. 应当查清的问题没有调查清楚的

   C. 应当纠正的问题没有纠正的

   D. 没有按照规定对责任人作出处理或者处理不当的

   【参考答案】ABCD

   【解析】《机构编制"12310"举报受理工作规定》第四章第二十条规定，对于转办、交办的举报件，有下列情形之一的，应当予以督办：（一）规定期限内没有报送办结报告或者未将办理结果和反馈情况报送备案的；（二）应当查清的问题没有调查清楚的；（三）应当纠正的问题没有纠正的；（四）没有按照规定对责任人作出处理或者处理不当的；（五）有其他需要督办情形的。

2. 下列属于税务系统的领导职务的有（　　）。

   A. 县处级正职　　　　　　　B. 四级高级主办

   C. 一级行政执法员　　　　　D. 乡科级正职

   【参考答案】AD

   【解析】选项B、C是行政执法类公务员职级序列。

3. 关于公务员初任培训，下列说法正确的是（　　）。

   A. 初任培训是对新录用公务员进行的培训，重点提高其思想政治素质和依法依规办事等适应机关工作的能力

   B. 初任培训由公务员主管部门统一组织，主要采取公务员主管部门统一举办初任培训班和公务员所在机关结合实际开展入职培训的形式进行

   C. 专业性较强的机关由公务员主管部门统一组织初任培训

   D. 初任培训中应当组织新录用公务员公开进行宪法宣誓

   【参考答案】ABD

   【解析】根据《公务员培训规定》第十四条和《公务员初任培训办法（试行）》第五条有关规定：初任培训是对新录用公务员进行的培训，重点提高其思想政治素质和依法依规办事等适应机关工作的能力。初任培训由公务员主管部门统一组织，主要采取公务员主管部门统一举办初任培训班和公务员所在机关结合实际开展入职培训的形式进行。专业性较强、新录用公务员较多的机关，经同级公务员主管部门同意，可按

照统一要求自行组织初任培训。初任培训中应当组织新录用公务员公开进行宪法宣誓。初任培训应当在试用期内完成,时间一般不少于12天或者90学时。

4. 《公务员法》规定可以越级晋升的条件包括（　　）。

　　A. 表现特别优秀的公务员　　　　B. 资历深

　　C. 工作经验丰富　　　　　　　　D. 工作特殊需要

【参考答案】AD

【解析】根据《公务员法》第四十五条规定,公务员领导职务应当逐级晋升。特别优秀的或者工作特别需要的,可以按照规定破格或者越级晋升。

5. 公务员应受到以下（　　）方面的监督。

　　A. 思想政治　　B. 履行职责　　C. 作风表现　　D. 遵纪守法

【参考答案】ABCD

【解析】根据《公务员法》第五十七条规定,机关应当对公务员的思想政治、履行职责、作风表现、遵纪守法等情况进行监督,开展勤政廉政教育,建立日常管理监督制度。

6. 对公务员监督发现问题的,应视情况予以（　　）处理。

　　A. 谈话提醒　　B. 批评教育　　C. 诫勉　　D. 处分

【参考答案】ABCD

【解析】对公务员监督发现问题的,应当区分不同情况,予以谈话提醒、批评教育、责令检查、诫勉,组织调整、处分。

7. 督办可采取以下哪些方式进行。（　　）

　　A. 电话通知　　B. 发督办函　　C. 现场督办　　D. 通报

【参考答案】ABCD

【解析】《机构编制"12310"举报受理工作规定》第四章第二十一条规定,督办可根据情况,分别采取电话通知、发督办函、现场督办、通报等方式进行,必要时可责成相关人员到机构编制部门说明情况。

8. 公务员在承担（　　）时,表现突出、有显著成绩和贡献的,当期平时考核结果可以直接确定为好等次,并及时给予奖励。

　　A. 急难险重任务　　　　　　　B. 处理复杂问题

　　C. 应对重大考验　　　　　　　D. 重大关头

【参考答案】ABC

【解析】公务员在承担急难险重任务、处理复杂问题、应对重大考验时,表现突出、有显著成绩和贡献的,当期平时考核结果可以直接确定为好等次,并及时给予奖励。

9. 根据《党政领导干部选拔任用工作条例》,民主推荐的形式包括（　　）。

A. 谈话调研推荐 B. 会议推荐
C. 个别谈话推荐 D. 个人署名推荐

【参考答案】AB

【解析】根据《党政领导干部选拔任用工作条例》第十六条，选拔任用党政领导干部，应当经过民主推荐。民主推荐包括谈话调研推荐和会议推荐，推荐结果作为选拔任用的重要参考，在1年内有效。

10. 《党政领导干部考核工作条例》中考核方式主包括（　　）。

A. 平时考核　　B. 年度考核　　C. 专项考核　　D. 任期考核

【参考答案】ABCD

【解析】《党政领导干部考核工作条例》第二条规定，考核方式主要包括平时考核、年度考核、专项考核、任期考核。

11. 下列关于干部任职回避制度的说法正确的有（　　）。

A. 党政领导干部任职回避的亲属关系包括夫妻关系、直系血亲关系、三代以内旁系血亲关系以及近姻亲关系
B. 干部任职需要回避的，一般由职务层次较高的一方回避
C. 有任职回避亲属关系的，不得在同一机关担任双方直接隶属于同一领导人员的职务或者有直接上下级领导关系的职务
D. 任职回避主要包括亲属回避和地域回避

【参考答案】ACD

【解析】任职回避主要包括亲属回避和地域回避。需任职回避的亲属关系为夫妻关系、直系血亲关系、三代以内旁系血亲以及近姻亲关系。所说直系血亲关系包括两种：一种是指有自然血缘关系的亲属，即生育自己和自己所生育的上下各代亲属；另一种是指本来没有血缘关系，但由于法律确认其具有与自然血亲同等的权利义务的亲属，这种情况称为法律拟制血亲。如养父母与养子女、继父母与继子女。有上列亲属关系的，不得在同一机关担任双方直接隶属于同一领导人员的职务或者有直接上下级领导关系的职务，也不得在其中一方担任领导职务的机关从事组织（人事）、纪检监察、审计、财务工作。对于有回避关系的领导干部任职的安排，一般要按照由低职回避高职的原则，提出回避方案。

12. 考察时，应当全面了解考察人选的德、能、勤、绩、廉，严把政治关、品行关、能力关、作风关、廉洁关，以下不属于主要考察内容的是（　　）。

A. 政治立场　　B. 道德品行　　C. 能力素质　　D. 遵规守纪

【参考答案】AD

【解析】见《公务员录用考察办法（试行）》第七条。

13. 下列情形不得列为考察对象的有（　　）。

A. 群众公认度不高的

B. 近 3 年年度考核结果中有被确定为称职以下等次的

C. 有跑官、拉票行为的

D. 配偶已移居国（境）外；或者没有配偶，子女均已移居国（境）外的

E. 受到组织处理或者党纪政纪处分影响使用的

【参考答案】ACDE

【解析】有下列情形之一的，不得列为考察对象：（1）群众公认度不高的。（2）近 3 年年度考核结果中有被确定为基本称职以下等次的。（3）有跑官、拉票行为的。（4）配偶已移居国（境）外；或者没有配偶，子女均已移居国（境）外的。（5）受到组织处理或者党纪政纪处分影响使用的。（6）其他原因不宜提拔的。

14. 报考者在考试过程中有下列（　　）行为之一的，由具体组织实施考试的考试机构、招录机关或者公务员主管部门给予其所涉科目（场次）考试成绩为零分的处理。

　　A. 将规定以外的物品带入考场，经提醒仍未按要求放在指定位置的

　　B. 参加考试时未按规定时间入场、离场的

　　C. 未在指定座位参加考试，或者擅自离开座位、出入考场的

　　D. 未按规定填写（填涂）、录入本人或者考试相关信息，以及在规定以外的位置标注本人信息或者其他特殊标记的

【参考答案】ABCD

【解析】《公务员录用违规违纪行为处理办法》第六条规定，报考者在考试过程中有下列行为之一的，由具体组织实施考试的考试机构、招录机关或者公务员主管部门给予其所涉科目（场次）考试成绩为零分的处理：（一）将规定以外的物品带入考场，经提醒仍未按要求放在指定位置的；（二）参加考试时未按规定时间入场、离场的；（三）未在指定座位参加考试，或者擅自离开座位、出入考场的；（四）未按规定填写（填涂）、录入本人或者考试相关信息，以及在规定以外的位置标注本人信息或者其他特殊标记的；（五）故意损坏本人试卷、答题卡（答题纸）等考场配发材或者本人使用的考试机等设施设备的；（六）在考试开始信号发出前答题的，或者在考试结束信号发出后继续答题的；（七）其他情节较轻的违规违纪行为。

15. 下列培训应由省级税务机关来组织的有（　　）。

　　A. 系统内公务员初任培训

　　B. 系统内科级领导干部任职培训

　　C. 系统内处级领导干部任职培训

　　D. 系统内厅局级领导干部培训

【参考答案】AB

【解析】选项 AB 由省级税务机关组织培训，选项 CD 两项由国家税务总局组织培训。

16. 下列对公务员受到处分的时间表述正确的是（　　）。

    A. 警告，3 个月　　　　　　　　B. 记过，6 个月

    C. 记大过，18 个月　　　　　　 D. 降级、撤职，24 个月

    【参考答案】CD

    【解析】公务员受处分的期间为：警告，6 个月；记过，12 个月；记大过，18 个月；降级、撤职，24 个月。

17. 数字人事制度的主要特征包括（　　）。

    A. 以人为本　　B. 科技引领　　C. 科学考评　　D. 国际视野

    【参考答案】ABC

    【解析】数字人事制度的主要特征，具体体现为突出以人为本、科学考评、数字管理和科技引领。

18. 党委应当按照民主集中、个别酝酿、会议决定的原则作出决策，实行（　　）。

    A. 科学决策　　B. 公开决策　　C. 民主决策　　D. 依法决策

    【参考答案】ACD

    【解析】党委应当按照集体领导、民主集中、个别酝酿、会议决定的原则作出决策，实行科学决策、民主决策、依法决策。

19. 党政领导干部有下列（　　）情形的，一般应当免去现职。

    A. 达到任职年龄界限或者退休年龄界限的

    B. 受到责任追究应当免职的

    C. 辞职或者调出的

    D. 非组织选派，离职学习期限超过半年的

    【参考答案】ABC

    【解析】党政领导干部有下列情形之一的，一般应当免去现职：达到任职年龄界限或者退休年龄界限的；受到责任追究应当免职的；辞职或者调出的；非组织选派，离职学习期限超过 1 年的；因工作需要或者其他原因，应当免去现职的。

20. 关于举报事项，下列做法正确的是（　　）。

    A. 拒绝受理事实不够清楚、证据不充分的举报件

    B. 属于下级机构编制部门管理权限内的举报事项，由受理举报事项的机构编制部门转下级机构编制部门办理

    C. 下级机构编制部门接到上级机构编制部门交办的举报件，应当在规定的期限内办结，并向举报人反馈办理结果

    D. 已经受理的举报件，属于下级管理的，一般转交下级机构编制部门办理，必要时也可直接办理

【参考答案】BD

【解析】对事实不够清楚、证据不充分的，应当与举报人沟通，请其补充证据或线索，经分析判断后决定是否受理。下级机构编制部门接到上级机构编制部门交办的举报件，应当在规定的期限内向上级机构编制部门报送办结报告，经审核同意后向举报人反馈办理结果。

三、判断题

1. 对平时考核结果为一般等次的公务员，及时谈话提醒。对平时考核结果为较差等次的公务员，及时进行诫勉。（　　）

   【参考答案】×

   【解析】对平时考核结果为一般等次的公务员，及时谈话提醒。对平时考核结果为较差等次的公务员，及时批评教育，必要时进行诫勉。

2. 公务员的考核分为平时考核和定期考核，定期考核以平时考核为基础。（　　）

   【参考答案】×

   【解析】根据《公务员法》第三十六条。

3. 当年平时考核结果一般、较差等次累计次数超过一半的，年度考核原则上应当确定为基本称职或者不称职等次。当年平时考核结果均为较差等次的，年度考核可以直接确定为不称职等次。（　　）

   【参考答案】√

   【解析】当年平时考核结果一般、较差等次累计次数超过一半的，年度考核原则上应当确定为基本称职或者不称职等次。当年平时考核结果均为较差等次的，年度考核可以直接确定为不称职等次。

4. 发现存在违纪违法问题的，按照有关纪律和法律法规处理。机关应当根据具体情形，帮助引导公务员查找分析原因，制定整改措施，激发自我完善的内生动力，为其改进提高创造条件。（　　）

   【参考答案】√

   【解析】发现存在违纪违法问题的，按照有关纪律和法律法规处理。机关应当根据具体情形，帮助引导公务员查找分析原因，制定整改措施，激发自我完善的内生动力，为其改进提高创造条件。

5. 根据《党政领导干部考核条例》，援派或者挂职锻炼的领导干部，由当年工作半年以上的地方或者单位进行考核，以适当方式听取派出单位或者接收单位的意见。（　　）

   【参考答案】√

   【解析】按照《党政领导干部考核工作条例》第四章第二十二条，援派或者挂职锻炼的领导干部，由当年工作半年以上的地方或者单位进行考核，以适当方式听取派出单位或者接收单位的意见。

6. 某县税务局为正科级，领导职数设置如下：局长 1 名，副局长 3 名，纪检组组长 1 名。
（   ）

【参考答案】√

【解析】根据国家税务总局系统机构改革意见，县局领导职数设置为：局长 1 名，副局长 3—4 名，纪检组组长 1 名。

7. 根据《公务员职务与职级并行规定》，公务员晋升职级，不改变工作职位和领导指挥关系，但是可以享受相应职务层次的政治待遇、工作待遇。（   ）

【参考答案】×

【解析】根据《公务员职务与职级并行规定》第五章第二十五条，公务员晋升职级，不改变工作职位和领导指挥关系，不享受相应职务层次的政治待遇、工作待遇。

8. 公务员因工作需要在机关外兼职，应当经有关机关批准，其领取的兼职报酬不得高于所在机关的薪酬。（   ）

【参考答案】×

【解析】根据《公务员法》第四十四条规定，公务员因工作需要在机关外兼职，应当经有关机关批准，并不得领取兼职报酬。

9. 公务员在受处分期间有悔改表现，并且没有再发生违纪违法行为的，处分期满后自动解除。（   ）

【参考答案】×

【解析】公务员在受处分期间有悔改表现，并且没有再发生违纪违法行为的，处分期满后自动解除。受开除的处分除外。

10. 公务员可以在公务员和参照《公务员法》管理的工作人员队伍内部交流，也可以与国有企业和不参照《公务员法》管理的事业单位中从事公务的人员交流。
（   ）

【参考答案】√

【解析】详见《公务员法》相关规定。

11. 公务员不得在其配偶、子女及其配偶经营的企业、营利性组织的行业监管或者主管部门任职。（   ）

【参考答案】×

【解析】公务员不得在其配偶、子女及其配偶经营的企业、营利性组织的行业监管或者主管部门担任领导成员。

12. 领导干部跨地区跨部门交流的，应当同时迁转行政关系、工资关系和党的组织关系。（   ）

【参考答案】√

【解析】党政领导干部跨地区跨部门交流的,应当同时迁转行政关系、工资关系和党的组织关系。

13. 领导干部年度考核结果分为优秀、称职、基本合格、不合格4个等次。（　　）

    【参考答案】×

    【解析】《党政领导干部考核工作条例》第二十一条规定,领导干部年度考核结果分为优秀、称职、基本称职、不称职4个等次。

14. 领导班子成员按照分权制衡原则进行分工,主要负责人不得直接分管人事、财务和基建工作。（　　）

    【参考答案】√

    【解析】领导班子成员按照分权制衡原则进行分工,主要负责人不得直接分管人事、财务和基建工作。

15. 考察工作到规定的完成期限（含延长期限）时,有关审查调查或者司法程序仍未终结的,一般应当中止录用程序,待有关审查调查或者司法程终结,继续执行录用程序。（　　）

    【参考答案】×

    【解析】《公务员录用考察办法（实行)》第十三条规定：到规定的完成期限（含延长期限）时,有关审查调查或者司法程序仍未终结的,一般应当终止录用程序。

四、简答题

1. 简述新时代党的组织路线是什么。

    【参考答案】新时代党的组织路线是：全面贯彻习近平新时代中国特色社会主义思想,以组织体系建设为重点,着力培养忠诚干净担当的高素质干部,着力集聚爱国奉献的各方面优秀人才,坚持德才兼备、以德为先、任人唯贤,为坚持和加强党的全面领导、坚持和发展中国特色社会主义提供坚强组织保证。

    【解析】这是习近平总书记在2018年召开的全国组织工作会议上提出的,在我们党的历史上是第一次,对马克思主义建党学说具有开创性贡献和里程碑意义。这是新时代党的建设总要求在组织工作中的具体化,是新时代党的组织建设的总纲领,我们必须切实贯彻落实。

2. 习近平总书记在党的二十大报告中指出："要建设堪当民族复兴重任的高素质干部队伍"。请以此为主题谈谈如何牢固树立新时代选人用人导向。

    【参考答案】

    组织部门在选人用人时要把政治标准放在首位,考准考实党员干部在政治忠诚、政治定力、政治担当、政治能力、政治自律方面的情况。重点查看党员干部在重大项目建设、维护安全稳定等重点工作上的表现情况，评定其能否在关键时期、重要节点、重大工作中保持政治定力、践行政治担当；要将考察工作延伸到考察对象的生活圈、朋友圈，查看党员干部在日常生活是否能保持政治忠诚和政治自律；全方位掌握考察对象的政治表现。对政治上不合格的干部坚决实行"一票否决"，切实把好选人用人政治标准的"硬杠杠"。

党员干部的作风，直接关系到党内风气和政治生态，关系党的形象，关系民心向背，关系党的生死存亡。各级组织部门在选人用人时，要把底线亮出来，看其作风实不实、党风廉政方面是否存在不良反映、是否有不廉洁的现象等。要选出党性强、作风硬、守底线、讲廉洁的好干部，选出清清白白为官、干干净净做事的人民公仆。要始终把干净作为选人用人的标准，对党员干部工作圈和社交圈、八小时内和八小时外的工作生活情况进行分析，通过看家风、看作风、看政风了解其廉洁情况，以此作为选人用人的重要依据。

干事担事，是干部的职责所在，也是价值所在。组织部门选人用人时，要看其是否敢干事、会干事、能干事，是否知责于心、担责于身、履责于行，是否勇于攻坚克难、敢于担当作为、乐于无我奉献，是否主动到重大斗争一线、艰苦复杂地区唱主角、挑大梁、担重任，是否在关键时刻、危难关口、困难面前，冲在前、干在先、作表率，以实际行动彰显担当作为、践行初心使命、树好公仆形象。要真正把挑大梁、扛硬活、打硬仗，能力强、有责任心、有担当精神的干部用起来，锻造一支忠诚干净担当的高素质专业化干部队伍。

【解析】选贤举能作为党一以贯之的选人用人准则，是党和国家事业兴旺发达、长治久安不可或缺的要素。时代呼唤人才，站在"关键在党，关键在人"的高度，树立起旗帜鲜明的选人用人导向，其重要性更加凸显。以政治忠诚、党风廉洁、干事担当为导向，将高素质的干部培养选拔出来，方能为实现中华民族伟大复兴提供强有力的干部支撑。考生答题时言之有物即可。

3. 请结合《中华人民共和国公务员法》，简述公务员应当履行的义务有哪些。

【参考答案】公务员应当履行下列义务：（一）忠于宪法，模范遵守、自觉维护宪法和法律，自觉接受中国共产党领导；（二）忠于国家，维护国家的安全、荣誉和利益；（三）忠于人民，全心全意为人民服务，接受人民监督；（四）忠于职守，勤勉尽责，服从和执行上级依法作出的决定和命令，按照规定的权限和程序履行职责，努力提高工作质量和效率；（五）保守国家秘密和工作秘密；（六）带头践行社会主义核心价值观，坚守法治，遵守纪律，恪守职业道德，模范遵守社会公德、家庭美德；（七）清正廉洁，公道正派；（八）法律规定的其他义务。

【解析】根据《中华人民共和国公务员法》。

4. 请简述哪些岗位人员或领导干部在办理因私出国（境）时，有关部门要从严把关。

【参考答案】根据相关规定，对涉及管理人、财、物，机要档案和其他重要岗位的领导干部，以及配偶已移居国（境）外和没有配偶、子女均已移居国（境）外的领导干部因私出国（境）要从严把关。

【解析】略。

5. 简述选拔党政领导干部必须坚持的原则。

【参考答案】选拔任用党政领导干部，必须坚持下列原则：（一）党管干部；（二）德才兼备、以德为先，五湖四海、任人唯贤；（三）事业为上、人岗相适、人事相宜；（四）公道正派、注重实绩、群众公认；（五）民主集中制；（六）依法依规办事。

【解析】根据《党政领导干部选拔任用工作条例》第二条。

第五章　财务管理

第一节　财务管理基础

一、财务管理法规体系

（一）财务管理法规

1. 财务管理的法律法规体系包括与财务管理相关的法律、行政法规、部门规章和规范性文件。

2.《中华人民共和国会计法》（以下简称《会计法》）于1985年1月21日第六届全国人民代表大会常务委员会第九次会议通过，根据1993年12月29日第八届全国人民代表大会常务委员会第五次会议《关于修改〈中华人民共和国会计法〉的决定》第一次修正，1999年10月31日第九届全国人民代表大会常务委员会第十二次会议修订，根据2017年11月4日第十二届全国人民代表大会常务委员会第三十次会议《关于修改〈中华人民共和国会计法〉等十一部法律的决定》第二次修正。

3.《中华人民共和国预算法》（以下简称《预算法》）于1994年3月22日第八届全国人民代表大会第二次会议通过，根据2014年8月31日第十二届全国人民代表大会常务委员会第十次会议《关于修改〈中华人民共和国预算法〉的决定》第一次修正，根据2018年12月29日第十三届全国人民代表大会常务委员会第七次会议《关于修改〈中华人民共和国产品质量法〉等五部法律的决定》第二次修正。

4.《中华人民共和国审计法》是为了加强国家的审计监督，维护国家财政经济秩序，提高财政资金使用效益，促进廉政建设，保障国民经济和社会健康发展，根据宪法制定的法律。

5.《中华人民共和国审计法实施条例》是根据《中华人民共和国审计法》的规定制定的。

（二）财务管理相关会计制度

1. 2013年12月18日，财政部《行政单位会计制度》（财库〔2013〕218号）印发。

2. 根据《中华人民共和国会计法》和《行政单位会计制度》（财库〔2013〕218号）规定，国家税务总局结合税务系统实际情况，对税务局系统经费会计制度进行了修订，于2015年1月16日印发了税务系统行政单位会计制度，自2015年1月1日起施行。

3. 为了进一步规范事业单位的会计核算，提高会计信息质量，根据《中华人民共和国会计法》《事业单位会计准则》和《事业单位财务规则》，财政部对《事业单位会计制度》（财预字〔1997〕288号）进行了修订。

4. 根据财政部的《事业单位会计制度》，国家税务总局结合税务系统的实际情况，于2015年5月19日印发了税务系统事业单位会计制度，自2015年1月1日起施行。

5. 2018年国税地税征管体制改革后，国家税务总局又印发了《税务系统会计制度（试行）》（税总发〔2018〕191号）等一系列会计制度。

（三）财务管理相关财务制度

1. 《行政单位财务规则》经2012年12月5日财政部部务会议审议通过，2012年12月6日中华人民共和国财政部令第71号公布。

2. 为进一步规范事业单位的财务行为，加强事业单位财务管理和监督，提高资金使用效益，保障事业单位健康发展，制定《事业单位财务规则》。

二、财务会计基本知识

（一）税务系统会计核算主体和特点

1. 根据机构编制和经费领报关系，税务系统的会计核算主体分为主管会计单位、二级会计单位和基层会计单位。

2. 向财政部领报经费，并产生预算管理关系的，为主管会计单位。

3. 向主管会计单位或上一级会计单位领报经费，并发生预算管理关系，有下一级会计单位的，为二级会计单位。

4. 向上一级会计单位领报经费，并发生预算管理关系，没有下级会计单位的，为基层会计单位。

5. 没有下级会计单位的省级税务局及地、市级税务局也属于基层会计单位。

6. 主管会计单位、二级会计单位和基层会计单位均实行独立会计核算，负责组织管理本部门、本单位的全部会计工作。

7. 税务系统会计核算的特点：

（1）税务系统会计核算对象主要是预算资金的取得、使用和结果；

（2）税务系统会计核算基础是收付实现制，特殊经济业务和事项应当按规定采用

权责发生制核算;

(3) 税务系统不进行成本核算,对各项支出的发生情况要进行严格的考核和监督,保证国家预算资金的安全;

(4) 税务系统资金运动是单向的,以拨款方式从财政部门取得经费来源,不需要偿还;办理公务过程中发生的资金支出,不求资金回报,呈单向运动状态。

8. 税务系统会计核算的要求:

(1) 税务系统各级单位的各项资金和财产,均应纳入本级单位进行会计核算,严禁单位和单位内部各职能部门私设小金库,账外设账;

(2) 应当划分会计期间,分期结算账目和编制会计报表;

(3) 以人民币为记账本位币;

(4) 采用借贷记账法。

(二) 税务系统会计要素

1. 会计对象是会计所要核算和监督的内容。会计要素也称会计报表要素它是会计反映和核算的具体内容。税务系统行政单位的会计要素有五个,包括资产、负债、净资产、收入和支出。

2. 资产,是指行政单位占有或者使用的,能以货币计量的经济资源。行政单位的资产包括流动资产、固定资产、在建工程、无形资产等。其中,流动资产,是指可以在1年以内(含1年)变现或者耗用的资产,包括库存现金、银行存款、零余额账户用款额度、财政应返还额度、应收及预付款项、存货等。固定资产,是指使用期限超过1年(不含1年),单位价值在规定标准以上,并且在使用过程中基本保持原有物质形态的资产。在建工程,是指行政单位已经发生必要支出,但尚未交付使用的建设工程。无形资产,是指不具有实物形态而能够为使用者提供某种权利的非货币性资产。

3. 负债,是指行政单位所承担的能以货币计量,需要以资产等偿还的债务。行政单位的负债按照流动性,分为流动负债和非流动负债。流动负债是指预计在1年内(含1年)偿还的负债。行政单位的流动负债包括应缴财政款、应缴税费、应付职工薪酬、应付及暂存款项等。非流动负债,是指流动负债以外的负债,行政单位的非流动负债主要是长期应付款,即行政单位发生的偿还期限超过1年(不含1年)的应付款项。

4. 净资产,是指行政单位资产扣除负债后的余额,主要是财政拨款结转和财政拨款结余、其他资金结转结余资产基金和待偿债资产等。

5. 收入,是指行政单位依法取得的非偿还性资金,包括财政拨款收入和其他收入。行政单位的收入一般应当在收到款项时予以确认,并按照实际收到的金额进行计量。

6. 支出,是指行政单位为保障机构正常运转和完成工作任务所发生的资金耗费和损失，包括经费支出和拨出经费。行政单位的支出一般应当在支付款项时予以确认，并按照实际支付金额进行计量。采用权责发生制确认的支出，应当在其发生时予以确认，并按照实际发生额进行计量。

（三）税务会计档案管理

1. 税务会计档案，是指税务机关在会计核算过程中接收或形成的，记录和反映各单位经济业务的重要史料和证据的会计凭证、会计账簿、财务报告等会计资料，包括通过计算机等电子设备形成、传输和存储的电子会计档案。

2. 会计档案应当按照会计凭证、会计账簿、财务报告和其他会计资料等进行分类整理。

3. 各单位当年形成的会计档案，在会计年度终了，可由单位会计管理部门临时保管 1 年，再移交单位档案管理部门。因工作需要确需推迟移交的，应当经单位档案管理部门同意。单位会计管理部门临时保管会计档案最长不超过 3 年。

三、银行账户管理

（一）银行账户的种类及其设立

1. 税务系统依据财政部印发的《中央预算单位银行账户管理暂行办法》和财政部、中国人民银行印发的《〈中央预算单位银行账户管理暂行办法〉补充规定》的相关要求对银行账户进行管理。

2. 税务系统各行政单位应在国有银行、国家控股银行或经财政部门批准允许开户的商业银行开设银行账户。

3. 税务系统各行政单位只能开设一个基本存款账户。

4. 预算单位零余额账户是财政部在商业银行为每个预算单位开设的，用于记录、核算和反映实行财政授权支付的资金活动，以及与国库单一账户进行清算的账户。

5. 一个单位只能开设一个零余额账户。

6. 住房公积金账户的开设。

7. 其他账户的开设：

（1）税务系统各行政单位根据住房管理制度改革的有关规定，可分别开设一个售房收入、住房维修基金及其利息、购房补贴专用存款账户，用于核算职工按住房制度改革政策规定交纳的购房款等资金；

（2）税务系统各行政单位按照有关规定，可根据需要分别开设一个党费、工会经费专用存款账户。

(二) 税务系统单位账户的使用和管理

1. 非零余额银行账户的开立、变更与撤销。
2. 预算单位开立、变更、撤销银行账户,实行财政审批、备案制度。
3. 预算单位按规定报上一级财务部门逐级审核,由省局系统财务部门签署意见,报财政部驻各省财政监管局审批后,可开立银行账户。

四、公务卡的使用和管理

(一) 公务卡的日常管理

1. 税务系统公务卡,是指各级税务机关工作人员持有的,主要用于日常公务支出和财务报销业务的信用卡(贷记卡)。
2. 公务卡应当使用中国银联标准信用卡,由预算单位统一组织本单位工作人员向发卡行申办。
3. 预算单位在工作人员新增或调动、退休时,应及时组织办理公务卡的申领等手续,并通知发卡行及时维护公务卡支持系统。
4. 发卡人应按月向持卡人提供公务卡对账单,并按照与持卡人约定的方式,及时向持卡人提供公务卡账户资金变动情况和还款提示等重要信息。

(二) 公务卡强制结算目录范围

1. 公务卡主要用于预算单位公务支出的支付结算。
2. 所有实行公务卡制度改革的中央预算单位,都应严格执行中央预算单位公务卡强制结算目录。

(三) 公务卡的其他注意事项

1. 原则上每张公务卡的信用额度不超过5万元、不少于2万元。
2. 持卡人使用公务卡结算的公务支出,必须取得发票等财务报销凭证,并在发卡银行规定的免息还款期内,按照所在单位财务制度规定到财务部门报销。
3. 因个人报销不及时造成的罚息、滞纳金等相关费用,由持卡人承担;因持卡人所在单位报销不及时造成的利息等费用,以及由此带来的对个人资信影响等责任,由单位承担。
4. 同行办卡一般应在公务卡免息还款期到期前的3个工作日内,统一办理报销资金的还款手续;跨行办卡一般应在免息还款期到期5个工作日之前,统一办理报销资金的还款手续。

五、财政票据管理

(一) 财政票据概述

1. 自 2018 年 1 月 1 日起,财政部实行财政票据电子化改革,依托财政票据电子化管理系统对中央财政票据的申领、发放、使用等进行管理,启用机打票据,停用手工票据。

2. 单位职责:国家税务总局负责税务系统内各预算单位中央财政票据申领、发放和监督检查。

(二) 财政票据使用

1. 中央财政票据开具范围。中央非税收入统一票据的使用范围为缴款单位在取得应缴国有资产有偿使用收入时,开具给付款单位或个人,其他情况不得使用。中央行政事业单位资金往来结算票据适用范围由财政部制定,主要用于行政事业单位取得非国库集中支付来源的财政性资金,以及暂收、代收和单位内部资金往来结算等经济活动。各预算单位必须严格按照规定的适用范围开具中央财政票据,不得超范围使用。

2. 中央财政票据开具流程。基层预算单位票据经办岗在财政票据电子化管理系统中完成中央财政票据入库操作。在基础信息模块中设置开票点,每个预算单位只能设置一个开票点,并为开票点设置用户、可用项目和可用票据,已入库的票据信息自动匹配至开票点。经办岗开票时,根据实际情况录入缴款人、缴款人类型、收款方式、缴款单位代码等开票信息,选择票据种类、收费项目,填写金额、数量等相关信息,生成电子票据,并打印纸质票据。

(三) 财政票据保管

1. 中央财政机打票据:按规定由专人专柜负责保管,建立台账,票据保管人员发生变更时,应办理票据、台账等移交手续后,方可办理工作变动相关手续。

2. 中央财政电子票据在财政票据电子化管理系统数据库服务器中可靠存储。

3. 财政安全认证设备(U盾):明确安全设备管理员,建立管理台账,妥善保管和规范使用安全认证设备。

(四) 财政票据核销及销毁

1. 月使用量在 5 000 份(含)以下的预算单位,原则上采取日常检查核销方式,执行"核旧领新"制度。

2. 月使用量在 5 000 份以上的单位,原则上采取专项检查核销的方式。

（五）财政票据年度检查

根据《中央单位财政票据监督检查实施"双随机——公开"方案》（财综〔2016〕40号）要求，按照"既要保证必要的抽查覆盖面和工作力度，又要防止检查过多和增加社会负担"的随机抽查工作要求，采取定向和不定向相结合的方式抽取中央财政票据监督随机检查对象，每年开展一次，抽查比例为10%，并按规定及时公开财政票据监督检查随机抽查对象、抽查内容、检查人员、抽查方式、抽查结果，接受社会监督。

第二节 会计制度

一、行政单位会计制度

（一）行政单位会计制度概述

1. 行政单位会计制度的适用范围是各级各类国家机关、政党组织。税务系统各级税务机关经费会计核算适用行政单位会计制度。

2. 行政单位会计核算目标是向会计信息使用者提供与行政单位财务状况预算执行情况等有关的会计信息，反映行政单位受托责任的履行情况。行政单位会计信息使用者包括人民代表大会、政府及其有关部门、行政单位自身和其他会计信息使用者。

3. 行政单位应当对其自身发生的经济业务或者事项进行会计核算，不属于行政单位自身发生的经济业务不需进行核算。行政单位会计核算应当以行政单位各项业务活动持续正常地进行为前提。

4. 行政单位应当划分会计期间，分期结算账目和编制财务报表。会计期间至少分为年度和月度。会计年度、月度等会计期间的起讫日期采用公历日期。

5. 行政单位会计核算应当以人民币作为记账本位币。发生外币业务时，应当将有关外币金额折算为人民币金额计量。行政单位应当采用借贷记账法记账。行政单位会计核算一般采用收付实现制核算收入和支出，特殊经济业务和事项应当按规定采用权责发生制核算。

（二）行政单位会计信息的质量要求

1. 可靠性。行政单位应当以实际发生的经济业务或者事项为依据进行会计核算，如实反映各项会计要素的情况和结果，保证会计信息真实可靠。

2. 相关性。行政单位提供的会计信息应当与行政单位受托责任履行情况的反映、会计信息使用者的管理、监督和决策需要相关,有助于会计信息使用者对行政单位过去、现在或者未来的情况做出评价或者预测。

3. 全面性。行政单位应当将发生的各项经济业务或者事项全部纳入会计核算,确保会计信息能够全面反映行政单位的财务状况和预算执行情况等。

4. 及时性。行政单位对于已经发生的经济业务或者事项,应当及时进行会计核算,不得提前或者延后。

5. 可比性。同一行政单位不同时期发生的相同或者相似的经济业务或者事项,应当采用一致的会计政策,不得随意变更确需变更的,应当将变更的内容、理由和对单位财务状况、预算执行情况的影响在附注中予以说明。不同行政单位发生的相同或者相似的经济业务或者事项,应当采用统一的会计政策,确保不同行政单位会计信息口径一致、相互可比。

6. 可理解性。行政单位提供的会计信息应当清晰明了,便于会计信息使用者理解和使用。

（三）行政单位会计要素

会计要素也称会计报表要素,它是会计反映和核算的具体内容。

1. 资产,是指行政单位占有或者使用的,能以货币计量的经济资源。

2. 负债,是指行政单位所承担的能以货币计量的,需要以资产等偿还的债务。

3. 净资产,是指行政单位资产扣除负债后的余额。

4. 收入,是指行政单位依法取得的非偿还性资金。

5. 支出,是指行政单位为保障机构正常运转和完成工作任务所发生的资金耗费和损失,包括经费支出和拨出经费。

（四）行政单位财务报表

1. 财务报表是反映行政单位财务状况和预算执行结果等的书面文件,由会计报表及其附注构成。

2. 会计报表包括资产负债表、收入支出表、财政拨款收入支出表等。

3. 资产负债表是反映行政单位在某一特定日期财务状况的报表。

4. 收入支出表是反映行政单位在某一会计期间全部预算收支执行结果的报表。

5. 财政拨款收入支出表是反映行政单位在某一会计期间财政拨款收入、支出、结转及结余情况的报表。

附注,是指对在会计报表中列示项目的文字描述或明细资料,以及对未能在会计报表中列示项目的说明等。

二、基本建设会计制度

(一) 税务系统基本建设会计制度概述

1. 基本建设项目，是指新建、改建、扩建、购建的综合业务用房、培训中心及其旧楼装修项目，与其他部门合建的项目，还包括当年虽未安排基本建设投资，但有维护费拨款、基本建设结余资金和在建工程的停、缓建工程项目。

2. 建设单位应根据基本建设项目的大小，设立内部基建管理机构或基建班子，配备会计人员，设置基建会计账簿，对基本建设项目单独进行会计核算。

(二) 建设单位的资金

基本建设拨款，是指建设单位使用后不需要偿还给原拨款单位的基本建设资金，基建拨款是税务系统建设单位的主要基建资金来源。

结算中形成的应付款，是指建设单位在进行基本业务活动时，与有关部门、施工企业发生的结算业务而获得的临时性资金来源。

资金占用，是指资金的分布、使用和存在形态。建设单位的资金占用按照其分布状况和存在形态的不同，主要分为八类：(1) 货币资金：指存在于货币形态的资金，如现金、银行存款等。(2) 储备资金：指为了保证基本建设的正常进行，运用在各种储备物资上的资金，如库存材料、库存需要安装设备等。(3) 结算资金：指占用在结算过程中的各种资金，如预付备料款、预付工程款、应收有偿调出器材及工程款和其他应收款等。(4) 在建资金：指占用在已构成投资完成额但尚未建成交付使用的未完成工程上的各种资金，如尚未建成交付使用的建筑安装工程、尚未交付使用的不需要安装设备和尚未安装完毕的需要安装设备、尚未完成交付验收的其他投资和尚未分摊的待摊投资等。(5) 建成资金：指占用在已经办理验收交接手续，交付给使用单位的各项资产上的资金，如交付使用资产中的固定资产、流动资产和无形资产等。(6) 转出资金：指非经营性项目为项目配套而建成的产权不归属本单位的专用设施所占用的资金，如专用道路、专用通信设施、送变电站、地下管道等。(7) 待核销资金：指非经营性项目发生的不能形成资产部分所占用的资金，如水土保持、城市绿化、项目报废等。(8) 固定资产：指建设单位各种自用的资产，如房屋、建筑物等。

(三) 基建会计科目

与建设单位的资金相对应，基本建设会计制度的会计科目分为资金占用类科目和资金来源类科目两大类。

资金占用类科目主要有建筑安装工程投资、设备投资、待摊投资、其他投资、交付使用资产、固定资产、累计折旧、固定资产清理、器材采购、库存设备、库存材料、银行存款、现金、零余额账户用款额度、财政应返还额度、预付备料款、预付工程款、应收有偿调出器材及工程款、其他应收款和待处理财产损失等。

资金来源类科目主要有基建拨款、交回财政资金、应付器材款、应付工程款、应付有偿调入器材及工程款、其他应付款、应交税金和其他应交款等。

行政单位须按照规定在单独设置账套核算基本建设投资的同时，将基建账套相关数据并入单位行政账套核算。

（四）基建会计报表

基建会计报表即建设单位会计报表，建设单位会计报表是以货币为统一计量单位，以日常会计核算资料为依据，定期地综合反映建设单位在特定日期的财务状况和一定时期内的建设成果的报告性文件。

基建会计报表主要有资金平衡表、基建投资表和待摊投资明细表。

资金平衡表反映建设单位月份或年度终了时全部资金来源和资金占用情况。

基建投资表反映建设项目自开始建设到本年末止累计拨入基建资金以及这些资金的使用情况。

待摊投资明细表反映建设单位发生的构成基本建设投资完成额并按规定分摊计入交付使用资产价值的各项费用支出的明细情况。

第三节 预算管理

一、预算管理相关法律

1. 《中华人民共和国预算法》明确规定"政府的全部收入和支出都应当纳入预算"，"各级政府、各部门、各单位应当按照本法规定，将所有政府收入全部列入预算、不得隐瞒、少列"；支出也要涵盖政府的所有活动，"各级政府、各部门、各单位的支出必须以经批准的预算为依据，未列入预算的不得支出"，这实际上确立了政府全口径预算的基本原则。

2. 《中华人民共和国预算法》将审核预算重点由平衡状态向支出预算和政策拓展，收入预算从约束性转向预期性转变。

3. 《中华人民共和国预算法》将预决算公开首次写入法律，从公开内容、时间和主体方面做出了明确规定，形成刚性的法律约束，是修改的重要进步，有利于确保人民群众的知情权、参与权和监督权，从源头上预防和治理腐败。

4. 《中华人民共和国预算法》在加强地方政府性债务管理，解决"怎么借、怎么管、怎么还"的问题上做出了明确规定。

5. 规定财政转移支付制度，推进基本公共服务均等化。

6. 《中华人民共和国预算法》删除"厉行节约""勤俭建国"的规定，统一为"勤俭节约"原则，并在预算编制、执行、监督及调整环节做出明确规定。

7. 《中华人民共和国预算法》在预决算草案细化、预决算批复、预决算及预算调整草案初步审查、预决算审查重点等诸多方面加以完善，明确了人大、政府、财政部门预算监督职能的同时，进一步细化了监督的内容和重点。

8. 《中华人民共和国预算法》首次以法律形式明确了我国公共财政预算收支中的绩效管理要求，并将绩效的思维贯穿于预算编制、预算执行、决算以及预算审查的各个环节之中。

9. 《中华人民共和国预算法》重新梳理了违法违纪情形，将法律责任增加到5条25款，加大了责任追究力度。

二、预算管理体制

（一）税务预算管理体制

1. 预算单位是部门预算管理和部门预决算编制工作的执行主体。

2. 按照财政部门预算改革的有关要求，税务系统按照稳步推行、突出重点、分项实施的原则，积极推行部门预算改革，实行基本支出定员定额改革试点、"收支两条线"、政府采购、国库集中支付、政府收支分类等改革。

3. 国家税务总局，省级、市级税务局按照国家税务总局工作要求，审核、汇总预算编制年度所属单位设立、变更、撤销预算单位的相关资料，向上级单位提出申请，并逐级汇总上报财政部审核确定。

4. 基层预算单位财务部门负责收集设立、变更、撤销预算单位所需的相关资料，行文向上级主管部门申请；人事部门负责提供设立、变更、撤销预算单位批复文件等资料；办公室（或承担相应职责的部门）负责提供预算单位统一社会信用代码证等资料。

（二）预算管理规范

1. 每年3月31日之前，省级税务局应结合本省自上年度4月1日至本年度3月31日止单位调整情况，向税务总局提出申请，调整本省税务系统下年度预算单位或修改现有预算单位相关信息。

2. 新增的预算单位下一年度纳入预算单位管理；撤销的预算单位下一年度不再作为预算单位管理。

3. 预算单位发生设立、变更、撤销等情况时，下级单位以正式文件将此三种情况一并报送上级单位。

4. 预算单位设立后，根据相关规定设立财政零余额账户。

5. 预算单位撤销后，按照有关规定完成机构撤并、划转相关程序后，应尽早撤销财政零余额账户及其他银行账户。

6. 预算单位设立的条件：

（1）行政单位中，经国家税务总局批准成立的各级全职能税务局可申请作为预算单位，内设机构不得申请作为预算单位。

（2）事业单位中，经国家税务总局批准成立的税务干部学校可申请作为预算单位，各级税务局内设的纳税服务中心（税收宣传中心）、信息中心、服务中心、税收科学研究所、税务学会等机构、团体原则上不得申请作为预算单位。

（3）派出机构中，省级税务局派出机构与省级税务局机关异址办公且距离较远的结合本单位实际情况可申请作为预算单位，在同址办公的派出机构不得申请作为预算单位；省会城市税务局的派出机构与省会城市税务局机关异址办公且距离较远的结合本单位实际情况可申请作为预算单位，在同址办公的派出机构不得申请作为预算单位；市级税务局的派出机构与市级税务局机关异址办公且距离较远的，实有在职人员100人以上的单位结合本单位实际情况可申请设为预算单位，在同址办公的派出机构不得申请作为预算单位；县级税务局的派出机构不得申请作为预算单位；各级税务局所属的培训中心、招待所原则上不得申请作为预算单位管理。

7. 预算单位的变更。自上年度4月1日至本年度3月31日止，因相关信息发生变化，需调整中央部门预算管理系统有关信息的预算单位，应按照上级有关要求收集整理变更信息的相关资料逐级汇总上报省级税务局，省级税务局在每年3月31日前向国家税务总局提出申请。

8. 预算单位撤销的审核与审批。

三、部门预算编制

（一）税务预算编制流程

1. 税务系统预算编制是指各级预算单位依据《中华人民共和国预算法》和财政部、地方财政部门对年度部门预算编制工作的具体要求，制订本单位自预算年度开始3年支出规划及预算年度收入、支出计划，使用财政部门统一下发的预算编制软件报送相关报表及报告的活动。

2. 预算编制包括"一上""一下""二上"和"二下"四个阶段。

3. "一上"阶段是指各级预算单位根据本单位事业发展需要和上级单位及财政部

门的要求，使用中央部门预算管理系统上报本单位年度预算需求及三年支出规划建议数的过程。

4."一下"阶段是指年度部门预算控制数下达。

5."二上"阶段是指各级预算单位编报部门预算草案的过程。

6."二下"是指年度预算批复。

（二）预算执行注意事项

1. 预算编制应遵循统筹兼顾、勤俭节约、量力而行、讲求绩效和收支平衡的原则。

2. 预算编制工作应自下而上逐级编报，上级单位不得代编。

3. 预算单位各部门均应参与到预算编制工作中，并对所编制的预算负责。

4. 收入预算编制应做到合法、完整，与经济社会发展水平相适应，所有收入应全部列入预算，不得隐瞒、少列。

5. 支出预算编制应贯彻勤俭节约的原则，严控一般性支出，应当统筹兼顾，优先安排重点支出。

6. 预算编制工作需提交本级党委会议审议。

（三）收入预算管理

1. 税务系统部门预算收入是各级税务局编制年度预算时，预计该年度从不同渠道取得的各类收入的总称，是税务系统行政事业单位为履行职能，完成各项工作任务的财力保障。

2. 税务系统在预测收入预算时，应本着科学、合理的原则，遵循来源合法合规、内容全面完整、数字真实准确的总体要求，编制收入预算。

3. 部门收入是各部门切实履行其职能的财力保证。

（四）基本支出预算管理

1. 基本支出预算是部门支出预算的主要组成部分，是行政事业单位为保障其机构正常运转、完成日常工作任务所必需的开支，包括人员经费和日常公用经费两部分。

2. 基本支出预算实行定员定额管理原则。

3. 人员经费分为"工资福利支出"和"对个人和家庭的补助支出"两部分，包括基本工资、津贴及奖金、社会保障缴费、离退休费、住房补贴和其他人员经费等。

4. 根据财政部界定的日常公用经费的开支项目、范围，结合税务系统实际，确定了21个定额项目，具体分为两类：一是与占有资源、资产有关的实物量、耗用量定额，包括水费、电费、取暖费、办公物业管理费、日常维修（护）费、公车运行维护费六项；二是按人员测算可以进行标准化处理的，包括办公费、印刷费、邮电费、差旅费、会议费、培训费、被装购置费、劳务费、工会经费、福利费、日常办公设备购置费、出国费、公务接待费、公务交通补贴费、其他支出十五项。

5. 中财拨款公用经费最低保障线是指县（区）级基层预算单位正常工作运转所必需的中央财政拨款公用经费。

（五）项目支出预算管理

1. 项目支出预算是指中央部门为完成其特定的行政工作任务或事业发展目标，在基本支出预算之外编制的年度项目计划，包括基本建设、有关事业发展专项计划、专项业务费、大型修缮、大型购置、大型会议等项目支出。

2. 项目库是对项目进行规范化、程序化管理的数据系统，分为中央部门项目库和财政部项目库。

3. "一上"前，各单位项目主管部门应对以前年度项目进行清理，对已经安排完预算额度的项目不再结转次年，对未安排完预算额度的项目，作为延续项目滚动结转以后年度项目库，另根据工作重点确定下一年度新增项目。

4. 主管部门对项目设立进行必要性论证，对项目实施依据、项目内容及支出范围、项目总体绩效目标完成拟定，形成文字材料于7月末报送给财务部门。

5. 项目立项依据内容要符合国家法律法规、国民经济和社会发展规划要求，与本部门（单位）职能、发展规划和工作计划密切相关，项目实施依据要充分、合理。

6. 项目实施方案要有项目实施依据，项目实施过程、项目完成目标和项目达到效果，内容要翔实、完整。

7. 项目支出计划要符合项目管理办法中的开支范围和支出标准，要符合国有资产管理、政府采购等各项财务管理规定。

8. 项目支出明细要对项目活动进行总体描述，对子活动进行分项描述，支出计划要与项目活动相匹配。

9. 年度总体目标、中期总体目标的内容要符合国家法律法规、国民经济和社会发展规划要求，与本部门（单位）职能、发展规划和工作计划密切相关，能够反映项目主要情况，对项目预期产出和效果进行充分、恰当的描述。

10. 年度绩效目标、中期绩效目标需要设置一级指标、二级指标、三级指标和预期指标。

11. 绩效目标填报要求格式规范、内容完整、准确、翔实；指标设置全面、充分、细化、量化；定性描述要充分、具体；预期绩效要体现实际产出和效果，并体现合理性；绩效目标要经过充分调查研究、论证和合理测算，并具备实现的可能性。

12. 中央部门预算项目实行分级管理，分为一级项目和二级项目两个层次。

13. 按照使用范围，部门一级项目分为通用项目和专用项目。

14. 按照项目的重要性，二级项目划分为重大改革发展项目、专项业务费项目和其他项目三类。

15. 项目申报。

16. 项目预算评审。

（1）评审内容主要包括项目申报程序完整性、立项依据必要性、立项实施方案设计可行性、支出内容合理性四个方面。

（2）评审环节主要分为两个阶段。预算编制阶段要按照"先评审后入库"的原则；预算执行阶段主要是财政部对申请追加项目进行评审。

（3）评审方式的分类有两种：根据预算管理级次的不同，可采取集中评审和分级评审的方式；根据项目特点的不同，可采取委托评审和专家评审的方式。

（4）预算评审工作必须遵照"谁委托谁付费"的原则。

（5）部门评审范围主要是拟纳入中央部门项目库的项目，原则上都要进行预算评审；预算执行中拟申请追加预算的项目，以及项目内容、绩效目标或支出总规模发生调整的项目，原则上也要履行部门评审程序。

（六）财政拨款结转和结余资金管理

1. 结转结余资金是预算单位年度各项收入与支出相抵后的余额资金。

2. 按照资金来源不同，结转结余资金分为中央财政拨款结转结余资金和其他收入结转资金。

3. 按照形成时间不同，结转结余资金分为当年结转结余资金和累计结转结余资金。

4. 按照国库集中收付管理制度，结转结余资金分为国库集中支付结转结余资金和非国库集中支付结转结余资金。

5. 结转结余资金可划分为结转资金和结余资金。

6. 结转资金盘活使用是指预算单位支出结转资金的行为。

7. 按照国务院关于盘活存量资金的要求，要加大对盘活财政存量资金工作的跟踪监控力度，加强工作指导，发现问题及时纠正，对各单位好的经验和做法，要及时总结推广；对支出进度慢、盘活存量资金不力的单位及时进行通报或约谈，并研究建立盘活存量资金与预算安排挂钩机制。

8. 基层预算单位做好应上缴结余资金的资金准备工作，确保零余额账户中应上缴资金的额度，已申请的结余资金严禁再行支出。

四、预算绩效管理

（一）预算绩效管理概述

1. 预算绩效管理是政府绩效管理的重要组成部分，是一种以支出结果为导向的预算管理模式,是通过管理如期实现预算资金的产出和结果的过程。

2. 预算绩效管理主要内容包括绩效目标管理、绩效运行跟踪监控管理、绩效评价实施管理、绩效评价结果反馈和应用管理。

(二) 工作职责

1. 国家税务总局:按照财政部关于财政支出绩效评价工作的总体要求和统一规定,制定税务系统财政支出绩效评价工作方案和实施办法。

2. 省级及以下税务局:(1) 按照财政部和国家税务总局的有关规定和工作规范,组织本单位的财政支出绩效自评和绩效评价工作,向主管部门报告财政支出执行情况、绩效报告;(2) 按照财政部关于财政支出绩效评价工作的总体要求和统一规定,制定国家税务总局系统财政支出绩效评价工作方案和实施办法。

(三) 预算绩效管理相关指标

1. 绩效评价指标是衡量绩效目标实现程度的考核工具,是反映绩效总体情况的特定概念和具体数值,是衡量、监测和评价财政支出经济性、效率性和有效性,揭示财政支出存在问题的重要量化手段;是根据财政支出绩效评价工作的要求,按照一定的分类标准,对财政支出内容和评价对象进行科学合理、层次清晰、实用可行的分类的指标体系。

2. 绩效目标是绩效评价的对象计划在一定期限内达到的产出和效果,是预算绩效管理的基础,是整个预算绩效管理系统的前提。

3. 预算绩效运行监控管理是预算单位结合预算执行情况分析、定期采集绩效运行信息并汇总分析,及时对绩效目标运行情况进行跟踪管理和督促检查的过程。

4. 绩效评价实施,是指财政部和各级预算单位根据设定的绩效目标,运用科学、合理的绩效评价指标、评价标准和评价方法,对财政支出的经济性、效率性和效益性进行客观、公正的评价。

第四节　财务收支和决算管理

一、行政单位收入与支出及其管理

(一) 税务系统收入的种类

1. 行政单位的收入,包括财政拨款收入和其他收入。

2. 财政拨款收入。

3. 其他收入。

4. 行政单位依法取得的罚没收入、行政事业性收费、政府性基金、国有资产处置和出租出借收入等不属于行政单位的收入，应当上缴国库或财政专户。

（二）税务系统收入管理的要求

1. 行政单位取得各项收入，应当符合国家规定，并按照财务管理的要求全部纳入单位预算，统一分项如实核算，统一管理。

2. 财政拨款收入。

3. 其他收入。

（三）税务系统支出的种类

税务系统支出，是指税务机关为保障机构正常运转和完成工作任务所发生的资金耗费和损失。

1. 基本支出，是指行政单位为保障机构正常运转和完成日常工作任务发生的支出，包括人员支出和公用支出。

2. 项目支出，是指行政单位为完成特定的工作任务，在基本支出之外发生的支出。

二、事业单位收入与支出及其管理

（一）事业单位收入种类

1. 事业单位收入，是指事业单位为开展业务及其他活动依法取得的非偿还性资金。

2. 财政补助收入是事业单位从同级财政部门取得的各类财政拨款，事业单位的财政补助收入即为通过部门预算从财政部取得的各类财政拨款。

3. 事业收入是事业单位开展专业业务活动及其辅助活动取得的收入。

4. 上级补助收入是事业单位从主管部门和上级单位取得的非财政补助收入。

5. 附属单位上缴收入是事业单位附属独立核算单位按照有关规定上缴的收入。

6. 其他收入包括事业单位在专业业务活动及其辅助活动之外开展非独立核算经营活动取得的经营收入，以及上述规定范围以外的各项收入，如投资收益、利息收入、捐赠收入等。

（二）事业单位收入的管理要求

1. 事业单位应当将各项收入全部纳入单位预算，统一核算，统一管理。

2. 事业单位收入管理的具体要求有以下几点：保证收入的合法性与合理性；正确划分各项收入，依法缴纳各种税费；收入统管，事业单位所有收入都由财务部门统一核算管理,严禁设账外账;充分利用现有条件积极组织收入,提高经费自给率和自我发展能力;正确处理社会效益和经济效益的关系。

(三)事业单位支出的种类

1. 事业单位支出,是指事业单位开展业务及其他活动发生的资金耗费和损失。

2. 事业支出是事业单位开展专业业务活动及其辅助活动发生的基本支出和项目支出。

3. 经营支出是事业单位在专业业务活动及其辅助活动之外开展非独立核算经营活动发生的支出。

4. 对附属单位补助支出是事业单位用财政补助收入之外的收入对附属单位补助发生的支出。

5. 上缴上级支出是事业单位按照财政部门和主管部门的规定上缴上级单位的支出。

6. 其他支出是上述规定范围以外的各项支出,包括利息支出、捐赠支出等。

(四)行政事业单位支出管理的要求

1. 各项支出应全部纳入单位预算,严格执行国家规定的开支范围和标准。

2. 行政事业单位支出应由单位财务部门统一归口管理,财务部门在审核办理各项支出时,要严格执行批准的预算和有关规定。

3. 加强对事业单位经营支出的管理。

三、中央八项规定相关支出管理

(一)公务接待费管理

1. 公务接待预算及禁止性规定。各级税务机关执行中央国家机关国内公务接待标准。公务接待费用应当全部纳入预算管理,单独列示。禁止在公务接待费中列支应当由接待对象承担的差旅、会议培训等费用;禁止以举办会议、培训为名列支、转移、隐匿接待费开支;禁止向下级单位及其他单位、企业、个人转嫁公务接待费用;禁止在非税收入中坐支接待费用;禁止借公务接待名义列支其他支出。接待住宿应当按照差旅费管理有关规定,执行接待对象在当地的差旅住宿费标准。

2. 公务接待费报销管理。公务接待费报销凭证应当包括财务票据、派出单位公函和接待清单。公务活动结束后,接待单位应当如实填写接待清单,并由相关负责人审签。接待清单包括接待对象的单位、姓名、职务和公务活动项目、时间、场所、费用等内容。接待住宿应当严格执行差旅、会议管理的有关规定,在定点饭店或者机关内部接待场所安排,执行协议价格。出差人员住宿费应当回本单位凭据报销,与会人员住宿费按会议费管理有关规定执行。

3. 公务接待费资金支付应当严格按照国库集中支付制度和公务卡管理有关规定执行。具备条件的地方应当采用银行转账或者公务卡方式结算,不得以现金方式支付。

4. 公务接待的监督:各级税务机关财务管理部门应当对本机关国内公务接待经费开支和使用情况进行监督。督察内审部门应当对本机关国内公务接待经费进行审计,并加强对机关内部接待场所的审计监督。各级税务机关应当按年度组织公开本机关国内公务接待制度规定、标准、经费支出、接待场所、接待项目等有关情况,接受社会监督。

(二)会议费管理

1. 会议费开支范围和标准。会议费支出全部纳入部门预算管理,按照部门预算编制要求,在预算报表中单独列示,如实填报。严格控制会议费预算规模,强化预算执行刚性,会议费预算应细化到具体会议项目,执行中不得突破,坚决杜绝无预算支出和超预算支出会议费。

2. 会议费开支范围包括会议住宿费、伙食费、会议场地租金、交通费、文件印刷费、医药费等。交通费是指用于会议代表接送站,以及会议统一组织的代表考察、调研等发生的交通支出。会议代表参加会议发生的城市间交通费,按照差旅费管理办法的规定,回本单位报销。

3. 会议费开支实行综合定额控制,各项费用之间可以调剂使用。财务部门严格按规定审核会议费开支,对未列年度会议计划,以及超范围、超标准开支的经费不予报销。二、三、四类会议费原则上在部门预算公用经费中列支。会议费由会议召开单位承担,不得向参会人员收取,不得以任何方式向下属机构、企事业单位、地方转嫁或摊派。

4. 会议结束后应当及时办理报销手续。会议费报销时应当提供会议审批文件、会议通知及实际参会人员签到表、定点会议场所等会议服务单位提供的费用原始明细单据、电子结算单等凭证。财务部门要严格按规定审核会议费开支,对未列入年度会议计划,以及超范围、超标准开支的经费不予报销。会议费支付应当严格按照国库集中支付制度和公务卡管理制度的有关规定执行,以银行转账或公务卡方式结算,禁止以现金方式结算。具备条件的,应由单位财务部门直接结算。

5. 会议费其他注意事项。(1)严禁借会议名义组织会餐或安排宴请;严禁套取会议费设立"小金库";严禁在会议费中列支公务接待费。

(2)严格执行会议用房标准,不得安排高档套房;会议用餐严格控制菜品种类、数量和分量,一般安排自助餐;严禁提供高档菜肴,不安排宴请,不上烟酒;会议会场一律不摆花草,不制作背景板,不提供水果。

（3）不得使用会议费购置电脑、复印机、打印机、传真机等固定资产以及开支与本次会议无关的其他费用；不得组织会议代表旅游和进行与会议无关的参观；严禁组织高消费娱乐、健身活动；严禁以任何名义发放纪念品；不得额外配发洗漱用品。

（三）差旅费管理

1. 差旅费，是指工作人员临时到常驻地以外地区公务出差所发生的城市间交通费、住宿费、伙食补助费和市内交通费。

2. 差旅费的报销管理。（1）出差人员应当严格按规定开支差旅费，费用由所在单位承担，不得向下级单位、企业或其他单位转嫁。（2）城市间交通费按乘坐交通工具的等级凭据报销，财务管理制度汇编订票费、经批准发生的签转或退票费、交通意外保险费凭据报销。（3）住宿费在标准限额之内凭发票据实报销。伙食补助费按出差目的地的标准报销，在途期间的伙食补助费按当天最后到达目的地的标准报销。市内交通费按规定标准报销。未按规定开支差旅费的，超支部分由个人自理。

3. 工作人员出差结束后应当及时办理报销手续。差旅费报销时应当提供出差审批单、机票、车票、住宿费发票等凭证。住宿费、机票支出等按规定使用公务卡结算。

4. 财务部门应当严格按规定审核差旅费开支，对未经批准出差以及超范围、超标准开支的费用不予报销。实际发生住宿而无住宿费发票的，不得报销住宿费以及城市间交通费、伙食补助费和市内交通费。

（四）培训费的报销管理

1. 报销培训费，综合定额范围内的，应当提供培训计划审批文件、培训通知、实际参训人员签到表，以及培训机构出具的收款票据、费用明细等凭证；师资费范围内的，应当提供讲课费签收单或合同，异地授课的城市间交通费、住宿费、伙食费按照差旅费报销办法提供相关凭据；执行中经单位主要负责人批准临时增加的培训项目，还应提供单位主要负责人审批材料。

2. 培训费，是指开展培训直接发生的各项费用支出，包括师资费、住宿费、伙食费、培训场地费、培训资料费、交通费以及其他费用。师资费是指聘请师资授课发生的费用，包括授课老师讲课费、住宿费、伙食费、城市间交通费等；住宿费是指参训人员及工作人员培训期间发生的租住房间的费用伙食费是指参训人员及工作人员培训期间发生的用餐费用；培训场地费是指与机关事务管理用于培训的会议室或教室租金；培训资料费是指培训期间必要的资料及办公用品费；交通费是指用于培训所需的人员接送以及与培训有关的考察、调研发生的交通支出；其他费用是指现场教学费、设备租赁费、文体活动费、药费等与培训有关的其他支出。

3. 除师资费外，培训费实行分类综合定额标准，分项核定、总额控制各项费用之间可以调剂使用。

4. 综合定额标准是培训费相关费用开支的上限。各单位应结合地区和部门实际，在综合定额标准以内结算报销。30天以内的培训按照综合定额标准控制；超过30天的培训，超过天数按照综合定额标准的70%控制。上述天数含报到撤离时间，报到和撤离时间分别不得超过1天。

5. 师资费在综合定额标准外单独核算。

6. 讲课费（税后）执行以下标准：副高级技术职称专业人员每学时最高不超过500元；正高级技术职称专业人员每学时最高不超过1 000元；院士、全国知名专家每学时一般不超过1 500元。讲课费按实际发生的学时计算，每半天最多按4学时计算。其他人员讲课费参照上述标准执行。同时为多班次一并授课的，不重复计算讲课费。

7. 授课老师的城市间交通费按照差旅费有关规定和标准执行，住宿费、伙食费按照上述标准执行，原则上由培训举办单位承担。培训工作确有需要从异地（含境外）邀请授课老师，路途时间较长的，经单位主要负责同志书面批准，讲课费可以适当增加。

8. 各单位财务部门应当严格按照规定审核培训费开支，对未履行审批备案程序的培训，以及超范围、超标准开支的费用不予报销。

四、决算管理

（一）决算管理的概念

税务决算，是指税务系统行政事业单位在年度终了，根据财政部和国家税务总局部门决算编审要求，在日常会计核算的基础上编制的、综合反映本单位预算执行结果和财务状况的总结性文件。

通过建立部门决算管理制度，收集汇总税务系统行政（事业）单位财务收支、资金来源与运用、资产与负债、机构与人员等方面的基本数据，全面、真实地反映各单位财务状况和预算执行结果，满足财务会计监管、资产管理，以及财务决策等信息需要。

（二）税务决算的管理

1. 年度终了，各单位应当按照国家税务总局的统一部署和上级主管部门的要求，在规定的时间内编制部门决算，并按照财务隶属关系逐级报送。

2. 封面中的组织机构代码、单位基本性质、会计制度、财政预算代码、预算级次、报表类型等重要信息，原则上不得变更。

3. 主表数据从会计账簿直接提取，不得人为调整。

4. 附表（补充表）数据中的人员机构数据，依据人事部门提供的数据填列；非税收入数据依据税务系统收入收缴缴款台账填列；固定资产数据依据固定资产财务账和实物账填列。

5. 决算数据应与预算、基建、资产等报表同口径数据保持一致。

6. 税务决算的审核分为自行审核、集中审核两种方式，各单位财务人员完成部门决算填制后，须按照审核内容对决算数据进行自行审核；国家税务总局，省、市级税务局应对所属单位决算及汇总数据进行集中审核。

7. 各单位的填报说明和分析报告应完整规范，填报说明重点反映年初结转和结余调整情况、主要指标变动情况、报表审核情况、其他收入明细情况、支出明细"其他"的比重超过30%的具体开支情况、往来款项构成情况、特殊事项说明等。

8. 税务决算的汇总和报送。

9. 税务决算报送前应经过单位负责人、分管领导、财务部门负责人审签，并以正式文件方式报送，报送资料包括电子数据和纸质资料。

10. 国家税务总局部门决算报送财政部后，各单位决算数据还需变动的，相关调整事项在下一年度予以反映。

（三）税务决算批复和公开

1. 决算批复内容应当与预算批复相衔接，主要包括部门综合财务收入、支出、结余，财政拨款收入、支出、结余，以及其他相关决算数据。

2. 国家税务总局批复决算时，应当将财政部最终审定的决算报表电子数据一并反馈给各省税务局；各省税务局和地市（地、州）税务局对下批复决算时，应当将决算报表电子数据按所属单位分拆后逐级反馈给基层单位。

3. 决算批复时限。

4. 税务决算向社会公开，应按照财政部统一要求的范围、时限、方式和内容进行。

5. 年度终了后3个月内，财务人员应当对决算资料进行收集、整理和装订。

第五节　国库集中支付管理

一、预算单位零余额账户管理

（一）预算单位零余额账户的设立

1. 预算单位零余额账户是财政部在商业银行为每个预算单位开设的，用于记录、核算和反映实行财政授权支付的资金活动，以及与国库单一账户进行清算的账户。

2. 预算单位可在财政部招标确定的中央财政授权支付十一家代理银行中，自行选择一家作为本单位零余额账户的代理银行。

3. 零余额账户的开设和撤销，应当由财政部根据预算单位的申请，通知代理银行办理，单位不得自行办理。

4. 只有独立核算的基层预算单位，才能开设一个零余额账户，非预算单位不得开设零余额账户。

（二）预算单位零余额账户的使用和管理

1. 预算单位的财政授权支付业务通过本单位零余额账户办理。预算单位零余额账户在有财政部下达的用款额度情况下具有与人民币存款相同的支付结算功能，可以办理转账、提取现金、信汇、电汇、同城特约委托收款等各类支付业务。

2. 预算单位要切实加强对现金支出的管理，不得违反《现金管理暂行条例》等规定提取和使用现金。代理银行按照财政部批准的用款额度和《现金管理暂行条例》等规定，受理预算单位的现金结算业务。

3. 预算单位零余额账户只能用于本单位开支，不得用于资金转拨。两个零余额账户之间，无论是系统内外、上下级之间还是平级单位之间，一律不得相互划转资金。

4. 预算单位零余额账户原则上不得向本单位实有资金账户划拨资金，财政国库管理制度规定的工会经费、住房公积金及提租补贴三类经费除外。

5. 如有特殊紧急情况必须发生资金垫付，资金垫付和归垫时都必须报财政部审核，收到批准文件后办理垫付和归垫手续。

6. 预算单位零余额账户只用于办理应由财政资金支付的业务。单位的经营收入、其他收入和往来收入等非财政性资金，不得进入零余额账户。

7. 预算单位因正常原因从其零余额账户支付的资金，发生收回时必须退回零余额账户。

二、用款计划管理

（一）用款计划编制的依据

1. 用款计划是办理财政性资金支付的重要依据。用款计划编制的依据是财政部批复的年度部门预算数，包括"二上"预算、正式预算和调整预算。

2. 预算单位根据批准的年度预算，使用财政部统一规定的格式编制用款计划。

3. 单笔支付超过500万元的，分月编报直接支付用款计划，其余分月编制授权支付用款计划。

4. 范围划分将预算指标划分为财政直接支付和财政授权支付两种支付方式。

5. 范围划分标准：除下列规定外，单笔支付金额在 500 万元（含）以上的支出实行财政直接支付，单笔支付金额在 500 万元以下的支出实行财政授权支付。

（1）纳入财政统发范围的工资津贴补贴、离退休费，国有资本经营预算支出，以及财政部规定的有特殊管理要求的支出，实行财政直接支付；

（2）未纳入财政统发范围的工资津贴补贴、离退休费、社会保险缴费、职业年金缴费、住房改革支出、日常运行的水费电费及应由单位承担的支付给供热企业的取暖费、需兑换外汇进行支付的支出，以及经财政部批准的其他支出，实行财政授权支付。

（二）用款计划的种类

1. 用款计划按照预算管理类型分为基本支出用款计划和项目支出用款计划。

2. 基本支出用款计划和项目支出用款计划，按照支付方式分别划分为财政直接支付和财政授权支付两部分。

（三）分月用款计划的编制依据和分月用款数控制原则

1. 用款计划每年编报两次，1—5 月的分月用款计划依据"二上"预算的预算控制数编制，6—12 月的分月用款计划依据正式批复的年度预算数编制。

2. 基本支出分月用款数应符合年度均衡性原则，项目支出分月用款数应符合项目实施进度。

三、财政直接支付

财政直接支付是指税务系统预算单位在财政部批准的财政直接支付用款额度内提出支付申请，逐级审核汇总报财政部批准后，由财政部向代理银行签发支付指令，代理银行根据财政部的支付指令，通过财政部零余额账户，将资金直接支付到收款人（商品或劳务的供应商等）。（二）财政直接支付的范围预算单位实行财政直接支付的财政性资金包括工资支出、工程采购支出、物品和服务采购支出。

四、财政授权支付

（一）财政授权支付的范围

1. 财政授权支付是指预算单位按照财政部的授权自行向代理银行签发支付指令，代理银行根据预算单位的支付指令，在财政部批准的用款额度内，通过预算单位零余额账户将资金支付到收款人或用款单位。

2. 实行财政授权支付的资金范围包括中央财政拨款支出中，除纳入财政直接支付方式与范围的、直接支付额度外的全部支出。

（二）财政授权支付额度的下达

1. 每月月底前，财政部根据批准的税务系统用款计划中各预算单位的月度财政授权支付额度，分别向中国人民银行和代理银行签发下月"财政授权支付汇总清算额度通知单"和"财政授权支付额度通知单"。

2. 代理银行分支机构在接到"财政授权支付额度通知单"后，向相关预算单位发出"财政授权支付额度到账通知书"。

（三）财政授权支付额度的使用和管理

1. "财政授权支付额度到账通知书"确定的月度财政授权支付额度在年度内可以累加使用。

2. 预算单位支用财政授权支付额度可通过转账或现金等方式结算。

五、年终预算结余资金管理

（一）年终预算结余资金的概念

1. 年终预算结余资金是指纳入国库集中支付的预算单位在预算年度内，按照上级单位批复的部门预算，当年尚未支付并按有关财政财务制度规定，应留归预算单位继续使用的预算资金。

2. 国库集中支付预算单位结余资金，按照上级单位批复的部门预算数与上年预算结余数之和，减去当年财政国库已支付数的余额计算，并按规定程序由财政部核定。

（二）年终预算结余资金的使用管理

1. 现行国库集中支付年终预算结余资金管理，采用"边批边用"模式，即财政部在对年终结余资金情况进行审核的同时，先将用款额度批复给预算单位使用。

2. 额度注销和额度恢复。额度注销。每年12月31日，代理银行根据财政部的通知，将各基层单位零余额账户中的剩余额度注销，并向预算单位提供对账单。额度恢复。代理银行根据财政部通知，于次年恢复预算单位已注销的用款额度。

3. 结余核对。通过国库集中支付系统将财政部下达的年终结余数据直接下发至基层预算单位，基层预算单位以零余额账户对账单为准核对本单位可用额度的收支结余情况。

4. 结余批复。根据财政部批复数据，在国库集中支付系统对结余录入表及结余核对表进行批复。

（三）收入对账

按照"下管一级"的原则，省级税务局应对省级税务局机关和市级上缴的国有资产有偿使用收入进行核对，市级税务局应对所属基层预算单位上缴的国有资产有偿使用收入进行核对。

1. 每月终了10个工作日内，基层预算单位应认真核对本单位发生的国有资产有偿使用收入，确保相关票据、合同与非税收入系统反映的收入项目、上缴金额等要素一致。

2. 财政部每年6月、9月、12月，向国家税务总局发送国有资产有偿使用收入对账单。

3. 省级税务局按照不低于10%的比例随机抽取所属基层预算单位收入上缴原始凭证，核对其与非税收入系统反映的收入项目、上缴金额是否一致。国家税务总局随机抽查基层预算单位相关原始凭证。

4. 年度终了，各单位将核对无误的国有资产有偿使用收入数据，分项目和所属预算单位提供给会计人员，并严格按照对账数据填报相关决算报表，确保各类决算数据一致。

六、管理与监督

（一）国库集中支付管理和监督原则

1. 各级税务机关应加强国库集中支付管理与监督，严肃财经纪律，严格国库集中支付管理。

2. 税务系统各级财务部门在财政性资金支付管理审核中应遵循两个原则：一是按照相关规定依据批复的部门预算，审核所属预算单位的用款计划；二是按照批复的用款计划、合同条款的规定、项目进度和实际用款进度审核所属预算单位的财政直接支付申请。

3. 税务系统财务部门对各级预算单位使用财政性资金情况应加强监督检查。

4. 具体监督检查内容有以下几项：是否按规定程序、批复的预算、用款计划（或额度）、合同条款、项目进度申请使用资金；支付凭证是否真实、合法，上报的资料、信息是否及时、准确；是否利用报账单位转移、隐匿财政性资金；是否提供虚假申请资料或信息骗取财政性资金；是否有其他违反财经纪律造成财政性资金严重流失的行为。

（二）拒绝受理所属单位的支付申请的情形

发生以下情形之一的，财务部门有权拒绝受理所属单位的支付申请：（1）无预算、超预算申请使用资金的；（2）自行扩大预算支出范围申请使用资金的；（3）申请手续及提供的文件不完备，有关审核单位没有签署意见或没有加盖印章的；（4）未按规定程序申请或越级申请使用资金的；（5）预算执行中发现严重违规、违纪问题的；（6）工程建设出现重大问题的；（7）其他可能造成拒付的情形。

第六节　国有资产管理

一、国有资产管理机构及其职责

1. 各单位对本单位国有资产的管理职责。

税务系统行政单位国有资产实行国家所有，财政部监管，税务系统分级管理，单位占有、使用的管理体制。

（1）建立和健全国有资产管理制度；

（2）合理配置和有效使用国有资产；

（3）保障国有资产的安全和完整。

2. 税务系统行政单位国有资产管理的内容包括资产配置、资产使用、资产处置、资产清查、监督检查、资产管理信息化建设、资产管理工作报告等。

3. 税务系统行政单位国有资产管理，应当遵循以下原则：

（1）资产管理与预算管理相结合；

（2）资产管理与财务管理相结合；

（3）实物管理与价值管理相结合。

4. 各级财务管理部门是税务系统国有资产的主管部门。

5. 税务系统国有资产主管部门和各行政单位应按照税务系统国有资产管理信息化统一要求，使用规范软件对国有资产实施管理。税务系统各行政单位对本单位占有、使用的国有资产实施具体管理：

（1）贯彻执行国家有关国有资产管理的法律、法规和税务总局国有资产管理有关规定，并组织实施；

（2）负责本单位资产配置、验收入库、维护保管等日常管理，负责本单位资产的账卡管理、清查、登记、统计及日常监督检查工作；

（3）办理本单位国有资产配置、处置和符合国家规定的出租、出借等事项的相关手续；根据主管部门授权，审批本单位有关国有资产配置、处置等事项；

（4）负责实施本单位国有资产信息化管理；

（5）负责本单位符合国家规定的出租、出借等资产的保值增值，按照规定及时、足额缴纳国有资产收入；

（6）接受主管部门的监督、指导，报告本单位国有资产管理工作情况。

二、各部门的管理职责

1. 财务管理部门的管理职责：

（1）制定本单位国有资产财务管理制度，并组织实施和监督检查；

（2）按照国家规定对国有资产实行会计核算；

（3）定期与固定资产实物管理部门对账；

（4）按照规定的程序对国有资产盘盈、盘亏进行账务处理；

（5）按规定权限办理国有资产配置、处置和符合国家规定的出租、出借等事项的管理，以及国有资产收入缴纳等手续。

2. 资产实物管理部门的管理职责：

（1）制定并组织实施本单位固定资产实物管理的具体规定；

（2）统一管理本单位占有、使用的固定资产，建立固定资产使用登记卡片和台账；

（3）办理固定资产验收入库、领用、内部变动、处置等手续；

（4）保管和维护固定资产，确保资产安全和完整；

（5）每年定期对固定资产进行清理盘点，发生的盘盈、盘亏及时查明原因，并办理报批、登记和变更等手续；

（6）定期与财务部门和固定资产使用部门对账，做到账账相符、账实相符；

（7）按规定权限办理固定资产配置、处置、使用等事项的审核、报批手续。

3. 固定资产使用部门的管理职责：

（1）落实本部门固定资产使用管理的具体规定；

（2）保管和维护本部门使用的固定资产；

（3）及时退回长期闲置的固定资产；

（4）配合固定资产实物管理部门定期对账；

（5）提出本部门配置、处置固定资产的申请；

（6）固定资产使用人发生变化时，需及时办理变更登记，并定期向固定资产实物管理部门报告；

（7）本部门人员调离或退休时，及时到固定资产实物管理部门办理实物退回手续。

4. 税务系统行政单位的流动资产、在建工程、无形资产，由相关部门按照有关规定实施管理。

三、国有资产的分类及计价方法

1. 税务系统行政单位国有资产分为固定资产、流动资产、在建工程、无形资产四类。

2. 固定资产是指使用期限超过1年，单位价值在1 000元以上（其中，专用设备单位价值在1 500元以上），并且在使用过程中基本保持原有物质形态的资产。

3. 税务系统行政单位固定资产实行分类管理，一般分为六类：房屋及构筑物；通用设备；专用设备；文物和陈列品；图书、档案；家具、用具、装具等。

（1）房屋及构筑物，是指行政单位占有和使用的房屋、构筑物。

（2）通用设备，是指用于业务工作的通用性设备，如计算机设备及软件、办公设备、车辆等。

（3）专用设备，是指根据业务工作的实际需要配置的各种具有专门性能和专门用途的设备。

（4）文物和陈列品，是指各种文物和陈列品，如古物、字画、纪念品等。

（5）图书、档案，是指图书馆（室）、阅览室、档案馆等贮藏的图书、期刊、资料、档案等。

（6）家具、用具、装具，是指购置或者通过其他方式获得的各种家具、被服装具等，如办公桌椅、食堂炊事机械等。

4. 取得固定资产时，应当按照其成本入账。

（1）购入的固定资产，其成本包括实际支付的购买价款、相关税费、使固定资产交付使用前所发生的可归属于该项资产的运输费、装卸费、安装费和专业人员服务费等。

（2）自行建造的固定资产，其成本包括建造该项资产至交付使用前所发生的全部必要支出。

（3）在原有固定资产基础上进行改建、扩建、修缮的固定资产，其成本按照原固定资产的账面价值加上改建、扩建、修缮发生的支出，再扣除固定资产拆除部分账面价值后的金额确定。

（4）置换取得的固定资产，其成本按照换出资产的评估价值加上支付的补价或减去收到的补价，加上为换入固定资产支付的其他费用（运输费等）确定。

（5）接受捐赠、无偿调入的固定资产，其成本按照有关凭据注明的金额加上相关税费、运输费等确定；没有相关凭据可供取得，但依法经过资产评估的，其成本应当按照评估价值加上相关税费、运输费等确定；没有相关凭据可供取得、也未经评估的，其成本比照同类或类似固定资产的市场价格加上相关税费、运输费等确定。

（6）盘盈的固定资产，按照取得同类或类似固定资产的实际成本确定入账价值；没有同类或类似固定资产的实际成本，按照同类或类似固定资产的市场价格确定入账价值。

（7）购置固定资产过程中发生的差旅费、为维护固定资产正常使用而发生的日常修理等支出，不计入固定资产成本。

5. 已经入账的固定资产，除下列情形外，不得任意变动账面价值。

（1）根据国家规定对固定资产进行重新估价的；

（2）增加补充设备或改良装置的；

（3）将固定资产部分拆除或进行维修、改扩建的；

（4）根据实际价值调整原来暂估价值的；

（5）发现原来记录固定资产价值有误的；

（6）国家规定的其他情况。

6. 固定资产的账面价值变动，由固定资产实物管理部门负责办理，并及时通知财务部门，财务部门审核确认后，对固定资产有关账面价值作相应调整。

7. 税务系统行政单位的固定资产不计提折旧，财政部另有规定的除外。

四、流动资产

1. 流动资产是指可以在2年内变现或者耗用的资产，包括现金、银行存款、零余额账户用款额度（财政应返还额度）、应收及暂付款项、存货等。

2. 存货是指行政单位在工作中为耗用而存储的资产，包括材料、燃料、包装物和低值易耗品等。

五、在建工程

1. 在建工程是指已经发生必要的支出，但尚未达到交付使用状态的建设工程。

2. 在建工程因政策性原因或其他特殊情况不再进行建设时，发生的前期费用中，已形成固定资产或可形成固定资产的，应及时办理固定资产移交手续；无法形成固定资产的，应按有关规定报批后作核销处理。

3. 在建工程达到交付使用状态时，应按规定办理工程竣工财务决算和资产交付使用。

六、无形资产

1. 无形资产是指不具有实物形态而能为使用者提供某种权利的非货币性资产，包括著作权、土地使用权、专利权、非专利技术、软件等。

2. 行政单位的软件，如果其构成相关硬件不可缺少的组成部分，应当将该软件的价值包括在所属的硬件价值中，一并作为固定资产；如果其不构成相关硬件不可缺少的组成部分，应当将该软件作为无形资产。

3. 软件的计价：

（1）对独立购置的软件，需单独作为无形资产登记，并按实际购置价格入账；

（2）对随同硬件设备一同购入的软件，作为硬件设备不可分割的组成部分，不需单独登记，其价值并入硬件设备，按固定资产登记入账；

（3）对无偿独立发放的软件（不属硬件部分不可分割的组成部分），按发放单位确定的价值登记无形资产；

（4）对自行开发、有偿开发的软件，按开发发生的支出登记无形资产；

（5）对在原有软件基础上重新开发或升级的软件，按开发、升级发生的支出，增加资产价值。

4. 土地的计价。

5. 税务系统行政单位应按照国家有关规定对无形资产进行摊销。

税务系统行政单位对需要评估的资产应按照规定的程序委托具有资质的中介机构进行评估，如实提供国有资产有关情况资料，并对所提供资料的真实性、完整性和合法性负责，不得以任何方式干预评估机构独立执业。

6. 资产评估依据、评估方法需符合国家有关规定，评估报告内容应完整规范，评估结果应客观公正。

7. 国有资产会计核算一般采用收付实现制，特殊经济业务和事项应当按照行政单位会计制度的规定采用权责发生制。

七、国有资产管理的主要内容

1. 税务系统行政单位国有资产管理的内容包括资产配置、资产使用、资产处置、资产清查、监督检查、资产管理信息化建设和资产管理工作报告等。

2. 税务系统行政单位国有资产配置，是指税务系统各级行政单位根据履行职能的需要，按照国家有关法律、法规和规章制度规定的标准和程序，通过购置、建造、调剂或者接受捐赠等方式配备资产的行为。

3. 税务系统行政单位通用办公设备配置标准。

4. 税务系统行政单位国有资产配置应当符合以下条件：

（1）现有资产无法满足行政单位履行职能的需要；

（2）难以与其他单位共享、共用相关资产；

（3）难以通过市场购买服务方式实现，或者采取市场购买服务方式成本过高。

5. 税务系统行政单位国有资产配置应当符合规定的配置标准；没有规定配置标准的，应从实际需要出发，从严控制，合理配置；能通过调剂方式配置资产的，原则上不批准新购置。

6. 税务系统行政单位资产购置计划必须纳入本单位部门预算管理。

7. 税务系统行政单位接受捐赠的资产，应符合国家有关规定。

8. 税务系统行政单位应当严格执行公务用车编制和配备标准，不得超编制、超标准配备公务用车，不得为公务用车增加高档配置或者豪华内饰，不得接受企业、事业单位和个人捐赠的车辆。

9. 购入、调入的固定资产，税务系统行政单位固定资产实物管理部门应组织验收，属于技术设备的还应会同技术部门验收。

10. 税务系统行政单位接受捐赠或盘盈的固定资产，应由固定资产实物管理部门办理交接，并根据固定资产交接单、发票或固定资产盘盈报告等凭证，办理有关入库、财务等手续。

11. 税务系统行政单位固定资产实物管理部门对验收入库的固定资产，需建立固定资产卡片，并登记固定资产明细账，按物登卡、凭卡记账。

12. 税务系统行政单位不得以任何形式用占有、使用的国有资产对外投资或者举办经济实体。

13. 税务系统行政单位应按规定面积标准使用办公用房，不得擅自改变办公用房使用功能。

14. 税务系统行政单位办公用房确实不能满足工作需要的，须报经上一级主管部门批准，方可按规定标准租用、借用办公用房。

15. 固定资产实物管理部门、财务部门和使用部门应定期对账，使账实、账卡、账账保持一致。

16. 税务系统行政单位应加强对长期闲置资产的管理，保证资产的安全、完整。

17. 国有资产处置方式包括出售、无偿调拨（划转）、对外捐赠、置换、报废、报损以及货币性资产损失核销等。

18. 资产处置范围包括：单位占有但未使用或不需要用的闲置资产；因技术原因经科学论证，确需报废、淘汰的资产；因单位分立、撤销、合并、改制、隶属关系改变等原因发生的产权或使用权转移的资产；盘亏、呆账及非正常损失的资产；已超过使用年限无法使用的资产；依据国家有关规定需要进行资产处置的其他情形。

19. 资产处置程序：

第一步：按照国有资产类别，由相关管理部门提出处置意向，经技术部门鉴定、财务部门审核，提出处置意见。

第二步：资产的账面价值不同，处置意见经本单位领导审核或局长办公会审议同意后，以正式文件报送上级主管部门。

第三步：各级主管部门对所报处置资料的完整性、有效性、准确性、合规性进行审核，按照规定的审批权限和程序进行审核或审批。

第四步：处置事项申请单位收到上级主管部门资产处置的批复文件后，根据批准的方式对相应资产进行处置，并及时办理相关手续。

第五步：税务系统行政单位的国有资产处置收入属于国家所有，不得作为单位的其他收入。国有资产处置收入扣除处置应缴纳的税款和所发生的相关费用后，按照国家有关规定上缴财政，实行"收支两条线"管理。

第七节 基本建设管理

一、立项审批管理

1. 税务系统基建项目立项实行分级审批管理。

2. 申报综合业务办公用房建设的立项条件：

（1）各级税务机关没有综合业务办公用房的，可申请新建、购建。

（2）现有综合业务办公用房由于城市搬迁、城市改造、行政区划调整等原因，按照政府有关部门的规定确需拆除或搬迁的，可申请新建、购建。

（3）现有综合业务办公用房由于污染等外部环境特殊原因，无法正常开展工作的，可申请新建、购建。

（4）现有综合业务办公用房投入使用15年以上，且现有综合业务办公用房面积不足规定标准面积的2/3，功能不全，严重制约工作正常开展的，可申请新建、购建或改扩建。

（5）现有综合业务办公用房年久失修或遭受自然灾害，经有关部门鉴定为危房的，可根据鉴定意见申请新建、购建或维修改造。

（6）现有综合业务办公用房投入使用10年以上，水、电、暖、消防等主要设施损坏严重，经有关部门鉴定影响工作正常开展的，可申请维修改造。

3. 申报税校用房建设的立项条件：

（1）税务总局批准设立的税校机构，没有施教场所、设施的，或现有税校用房由于使用功能不全等特殊原因，无法正常开展培训工作的，可申请新建、购建、改扩建。

（2）现有税校用房年久失修或遭受自然灾害，经有关部门鉴定为危房的，可申请新建或维修改造。

（3）现有税校用房投入使用10年以上，水、电、暖、消防等主要设施损坏严重，经有关部门鉴定影响培训工作正常开展的，可申请维修改造。

4. 申报数据中心用房建设的立项条件：

（1）现有综合业务办公用房经改造能够满足数据中心业务需求的，可申请维修改造。

（2）现有综合业务办公用房经有关部门鉴定，受层高、承重等因素的限制无法改造为数据中心的，可申请新建、购建或改扩建。

5. 申报附属用房建设的立项条件：

（1）没有附属用房或现有附属用房严重制约工作正常开展的，可申请新建或改扩建。

（2）现有附属用房投入使用 10 年以上，水、电、暖、消防等主要设施损坏严重，经有关部门鉴定影响工作正常开展的，可申请维修改造。

6. 综合业务办公用房项目立项审批权限：

（1）税务总局综合业务办公用房新建、购建和改扩建项目，由国家发展改革委核报国务院审批。

（2）省税务局综合业务办公用房新建、购建和改扩建项目，由税务总局核报国家发展改革委审批。

（3）市税务局综合业务办公用房以及县税务局投资总额超过 3 000 万元的综合业务办公用房新建、购建和改扩建项目，由省税务局核报税务总局审批。

（4）税务总局综合业务办公用房维修改造项目，省税务局和市税务局投资总额超过 500 万元的综合业务办公用房维修改造项目，由税务总局审批。

（5）除（1）至（4）所列项目外，其余的基建项目由省税务局审批。

二、项目库管理

1. 税务系统基本建设项目库是税务系统根据国家基本建设和预算管理的要求，对已审批立项的基本建设项目进行规范化、程序化管理的项目数据库系统。

2. 项目库按照分级管理的原则进行管理，具体管理权限如下：

（1）税务总局负责新建、购建、改扩建项目、税务总局审批立项的维修改造项目的审核、入库、调整和排序；负责项目库中所有项目的日常检查。

（2）省税务局负责税务总局管理项目入库与调整的审核、申报；负责省局审批立项的维修改造项目的审核、入库、调整和排序；负责本省所有项目的信息维护审核和日常检查。

（3）市税务局负责对本市所有项目入库与调整的审核、申报；负责本市所有项目的信息维护审核和日常检查。

（4）项目建设单位负责本单位项目的入库、调整申报，并对申报资料的真实性、完整性和合规性负责；负责本单位项目信息的日常维护。

3. 项目库遵循分级分类管理的原则，按照项目进度分阶段进行项目排序。

三、开工管理

1. 税务系统新建、购建、改扩建项目，以及投资总额超过 100 万元的维修改造项目，应当签署责任状。

2. 国务院、国家发展改革委、国家税务总局批准立项的项目，由省税务局与国家税务总局共同签署，再由省税务局与项目所在市税务局、市税务局与项目所在县税务局签署。

3. 省税务局批准立项的项目，由省税务局与市税务局共同签署，再由市税务局与基建项目所在县税务局签署。

4. 责任状必须在项目申请开工前签署。

5. 国家税务总局及省税务局基本建设主管部门应当根据立项审批权限，委托中介机构对申请开工的项目进行基建项目开工评审，对项目建设标准与开工条件等指标进行审核评价，以确认申请开工项目是否符合各项规定。

6. 国家发展改革委审批立项的基建项目，经国家发展改革委授权，由国家税务总局委托中介机构进行开工评审；国家税务总局审批立项的基建项目，由国家税务总局委托中介机构进行开工评审；省税务局审批立项的基建项目，由省税务局委托中介机构进行开工评审。

7. 开工评审的内容主要包括：项目建设的必要性和可行性，责任状签署情况；项目初步设计和施工图设计的功能、建筑面积是否符合立项审批的规定；基建项目投资概算和施工图预算编制的全面性、准确性，投资总规模是否符合规定的标准；建设用地批准手续、建设工程规划许可办理情况，建设资金到位情况；基建项目预计建设工期和实施进度情况等。

8. 开工审批的投资概（预）算和建筑面积，一般不得超过立项审批的投资估算和建筑面积。

9. 国家税务总局及省税务局根据审批权限，对完成评审并出具报告的基建项目，逐级下达开工批复文件。

四、施工管理

1. 基建项目施工管理机构主要有项目建设单位、设计单位、施工单位、监理单位等，各司其职。

2. 建设工程价款、设备款、材料款，应根据合同（或协议）规定和工程进度付款。

3. 项目涉及的所有需要办理变更签证的工程，须由施工单位提出申请，并经监理单位和项目建设单位现场管理人员2人以上进行现场验收（含丈量、核实、拍照、绘制简易图，标明尺寸），按照规定办理签证手续。

4. 项目建设单位应当在施工单位按合同完成项目全部任务后，组织有关单位及相关人员进行项目验收。

五、竣工决算管理

1. 基建项目竣工后，项目建设单位应督促施工单位及时整理工程结算资料，逐级上报审批部门申请工程结算审核。

2. 财务管理部门应当对项目建设单位编报的竣工财务决算进行初步审核，确认项目财务指标数据审核报告以及上报资料齐全完整准确后，逐级上报至省税务局。

3. 竣工财务决算审查的主要内容包括：项目建设是否履行基本建设程序，是否按规定程序和权限进行项目立项、初步设计和概算审批，是否符合国家有关建设管理制度等；开工审批情况，项目是否按批准的概算内容实施，有无超标准、超规模、超概算建设现象，项目竣工财务决算金额是否正确、资料是否完整，项目建设过程中存在的主要问题是否整改等；属于国家税务总局审批决算的基建项目，省税务局是否出具该项目竣工财务决算的审核意见，并对项目存在的主要问题提出处理意见和整改措施。

六、档案管理和移交管理

1. 基建会计档案由项目建设单位按照税务系统会计档案管理的规定进行收集、整理和装订。

2. 项目固定资产实物管理人员和项目基建会计应根据批复的竣工财务决算，填列固定资产移交清单，办理固定资产财务转账及产权登记手续。

第八节　政府采购

一、政府采购的组织形式

1. 政府采购，是指各级国家机关、事业单位和团体组织，使用财政性资金采购依法制定的集中采购目录以内的或者采购限额标准以上的货物、工程和服务的行为。

2. 政府采购所用财政性资金是指纳入预算管理的资金，以财政性资金作为还款来源的借贷资金，视同财政性资金。

3. 政府采购实行集中采购和分散采购相结合，组织形式有政府集中采购、部门集中采购和分散采购。

4. 集中采购，是指采购人将列入集中采购目录的项目委托集中采购机构代理采购或者进行部门集中采购的行为。

5. 纳入集中采购目录的政府采购项目，必须委托集中采购机构代理采购。

6. 以中央预算单位2017—2018年政府集中采购目录及标准为例，集中采购机构采购项目的货物类包括台式计算机、便携式计算机、计算机软件、服务器、计算机网络设备、复印机、视频会议系统及会议室音频系统、多功能一体机、打印设备、扫描仪、投影仪、复印纸（京内）、打印用通用耗材（京内）、乘用车、客车、电梯（京内）、空调机（京内）、办公家具（京内）；工程类包括限额内工程（京内）、装修工程（京内）、拆除工程（京内）、修缮工程（京内）；服务类包括车辆维修保养及加油服务

（京内）、机动车保险服务（京内）、印刷服务（京内）、工程造价咨询服务（京内）、工程监理服务（京内）、物业管理服务（京内）和云计算服务。

7. 分散采购，是指采购人将采购限额标准以上的未列入集中采购目录的项目自行采购或者委托采购代理机构（指集中采购机构和集中采购机构以外的采购代理机构）代理采购的行为。

8. 政府采购限额标准由省以上人民政府或其授权机构根据实际情况制定并公布，属于中央预算的政府采购项目，采购限额标准由国务院确定并公布，属于地方预算的政府采购项目，由省、自治区、直辖市人民政府或者其授权的机构确定并公布。

9. 以中央预算单位2017—2018年集中采购目录及标准为例，分散采购限额标准为单项或批量金额达到100万元以上的货物和服务项目，120万元以上的工程项目。

二、政府采购方式

1. 政府采购方式分为招标采购与非招标采购。

2. 可以采用非招标采购方式的情形有：依法制定的集中采购目录以内，且未达到公开招标数额标准的货物、服务；依法制定的集中采购目录以外、采购限额标准以上，且未达到公开招标数额标准的货物、服务；达到公开招标数额标准，经批准采购非公开招标方式的货物、服务；按照《中华人民共和国招标投标法》（以下简称《招标投标法》）及其实施条例必须进行招标的工程建设项目以外的政府采购工程。

3. 公开招标，是指采购人依法以招标公告的方式，邀请不特定的供应商参加投标的采购方式。

4. 采购人采购公开招标数额标准以上的货物或者服务的，必须依法采用公开招标方式，不得将应当以公开招标方式采购的货物或者服务化整为零或者以其他任何方式规避公开招标采购。

5. 邀请招标，是指采购人依法从符合相应资格条件的供应商中随机邀请三家以上供应商，并以投标邀请书的方式，邀请其参加投标的采购方式。

6. 可以采用邀请招标方式采购货物或服务的情形有：具有特殊性，只能从有限范围的供应商处采购的；采用公开招标方式的费用占政府采购项目总价值的比例过大的。

7. 竞争性磋商，是指通过组建竞争性磋商小组与符合条件的供应商就采购货物、工程和服务事宜进行磋商，供应商按照磋商文件的要求提交响应文件和报价，采购人从磋商小组评审后提出的候选供应商名单中确定成交供应商的采购方式。

8. 可以采用竞争性磋商方式采购的情形有：政府购买服务项目；技术复杂或者性质特殊，不能确定详细规格或者具体要求的；因艺术品采购、专利、专有技术或者服务的时间、数量事先不能确定等不能事先计算出价格总额的；市场竞争不充分的科研项目，以及需要扶持的科技成果转化项目；按照《招标投标法》及其实施条例必须进行招标的工程建设项目以外的工程建设项目。

9. 竞争性谈判，是指谈判小组与符合资格条件的供应商就采购货物、工程和服务事宜进行谈判，供应商按照谈判文件的要求提交响应文件和最后报价，采购人从谈判小组提出的成交候选人中确定成交供应商的采购方式。

10. 可以采用竞争性谈判方式采购的情形有：招标后没有供应商投标或者没有合格标的，或者重新招标未能成立的；技术复杂或者性质特殊，不能确定详细规格或者具体要求的；非采购人所能预见的原因或者非采购人拖延造成采用招标所需时间不能满足用户紧急需要的；因艺术品采购、专利、专有技术或者服务的时间、数量事先不能确定等不能事先计算出价格总额的；公开招标的货物、服务采购项目，招标过程中提交投标文件或者经评审实质性响应招标文件要求的供应商只有两家，且报经财政部门批准的；按照《招标投标法》及其实施条例必须进行招标的工程建设项目以外的工程建设项目。

11. 单一来源采购，是指采购人从某一特定供应商处采购货物、工程和服务的采购方式。

12. 可以采用单一来源方式采购的情形有：因货物或者服务使用不可替代的专利、专有技术，或者公共服务项目具有特殊要求，导致只能从唯一供应商处采购的；发生了不可预见的紧急情况不能从其他供应商处采购的；必须保证原有采购项目一致性或者服务配套的要求，需要继续从原供应商处添购，且添购资金总额不超过原合同采购金额10%的；按照《招标投标法》及其实施条例必须进行招标的工程建设项目以外的工程建设项目。

13. 询价，是指询价小组向符合资格条件的供应商发出采购货物询价通知书，要求供应商一次报出不得更改的价格，采购人从询价小组提出的成交候选人中确定成交供应商的采购方式。

14. 采购的货物规格、标准统一、现货货源充足且价格变化幅度小的，可以采用询价方式采购。

三、政府采购程序

1. 公开招标或邀请招标：招标文件编制后应在指定媒体发布采购招标公告，采购招标公告应载明采购人的名称和地址、招标内容及要求、投标人的资质要求、投标截止时间、开标时间和地点等内容。

2. 竞争性谈判方式：谈判小组从符合相应资格条件的供应商名单中确定不少于三家的供应商参加谈判，并向其提供谈判文件。

3. 单一来源方式采购：采购人与供应商应当遵循政府采购法规定的原则，在保证采购项目质量和双方商定合理价格的基础上进行采购。

4. 询价方式主要包括以下步骤：（1）成立询价小组；（2）确定被询价的供应商名单；（3）询价；（4）确定供应商。

5. 竞争性磋商：磋商文件售价应当按照弥补磋商文件制作成本费用的原则确定，不得以营利为目的，不得以项目预算金额作为确定磋商文件售价依据。

第九节　财务监督

一、财务公开

1. 财务公开包括两个方面：一是按照法律、法规及相关规定如实公开财务信息；二是建立健全制度机制保障财务公开工作顺利开展，监督财务公开制度的贯彻落实。

2. 财务公开，是指各单位为建立健全公开、透明、规范的财务监督机制，提高财务工作的透明度和办事效率，落实社会和税务干部职工对财务工作的知情权、参与权和监督权，按照国家法律、法规和有关政策规定，向社会、本级及所属单位公开财务管理相关规章制度、预决算、资产、基建管理等财务事项。

二、财务监督

1. 财务监督管理，是指以税务系统各级财务部门为发起或实施主体，对本级或下级落实中央严肃财经纪律要求和税务总局工作部署，以及财务管理法律法规和制度规定的执行情况进行监督、指导、提醒、评价的活动。

2. 财务监督管理包括财务事项自查自纠、财务监督检查、财务监督检查结果运用。

第十节　机关事务管理

一、机关事务管理基础

1. 机关事务管理是为保证机关职能活动有效开展，对为之提供服务的人、财、物实施有效管理的活动。

2. 机关事务管理部门既负责本机关事务工作的管理，又承担着对下级机关事务管理机构工作的指导和监督。

二、物业管理

物业管理，是指业主通过选聘物业服务企业，由业主和物业服务企业按照物业服务合同约定，对房屋及配套的设施、设备和相关场地进行维修、养护、管理，维护物业管理区域内的环境卫生和相关秩序的活动。

三、安全管理与消防管理

安全管理的主要任务是对干部群众进行宣传教育，提高警惕，增强法治观念，依靠群众做好防盗、防火等工作；加强内部治安管理，维护好机关内部秩序；严格各项安全防范措施，保障要害部位的安全，如存放机密文件、档案、票证、重大涉税案件资料等部门，以及财会室、电子计算机控制中心等关键部位；协助公安机关侦破重大案件、查处治安案件以及其他任务等。

四、车辆管理

（一）公务用车概述

公务用车，是指党政机关配备的用于定向保障公务活动的机动车辆，包括机要通信用车、应急保障用车、执法执勤用车、特种专业技术用车以及其他按照规定配备的公务用车。

1. 机要通信用车是指用于传递、运送机要文件和涉密载体的机动车辆。
2. 应急保障用车是指用于处理突发事件、抢险救灾或者其他紧急公务的机动车辆。
3. 执法执勤用车是指中央批准的执法执勤部门（系统）用于一线执法执勤公务的机动车辆。
4. 特种专业技术用车是指固定搭载专业技术设备，用于执行特殊工作任务的机动车辆。

（二）公务用车编制及配备管理

1. 公务用车实行编制管理，编制数量和配备标准根据各部门、各单位实际工作情况科学确定，优先选用新能源汽车。
2. 党政机关配备公务用车应当严格执行以下标准：

（1）机要通信用车配备价格12万元以内、排气量1.6升（含）以下的轿车或者其他小型客车。

（2）应急保障用车和其他按照规定配备的公务用车配备价格18万元以内、排气量1.8升（含）以下的轿车或者其他小型客车。

（3）执法执勤用车配备价格12万元以内、排气量1.6升（含）以下的轿车或者其他小型客车，因工作需要可以配备价格18万元以内、排气量1.8升（含）以下的轿车或者其他小型客车。

（4）特种专业技术用车配备标准由有关部门会同财政部门按照保障工作需要、厉行节约的原则确定。

3. 公务用车配备新能源轿车的，价格不得超过18万元。

（三）公务用车使用管理

1. 加强公务用车集中管理，严格按机要通信、应急、特种专业技术用车和符合规定的一线执法执勤岗位车辆及其他车辆统一调度使用，并严格执行公务派车审批制度，分级负责，层层把关，不得以任何理由违反用途使用或固定给个人使用执法执勤、机要通信等公务用车，不得既领取公务交通补助又违规乘坐公务用车。

2. 严格公务用车使用登记和公示制度，严格登记和公示用车时间、事由、地点、里程、油耗、费用等信息。

3. 公务用车保险、维修、加油应该实行政府集中采购。

五、食堂管理

（一）食堂管理的基本内容

1. 机关事务管理部门应具有与食堂经营的食品品种、数量相适应的食品原料处理和食品加工、包装、贮存等场所，食堂场所要保持环境整洁，并应与有毒、有害场所以及其他污染源保持规定的距离。

2. 各单位应有食品安全专业技术人员、管理人员和保证食品安全的规章制度。

（二）食品安全管理制度

1. 食品安全制度主要包括：从业人员健康管理制度和培训管理制度，加工经营场所及设施设备清洁、消毒和维修保养制度，食品、食品添加剂、食品相关产品采购索证索票、进货查验和台账记录制度，关键环节操作规程，餐厨废弃物处置管理制度，食品安全突发事件应急处置方案，投诉受理制度以及食品药品监管部门规定的其他制度。

2. 贮存、运输和装卸食品的容器、工具和设备应当安全、无害，保持清洁，防止食品污染，并符合保证食品安全所需的温度等特殊要求，不得将食品与有毒、有害物品一同运输。

3. 直接入口的食品应当有小包装或者使用无毒、清洁的包装材料、餐具。

4. 食堂从业人员健康管理要求：从业人员在上岗前应取得健康证明；每年进行一次健康检查，必要时进行临时健康检查；患有痢疾、伤寒、甲型病毒性肝炎、戊型病毒性肝炎等消化道传染病，以及患有活动性肺结核、化脓性或者渗出性皮肤病等有碍食品安全疾病的人员，不得从事接触直接入口食品的工作；有发热、腹泻、皮肤伤口或感染、咽部炎症等有碍食品安全病症的人员，应立即离开工作岗位，待查明原因并将有碍食品安全的病症治愈后，方可重新上岗；食品生产经营人员应当保持个人卫生，生产经营食品时，应当将手洗净，穿戴清洁的工作衣、帽；销售无包装的直接入口食品时，应当使用无毒、清洁的售货工具。

5. 食堂用水应当符合国家规定的生活饮用水卫生标准；使用的洗涤剂、消毒剂应当对人体安全、无害，且应当符合法律、法规规定的其他要求。

（三）食品安全事故处置

1. 发生食品安全事故的单位应当立即予以处置，防止事故扩大。

2. 机关事务管理部门要开展应急救援工作，对因食品安全事故导致人身伤害的人员，卫生行政部门应当立即组织救治，封存可能导致食品安全事故的食品及其原料，并立即进行检验；对确认属于被污染的食品及其原料，责令食品生产经营者予以召回、停止经营并销毁，同时要封存被污染的食品用工具及用具，并责令进行清洗消毒。

3. 发生重大食品安全事故的，上级税务机关应当立即成立食品安全事故处置指挥机构，启动应急预案，依照上述规定进行处置。

六、机关事务管理社会化改革

（一）社会化改革的主要内容

1. 《机关事务管理条例》（中华人民共和国国务院令第621号）明确规定，各级人民政府应当推进机关后勤服务、公务用车和公务接待服务等工作的社会化改革，建立健全相关管理制度。

2. 机关事务管理社会化，是指机关事务工作要适应社会主义市场经济的特点和要求，充分发挥市场在资源配置中的决定性作用，打破相对封闭的传统管理模式，面向社会有偿购买服务，不断提升机关事务管理能力，满足机关高效有序运转的需求。

3. 政府购买服务，是指通过发挥市场机制作用，把政府直接提供的一部分公共服务事项以及政府履职所需服务事项，按照一定的方式和程序，交由具备条件的社会力量和事业单位承担，并由政府根据合同约定向其支付费用。

4. 政府购买服务的原则：
（1）积极稳妥，有序实施。
（2）科学安排，注重实效。
（3）公开择优，以事定费。
（4）改革创新，完善机制。

5. 政府购买服务的主要内容：
（1）涉及主体。
（2）承接主体条件。

（3）购买方式。

与政府购买服务相关的采购限额标准、公开招标数额标准、采购方式审核、信息公开、质疑投诉等按照政府采购相关法律制度规定执行。

（4）购买程序。

（5）承接主体的义务。

（二）《中华人民共和国劳动合同法》（以下简称《劳动合同法》）的主要内容

1. 中华人民共和国境内的企业、个体经济组织、民办非企业单位等组织（以下简称用人单位）与劳动者建立劳动关系，订立、履行、变更、解除或者终止劳动合同，适用劳动合同法。

2. 用人单位应当依法建立和完善劳动规章制度，保障劳动者享有劳动权利、履行劳动义务。

3. 用人单位自用工之日起即与劳动者建立劳动关系。

4. 用人单位与劳动者协商一致，可以订立无固定期限劳动合同。

5. 用人单位自用工之日起满1年不与劳动者订立书面劳动合同的，视为用人单位与劳动者已订立无固定期限劳动合同。

6. 劳动合同期限3个月以上不满1年的，试用期不得超过1个月；劳动合同期限1年以上不满3年的，试用期不得超过2个月；3年以上固定期限和无固定期限的劳动合同，试用期不得超过6个月。

7. 在试用期中，除劳动者有不符合录用条件、有违规违纪违法行为，不能胜任工作等情形外，用人单位不得解除劳动合同。

8. 用人单位与劳动者协商一致，可以解除劳动合同。

9. 用人单位有下列情形之一的，劳动者可以解除劳动合同：（1）未按照劳动合同约定提供劳动保护或者劳动条件的；（2）未及时足额支付劳动报酬的；（3）未依法为劳动者缴纳社会保险费的；（4）用人单位的规章制度违反法律、法规的规定，损害劳动者合法权益的；（5）因用人单位过错致使劳动合同无效的；（6）法律、行政法规规定劳动者可以解除劳动合同的其他情形。

10. 劳务派遣单位应当与被派遣劳动者订立2年以上的固定期限劳动合同，按月支付劳动报酬；被派遣劳动者在无工作期间，劳务派遣单位应当按照所在地人民政府规定的最低工资标准，向其按月支付报酬。

11. 被派遣劳动者享有与用工单位的劳动者同工同酬的权利。

12. 劳动者合法权益受到侵害的，有权要求有关部门依法处理，或者依法申请仲裁、提起诉讼。

★习题精练及答案解析

一、单项选择题

1. 下列关于投标和开标的说法中,正确的是(　　)。
    A. 投标人如果准备中标后将部分工程分包的,应在中标后通知招标人
    B. 联合体投标中标的,应由联合体牵头方代表联合体与招标人签订合同
    C. 开标应当在公证机构的支持下,在招标人通知的地点公开进行
    D. 开标时,可以由投标人或者其推选的代表检查投标文件的密封情况

【参考答案】D

【解析】《中华人民共和国招标投标法》规定,开标时,可以由投标人或者其推选的代表检查投标文件的密封情况。

2. 机要通信用车是指用于传递、运送机要文件和涉密载体的机动车辆。某市税务局配备机要通信用车应当执行的标准是(　　)。
    A. 价格12万元以内、排气量1.6升(含)以下的轿车或者其他小型客车
    B. 价格18万元以内、排气量1.8升(含)以下的轿车或者其他小型客车
    C. 价格25万元以内、排气量1.8升(含)以下的轿车或者其他小型客车
    D. 价格25万元以内、排气量3.0升(含)以下的轿车或者其他小型客车

【参考答案】A

【解析】《党政机关公务用车管理办法》规定,机要通信用车是指用于传递、运送机要文件和涉密载体的机动车辆。某市税务局配备机要通信用车应当执行的标准是价格12万元以内、排气量1.6升(含)以下的轿车或者其他小型客车。

3. 根据国家税务总局财务管理司关于电子会计凭证入账归档有关事项的通知,需要以电子会计凭证的纸质打印件入账归档,同时保存打印该纸质件的电子会计凭证的是(　　)。
    A. 电子客票　　　　　　　　　B. 电子行程单
    C. 电子银行回单　　　　　　　D. 财政电子票据

【参考答案】D

【解析】《电子会计凭证管理办法》规定,需要以电子会计凭证的纸质打印件入账归档,同时保存打印该纸质件的电子会计凭证的是财政电子票据。

4. 政府采购项目的采购合同自签订之日起(　　)内,采购人应当将合同副本报同级政府采购监督管理部门和有关部门备案。
    A. 5日　　　　B. 5个工作日　　　　C. 7日　　　　D. 7个工作日

【参考答案】D

【解析】《中华人民共和国政府采购法》规定，政府采购项目的采购合同自签订之日起 7 个工作日内，采购人应当将合同副本报同级政府采购监督管理部门和有关部门备案。

5. 《中华人民共和国政府采购法》所称的采购是（ ）。

    A. 以合同方式取得货物、工程的行为

    B. 以招标方式取得货物、工程的行为

    C. 以合同方式取得货物、工程和服务的行为

    D. 以招标方式取得货物、工程和服务的行为

    【参考答案】C

    【解析】政府采购中采购是指以合同方式有偿取得货物、工程和服务的行为，包括购买、租赁、委托、雇佣等。

6. 根据《税务系统会计制度（试行）》，某市税务局收到省财政厅财政拨款 300 万元，财务会计账务处理为（ ）。

    A. 借：银行存款　　　　　　　　　　　　　　　　　300 万元
       　贷：财政拨款预算收入　　　　　　　　　　　　300 万元

    B. 借：银行存款　　　　　　　　　　　　　　　　　300 万元
       　贷：非同级财政拨款预算收入　　　　　　　　　300 万元

    C. 借：银行存款　　　　　　　　　　　　　　　　　300 万元
       　贷：其他预算收入　　　　　　　　　　　　　　300 万元

    D. 借：银行存款　　　　　　　　　　　　　　　　　300 万元
       　贷：事业预算收入　　　　　　　　　　　　　　300 万元

    【参考答案】B

    【解析】根据《税务系统会计制度（试行）》。

7. 某税务局在能源管理上非常注重日常巡查，除各场所能耗挂表计量、定期公示以外，还建立了节能督查小组，不定期对各办公场所进行检查。局里按照《国务院办公厅关于严格执行公共建筑空调温度控制标准的通知》，在夏季空调供应时，规定了空调设置温度应不低于（ ）。

    A. 28℃　　　　B. 26℃　　　　C. 24℃　　　　D. 22℃

    【参考答案】B

    【解析】根据《国务院办公厅关于严格执行公共建筑空调温度控制标准的通知》（国办发 C2007M2 号），在夏季空调供应时，规定了空调设置温度应不低于 26 度。

8. 市（地）局机关科级干部的办公室使用面积不超过（ ）。

    A. 12 平方米/人　　B. 10 平方米/人　　C. 9 平方米/人　　D. 8 平方米/人

    【参考答案】C

【解析】市（地）局机关科级干部的办公室使用面积不超过9平方米/人。

9. 各级税务部门在编制预算时，"三公"经费预算必须严格按照控制数编制，下列不属于"三公"经费的是（　　）。

   A. 会议费　　　　　B. 出国费　　　　　C. 车辆购置费　　　　　D. 接待费

   【参考答案】A

   【解析】"三公"经费是指政府部门人员因公出国（境）经费、公务车购置及运行费、公务招待费产生的消费。

10. 市税务局聘请市委党校张教授到本单位举办民法典知识讲座，支付给张教授 1 300 元劳务费（含个税），按照税法规定应代扣代缴支付给张教授劳务费的个人所得税，该项活动财务会计处理为（　　）。

    A. 借：业务活动费用　　　　　　　　　　　　　　　　　　1 300
        贷：零余额账户用款额度　　　　　　　　　　　　　　1 150
            其他应付款　　　　　　　　　　　　　　　　　　150

    B. 借：业务活动费用　　　　　　　　　　　　　　　　　　1 300
        贷：零余额账户用款额度　　　　　　　　　　　　　　1 200
            其他应付款　　　　　　　　　　　　　　　　　　100

    C. 借：业务活动费用　　　　　　　　　　　　　　　　　　1 300
        贷：零余额账户用款额度　　　　　　　　　　　　　　1 150
            其他应交税费　　　　　　　　　　　　　　　　　150

    D. 借：业务活动费用　　　　　　　　　　　　　　　　　　1 300
        贷：零余额账户用款额度　　　　　　　　　　　　　　1 200
            其他应交税费　　　　　　　　　　　　　　　　　100

    【参考答案】D

    【解析】依据《税务系统会计制度（试行）》。

11. 按照《中华人民共和国政府采购法》的规定，不属于政府采购方式的是（　　）。

    A. 公开招标　　　B. 邀请招标　　　C. 指定　　　D. 询价

    【参考答案】C

    【解析】政府采购方式主要有公开招标、邀请招标、竞争性谈判、单一来源采购、询价、竞争性磋商等方式。

12. 以下不属于基本建设项目经费中待摊投资支出范围的是（　　）。

    A. 律师代理费　　　B. 勘察设计费　　　C. 监理费　　　D. 设备购置费

    【参考答案】D

    【解析】《国家税务局系统基建项目经费管理办法》规定，设备购置费不属于基本建设项目经费中待摊投资支出范围。

13. 按照财政部的要求,目前税务系统部门预算编制实行(   )的基本流程。
    A. "二上二下"   B. "二上一下"   C. "一上一下"   D. "自下而上"

    【参考答案】A

    【解析】税务系统部门预算编制实行"二上二下"的基本流程。"二上",各部门按财政预算控制数重新调整本部门预算草案,上报国家税务总局财务司审核。"二下",国家税务总局财务司进一步审核汇总部门预算,提出意见报财政部后直接将预算批复给部门,再由部门逐级批复给基层单位。

14. 2023年某县税务局接受代收代征税款手续费专项审计,检查发现,2022年支付给甲公司的9万元代收代征税款手续费不符合支付条件。某县税务局及时进行整改并通知甲公司将该笔手续费退回了单位零余额账户,该笔资金退回的预算会计账务处理为(   )。

    A. 借:资金结存——零余额账户用款额度   90 000
          贷:财政拨款结转   90 000
    B. 借:资金结存——零余额账户用款额度   90 000
          贷:财政拨款结余   90 000
    C. 借:资金结存——零余额账户用款额度   90 000
          贷:以前年度盈余调整   90 000
    D. 借:资金结存——零余额账户用款额度   90 000
          贷:行政支出   90 000

    【参考答案】D

    【解析】根据《税务系统会计制度(试行)》,D选项符合要求。

15. 财政支出支付方式中,由财政部向中国人民银行和代理银行签发支付指令,代理银行根据支付指令通过国库单一账户体系将资金直接支付到收款人或用款单位账户的方式称为(   )。
    A. 财政直接支付   B. 财政授权支付
    C. 财政委托支付   D. 财政集中支付

    【参考答案】A

    【解析】题干描述属于财政直接支付的概念。

16. 根据《财政部行政事业单位资金往来结算票据使用管理暂行办法》的规定,收取的下列款项不可以开具资金往来结算票据是(   )。
    A. 甲公司的履约保证金   B. 个人负担的税务制服制作费
    C. 职工个人水电费   D. 展览服务费

    【参考答案】D

    【解析】《财政部行政事业单位资金往来结算票据使用管理暂行办法》规定,展览

第五章 财务管理

服务费不可以开具资金往来结算票据。

17. 根据《党政机关国内公务接待管理规定》，下列表述不正确的是（　　）。

    A. 接待对象应当按照规定标准自行用餐。确因工作需要，接待单位可以按公函行程安排工作餐，并严格控制陪餐人数。接待对象在10人以内的，陪餐人数不得超过3人；超过10人的，不得超过接待对象人数的1/4

    B. 工作餐应当供应家常菜，不得提供鱼翅、燕窝等高档肴和用野生保护动物制作的菜肴，不得提供香烟和高档酒水，不得使用私人会所、高消费餐饮场所

    C. 国内公务接待的出行活动应当安排集中乘车，合理使用车型，严格控制随行车辆

    D. 接待费报销凭证应当包括财务票据、派出单位公函和接待清单。具备条件的地方应当采用银行转账或者公务卡方式结算，不得以现金方式支付

    【参考答案】A

    【解析】根据《党政机关国内公务接待管理规定》关于接待的相关规定，接待人数超过10人的，陪同人数不得超过接待对象人数的1/3。

18. 税务系统新建、购建、改扩建项目，以及投资总额超过（　　）万元的维修改造项目，应当签署责任状。

    A. 50　　　　　B. 100　　　　　C. 200　　　　　D. 500

    【参考答案】B

    【解析】根据国家税务总局系统基本建设项目管理办法，税务系统新建、购建、改扩建项目，以及投资总额超过100万元的维修改造项目，应当签署责任状。

19. 某市人民政府为了规范政府采购行为，节约财政资金，促进廉政建设，研究决定：成立政府集中采购中心，认真学习贯彻落实政府采购法，积极推进政府采购工作。关于政府采购，下列描述错误的是（　　）。

    A. 政府采购中的采购人是指依法进行政府采购的国家机关、事业单位、团体组织

    B. 政府采购所称财政性资金是指纳入预算管理的资金

    C. 政府采购是采购依法制定的集中采购目录以内的或者采购限额标准以上的货物、工程和服务的行为

    D. 中央预算单位分散采购限额标准为50万元

    【参考答案】D

    【解析】根据《中华人民共和国政府采购法》第二条规定，政府采购是指各级国家机关、事业单位和团体组织，使用财政性资金采购依法制定的集中采购目录以内的或者采购限额标准以上的货物、工程和服务的行为。第八条规定，政府采购限额标准，属于中央预算的政府采购项目，由国务院确定并公布。中央预算单位分散采购限额标准，货物和服务项目为100万元以上，工程项目为120万元以上（新标准）。

245

20. 每年6—7月,各预算单位根据本单位工作规划,对中央财政拨款收支编制中期规划,部门要做好项目储备,支撑规划和预算编制。这一阶段属于部门预算编制流程中的( )。

   A. "准备"阶段　　　　　　　　B. "一上"阶段
   C. "一下"阶段　　　　　　　　D. "二上"阶段

   【参考答案】B

   【解析】"一上"阶段的时间节点为每年6—7月。各预算单位根据本单位工作规划,对中央财政拨款收支编制中期规划,部门要做好项目储备,支撑规划和预算编制。

21. 实行国库集中支付改革的预算单位,在代理银行开设( )零余额账户,基建项目( )开设零余额账户。

   A. 一个,不再　　B. 两个,另外　　C. 多个,可以　　D. 多个,不再

   【参考答案】A

   【解析】只有独立核算的基层预算单位,才能开设一个零余额账户,非预算单位不得开设零余额账户。需要单独核算的资金,如基建资金等,在单位零余额账户中分账核算。

22. 行政单位收入是指行政单位依法取得的非偿还性资金,下列可确认为行政单位收入的是( )。

   A. 财政预算拨款收入　　　　　　B. 罚没收入
   C. 行政性收费收入和基金　　　　D. 应当缴入财政专户的预算外资金

   【参考答案】A

   【解析】行政单位收入包括财政预算拨款收入和其他收入。行政单位依法取得的应当上缴财政的罚没收入、行政事业性收费、政府性基金、国有资产处置和出租出借收入等,不属于行政单位的收入。

23. 税务总局对"一上""二上"经费测算及根据财政部要求临时性测算中财人员经费后,将经费测算结果下发各级单位核对并进行抽查。抽查面应覆盖全部有关省,且不得低于全部单位的( )。

   A. 1%　　　　　B. 2%　　　　　C. 3%　　　　　D. 5%

   【参考答案】C

   【解析】按照财务管理规定,抽查面应为3%。

24. 国有资产有偿使用收入上缴后,发现项目、科目等信息有误的,可以申请调整收入信息。基层预算单位以正式文件的形式逐级申请财政部予以调整的时间是( )。

   A. 三年内　　　　B. 两年内　　　　C. 当年　　　　D. 当月

   【参考答案】C

【解析】国家税务总局财务管理司关于进一步加强国有资产有偿使用收入收缴管理的通知。

25. 下列与工程有关的项目采购必须招标的是（　　）。

  A. 施工单项合同估算价在 200 万元人民币以上

  B. 重要设备、材料等货物的采购，单项合同估算价在 100 万元人民币以上

  C. 勘察、设计、监理等服务的采购，单项合同估算价在 100 万元人民币以上

  D. 工程造价咨询服务的采购，单项合同估算价在 50 万元人民币以上

【参考答案】C

【解析】根据《必须招标的工程项目规定》。

二、多项选择题

1. 采购需求公开征求意见的内容应当包括下列哪些内容。（　　）

  A. 项目概况　　　　　　　　　B. 采购标的具体情况

  C. 公示期　　　　　　　　　　D. 意见反馈方式

【参考答案】ABCD

【解析】根据国家税务总局关于印发《税务系统政府采购需求管理办法（试行）》等三个政府采购专项制度的通知。

2. 关于政府采购信息公开，下列哪些说法是正确的。（　　）

  A. 竞争性谈判公告、竞争性磋商公告和询价公告的公告期限为 5 个工作日

  B. 中标、成交结果应当自中标、成交供应商确定之日起 2 个工作日内公告，公告期限为 1 个工作日

  C. 政府采购合同应当自合同签订之日起 2 个工作日内公告

  D. 供应商、采购代理机构和评审专家的违法失信行为信息月度记录应当不晚于次月 10 日前公告

【参考答案】BCD

【解析】参见《财政部关于做好政府采购信息公开工作的通知》。

3. 以下会计档案保管期限为 30 年的有（　　）。

  A. 记账凭证　　　　　　　　　B. 现金日记账

  C. 部门财务报告　　　　　　　D. 会计档案移交清册

【参考答案】ABD

【解析】根据《国家税务局系统会计档案管理办法》。

4. 下列选项中，属于机关后勤服务社会化基本特点的有（　　）。

  A. 机关后勤服务单位的服务社会化

  B. 机关后勤服务内容社会化

C. 机关后勤服务体系的社会化

D. 机关后勤服务管理方式的社会化

【参考答案】AB

【解析】机关后勤服务社会化具有以下基本特点：一是机关后勤服务单位的服务社会化。现有机关后勤服务单位，脱离机关行政本体。二是机关后勤服务内容社会化。在发挥机关后勤服务单位服务优势的同时，积极引进社会专业力量为机关提供高质量、高效率的专业服务，从而逐步实现服务对象的社会化、服务价格的市场化。

5. 国家税务总局系统预算收入包括（　　）、其他收入及上年结转和结余资金等。

　　A. 中央财政收入　　　　　　　　B. 事业收入

　　C. 事业单位经营收入　　　　　　D. 预算外收入

【参考答案】ABC

【解析】国家税务总局系统预算收入包括中央财政收入、事业收入、事业单位经营收入、其他收入及上年结转和结余资金等。

6. 中央财政资金人员经费是指中央财政资金安排的各级行政单位维持机构正常运转且可归集到个人的各项支出。某市税务局收到下列中财拨款预算收入，其中属于人员经费的有（　　）。

　　A. 社保费手续费　　　　　　　　B. 行政单位医疗经费

　　C. 纪检监察经费　　　　　　　　D. 行政单位离退休经费

【参考答案】BD

【解析】根据《国家税务局系统行政单位中央财政资金人员经费管理暂行办法》。

7. 行政单位的流动资产包括（　　）。

　　A. 库存现金　　　　　　　　　　B. 零余额账户用款额度

　　C. 应收及预付款项　　　　　　　D. 财政应返还额度

【参考答案】ABCD

【解析】流动资产是指可以在1年内变现或者耗用的资产，包括现金、银行存款、零余额账户用款额度（财政应返还额度）、应收及暂付款项、存货等。

8. 税务系统预算单位可以从本单位零余额账户向本单位或本部门其他预算单位实有资金账户划转资金的情况包括（　　）。

　　A. 按培训合同约定需向省税校支付的培训费支出

　　B. 划转计提的工会经费

　　C. 按月缴纳的社会保险缴费

　　D. 单位党委会审议通过的归垫资金

【参考答案】ABC

【解析】根据《财政部关于中央预算单位预算执行管理有关事宜的通知》。

9. 下列关于税务预算收入的内容，表述正确的有（   ）。

   A. 税务系统部门预算收入是各级税务局编制年度预算时，预计该年度从不同渠道取得的各类收入的总称，是税务系统行政事业单位为履行职能，完成各项工作任务的财力保障

   B. 税务系统预算收入包括中央财政收入、事业收入、其他收入及上年结转等，不包括事业单位经营收入

   C. 税务系统在预测收入预算时，应本着科学、合理的原则，遵循来源合法合规、内容全面完整、数字真实准确的总体要求，编制收入预算

   D. 根据部门的发展规划、行使职能的需要对年度部门收入进行测算、分析，是部门预算编制工作的重要内容

   【参考答案】ACD

   【解析】事业单位经营收入也是税务系统预算收入的内容。

10. 下列关于税务预算基本支出的内容，表述正确的有（   ）。

    A. 基本支出预算是部门支出预算的主要组成部分，是行政事业单位为保障其机构正常运转、完成日常工作任务所必需的开支，包括人员经费和日常公用经费两部分

    B. 基本支出预算的编制应遵循综合预算、优先保障和定员定额管理的原则

    C. 基本支出预算实行定员定额管理原则

    D. 中财拨款公用经费最低保障线是指省级以下预算单位正常工作运转所必需的中央财政拨款公用经费

    【参考答案】ABC

    【解析】中财拨款公用经费最低保障线是指县（区）级基层预算单位正常工作运转所必需的中央财政拨款公用经费。此项制度的实行，对进一步深化部门预算改革，优化预算分配结构，落实经费向征管、向基层、向中西部倾斜的分配原则起到了积极推动和保障作用。

11. 市税务局 2020 年底盘点固定资产时，发现很多年前的一套职工宿舍未入账，当月资产实物管理部门将房屋盘盈报告单传递给财务部门，该房屋由于年代久远，原始凭证无法找到，中介机构给予的评估价是 520 000 元。财务会计账务处理正确的包括（   ）。

    A. 借：固定资产——房屋　　　　　　　　　　　　520 000
       贷：待处理财产损溢　　　　　　　　　　　　　520 000

    B. 借：待处理财产损溢　　　　　　　　　　　　　520 000
       贷：以前年度盈余调整　　　　　　　　　　　　520 000

    C. 借：待处理财产损溢　　　　　　　　　　　　　520 000
       贷：累计盈余　　　　　　　　　　　　　　　　520 000

D. 借：以前年度盈余调整　　　　　　　　　　　　　520 000
　　　贷：累计盈余　　　　　　　　　　　　　　　　　　520 000

【参考答案】ABD

【解析】根据《行政单位财务规则》。

12. 下列关于预算执行管理的说法，正确的有（　　）。

    A. 预算执行管理是指对预算由计划变为现实的具体实施过程的管理
    B. 预算执行管理是预算实施的关键环节，以预算为目标，通过目标实施、反馈和调整逐步接近预算目标，最终实现预算目标
    C. 预算执行管理就是指预算指标拆解
    D. 预算管理岗应对年度已批复及调整的预算按资金性质和功能分类进行汇总，并提供给其他财务管理岗

【参考答案】ABD

【解析】预算执行管理包括预算指标拆解和年度预算指标对账。年度预算指标对账是指年度终了后，税务系统上下级预算单位间对预算批复及调整数据进行核对的过程，也是预算执行管理的内容。

13. 从内部控制的角度看，行政事业单位支出业务的风险主要体现为（　　）。

    A. 支出业务相关岗位设置不合理，不相容岗位未实现相互分离，导致错误或舞弊的风险
    B. 支出事项未经过适当的事前申请、审核和审批，支出范围及开支标准不符合相关规定，可能导致预算执行不力甚至发生支出业务违法违规的风险
    C. 报销时单据审核不严格，存在使用虚假票据套取资金的风险
    D. 资金支付不符合国库集中支付、政府采购、公务卡结算等国家有关政策规定，可能导致违规风险

【参考答案】ABCD

【解析】根据《行政事业单位内部控制规范（试行）》，以上选项均符合题意。

14. 税务系统行政单位固定资产实行分类管理，一般分为六类：包括房屋及构筑物；文物和陈列品；图书、档案；家具、用具、装具等。还包括（　　）。

    A. 通用设备　　　B. 专用设备　　　C. 特殊设备　　　D. 特种设备

【参考答案】AB

【解析】按照固定资产的分类，应选择选项 A、B。

15. 根据《政府采购法》规定，下列哪种情形不适用《政府采购法》。（　　）

    A. 因严重自然灾害所实施的紧急采购
    B. 涉及国家安全和秘密的采购
    C. 因不可抗力事件所实施的紧急采购

D. 使用国际组织和外国政府贷款进行的政府采购

【参考答案】ABC

【解析】《政府采购法》第八十四条规定，使用国际组织和外国政府贷款进行的政府采购，贷款方资金提供方与中方达成的协议对采购的具体条件另有规定的，可以适用其规定，但不得损害国家利益和社会公共利益。第八十五条规定，对因严重自然灾害和其他不可抗力事件所实施的紧急采购和涉及国家安全和秘密的采购，不适用本法。第八十六条规定，军事采购法规由中央军事委员会另行制定。

16. 政府采购供应商参加政府采购活动应当具备的条件包括（　　）。

A. 具有独立承担民事责任的能力

B. 具有良好的商业信誉和健全的财务会计制度

C. 具有履行合同所必需的设备和专业技术能力

D. 在经营活动中从未有重大违法记录

【参考答案】ABC

【解析】供应商参加政府采购活动应当具备下列条件：具有独立承担民事责任的能力；具有良好的商业信誉和健全的财务会计制度；具有履行合同所必需的设备和专业技术能力；有依法缴纳税金和社会保障资金的良好记录；参加政府采购活动前3年内，在经营活动中没有重大违法记录；法律、行政法规规定的其他条件。

17. 预算年度开始后，各级预算草案在本级人民代表大会批准前，可以安排的支出包括（　　）。

A. 上一年度结转的支出

B. 参照上一年同期的预算支出数额安排必须支付的本年度部门基本支出、项目支出，以及对下级政府的转移性支出

C. 法律规定必须履行支付义务的支出，以及用于自然灾害等突发事件处理的支出

D. 本年度结转的支出

【参考答案】ABC

【解析】根据新《预算法》第五十四条规定，预算年度开始后，各级预算草案在本级人民代表大会批准前，可以安排下列支出：上一年度结转的支出；参照上一年同期的预算支出数额安排必须支付的本年度部门基本支出、项目支出，以及对下级政府的转移性支出法律规定必须履行支付义务的支出，以及用于自然灾害等突发事件处理的支出。根据前款规定安排支出的情况，应当在预算草案的报告中作出说明。

18. 加强车辆维护保养和检修，认真执行出车前、行驶中和返回后的"三检"制度，做到（　　）情况不出车。

A. 机械故障　　　　　　　　　B. 制动系统不灵

C. 油料不足　　　　　　　　　D. 身体和情绪状况不好

【参考答案】ABCD

【解析】选项 A、B、C、D 都是不出车的情形。

19. 下列安全巡查表述正确的有（　　）。

    A. 重点要害部位检查率要高于一般部位，检查区域要完整，不能留有空白地段
    B. 检查内容要全面，应包括治安、消防、保密等各个方面
    C. 对检查中发现的问题、隐患能整改的要立即整改。一时难以整改的要采取临时防范措施，并及时报告有关部门和领导，抓紧进行整改
    D. 在检查中，遇有突发性的紧急事件，巡检人员要及时报告，并按照应急突发事件处置预案采取果断措施，尽最大可能避免突发事件造成的损失和危害

    【参考答案】ABCD

    【解析】选项 A、B、C、D 都是安全巡查的基本规定。

20. 《中华人民共和国政府采购法实施条例》所规范的"服务"包括（　　）。

    A. 公务员向政府提供的服务　　　　B. 政府向社会公众提供的公共服务
    C. 政府向公务员提供的服务　　　　D. 政府自身需要的服务

    【参考答案】BD

    【解析】《政府采购法实施条例》第二条第四款规定，政府采购法第二条所称服务，包括政府自身需要的服务和政府向社会公众提供的公共服务。

三、判断题

1. 货物和服务项目实行招标方式采购的，自招标文件开始发出之日起至投标人提交投标文件截止之日止，不得少于二十日。　　　　　　　　　　　　　　　　　　（　　）

   【参考答案】√

   【解析】《中华人民共和国政府采购法》规定，货物和服务项目实行招标方式采购的，自招标文件开始发出之日起至投标人提交投标文件截止之日止，不得少于二十日。

2. 机关后勤服务社会化是把机关现有的后勤服务设施和人员全部交给社会。（　　）

   【参考答案】×

   【解析】这种观念没有抓住后勤服务社会化的真正内涵，也脱离了机关后勤的实际情况。在操作上只强调把机关后勤服务单位分出去交给社会，机关后勤服务全靠社会提供，这在实际条件下既不可能也不现实。事实上，无论是在机关后勤服务社会化进程中还是社会化完成后，政府机关都应该承担起应有的责任。

3. 基层工会可以用会员会费组织会员观看电影、文艺演出和体育比赛等，组织会员开展春游秋游，或向会员发放电影（演出、比赛）兑换券、当地公园年票。兑换券和年票发放应实名签收，实际结算金额每人每年不超过300元。会费不足部分可以用工会经费弥补，弥补部分不超过当年会费收入的三倍。　　　　　　　　　　　　（　　）

第五章 财务管理

【参考答案】√

【解析】根据《基层工会经费收支管理办法》。

4. 预算单位零余额账户主要用于本单位的经费开支,因此可以向本单位实有资金账户划拨资金。（ ）

【参考答案】×

【解析】根据《中央单位财政国库管理制度改革试点资金支付管理办法》（财库〔2002〕28号），不得违反规定范围向本单位其他账户划拨资金。

5. 税务系统行政单位处置国有资产,以资产评估报告所确认的评估价值作为市场竞价的参考依据,意向交易价格低于评估结果80%的,应当按规定权限报审批部门确认后交易。（ ）

【参考答案】√

【解析】根据《国家税务局系统行政单位国有资产管理办法》。

6. 单位向职工发放工资（离退休费）和津贴补贴应以银行卡的形式发放,不得发放现金。（ ）

【参考答案】√

【解析】根据《行政事业单位工资和津贴补贴有关会计核算办法》（财库〔2006〕48号）的规定。

7. 行政单位应当严格执行预算,按照收支平衡的原则,合理安排各项资金,可以适当超预算安排支出。（ ）

【参考答案】×

【解析】行政单位应当严格执行预算,按照收支平衡的原则,合理安排各项资金,不得超预算安排支出。预算在执行中原则上不予调整。因特殊情况确需调整预算的,行政单位应当按照规定程序报送审批。

8. 通常所说的车辆维护主要包括：车辆大修、总成大修、车辆小修和零星修理四种情况。（ ）

【参考答案】×

【解析】通常所说的车辆维护主要包括：日常维护、一级维护、二级维护和季节性维护。

9. 重要设备、材料等货物的采购,单项合同估算价在200万元人民币以上,必须招标。（ ）

【参考答案】√

【解析】财务管理规定,单项合同估算价200万元以上的必须进行招标。

10. 重大案件集中办理费,是指在集中办理或者会同公安、海关、审计等部门联合办理重大案件过程中,办案人员在常驻地集中办案发生必要的住宿费、伙食费及其他相关费用等。重大案件集中办理费支出，不得超过中央和国家机关四类会议相关开支范围和标准。   （ ）

【参考答案】√

【解析】重大案件集中办理费，是指在集中办理或者会同公安、海关、审计等部门联合办理重大案件过程中，办案人员在常驻地集中办案发生必要的住宿费、伙食费及其他相关费用等。重大案件集中办理费支出，不得超过中央和国家机关四类会议相关开支范围和标准。

四、简答题

1. 某市税务局在内部审计中发现：2020年9月86号凭证列支会议费支出，凭证摘要为"支付社保科报销会议费用"。经核查，该会议是根据国家税务总局改革的要求和实际工作衔接需要，由市局社保科举办的收费项目改革划转全市系统动员布置会。因无会议计划，临时经市局局长同意，在下辖某县的一家当年新开业的宾馆内组织召开，会议时间5月20日至5月22日，全市税务系统参会人员52人，其中该县税务局代表6人。会议费报销资料附有会议通知，参会人员签到表，酒店开具的税务发票和酒店消费电子结算单。电子结算单明细显示：住宿标准间52间，使用会议场地1天，酒店代买会议录音笔1支1 200元。会议费报销人为社保科科员李四，报销时间为9月10日，银行转账回单显示，该笔报销费用已使用中央财政拨款社保费手续费支付，报销费用转入李四工资卡。请结合税务系统相关制度规定，指出该会议费管理中存在的问题，并简要说明理由。

【参考答案】

（1）未严格执行会议审批。对税务总局以及省委、省政府交办等确需临时增加的会议，提交本单位党委会审批后执行。

（2）召开会议时间控制不严。传达、布置类会议会期不得超过1天，会议报到和离开时间，四类会议合计不得超过1天，该会议超期一天。

（3）参会人员超过规定。四类会议参会人员不得超过50人。

（4）未在定点会议场所召开会议。

（5）超范围列支会议费。使用会议费列支办公设备购置费，购录音笔。

（6）违反同城不住宿的规定列支某县税务局会议代表住宿费。

（7）会议费报销附件资料不完整。无会议审批文件。

（8）会议费结算方式不符合规定。未严格执行转账或公务卡结算。

（9）会议报销不及时。会议结束后3个多月才报账。

（10）占用项目经费列支会议费。错误使用社保费手续费列支会议费。

【解析】略。

2. 可以采用竞争性磋商方式采购的情形有哪些？

【参考答案】政府购买服务项目；技术复杂或者性质特殊，不能确定详细规格或者具体要求的；因艺术品采购、专利专有技术或者服务的时间、数量事先不能确定等原因不能事先计算出价格总额的；市场竞争不充分的科研项目，以及需要扶持的科技成果转化项目；按照《招标投标法》及其实施条例必须进行招标的工程建设项目以外的工程建设项目。

【解析】参考政府采购的基本内容。

3. 预算单位零余额账户可以向本单位实有资金账户划拨资金的有哪些？

【参考答案】根据《中央单位财政国库管理制度改革试点资金支付管理办法》（财库〔2002〕28号），预算单位零余额账户原则上不得向本单位实有资金账户划拨资金，财政国库管理制度规定的工会经费、住房公积金及提租补贴三类经费除外。

【解析】参考零余额账户管理。

4. 请根据某县税务局2023年1—5月发生的下列经济业务，进行相关账务处理。

（1）1月22日，将3月代扣的职工个人应交工会会费4 632.56元划转到工会经费账户。

（2）2月6日，用中财行政运行经费采购复印纸50箱，价值15 000元，同时支付运输费100元和装卸费100元。当日领用1箱。

（3）3月18日，根据内部审计整改要求，将2020年超标准发放的地方一次性奖励56 400元全部退回单位实有资金账户。

（4）5月14日，经批准拍卖公车一辆，取得收入5 000元，支付评估费300元，交易佣金300元，同时缴纳增值税150元，缴纳城建税和教育费附加15元，并于5月15日将处置收入上缴中央国库。

（5）5月16日，根据采购合同约定，向乙公司预付稽查移动终端设备采购款50 000元，用中财稽查办案费支付。

（6）5月18日，退还丙公司上年度办公附属楼屋面防水维修工程质保金1 000元，用中财行政运行经费支付。

（7）5月20日，发现1月稽查局报账时，因稽查办案费额度没有下达，错用行政运行支付重大案件办理费8 690元，填写额度更正通知单，到银行办理额度更正。

（8）5月25日，收到预算调整文件，调减上年税收资料调查结余资金2 200元。

【参考答案】

（1）3月22日，将3月代扣的个人工会会费4 632.56元划转到工会经费账户。

财务会计：

借：其他应付款　　　　　　　　　　　　　　　　　　　　　4 632.56
　　贷：零余额账户用款额度——中央财政——行政运行　　　4 632.56

预算会计：

借：行政支出——基本支出——工资福利支出——基本工资

　　（来源：行政运行——人员经费）　　　　　　　　4 632.56

　　贷：资金结存——零余额账户用款额度——中央财政　　　4 632.56

（2）4月6日，用行政运行采购复印纸50箱，价值15 000元，同时支付运输费100元，装卸费100元，已验收入库。入库当天领用1箱。

①采购并验收入库。

财务会计：

借：库存物品　　　　　　　　　　　　　　　　　　　15 200

　　贷：零余额账户用款额度——中央财政——行政运行　　15 200

预算会计：

借：行政支出——基本支出——商品和服务支出——办公费——日常办公用品

　　（来源：行政运行——公用支出）　　　　　　　　15 200

　　贷：资金结存——零余额账户用款额度——中央财政　　15 200

②当天领用。

财务会计：

借：业务活动费——商品和服务费用　　　　　　　　　　304

　　贷：库存物品　　　　　　　　　　　　　　　　　　304

（3）财务会计：

借：银行存款　　　　　　　　　　　　　　　　　　　56 400

　　贷：以前年度盈余调整　　　　　　　　　　　　　56 400

借：以前年度盈余调整　　　　　　　　　　　　　　　56 400

　　贷：累计盈余　　　　　　　　　　　　　　　　　56 400

预算会计：

借：资金结存——货币资金　　　　　　　　　　　　　56 400

　　贷：非财政拨款结余——年初余额调整

　　　（来源：非同级财政拨款预算收入——县级）　　56 400

（4）账务处理如下。

①取得拍卖收入。

财务会计：

借：银行存款　　　　　　　　　　　　　　　　　　　5 000

　　贷：应缴财政款　　　　　　　　　　　　　　　　4 850

　　　应交增值税　　　　　　　　　　　　　　　　　150

②计算其他应交税费。

财务会计：

借：应缴财政款　　　　　　　　　　　　　　　　　15

　　贷：其他应交税费　　　　　　　　　　　　　　　　15

③支付评估费、交易佣金。

财务会计：

借：应缴财政款　　　　　　　　　　　　　　　　　600

　　贷：银行存款　　　　　　　　　　　　　　　　　　600

④缴纳税费。

财务会计：

借：应交增值税　　　　　　　　　　　　　　　　　150

　　其他应交税费　　　　　　　　　　　　　　　　　15

　　贷：银行存款　　　　　　　　　　　　　　　　　　165

⑤将处置净收入上缴财政。

财务会计：

借：应缴财政款　　　　　　　　　　　　　　　　　4 235

　　贷：银行存款　　　　　　　　　　　　　　　　　　4 235

（5）财务会计：

借：预付账款——乙公司　　　　　　　　　　　　　50 000

　　贷：零余额账户用款额度——中央财政——税收业务——稽查办案费

　　　　　　　　　　　　　　　　　　　　　　　　　50 000

预算会计：

借：行政支出——项目支出——资本性支出——办公设备购置

　　（来源：稽查办案费）　　　　　　　　　　　　50 000

　　贷：资金结存——零余额账户用款额度——中央财政　50 000

（6）财务会计：

借：其他应付款——丙公司　　　　　　　　　　　　1 000

　　贷：零余额账户用款额度——中央财政——行政运行　1 000

预算会计：

借：行政支出——基本支出——商品和服务支出——维修（护）费——办公用房维修

　　（来源：行政运行——公用支出）　　　　　　　1 000

　　贷：资金结存——零余额账户用款额度——中央财政　1 000

（7）财务会计：

借：零余额账户用款额度——中央财政——行政运行　8 690

　　贷：零余额账户用款额度——中央财政——税收业务——稽查办案费

　　　　　　　　　　　　　　　　　　　　　　　　　8 690

预算会计：

借：行政支出——项目支出——商品和服务支出——其他商品和服务支出——其他
（来源：稽查办案费） 8 690

贷：行政支出——基本支出——商品和服务支出——其他商品和服务支出——其他
（来源：行政运行——公用支出） 8 690

（8）财务会计：

借：累计盈余 2 200

贷：零余额账户用款额度——中央财政——一般行政管理事务——税收资料调查 2 200

预算会计：

借：财政拨款结余——归集上缴——一般行政管理事务——税收资料调查
 2 200

贷：资金结存——零余额账户用款额度——中央财政 2 200

【解析】略。

下 篇 模拟试卷及答案解析

模拟试卷（一）

一、单项选择题（下列各题的备选答案中，只有一个正确选项，请将正确选项的字母填写在括号中，多选、错选、不选均不得分。每小题 1 分，共计 20 分）

1. 中国特色社会主义文化，源自于（　　）。
    A. 中华民族五千多年文明历史所孕育的中华优秀传统文化
    B. 党领导人民在革命、建设、改革中创造的革命文化和社会主义先进文化
    C. 中国特色社会主义伟大实践
    D. 改革开放以来的实践

2. 马克思主义为人类社会发展进步指明了方向，是我们认识世界、把握规律、追求真理、改造世界的强大（　　）。
    A. 思想武器　　B. 思想指引　　C. 思想动力　　D. 思想指南

3. 印信保管实行保管人和办公厅（室）主任负责制。以下选项中哪一个是印信管理的直接责任人？（　　）
    A. 办公厅（室）主任　　　　B. 印信保管人员
    C. 办公厅（室）分管主任　　D. 单位行政首长

4. 关于印章的使用，下列选项中正确的是（　　）。
    A. 多局联合发文用印前，需经主管处（科）室负责人审核签字，方可用印
    B. 人事报表数量繁多，为节约时间，用印人员与其他人员分开盖行政章和领导签名章
    C. 办公室制发的公文用印，可由办公室主任批准用印
    D. 因特殊情况需外出用印，须经印章管理部门负责人同意，由用章所在处室负责人带章出去，并采取安全防范措施

5. 公务员职业道德的根本价值取向是（　　）。
    A. 提高工作效率　　　B. 提升道德境界
    C. 维护社会公正　　　D. 培育高尚人格

6. 党的"三会一课"制度的"三会"是指定期召开党员大会、支部委员会和（　　）。
    A. 党小组会　　　B. 党员代表大会
    C. 组织生活会　　D. 民主生活会

7. 各级税务机关应强化绩效分析讲评机制，对绩效指标执行进度、取得成效、存在不足等开展分析讲评，针对问题短板研究制定切实可行的改进措施。省税务局主要负

责人为带动班子成员以上率下高标准抓好工作落实，原则上应当按多长时间间隔开展绩效分析讲评？（　　）

  A. 按季   B. 按月   C. 按半年   D. 按全年

8. 如何处理非知悉范围内的领导秘书借阅涉密文件？（　　）

  A. 禁止借阅

  B. 可以在保密室看，但不能借出

  C. 可以在保密室看，不能摘录

  D. 领导秘书，不好得罪，要求对方看完即还

9. 公文写作和处理能力是税务行政管理的重要能力之一。依据《全国税务机关公文处理办法》的相关规定，下列各项表述，正确的应该是（　　）。

  A. 意见可以用于上行文、下行文和平行文

  B. 通知可以用于上行文、下行文和平行文

  C. 函可以用于上行文、下行文和平行文

  D. 便函可以用于上行文、下行文和平行文

10. "税务机关应当依法为纳税人、扣缴义务人的情况保密。"纳税人依法向税务机关报送的涉税资料，可以用于（　　）。

  A. 工作之余闲聊   B. 发朋友圈

  C. 拍照给未按要求报送资料的纳税人   D. 税收征管

11. 《中国共产党支部工作条例》要求，支部重要事项提交党员大会决定前，一般应当经党支部委员会会议讨论，党支部委员会会议须有（　　）以上委员到会方可进行。

  A. 三分之一   B. 半数   C. 三分之二   D. 五分之四

12. 针对网民和公众关注的税收热点，组织在线访谈，开辟网上互动平台，引导广大网民抒发真情实感，表达观点看法，及时解读税收政策，解答疑难问题，提高全社会的税法遵从度，这是做好媒体宣传（　　）的方式。

  A. 抓好新闻发布   B. 推进专题报道   C. 加强典型报道   D. 开展融合报道

13. 税务机关文书档案的保管期限定为永久、定期两种，定期的期限是（　　）。

  A. 40年和20年   B. 30年和20年   C. 20年和10年   D. 30年和10年

14. 各级税务机关的有关工作部门是本部门职责范围内相应信访工作的责任主体，负责具体处理相应信访问题。下列关于职责履行的表述，正确的应该是（　　）。

  A. 思想政治工作负责处理反映税务干部违法违纪的问题

  B. 稽查部门负责处理反映税收违法行为的问题

  C. 督察内审人事部门负责处理反映离退休人员、军队复员转业人员、助征员、招录公务员和选拔任用干部等人事方面的问题及工资福利待遇方面的问题

  D. 监察部门负责处理反映税务机关不依法行政或执法有偏差的问题

261

15. 通告是税务机关日常采用的公文文种之一，对其特征表述正确的是（   ）。

    A. 通告可以面向社会但不具备约束力

    B. 通告只能采用印刷张贴的形式予以公布

    C. 通告适用于公布会议讨论通过的重大决策事项

    D. 通告适用于在一定范围内公布应当遵守或者周知的事务性事项

16. 某分局税务工作人员赵某与三叶公司经理杨某是朋友，在三叶公司领购发票时，未执行验旧供新规定，违规向所管户三叶公司发售增值税专用发票，三叶公司在第一次领购两本发票后的9个月一直是零申报，不符合再次领购条件。但赵某又在三叶公司发票领购申请单上签字同意再领两本，致使国家税收损失累计达10万元以上。就此事件，应对赵某的行为给予（   ）处理。

    A. 给予调离工作岗位处理   B. 给予调离税务机关处理

    C. 给予记过或者记大过处分   D. 移送司法机关追究刑事责任

17. 某市税务局发生一起重大级别的群体性突发事件，下列向省税务局报告过程中不符合应急管理规定的是（   ）。

    A. 落实首报制度，及时报告突发事件的时间、地点、简要过程等情况

    B. 落实日报制度，在发现突发事件后，做到每天"有事报情况，无事报平安"

    C. 落实续报制度，后续报告突发事件具体情况、发展趋势、事件处置等情况

    D. 落实终报制度，突发事件处置结束后报告事件总结评估报告

18. 根据《民法典》规定，向人民法院请求保护民事权利的诉讼时效期间为（   ）。法律另有规定的，依照其规定。

    A. 1年   B. 2年   C. 3年   D. 5年

19. 下列做法不符合《全国税务系统绩效管理办法》规定的是（   ）。

    A. 某市税务局绩效管理工作领导小组审定绩效管理发展规划和制度办法

    B. 某市税务局绩效管理工作领导小组办公室审定绩效指标和考评规则

    C. 某市税务局考核考评科与办公室在编制绩效指标时加强协同配合

    D. 某市税务局信息中心作为考评单位时，参与编制绩效指标

20. 下列不属于行政机关应当主动公开的政府信息是（   ）。

    A. 财政预算、决算信息   B. 行政机关后勤管理信息

    C. 国民经济和社会发展统计信息 D. 重大建设项目的批准和实施情况

二、多项选择题（下列各题的备选答案中，至少有两个正确选项，请将正确选项的字母填写在括号中，多选、少选、错选、不选均不得分。每小题2分，共计20分）

1. 中共中央总书记、国家主席、中央军委主席习近平出席北斗三号全球卫星导航系统建成暨开通仪式，宣布北斗三号全球卫星导航系统正式开通。北斗闪耀，泽沐八方，

新时代的北斗精神是指（　　）。

  A. 追求卓越　　　　B. 自主创新　　　　C. 开放融合　　　　D. 万众一心

2. 以下关于文件归档的说法，正确的有（　　）。

  A. 应归档电子文件的原数据、背景信息等与电子文件一并归档

  B. 应归档纸质文件中，有文件发文稿纸、文件处理单的，应与文件正本、定稿一并归档

  C. 一般来说，印有发文机关标志的"红头文件"都应归档

  D. 联合行文形成的文件材料原件由主办机关归档，其他机关不归档，但主办机关应提供借阅便利

3. 中共中央印发的《法治中国建设规划（2020—2025年）》明确："牢牢把握党的领导是社会主义法治最根本的保证，坚持党（　　）、带头守法，充分发挥党总揽全局、协调各方的领导核心作用，确保法治中国建设的正确方向。"

  A. 领导立法　　　　B. 保证执法　　　　C. 支持司法　　　　D. 模范用法

4. 根据税务总局绩效考评有关制度规定，考评单位应根据指标设置的时间节点，对涉及的工作任务特别是重要专项工作、急难险重任务等，准确掌握被考评单位的指标执行进度及效果，并定期通报和跟踪问效；被考评单位应根据指标设置的任务内容，加强自我监督和自我提升，保证工作任务完成的质效。按照上述要求，做好绩效运转一般包括下列哪些方面内容。（　　）

  A. 绩效监控　　　　B. 分析讲评　　　　C. 沟通反馈　　　　D. 档案管理

5. 下列对退党党员的党籍管理的表述，正确的是（　　）。

  A. 对要求退党的党员，应该经支部大会讨论宣布除名，并报上级党组织备案

  B. 对被劝退党而坚持不退的党员应给予除名，并报上级党组织批准

  C. 对自行脱党的党员，应当由支部大会决定把他除名，并报上级党组织批准

  D. 党员如果没有正当理由，连续6个月不参加党的组织生活，或不交纳党费，或不做党所分配的工作，就被认为是自行脱党。支部大会应当决定把这样的党员除名，并报上级党组织批准

6. 县税务局应当使用"×税发"为发文字号的行文是（　　）。

  A. 向市局请示人事调配事项

  B. 召开全县税务工作会议的通知

  C. 向县政府报告2014年上半年税务工作情况

  D. 对县政协提案的答复

7. 各级税务机关应建立健全文件材料的归档制度。需要归档的文件材料范围包括（　　）。

  A. 反映本机关主要职能活动和基本历史面貌的，对本机关工作、国家建设和历史

研究具有利用价值的文件材料

B. 机关工作活动中形成的在维护国家、集体和公民权益等方面具有凭证价值的文件材料

C. 下级机关文件材料中，供参阅的简报、情况反映、抄送或越级抄送的文件材料

D. 本机关需要贯彻执行的上级机关、同级机关的文件材料，下级机关报送的重要文件材料

8. 秘书作为领导干部"身边人"，知密时间早、内容多、程度深，负有比一般涉密人员更为重大的保密责任，要做到（　　）。

A. 秘书就是领导的替身，领导知道的秘书早晚会知道，不必回避

B. 秘书人员要正视岗位特殊性，积极发挥"保密能动性"

C. 机关单位要对秘书人员一视同仁，抓好这个"关键少数"

D. 领导干部要明确责任，担起对秘书人员的保密管理职责

9. 关于印信的制发，下列说法正确的有（　　）。

A. 各类印章的启用，应由印章管理部门起草文件，以本单位或者单位办公室（厅）的名义印发启用通知后生效

B. 印章损坏停止使用，应采取公告形式声明作废，并及时送交印章制发机关封存或销毁，制发机关负责登记造册

C. 需要更换印章，由各级税务机关（部门）统一印制

D. 实行民族区域自治地区的税务机关（部门）印信，一律印制汉字

10. 涉嫌下列（　　）情形的，应当以过失泄露国家秘密罪立案。

A. 过失泄露国家秘密或者遗失国家秘密载体，隐瞒不报、不如实提供有关情况或者不采取补救措施的

B. 过失泄露机密级国家秘密2项（件）以上的

C. 过失泄露秘密级国家秘密4项（件）以上的

D. 违反保密规定，将涉及国家秘密的计算机或者计算机信息系统与互联网相连接，泄露国家秘密

三、判断题（判断下列各题正误，正确的打"√"，错误的打"×"。每小题1分，共计20分）

1. 把"两学一做"作为加强党的建设的永恒课题和全体党员、干部的终身课题，形成长效机制，坚持不懈锤炼党员、干部忠诚干净担当的政治品格。（　　）

2. 秘书工作人员必须增强保密意识，守牢保密底线。（　　）

3. 各单位将立好的案卷连同案卷目录于文件形成后的当年年底前向本机关档案管理部

门移交，并办理移交手续。 （ ）

4. 纳税人应在纳税申报期内，完成当期增值税纳税申报后申请留抵退税。2022年4—6月的留抵退税申请时间，延长至每月最后一天。 （ ）

5. 税务机关在处理舆情工作时，要厘清舆情中公众的合理诉求并及时给予回应、进行妥善处理。对于负面偏激信息可消极应对冷处理，让其慢慢淡化负面信息的影响。
 （ ）

6. 根据《党政机关国内公务接待管理规定》，公务外出确需接待的，派出单位应当向接待单位发出公函，告知内容、行程和人员。 （ ）

7. 各级税务机关不能出现以行政公文替代党组文件或者以党组文件替代行政公文的混用现象。 （ ）

8. 税务合法性原则是指税务机关按法定程序依法征税，不得随意减征、停征、免征，无法律依据不征税。 （ ）

9. 税务系统档案管理应坚持"双重管理"原则，即垂直管理和属地管理相结合。（ ）

10. 公务员行政处分的种类，分为警告、记过、记大过、降级、降职、开除6种。
 （ ）

11. 工作年限满30年的公务员，本人自愿提出申请，经任免机关批准，可以提前退休。
 （ ）

12. 行政管理就是对社会公共事务的管理。 （ ）

13. 规范性公文是指下级机关向上级机关汇报工作、反映情况、请示问题时所使用的公文。 （ ）

14. 党内监督是全党的任务，第一位的是纪委监督。 （ ）

15. 某省税务局召开全省系统的"一竿子到底"的视频会议，由于议题较多，发言单位较多，所以安排了一整天的时间。 （ ）

16. 税务系统电子公文应当按照相关制度确定的范围，将处理过程中形成的最终版本归入税务档案数据库。 （ ）

17. 实地督查督办中，一般由3位以上督查组成员参加。督查人员要认真做好记录，填写督查工作底稿。 （ ）

18. 2023年2月初，某市税务局一项基建工程全部竣工，且顺利通过验收。5月30日，该局基建工程项目部门将建设中形成的文书材料、图纸、预决算情况和最终验收报告移交机关综合档案室归档。 （ ）

19. 会议服务中要处理好继承与创新的关系。创新不是推倒重来，过去办会的那一套完全不行。 （ ）

20. 文献法是我们在日常工作中较为常用的一种调研方法，具有间接性、静态性和历史继承性，适用于探索性研究、历史和现实的比较研究，以及专门的历史课题研究。
 （ ）

四、简答题（共 2 小题，每小题 5 分，共计 10 分）

1. 请谈谈如何理解党的政治规矩？
2. 为确保督查发现的问题整改落实到位，对部分单位组织开展"二次督查"，"二次督查"主要内容有哪些？

五、实务题（共 6 题，每小题 5 分，共计 30 分）

1. 阅读以下材料，根据要求回答问题。

  2023 年 4 月 11 日，某市税务局办公室从事保密工作人员王某转调到市纪委工作。根据工作需要，经办公室主任提议、局领导研究，决定调整一名工作人员徐某到办公室文件收发岗位，从事文件收发、机要保密工作。

  4 月 20 日，徐某在制作一份涉密文件时，机要室打印机出现故障，徐某用自己的 U 盘将文件复制出来，到本人日常办公电脑上，用办公室打印机进行打印。

  4 月 30 日，徐某到市机要局拿一份关于加强"五一"期间信访工作的秘密级文件，徐某认为文件并无敏感内容，为提高工作效率，将文件内容用手机拍照传到"全市税务系统办公室主任微信群"，请各单位按文件要求做好"五一"期间有关工作。

  请问，对于转调到市纪委工作的王某，市局应如何加强保密管理？市局及徐某做法有何不妥之处？

2. 请认真阅读以下材料，回答问题。

  伪造"7 号公告"事件：2023 年 5 月 13 日，有网站刊登了一份《国家税务总局关于修订征收个人所得税若干问题的规定的公告》并进行了解读，5 月 14 日，各大网站和媒体进行了大量的报道及转载，因为内容涉及年终奖的计算方法的改变，各界反响强烈，得到不少赞扬之声。5 月 15 日，国家税务总局在官方网站发布申明，称有人盗用国家税务总局名义，对外发布了《国家税务总局关于修订个人所得税若干问题的规定的公告》（2023 年第 7 号），此文件及解读稿系伪造。伪造的公告原文如下：

国家税务总局关于修订征收个人所得税若干问题的规定的公告
国家税务总局公告 2023 年第 07 号

  《征收个人所得税若干问题的规定》已经国家税务总局局务会议修订通过，现予以公布，请遵照执行。修订后的规定自 2023 年 6 月 1 日起实行。

  特此公告。

  附件：《征收个人所得税若干问题的规定》

国家税务总局

二〇二三年五月十三日

(1) 依据《全国税务机关公文处理办法》，从哪些方面可以判断出这是一份伪造的公告？（多选题）

　　A. 该公告无主送机关和抄送机关

　　B. 公告字号"07"错误，发文顺序号不编虚位

　　C. 发文日期应当用阿拉伯数字

　　D. 正文标题中已经标明所印发、转发的公文标题或主要内容的，文末不应再将所印发或转发的公文列为附件

(2) 省以下税务机关的税务规范性文件应当自发布之日起（　　）日内向上一级税务机关报送备案。（单选题）

　　A. 7　　　　B. 10　　　　C. 15　　　　D. 30

(3) 省税务机关应当于每年（　　）前向国家税务总局报送上一年度本辖区内税务机关发布的税务规范性文件目录。（单选题）

　　A. 1月31日　　B. 2月1日　　C. 3月1日　　D. 3月31日

3. 小刘是某省税务局机关办公室的文秘人员，工作认真负责，注意公文规范，她发现一些单位制发的文件中，存在文件使用不规范的现象：一是不按照《全国税务机关公文处理办法》规定的有关文种的功能和适用范围去选用文种，造成邻近文种互相混用；二是在《全国税务机关公文处理办法》规定的公文正式文种之外，自行拟制（或生造）一些非公文文种用于正式行文；三是把其他机关应用文，特别是事务文书的文种误作为法定公文文种用于正式行文，她将这些不规范的现象拟成题目，发在单位内网上，请大家刊正。

(1) 下列各条中，属于混用文种的是（　　）。（单选题）

　　A. ××局关于落实大规模留抵退税政策情况的报告

　　B. ××局第二税务分局关于办公场所搬迁的公告

　　C. ××局××处关于举办"金四"相关培训的通知

　　D. ××局关于进一步优化灵活用工互联网平台经济税收服务和管理的意见

(2) 下列各条中，属于自制（生造）文种的是（　　）。（单选题）

　　A. ××局关于改进作风的意见

　　B. ××局关于省政协十三届一次会议第197号提案的复函

　　C. ××局关于做好2023年全国税收统计调查工作的通知

　　D. ××局关于2022年事业单位公开招聘情况的说明

(3) 下列各条中，属于误用文种的是（　　）。（多选题）

　　A. ××局关于2022年度工作情况的总结

　　B. ××局关于印发进一步做好"以税咨政"工作的实施方案

　　C. ××局关于2022年度四季度"纳税服务标兵"评选情况的通报

D. ××局依法行政工作会议纪要

4. 为发挥示范引领作用，进一步加强全市税务系统基层建设、领导班子和干部队伍建设，国家税务总局某市税务局党委决定在全市税务系统评选"某最美税务人"。某市税务局党委要求：一要严格评选条件，"某最美税务人"要坚持政治过硬、工作突出、担当作为、群众公认标准。二要规范评选程序，严格落实组织推荐、资格审查、研究决定、评定公示等程序。假定，某市税务局党委已经按照评选条件、程序，命名了20名"某最美税务人"。近期，某市税务局党委主要负责同志和有关负责同志将与"某最美税务人"召开座谈会。请你为某市税务局党委主要负责同志起草一份1 000字左右的讲话提纲。

5. 张为××市税务局办公室工作人员，请依据相关工作规定回答下列问题：

（1）公文的紧急程度是对受文单位办理文件的时限要求，分（　　）、（　　）两种。（多选题）

  A. 限时件　　　　B. 特急　　　　C. 加急　　　　D. 平急

（2）局内会签时间原则上为（　　）个工作日。（单选题）

  A. 1　　　　B. 2　　　　C. 1—2　　　　D. 2—3

（3）收文批（拟）办原则有（　　）。（多选题）

  A. 职责分工原则

  B. 请示确定原则

  C. 沟通协商原则

  D. 急件优先原则

6. 江东市税务部门在坚持疫情防控的大局下，不折不扣落实各项减税降费政策，通过一系列措施助力民营企业"留得青山、赢得未来"。1—8月，累计新增减税0.71亿元，降低企业社会保险费负担0.57亿元。不断提升办税缴费服务质效，落实延期缴纳税款规定，共受理31户纳税人申请，办理延期缴纳税款4 841.01万元；快办出口退税，累计办理出口退税254笔1.03亿元。落实一揽子便民办税措施，95%以上主要涉税事项均能网上办理；开展摸清服务对象助力复工复产专项行动，摸排面达95.05%；优化发票办理，纳税人"非接触式"领票比例突破70%。持续优化税收执法方式，邀请纳税人参与税收主题活动，坚持"无风险不检查、无审批不进户、无违法不停票"；落实长三角区域"统一税务行政处罚裁量权行使标准"清单，做到税务行政处罚"同事同罚、公平公正"。

请根据以上材料撰写一篇信息稿，报送江东市委市政府。（400字）

模拟试卷（一）答案及解析

一、单项选择题

1. 【参考答案】A

【解析】中国特色社会主义文化，源自于中华民族五千多年文明历史所孕育的中华优秀传统文化。

2. 【参考答案】A

【解析】2022年1月11日，习近平总书记在省部级主要领导干部学习贯彻党的十九届六中全会精神专题研讨班开班式上发表的重要讲话。

3. 【参考答案】B

【解析】印信保管实行保管人和办公厅（室）主任负责制。印信保管人员是印信管理的直接责任人，要求具有高度的政治责任感、严格的保密观念，政治可靠、作风正派、严守制度、不徇私情。

4. 【参考答案】C

【解析】联合发文由所有联署机关的负责人会签后，方可用印。印信保管人员要严格按照用印规范，亲自使用印单位盖章，不得擅自委托他人代用印章。根据印章用印管理规定，严禁把印章带离办公场所。如因特殊情况需外出用印的，须经印章管理部门主要负责人批准；印章保管人员应随同监印，并采取相应安全防范措施。所以ABD不正确。

5. 【参考答案】C

【解析】公务员职业道德的价值取向：基础价值取向——谋求公共利益最大化；核心价值取向——建立健全责任监控机制；根本价值取向——维护社会公正；目标价值取向——培育高尚人格。故本题答案选C。

6. 【参考答案】A

【解析】根据《关于新形势下党内政治生活的若干准则》，严格党的组织生活制度，坚持"三会一课"制度。党员必须参加党员大会、党小组会和上党课，党支部要定期召开支部委员会。

7. 【参考答案】A

【解析】各级税务机关应强化绩效分析讲评机制，对绩效指标执行进度、取得成效、存在不足等开展分析讲评，针对问题短板研究制定切实可行的改进措施。省税务局主要负责人为带动班子成员以上率下高标准抓好工作落实，原则上应当按季开展绩效分析讲评。因此答案为 A。

8.【参考答案】A

【解析】明知领导秘书不在知悉范围内，不应顾忌其秘书身份，不好得罪，而违规将会议材料交给对方。

9.【参考答案】A

【解析】只有意见可以用于上行文、下行文和平行文。

10.【参考答案】D

【解析】《税收征管法》第八条规定，税务机关应当依法为纳税人、扣缴义务人的情况保密。纳税人依法向税务机关报送的涉税资料，仅用于税收征管工作。

11.【参考答案】B

【解析】《中国共产党支部工作条例》要求，党支部委员会会议须有半数以上委员到会方可进行，支部重要事项提交党员大会决定前，一般应当经党支部委员会会议讨论。

12.【参考答案】D

【解析】开展融合报道。充分利用新兴媒体，加强传统媒体与微博、微信、手机报、新闻客户端、网站联合互动，实现素材一次性采集、内容多平台产生、信息多渠道发布、效果全方位呈现，使税收宣传报道的表现形式更丰富、传播速度更快、影响范围更广、社会效果更好。

13.【参考答案】D

【解析】《机关文件材料归档范围和文书档案保管期限规定》第六条规定，税务机关文书档案的保管期限定为永久、定期两种。定期分为30年、10年两类。具体年限自按规定应归档的年份开始计算。实物档案的保管期限是30年。

14.【参考答案】B

【解析】督察内审部门负责处理反映税务机关不依法行政或执法有偏差的问题。人事部门负责处理反映离退休人员、军队复员转业人员、助征员、招录公务员和选拔任用干部等人事方面的问题及工资福利待遇方面的问题。监察部门负责处理反映税务干部违法违纪的问题。

15.【参考答案】D

【解析】《全国税务机关公文处理办法》第十五条规定，通告适用于在一定范围内公布应当遵守或者周知的事务性事项。通告面向社会并具有一定的约束力，可采用张贴或媒体刊播的形式公布，无主送、抄送。C 选项，决议适用于公布会议讨论通过的重大决策事项，如 2021 年 11 月 11 日，十九届六中全会审议通过的《中共中央关于党的百年奋斗重大成就和历史经验的决议》。

模拟试卷（一）答案及解析

16.【参考答案】D

【解析】移送司法机关追究刑事责任，是对赵某行为的正确处理。

17.【参考答案】B

【解析】突发事件信息报告实行首报、续报和终报制度。根据应急管理有关规定和突发事件具体情况，实行向上级税务机关和事发地人民政府有关部门同时报告制度。报告涉密突发事件信息，应当遵守国家和税务系统有关保密规定。

18.【参考答案】C

【解析】根据《中华人民共和国民法典》第一百八十八条规定，向人民法院请求保护民事权利的诉讼时效期间为3年。法律另有规定的，依照其规定。

19.【参考答案】B

【解析】根据《全国税务系统绩效管理办法》。A 选项符合第六条"绩效管理工作领导小组主要职责是：（二）审定绩效管理发展规划和制度办法"。B 选项不符合第六条"绩效管理工作领导小组主要职责是：（三）审定绩效计划、绩效指标和考评规则"。C 选项符合第十三条"省、市税务局考核考评部门与办公室应在编制绩效指标、开展绩效考评、抓好绩效改进等方面加强协同配合"。D 选项符合第十条"各级税务机关及其内设机构、派出机构、事业单位作为考评单位时，应履行以下职责：（二）参与编制绩效指标"。

20.【参考答案】B

【解析】《中华人民共和国政府信息公开条例》第十六条规定，行政机关的内部事务信息，包括人事管理、后勤管理、内部工作流程等方面的信息，可以不予公开。第二十条规定，行政机关应当依照本条例第十九条的规定，主动公开本行政机关的下列政府信息：（四）国民经济和社会发展统计信息；（七）财政预算、决算信息；（十）重大建设项目的批准和实施情况；

二、多项选择题

1.【参考答案】ABCD

【解析】以习近平新时代中国特色社会主义思想为指导，全面贯彻党的十九大和十九届二中、三中、四中全会精神，紧紧围绕统筹推进"五位一体"总体布局和协调推进"四个全面"战略布局，大力弘扬"自主创新、开放融合、万众一心、追求卓越"的新时代北斗精神，不忘初心、牢记使命、不懈探索、砥砺前行，为实现"两个一百年"奋斗目标、实现中华民族伟大复兴的中国梦作出新的更大贡献！

2.【参考答案】AB

【解析】凡是发文单位所产生的发文（红头文件）必须归档，其他单位的来文分为三种情况：需要办理的文件必须归档，重要的文件材料应该归档，阅知类的文件可以不归档。联合行文形成的文件材料原件由主办机关归档，其他机关将相应的复制件或其他形式的副本归档。

3.【参考答案】ABC

【解析】中共中央印发的《法治中国建设规划（2020—2025年）》明确："牢牢把握党的领导是社会主义法治最根本的保证，坚持党领导立法、保证执法、支持司法、带头守法，充分发挥党总揽全局、协调各方的领导核心作用，确保法治中国建设的正确方向。"

4.【参考答案】ABCD

【解析】绩效运转一般包括绩效监控、分析讲评、沟通反馈、档案管理等内容。因此答案为ABCD。

5.【参考答案】ABCD

【解析】依据《中国共产党章程》（中国共产党第十八次全国代表大会部分修改，2012年11月14日通过）第一章第九条的规定。

6.【参考答案】CD

【解析】选项A，向市局请示人事调配事项的发文字号应为"×税任"，选项B，召开全县税务工作会议的通知的发文字号应为"×税办函"。

7.【参考答案】ABD

【解析】下级机关文件材料中，供参阅的简报、情况反映，抄送或越级抄送的文件材料属于不需要归档的文件材料范围。

8.【参考答案】BCD

【解析】秘书作为领导干部"身边人"，知密时间早、内容多、程度深，负有比一般涉密人员更为重大的保密责任。不能错误地把秘书当成领导的替身，要做到：一是秘书人员要正视岗位特殊性，积极发挥"保密能动性"。二是机关单位要对秘书人员一视同仁，抓好这个"关键少数"。三是领导干部要明确责任，担起对秘书人员的保密管理职责。

9.【参考答案】AB

【解析】需要更换印章，以及各级税务机关（部门）的介绍信由办公室（厅）统一印制，介绍信要具备序号、时间、介绍单位、被介绍人、事项、落款、印信、使用期限、存根等内容。故不选C。实行民族区域自治地区的税务机关（部门）印信，可以并刊汉字和相应的民族文字。D选项的说法错误。

10.【参考答案】ACD

【解析】涉嫌下列情形之一的，应当以过失泄露国家秘密罪立案：

（1）泄露绝密级国家秘密1项（件）以上的。

（2）泄露机密级国家秘密3项（件）以上的。

（3）泄露秘密级国家秘密 4 项（件）以上的。

（4）违反保密规定，将涉及国家秘密的计算机或者计算机信息系统与互联网相连接，泄露国家秘密的。

（5）泄露国家秘密或者遗失国家秘密载体，隐瞒不报、不如实提供有关情况或者不采取补救措施的；

（6）其他情节严重的情形。

三、判断题

1.【参考答案】×

【解析】《中共中央关于坚持和完善中国特色社会主义制度推进国家治理体系和治理能力现代化若干重大问题的决定》指出，把"不忘初心、牢记使命"作为加强党的建设的永恒课题和全体党员、干部的终身课题，形成长效机制，坚持不懈锤炼党员、干部忠诚干净担当的政治品格。

2.【参考答案】√

【解析】秘书工作人员必须"缜密""细密""周密"，增强保密意识，守牢保密底线。

3.【参考答案】×

【解析】各单位将立好的案卷连同案卷目录于文件形成后的次年上半年向本机关档案管理部门移交，并办理移交手续。

4.【参考答案】×

【解析】纳税人应在纳税申报期内，完成当期增值税纳税申报后申请留抵退税。2022 年 4 月至 6 月的留抵退税申请时间，延长至每月最后一个工作日。

5.【参考答案】×

【解析】税务机关在处理舆情工作时，既要厘清舆情中公众的合理诉求并及时回应、妥善处理，也要积极防范负面偏激声音的发酵，减少不和谐因素的影响。

6.【参考答案】√

【解析】公务外出确需接待的，派出单位应当向接待单位发出公函，告知内容、行程和人员。

7.【参考答案】√

【解析】各级税务机关不能出现以行政公文替代党组文件或者以党组文件替代行政公文的混用现象。

8.【参考答案】√

【解析】税收要件法定原则要求纳税人、课税对象、课税标准等必须以法律形式做出规定；税收公平原则禁止对特定纳税人给予歧视性对待，也禁止在没有正当理由的情况下对特定纳税人给予特别优惠;税法适用原则中的程序优于实体原则是诉讼发生时税收程序法优于税收实体法。

9.【参考答案】√

【解析】依据《国家税务总局关于加强和改进新形势下税务档案工作的意见》(税总发〔2015〕121 号)。

10.【参考答案】×

【解析】公务员行政处分的种类为:警告、记过、记大过、降级、撤职、开除6种。

11.【参考答案】√

【解析】工作年限满30年的公务员,本人自愿提出申请,经任免机关批准,可以提前退休。

12.【参考答案】×

【解析】行政管理既包括对社会公共事务的管理,又包括对国家事务的管理。故本题判断错误。

13.【参考答案】×

【解析】规范性公文是党政机关、社会团体、企事业单位在公务活动中所形成的有法定效力和规范体系的公文,是为管理和开展各项行政工作而制定,带有规章制度性,它为行政工作提供了标准和范式。故本题判断错误。

14.【参考答案】×

【解析】习近平总书记在第十八届中央纪律检查委员会第六次全体会议上的讲话中指出,党内监督是全党的任务,第一位的是党委监督,不能一谈到监督就只想到纪委或推给纪委。

15.【参考答案】×

【解析】视频会议时长一般不超过2小时。

16.【参考答案】×

【解析】电子公文应当按照相关制度确定的范围,将处理过程中形成的不同电子版本归入税务档案数据库。

17.【参考答案】×

【解析】实地督查督办中,一般由2位以上督查组成员参加。督查人员要认真做好记录,填写督查工作底稿。

18.【参考答案】×

【解析】在基建工程建设中形成的文书材料、图纸、预决算情况和最终验收报告,由基建工程项目部门的专人负责收集整理。在全部工程竣工验收后3个月移交机关综合档案室归档管理。

19.【参考答案】√

【解析】时任浙江省委书记的习近平同志曾说，会议服务中要处理好继承与创新的关系，创新不是推倒重来。

20.【参考答案】√

【解析】《新时代领导干部调查研究指南》指出，所谓文献法，就是根据一定的目的和课题，通过查阅有关文献获取有关资料的一种方法。相对于直接调查的各种具体方法，文献法具有间接性，采取这种方法收集的是第二手资料，具有静态性和历史继承性，适用于探索性研究、历史和现实的比较研究，以及专门的历史课题研究。

四、简答题

1.【参考答案】其一，党章是全党必须遵守的总章程，也是总规矩。其二，党的纪律是刚性约束，政治纪律是全党在政治方向、政治立场、政治言论、政治行为方面必须遵守的刚性约束。其三，国家法律是党员、干部必须遵守的规矩，法律是党领导人民制定的，全党必须模范执行。其四，党在长期实践中形成的优良传统和工作惯例，经过实践检验，约定俗成、行之有效，需要全党长期坚持并自觉遵循。党章等党内规章制度、党的纪律、国家法律是全党必须遵守的规矩，这个比较好理解。为什么说党在长期实践中形成的优良传统和工作惯例也是十分重要的党内规矩呢？这是因为，对我们这样一个大党来讲，不仅要靠党章和纪律，还得靠党的优良传统和工作惯例。这些优良传统和工作惯例，看着没有白纸黑字的规定，没有形成条文，但都是一种传统、一种范式、一种要求，是重要的规矩，因而必须遵循和遵守。纪律是成文的规矩，一些未明文列入纪律的规矩是不成文的纪律；纪律是刚性的规矩，一些未明文列入纪律的规矩是自我约束的纪律。党内很多规矩，是我们党在长期实践中形成的优良传统和工作惯例。这些优良传统和工作惯例，经过实践检验，约定俗成、行之有效，反映了我们党对一些问题的深刻思考和科学总结，必须长期坚持并自觉遵循。

党内决不允许搞团团伙伙、结党营私、拉帮结派，搞了就是违反政治纪律。如何防微杜渐？要从规矩抓起。有些干部聚在一起，搞个同乡会、同学会，隔三岔五聚一下，看着好像漫无目的，其实是要结交情谊，将来好相互提携、相互帮衬，这就不符合规矩了。又比如，在一些干部中，乱评乱议、口无遮拦现象比较突出。如果造谣生事那是违反党纪甚至违反国法，但这些人就是在那儿调侃，传播小道消息，东家长西家短乱发议论，热衷于转发网上不良信息，甚至一些所谓"铁杆朋友"私下聚在一起妄议中央大政方针。虽然这只是不负责任地传播消息、发表议论，也不是在正式场合说的，但其腐蚀性、涣散性甚至破坏性也是非常严重的。领导干部违纪往往是从不遵守甚至破坏党的政治规矩开始的。不遵守政治规矩的问题如不下大气力整治，最终会严重危害党的肌体健康。规矩不能立起来、严起来，很多问题就会慢慢产生出来。很多事实都证明了这一点。讲规矩是对党员、干部党性的重要考验，是对党员、干部对党忠诚度的重要检验。全党特别是高级干部,必须严格遵守党的政治纪律和政治规矩。

【解析】《关于新形势下党内政治生活的若干准则》(以下简称《准则》)明确提出:"全党特别是高级干部必须严格遵守党的政治纪律和政治规矩。"提出遵守党的政治规矩,是《准则》对全党特别是高级干部的新要求,是《准则》的一大创新。

2.【参考答案】二次督查主要内容:(一)整改通知中指出问题的整改落实情况。(二)整改落实长效机制建设情况。(三)尚未整改落实的问题及原因。(四)需要了解的其他情况。

【解析】依据《系统督查管理办法》。

五、实务题

1.【参考答案】(1)要求王某及时清退个人持有和使用的秘密载体及涉密信息设备,办理移交手续,签订涉密人员离岗保密承诺书,严格脱密期管理等。(2)经办公室主任提议、局领导研究,直接将徐某调整到涉密岗位工作不妥,涉密人员应当经过保密委员会审查,并进行保密培训。徐某拿个人U盘复制涉密文件到日常办公电脑打印不妥,使用了非涉密信息设备存储、处理国家秘密。徐某用手机对秘密文件进行拍照并传到"全市税务系统办公室主任微信群"不妥,严禁使用手机拍照、存储涉密文件,微信群不得发布涉及国家秘密、工作秘密的信息。

【解析】略。

2.【参考答案】(1)BCD (2)D (3)C

【解析】略。

3.【参考答案】(1)B (2)D (2)AB

【解析】略。

4.【参考答案】略

【解析】标题准确、生动、凝练,选取的角度新颖别致,能够浓缩新闻、突出精华、提示主题。可以加肩题或副题;结构严谨,层次分明,内容充实,叙事清楚;语言具体实在、简明精练、通俗易懂、生动形象;符合字数要求。

5.【参考答案】(1)BC (2)C (3)ABCD

【解析】略。

6.【参考答案】

江东市税务局打好组合拳助力民营经济发展

江东税务在遵守疫情防控大局下,通过落实各项减税降费政策、提升办税缴费服务质效、优化税收执法方式等方面打好税务组合拳,助力江东民营企业"留得青山、赢得未来"。

一是打好税惠落实拳。全面落实减税降费政策,支持民营企业克服疫情、灾情影响。1—8月，累计新增减税0.71亿元，降低企业社会保险费负担0.57亿元。

二是打好减负举措拳。落实延期缴纳税款规定，共受理31户纳税人申请，办理延期缴纳税款4 841.01万元；快办出口退税，累计办理出口退税254笔1.03亿元。

三是打好服务提升拳。落实一揽子便民办税措施，95%以上主要涉税事项均能网上办理；开展摸清服务对象助力复工复产专项行动，摸排面达95.05%；优化发票办理，纳税人"非接触式"领票比例突破70%。

四是打好规范执法拳。邀请纳税人参与税收主题活动，坚持"无风险不检查、无审批不进户、无违法不停票"；落实长三角区域"统一税务行政处罚裁量权行使标准"清单，做到税务行政处罚"同事同罚、公平公正"。

【解析】略。

模拟试卷（二）

一、单项选择题（下列各题的备选答案中，只有一个正确选项，请将正确选项的字母填写在括号中，多选、错选、不选均不得分。每小题1分，共计20分）

1. 习近平新时代中国特色社会主义思想是全党全国人民为实现中华民族伟大复兴而奋斗的行动指南。习近平新时代中国特色社会主义思想回答的重大课题是（　　）。
   A. 建设什么样的党、怎样建设党
   B. 什么是社会主义、怎样建设社会主义
   C. 新形势下实现什么样的发展、怎么发展
   D. 新时代坚持和发展什么样的中国特色社会主义、怎样坚持和发展中国特色社会主义

2. "印者，信也。"作为一种工具，印章的主要功能是（　　）。
   A. 封存物品　　　B. 递送物件　　　C. 信用凭证　　　D. 办理结算

3. 中国特色社会主义最本质的特征是（　　）。
   A. 改革开放　　　　　　　　　　B. 依法治国
   C. 人民当家作主　　　　　　　　D. 中国共产党的领导

4. 公文收文程序和发文程序都有的办理程序是（　　）。
   A. 核发　　　　　B. 审核　　　　　C. 分发　　　　　D. 催办

5. 重大事项请示报告的主体是（　　）。
   A. 党员　　　　　B. 党组织　　　　C. 领导干部　　　D. 以上都是

6. 涉密人员分为三类，以下（　　）是正确的分类。
   A. 核心　重要　一般　　　　　　B. 核心　主要　重要
   C. 绝密　机密　秘密　　　　　　D. 绝密　重要　主要

7. 一般税务机关行政公文生效的标识是（　　）。
   A. 文件编号　　　B. 会议通过　　　C. 加盖印章　　　D. 上级批准

8. 复制绝密级载体应当经（　　）批准。
   A. 本部门领导　　　　　　　　　B. 分管领导
   C. 机要管理领导　　　　　　　　D. 密级确定机关或其上级机关

9. 根据《领导干部报告个人有关事项规定》，（　　）不属于必报范围。
   A. 本人的婚姻情况　　　　　　　B. 本人因私出国情况
   C. 本人持有往来港澳通行证的情况　D. 本人的银行存款

10. 凡要求开具的涉税证明涉及纳税人商业秘密及个人隐私的，必须经过纳税人（　　）同意。

    A. 口头　　　　　B. 电话　　　　　C. 书面　　　　　D. 第三人转述

11. 税务系统部门预算编制实行"二上二下"的基本流程，自下而上、逐级编报、层层审核预算，自上而下、逐级批复预算。按照实际工作程序，税务系统预算编制程序划分为"准备""一上""一下""二上""二下"五个阶段。"一下"阶段的时间节点为每年（　　）。

    A. 4—5月　　　　B. 6—7月　　　　C. 10—11月　　　D. 11—12月

12. 各级税务机关党组织承担重大事项报告工作主体责任，（　　）为第一责任人，对请示报告工作负总责。

    A. 党组织　　　　　　　　　　　　B. 党组织主要负责同志
    C. 党员　　　　　　　　　　　　　D. 单位行政首长

13. 某市税务局制发文件需抄送同级机关时，一般按（　　）次序排列。

    A. 党委、人大、政府、政协、军队、法院
    B. 党委、政府、人大、政协、军队、法院
    C. 党委、政府、人大、政协、法院、军队
    D. 党委、人大、政协、政府、法院、军队

14. 会议召开的时间应在（　　）确定下来之后确定。

    A. 会议的名称　　　　　　　　　　B. 会议的主持人
    C. 会议的规模　　　　　　　　　　D. 会议的议题

15. 会务筹备情况检查的方法最可靠的是（　　）。

    A. 听取会议筹备人员的汇报　　　　B. 阅读报告
    C. 电话询问　　　　　　　　　　　D. 会前现场检查

16. 下列选项中表述不正确的是（　　）。

    A. 会议总结的形式因会议种类不同而有所区别
    B. 主持人的结论性意见就是小型会议的总结
    C. 职代会的闭幕词可以代替会议总结
    D. 会议纪要即会议总结

17. 下列不符合行文规则的是（　　）。

    A. 某市税务局坚持一文一事向省税务局报送请示
    B. 某市税务局向省税务局行文，必要时抄送市委、市政府
    C. 某市税务局要求市税务局机关各部门不得对外正式行文
    D. 某市税务局货物和劳务税科、征收管理科因对有关问题协商未达成一致，取消向下行文

18. 信息的报送一般由（　　）审批。

   A. 信息员　　　　　　　　　　B. 办公室（厅）主任

   C. 分管领导　　　　　　　　　D. 局领导

19. 下面做法不符合党委工作规则要求的是（　　）。

   A. 党委委员徐某会前办理了请假手续，用书面形式表达了个人对会议议题的重要意见

   B. 经党委办公室审核，党委委员张某署名发表了《新的组合式税费支持政策效应分析》

   C. 每名党委委员都要注重调查研究，帮助基层切实解决实际问题，每年深入基层的时间不少于 1 个月

   D. 党委会议表决采用口头、举手、无记名投票或者记名投票等方式进行，赞成票超过应到会党委委员半数为通过

20. 深化政治巡视，建立巡视巡察上下联动的监督网，继续健全派驻领导体制和工作机制，加强国家监察，形成纪律监督、监察监督、（　　）、巡视监督"四个全覆盖"的权力监督格局。

   A. 人事监督　　　B. 财务监督　　　C. 执法监督　　　D. 派驻监督

二、多项选择题（下列各题的备选答案中，至少有两个正确选项，请将正确选项的字母填写在括号中，多选、少选、错选、不选均不得分。每小题 2 分，共计 20 分）

1. 习近平总书记在中国共产党第十九届中央纪律检查委员会第四次全体会议上指出，要深刻把握党风廉政建设规律，一体推进（　　）。

   A. 不敢腐　　　B. 不能腐　　　C. 不想腐　　　D. 不愿腐

2. 国家机关工作人员特别注意使用手机过程中做好保密工作。使用手机要做到"不连不存"，具体包括以下行为。（　　）

   A. 不连接涉密信息系统　　　　B. 不存储国家秘密

   C. 不用备忘录记录涉密工作事项　　　D. 不在通讯录存储人员姓名等信息

3. 根据《公务员法》规定，国家对行政机关中初次从事（　　）的公务员实行统一法律职业资格考试制度。

   A. 重大执法决定法制审核　　　B. 行政处罚决定审核

   C. 行政复议　　　　　　　　　D. 举报投诉处理

4. 国家秘密受法律保护。负有保守国家秘密义务的主体包括（　　）。

   A. 国家机关　　　　　　　　　B. 社会团体

   C. 企业事业单位　　　　　　　D. 公民

5. 中共中央印发的《法治社会建设实施纲要（2020—2025 年）》明确，"加强居民公约、

村规民约、行业规章、社会组织章程等社会规范建设，推动社会成员（　　）。"

  A. 自我约束 B. 自我教育 C. 自我管理 D. 自我规范

6. 下列对公文发送范围的阐述正确的是（　　）。

  A. 向上级机关行文，可同时抄送下级机关

  B. 向下级机关的重要行文，一般应同时抄送直接上级机关

  C. 向上级和下级机关行文，均可同时抄送同级机关

  D. 向同级机关行文，可以同时抄送其他同级机关

7. 根据《公职人员政务处分法》规定，公职人员犯罪，下列情形中，应当予以开除的有（　　）。

  A. 因犯罪被单处罚金的

  B. 因犯罪被剥夺政治权利的

  C. 因犯罪情节轻微，人民法院依法免予刑事处罚的

  D. 因故意犯罪被判处拘役但宣告缓刑的

8. 下列选项中的行为属于档案利用的有（　　）。

  A. 某市税务局即将召开党代会，机关党委办公室查阅近年档案，参考历次党代会的工作报告

  B. 某市税务局办公室工作人员查阅近年来的大事记等，根据查阅到的资料撰写年鉴

  C. 某县税务局干部曹某因材料丢失无法核实其知青工龄，该局到县档案馆查阅、复制相关材料提供证据

  D. 某市税务局机关服务中心查阅 2019 年 5 月值班电话记录，为迎接上级检查做准备

  E. 机构改革期间，某市税务局将其机关档案移交给合并后的某市税务局

9. 档案整理工作的基本内容包括（　　）。

  A. 区分全宗 B. 合理分类 C. 编制案卷目录 D. 填写档号

10. 会议经费预算除了会议费之外，还应包括（　　）。

  A. 资料费 B. 培训费 C. 住宿费 D. 交通费

三、判断题（判断下列各题正误，正确的打"√"，错误的打"×"。每小题 1 分，共计 20 分）

1. 根据税务总局党委关于解决形式主义问题为基层减负的有关部署要求，全国税务系统处级以上领导干部参加的培训班，必须将习近平总书记关于力戒形式主义官僚主义重要论述选编作为必修课。（　　）

2. 根据双重领导管理体制要求，各级税务局党委在向上级税务局党委请示报告重大事项时，不需要抄送当地党委。（　　）

3. 坚持和发展中国特色社会主义是当代中国发展进步的根本方向。（　　）

4. 党组织根据重大事项类型和缓急程度，可以采用口头或书面方式进行请示报告。（   ）

5. 中央和国家机关要增强"四个意识"、坚定"四个自信"、做到"两个维护"，进一步改进工作方式方法，坐在机关以上看下发现问题，并自下而上整改落实，确保各项减负措施落地见效。（   ）

6. 局务会议、局长办公会议的议题由局长确定，会议组织工作由分管局长负责。（   ）

7. 舆情发布要结合实际选择发布形式、平台和时机，坚持速报事实、原因、态度，续报进展的原则，客观、准确发布信息。（   ）

8. 预警的四个等级，分别用红色、橙色、黄色、蓝色表示。（   ）

9. 税务机关文书档案的保管期限定为永久、定期两种。定期分为 30 年、10 年两类。具体年限自按文件生成的年份开始计算。（   ）

10. 税务工作人员发现国家秘密可能泄露时，应当立即采取补救措施，并及时报告上级税务机关和同级保密行政管理部门，填写泄露国家秘密事件报告表。（   ）

11. 公文被撤销的，视为自撤销之日起无效；公文被废止的，视为自始无效。（   ）

12. 保密委员会必须配备专职保密干部，承担税务机关日常保密管理工作。（   ）

13. 按形式不同，会议可分为见面会议和电话会议。（   ）

14. 纳税人对税务机关征税行为不服提起行政复议的，税务机关应当暂缓执行征税行为，根据复议结果决定是否继续执行。（   ）

15. 群众来访涉及的事项专业性、政策性较强或影响较大的，由信访工作机构接谈处理。（   ）

16. 国家重大税收政策调整方案属于机密级国家秘密。（   ）

17. 市税务局接受人民日报、新华社、中央人民广播电台、中央电视台等中央主流媒体采访，事先向省局办公室报告，省局同意后接受采访。（   ）

18. 突发事件发生后报告的形式可以是口头报告。（   ）

19. 上级党组织领导班子成员定期、随机参加下级党组织领导班子民主生活会和组织生活会，发现问题及时纠正。（   ）

20. 情况紧急时经领导批准可以用加密传真机传输绝密级文件资料。（   ）

四、简答题（共 2 小题，每小题 5 分，共计 10 分）

1. 简述做好信访工作的重要意义。
2. 正确界定文件材料归档范围是税务机关档案管理的重要前提，本机关文件材料中，不需要归档的有哪些？

五、实务题（共6题，每小题5分，共计30分）

1. 小李刚刚调到江东市税务局办公室工作，主要负责信访接待、保密管理等工作。

4月1日一上班，小李就接到两项任务，一是有一名信访人到市局信访，办公室主任安排他接待；另一项任务是到市保密局领取一份保密文件。小李权衡再三，认为信访事项重大，不能耽误。于是就派驾驶员到信访局领取密件，自己在活动室接待信访人。小李按照规定对信访事项进行了登记，当天按领导批示转送给B区税务局进行处理。

处理完信访事项后，驾驶员把密件交给了小李。小李拆开一看，发现是一份绝密件，事关重大、时限很紧，必须马上呈市局领导审阅，交有关部门办理。为让局领导一上班就能传阅、批办该文，他将文件复印了6份。出于保密考虑，他在复印时把文件绝密级字样盖上。并立即将该文的原件和复印件，连同当日收到的其他比较紧急文件，用"紧急公文"文件夹分送局领导。当得知分管局领导请假在家时，他让驾驶员把该文复印件送到分管领导家里。分管领导对该文高度重视，当即在文件上批示要求小李抓紧办理。收到批示后，因时间紧迫，他经请示主任同意，及时将该文传真到所属各县税务局，要求各单位于上午下班前通过电子邮箱将有关情况反馈市税务局。

上午下班，他将文件原件放入自己抽屉，并将复印件带上匆匆回家。回家后他立即上网下载各县税务局上报的资料，其中有一个县局资料没有上报，小李在电话里就文件内容进行了核实，并利用中午时间在家起草了向省税务局的报告。下午一上班，他将草拟好的文稿拷入计算机公文处理系统，按程序通过公文处理系统传到了省税务局。

4月21日，小李向B区税务局了解信访事项处理结果。得知B区税务局信访部门已于4月20日电话通知信访人受理该事项，同时对此事展开了调查。7月11日，B区税务局按规定答复了林某该信访事项的处理结果。当天下午，某经济报记者针对信访人反映事项，电话采访了该市税务局征收管理科科长，科长答复了记者的相关提问。

（1）小李在处理密件过程中，哪些行为不符合保密管理规定？

（2）江东市税务局（包括B区税务局）在处理该起信访事件中，有哪些不妥之处？

2. 以下为A县税务局向上级主管税机关报送的一篇公文。请按照公文处理写作相关规定进行答题。

市局：

由于我县受台风侵袭，县域全境遭受台风灾害影响。县内多家纳税企业停产停工，生产企业受到严重影响。我局所辖A税务所、B税务所、C办税服务厅和第二稽查局4个单位发生楼梯损毁、大厅进水、设备受损严重。经查验初步统计，现就具体问题请示如下：

一、经县局党委会议研究决定，迅速组织力量，恢复受灾单位工作秩序，维修办公用房，预计使用资金100万元。所需资金申请由市税务局据实拨付。

二、拟对受灾纳税人实行延期申报，并做好纳税服务工作。请市税务局研究批准。

当否，请批示。

A县税务局

二○二三年五月八日

（联系人：李某某，电话：131××××1234）

（1）该公文的签发人应该是（　　）。（单选题）

A. A县税务局办公室主任

B. A县税务局主要负责人

C. A县税务局主要负责人授权的其他人员

D. A县税务局具体分管该项工作的局领导

（2）关于该公文使用文种的描述正确的是（　　）。（单选题）

A. 使用"报告"文种正确无误

B. 文种使用错误，应该使用"通知"

C. 文种使用错误，应该使用"请示"

D. 文种使用错误，应该使用"方案"

（3）从该公文内容及格式判断，下列表述正确的是（　　）。（多选题）

A. 作为请示类公文，违反了一文一事原则

B. 文末无须标注联系人及联系电话

C. 文末署发文机关不规范

D. 请示语使用正确

（4）该公文还存在的主要错误和问题有（　　）。（多选题）

A. 主送机关拟写不规范

B. 语言表述不准确

C. 掺杂无关内容

D. 文种选择有误

3. 请将下列材料改编成一篇300字以内的信息稿。要求：标题醒目、结构严谨，逻辑清晰，语言准确精练。

1—4月全省财政收支情况

4月，淮海省财政运行总体平稳，财政收入下降较少，支出较快。本月财政收入128.60亿元，较上年同期增长-0.5%，其中地方财政收入74.25亿元，较上年同期增长2.41%。1—4月，全省财政支出进度明显加快，4月当月完成支出116.52亿元，较上年同期增长33.27%。其中，省级完成财政支出17.94亿元，较上年同期增长

-16.88%；市县完成财政支出98.58亿元，较上年同期增长49.71%。1—4月，累计完成支出487.04亿元，较上年同期增长37.32%，增加132.36亿元。其中省级完成财政支出122.64亿元，较上年同期增长24.77%，增加24.35亿元；市县完成财政支出364.41亿元，较上年同期增长42.13%，增加108.01亿元。1—4月，全省财政收入累计完成478.50亿元，较上年同期增长4.39%，增收18.34亿元。其中，地方收入累计完成262.76亿元，较上年同期增长5.14%，增收12.85亿元。全省16个市（含所有县）累计完成财政收入440.49亿元，较上年同期增长6.4%。其中总量居前三位的是：某市101.39亿元、江北市45.16亿元、江南市41亿元；增幅居前三位的是：江上市36.63%、江下市29.55%、某市18.2%。1—4月，与经济发展密切相关的主体税种：增值税、企业所得税分别完成112.56亿元、23.35亿元，分别为上年同期的3.42%、-12.74%。

4. 请将下列材料改编成一篇700字以内的信息稿。要求：标题醒目、结构严谨、逻辑清晰，语言准确精练。

   材料一：七台河市税务局借助云端平台，采用生动活泼、通俗易懂的形式在线讲解，并进行实时互动，为纳税人缴费人答疑解惑。一个多月以来，共开展云端学堂28次，辅导纳税人8 900余户次。

   材料二：七台河市税务局全力推广"非接触式"办税缴费，在电话、税企微信群、钉钉群等辅导载体基础上，第一时间为纳税人开展"云辅导"，视频连线辅导纳税人缴费人办理涉税业务，及时回应纳税人疑难和诉求。今年以来，在线处理纳税人缴费人问题109人次，受理网上预约服务760户次。

   材料三：七台河市税务局在市区之外的所有分局所开通了"云办税"体验区，实现边远纳税人从税务所到市局办税服务厅无缝连接。纳税人在辖区税务所轻点鼠标，即可办理涉税事项。

5. 引用名篇经典，是习近平总书记讲话的一大特色，其用典精妙广博，意境深远，引人入胜。习近平总书记在重要场合所引用的部分诗词古语中，都采用了修辞手法。修辞本义就是修饰言论，也就是可以在使用语言的过程中，利用多种语言手段以收到尽可能好的表达效果的一种语言活动，请在习近平总书记所引用的诗词古语后标注其所用的修辞手法。

   （1）人生自古谁无死？留取丹心照汗青。（文天祥《过零丁洋》）——2014年10月15日，习近平总书记在文艺工作座谈会上的讲话。（　　）

   （2）衣带渐宽终不悔，为伊消得人憔悴。（柳永《蝶恋花》）——2014年8月19日，习近平总书记在全国宣传思想工作会议上的讲话。（　　）

   （3）隔江犹唱后庭花。（杜牧《泊秦淮》）——2019年3月4日，习近平总书记在全国政协文化艺术界、社会科学界联组会的讲话。（　　）

（4）先天下之忧而忧，后天下之乐而乐。（范仲淹《岳阳楼记》）——2018年5月28日，习近平总书记在中国科学院第十九次院士大会、中国工程院第十四次院士大会上的讲话。（　　）

（5）大道之行也，天下为公。（《礼记·礼运》）——2014年9月24日，习近平总书记在纪念孔子诞辰2 565周年国际学术研讨会上的讲话。（　　）

6. 2023年6月，江东省税务局对江南市局杨局长开展离任审计，审计人员查阅了有关资料，情况如下。

2022年5月9号记账凭证及附列资料记载：3月10日在某饭店接待省局某处人员4人，公务接待单上列名陪同人员有分管领导张某，相关科室负责人李某、王某，服务中心工作人员赵某，饭店开具发票账单显示饭菜费700元、烟100元，在附列资料中未见公务接待函。

根据以上资料，请指出存在的问题。

模拟试卷（二）答案及解析

一、单项选择题

1. 【参考答案】D

   【解析】党的十八大以来，以习近平同志为主要代表的中国共产党人，顺应时代发展，从理论和实践结合上系统回答了新时代坚持和发展什么样的中国特色社会主义、怎样坚持和发展中国特色社会主义这个重大时代课题，创立了习近平新时代中国特色社会主义思想。

2. 【参考答案】C

   【解析】根据《国务院关于国家行政机关和企业事业单位社会团体印章管理的规定》《中华人民共和国印章管理办法》，法定机关印章是代表机关职权的凭证，具有法定性、权威性和效用性。

3. 【参考答案】D

   【解析】《中共中央关于全面推进依法治国若干重大问题的决定》明确指出："党的领导是中国特色社会主义最本质的特征，是社会主义法治最根本保证。"

4. 【参考答案】B

   【解析】《全国税务机关公文处理办法》第六章"发文办理"中的第六十四条规定，公文拟制包括公文的起草、审核、签发等程序。第七章"收文办理"中的第八十七条规定，收文办理指对收到公文的处理过程，包括签收、登记、审核、拟办、批办、承办、传阅、催办、答复等程序。

5. 【参考答案】D

   【解析】根据《关于进一步做好税务系统重大事项请示报告工作的通知》规定，各级税务局党委要严格按照《中国共产党重大事项请示报告条例》规定的程序进行请示报告。党员一般应当向所在党组织（党支部、党总支）请示报告重大事项；领导干部一般应当按照干部管理权限和事项内容向本级党委（党组）或上级党组织请示报告重要工作。

6. 【参考答案】A

   【解析】涉密人员分为核心涉密人员、重要涉密人员和一般涉密人员。

7. 【参考答案】C

   【解析】税务机关行政公文以加盖单位印章为生效标识，加盖印章后方具有公文效力。纪要不加盖印章。《国家行政机关公文格式》中规定：公文生效标识是证明公文效力的表现形式，它包括发文机关印章或签署人姓名。

8.【参考答案】D

【解析】涉密载体原则上不允许复制。确因工作需要复制，应履行审批手续。复制秘密级载体应当经本部门领导批准，复制机密级载体应当经分管领导批准，复制绝密级载体应当经密级确定机关或其上级机关批准。

9.【参考答案】D

【解析】银行存款不属于《领导干部报告个人有关事项规定》中要求的必报范围内容。

10.【参考答案】C

【解析】凡要求开具的涉税证明涉及纳税人商业秘密及个人隐私的，必须经过纳税人书面同意。

11.【参考答案】C

【解析】"一下"阶段的时间节点为每年 10 – 11 月。此阶段的主要任务是落实财政部下达的预算指标控制数。

12.【参考答案】B

【解析】《中国共产党重大事项请示报告条例》第五条规定，各级税务机关党组织承担重大事项请示报告工作主体责任，党组织主要负责同志为第一责任人，对请示报告工作负总责。

13.【参考答案】A

【解析】抄送机关按上级机关、平级机关、下级机关次序排列；同级机关之间一般按照党委、人大、政府、政协、监委、军队、法院、检察院、人民团体、民主党派等次序排列。

14.【参考答案】D

【解析】召开会议的首要因素是确定会议的议题，然后才能筹备会议召开的各项工作。

15.【参考答案】D

【解析】亲自去会场现场检查才是最保险的。

16.【参考答案】C

【解析】闭幕词是一些大型会议结束时由有关领导人或德高望重者向会议所做的讲话，具有总结性、评估性和号召性。闭幕词不同于会议总结，它的总结针对性不强。

17.【参考答案】C

【解析】请示必须在事前，应当一文一事，不得在报告等非请示性公文中夹带请示事项；受双重领导的机关向一个上级机关行文，必要时抄送另一个上级机关；部门之间对有关问题未经协商一致，不得向下行文；各级税务机关的相关部门除办公室和法律规定具有独立执法权的机构外不得对外正式行文。

18.【参考答案】B

【解析】税收信息工作归口各级税务机关办公室（厅）管理。信息的报送一般由办公室（厅）主任审批，重要信息的报送由局领导审批。

19.【参考答案】B

【解析】党委委员应当认真落实基层联系点工作制度，深入开展调查研究，掌握实际情况，研究和解决实际问题，既广泛听取意见，又认真吸纳、及时回应。每年深入基层的时间不少于1个月。党委委员署名发表的与工作有关的文章，应当事先经党委审定或者经党委书记批准。党委委员因故不能参加会议的应当在会前请假，对会议议题的重要意见可以用书面形式表达。可以采用口头、举手、无记名投票或者记名投票等方式，对会议议题进行表决，赞成票超过应到会党委委员半数为通过。

20.【参考答案】D

【解析】依据习近平新时代中国特色社会主义思想学习纲要。

二、多项选择题

1.【参考答案】ABC

【解析】依据习近平总书记在中国共产党第十九届中央纪律检查委员会第四次全体会议上的重要讲话。

2.【参考答案】ABC

【解析】使用手机要做到"不连不存"，不连接涉密信息系统、涉密信息设备及载体；不存储国家秘密；不用备忘录记录涉密工作事项；不在通讯录存储涉密人员姓名等。

3.【参考答案】BC

【解析】根据《公务员法》第二十五条规定："国家对行政机关中初次从事行政处罚决定审核、行政复议、行政裁决、法律顾问的公务员实行统一法律职业资格考试制度，由国务院司法行政部门商有关部门组织实施。"

4.【参考答案】ABCD

【解析】国家秘密受法律保护。一切国家机关、武装力量、政党、社会团体、企业事业单位和公民都有保守国家秘密的义务。

5.【参考答案】ACD

【解析】中共中央印发的《法治社会建设实施纲要（2020—2025年）》明确，"加强居民公约、村规民约、行业规章、社会组织章程等社会规范建设，推动社会成员自我约束、自我管理、自我规范"。

6.【参考答案】BCD

【解析】《全国税务机关公文处理办法》第五十五条规定，向上级机关行文，原则上主送一个上级机关，根据需要同时抄送相关上级机关和同级机关，不抄送下级机关。

7.【参考答案】BD

【解析】根据《中华人民共和国公职人员政务处分法》第十四条规定，"公职人员犯罪，有下列情形之一的，予以开除：（一）因故意犯罪被判处管制、拘役或者有期徒刑以上刑罚（含宣告缓刑）的；（二）因过失犯罪被判处有期徒刑，刑期超过3年的；（三）因犯罪被单处或者并处剥夺政治权利的"。

8.【参考答案】ABC

【解析】档案的利用，是指对档案的阅览、复制和摘录。本单位工作人员因工作需要可以借阅库存档案。选项ABC都属于档案利用行为。按照《机关文件材料归档范围和文书档案保管期限规定》，电话记录不属于归档范围，所以D选项错误。E选项属于档案管理，不属于档案利用。

9.【参考答案】ABCD

【解析】全宗是一个机关（单位）组织在执行职责活动中形成的档案的总称。档案整理首先要区分全宗，然后在全宗内进行后续的整理工作。在全宗中，根据案卷归档单位的来源、时间、内容或形式的异同，按照一定的标准，系统地进行区分、归类。案卷目录表包括案卷顺序号、案卷标题、卷内文件起止时间、卷内文件份数、张数、保管期限等。档号要求填写在档案盒封面上，是档案存放地址的代号，由全宗号、案卷目录号、案卷号组成。

10.【参考答案】ABCD

【解析】很多会议是没有培训的，一般不包括这项。会议经费包括会议费（场地费，用品费，设备费等）、人员劳务费（包括专家的讲课费）、资料费、住宿费、交通费以及其他费用。

三、判断题

1.【参考答案】√

【解析】全国税务系统处级以上领导干部参加的培训班，必须将习近平总书记关于力戒形式主义官僚主义重要论述选编作为必修课。

2.【参考答案】×

【解析】根据《关于进一步做好税务系统重大事项请示报告工作的通知》中第四条关于规范报送程序的规定，各级税务局党委要严格落实以税务总局为主、与省区市党委和政府双重领导的管理体制要求，正常情况下应当向上级税务局党委请示报告，同时抄送当地党委；也可根据事项性质和内容向当地党委请示报告，同时抄送上级税务局党委。特殊情况下，可以不抄送。

3.【参考答案】√

【解析】党的十九大报告指出：坚持和发展中国特色社会主义是当代中国发展进步的根本方向。

4.【参考答案】√

【解析】《中国共产党重大事项请示报告条例》第二十八条规定，党组织根据重大事项类型和缓急程度，可以采用口头或书面方式进行请示报告。

5.【参考答案】×

【解析】中央和国家机关要增强"四个意识"、坚定"四个自信"、做到"两个维护"，进一步改进工作方式方法，深入基层以下看上发现问题，自上而下整改落实，确保各项减负措施落地见效。

6.【参考答案】×

【解析】局务会议、局长办公会议的议题由局长确定，会议组织工作由办公厅（室）负责。

7.【参考答案】×

【解析】舆情事发地税务机关应根据舆情事态发展情况采取相应引导措施，及时发布新闻通稿做好相关解读，结合实际选择信息发布形式、发布平台和发布时机，坚持速报事实、慎报原因、重报态度、续报进展的原则，客观、准确发布信息，包括调查核实情况、税务机关态度及处理意见等。

8.【参考答案】√

【解析】预警的四个等级，分别用红色、橙色、黄色、蓝色表示。

9.【参考答案】×

【解析】根据《国家税务总局关于加强和改进新形势下税务档案工作的意见》《机关文件材料归档范围和文书档案保管期限规定》要求，税务机关文书档案的保管期限定为永久、定期两种。定期分为30年、10年两类。具体年限自按规定应归档的年份开始计算。

10.【参考答案】√

【解析】税务工作人员发现国家秘密已经泄露或者可能泄露时，应当立即采取补救措施，并及时报告上级税务机关和同级保密行政管理部门，填写泄露国家秘密事件报告表。

11.【参考答案】×

【解析】公文被撤销的，视为自始无效；公文被废止的，视为自废止之日起失效。

12.【参考答案】×

【解析】保密委员会下设办公室，配备专（兼）职保密干部，承担税务机关日常保密管理工作。

13.【参考答案】×

【解析】按形式不同，会议可分为见面会议和视频会议。

14.【参考答案】×

【解析】对税务机关征税行为不服提起行政复议的，必须依照税务机关根据法律、法规确定的税额、期限，先行缴纳或者解缴税款和滞纳金，或者提供相应的担保，才可以在缴清税款和滞纳金以后或者所提供的担保得到作出具体行政行为的税务机关确认之日起60日内提出行政复议申请。

15.【参考答案】×

【解析】群众来访涉及的事项专业性、政策性较强或影响较大的，由有关工作部门与信访工作机构共同接谈处理。

16.【参考答案】√

【解析】根据《税务工作国家秘密目录》，国家重大税收政策调整方案属于机密级国家秘密。

17.【参考答案】×

【解析】根据《国家税务总局办公厅关于严肃新闻宣传纪律加强税收宣传管理的通知》规定，需要向总局办公厅报告。

18.【参考答案】√

【解析】根据《全国税务系统突发事件信息报告工作管理办法》，税务总局总值班室、各专项预案主管部门要加强应急工作衔接协调，接到各地突发事件信息报告后，要立即核实、研判，确认后以书面形式呈报税务总局有关领导；紧急情况下，可先口头报告税务总局领导。

19.【参考答案】√

【解析】根据《关于新形势下党内政治生活的若干准则》第九条，严格党的组织生活制度，上级党组织领导班子成员定期、随机参加下级党组织领导班子民主生活会和组织生活会，发现问题及时纠正。

20.【参考答案】×

【解析】传真涉密信息，必须使用国家密码管理部门批准使用的加密传真机。加密传真机只能传输机密级和秘密级信息，绝密级信息应当送当地机要部门译发。

四、简答题

1.【参考答案】信访工作是密切党和政府与广大人民群众联系的特殊桥梁和纽带，是党和政府做群众工作的重要窗口和阵地，是促进科学发展的基础性工作和有力保障。认真倾听群众诉求，了解民意，化解矛盾，排解纠纷，理顺情绪，解决问题。

【解析】通过这个纽带、桥梁、窗口和阵地,宣传党的路线方针政策、国家的法律法规,宣传现阶段工作中一些重大部署和改革发展所取得的进步与成绩,宣传今后继续努力的方向、目标、措施。通过这些措施来凝聚人心,构建和谐社会,建设更加美好和谐的社会。

2.【正确答案】本机关文件材料中,不需要归档的有:(1)本机关文件材料中的重份文件。(2)无查考利用价值的事务性、临时性文件。(3)一般性文件的历次修改稿。(4)文件各次校对稿。(5)无特殊保存价值的信封。(6)不需办理的一般性人民来信、电话记录。(7)机关内部互相抄送的文件材料。(8)本机关负责人兼任外单位职务形成的与本机关无关的文件材料。(9)有关工作参考的文件材料。(每项1分,答对5个以上满分)

【解析】依据为《机关文件材料归档范围和文书档案保管期限规定》第四条。

五、实务题

1.【参考答案】(1)不能由驾驶员到信访局领取密件;绝密件未经制发机关批准,不得复制和抄录;复制绝密件时,不得擅自降低密级;密件必须使用专用文件夹,不得与其他公文一起流转;不能将绝密件携带外出,确实需要时,必须报本局机关领导批准,由2人以上同行,并采取必要的措施;绝密件不得在家里阅办(文中分管局领导和小李均有在家阅办文件);绝密件不得通过传真机传输;不能让各县税务局用外网电子邮箱传递密件相关内容;绝密件应当存放在上锁的保险箱、柜内;不能通过非涉密计算机处理密件;不能通过电话询问密件相关内容;不能通过公文处理传递密件。

(2)接待来访人员必须在指定的地点或场所进行;信访事项登记后应在15日内确定是否受理;应出具书面"信访事项受理告知书";信访事项应当自受理之日起60日内办结。情况复杂的,应填写"延期办理信访事项申请审批表",经本级税务机关负责人批准可以适当延长办理期限,但延长期限不得超过30日,并填写"延期办理信访事项告知书"告知信访人延期理由。征收管理科负责人直接接受采访的行为错误。接受采访要按规定程序商办公室统一安排,重要采访内容要报局领导审定。

【解析】略。

2.【参考答案】(1)B (2)C (3)ACD (4)ABCD

【解析】略。

3.【参考答案】

1—4月,全省财政收入478.5亿元,同比增长4.39%

1—4月,全省财政收入累计完成478.5亿元,同比增长4.39%。16个市(含县)累计完成财政收入440.49亿元,增长6.4%。某市(101.39亿元)、江北市(45.16亿元)、江南市(41亿元)总量居前三位;江上市(36.63%)、江下市(29.55%)、某市（18.2%）增幅居前三位。增值税、企业所得税同比分别增长 3.42%、-3.41%、-12.74%。另外，全省同期累计支出 487.04 亿元，同比增长 37.32%，增加 132.36 亿元。

【解析】准确、生动、凝练，选取的角度新颖别致，能够浓缩新闻、突出精华、提示主题。语言具体实在、简明精练、通俗易懂、生动形象；符合字数要求。

4. 【参考答案】

创新"云服务"架起征纳"连心桥"

今年以来，国家税务总局七台河市税务局不断创新"云服务"举措，持续优化营商环境，用心增添便捷办税温度，用情提升办税缴费速度，用力架起便民服务"连心桥"。

"云培训"不间断

为推进新的组合式税费支持政策实施，七台河市税务局借助云端平台，采用生动活泼、通俗易懂的形式在线讲解，并进行实时互动，为纳税人缴费人答疑解惑。一个多月以来，共开展云端学堂 28 次，辅导纳税人 8 900 余户次。同时，该局大力拓展"云培训"阵地，会同七台河市委网信办构建"税收干货月月见"常态化抖音直播机制，创建"小穗来啦"税收直播品牌。税收宣传月期间，抖音直播观看人数达到 2.7 万人，评论人数达到 3 000 余人，让税收宣传惠及更多群众。

"云办税"不停步

为加快智慧税务建设，七台河市税务局在市区之外的所有分局所开通了"云办税"体验区，实现边远纳税人从税务所到市局办税服务厅无缝连接。纳税人在辖区税务所轻点鼠标，即可办理涉税事项，同时这里还为纳税人缴费人提供远程问税和线上咨询服务，实现"问办协同"，逐步实现"实体办税厅+云办税厅+24 小时自助终端办税厅"的"三厅联动"高效智能办税机制，开启"智慧办税"新模式，提高纳税人的获得感。

"云辅导"不打烊

该局严格落实疫情防控要求，全力推广"非接触式"办税缴费，在电话、税企微信群、钉钉群等辅导载体基础上，第一时间为纳税人开展"云辅导"，视频连线辅导纳税人缴费人办理涉税业务，及时回应纳税人疑难和诉求。今年以来，在线处理纳税人缴费人问题 109 人次，受理网上预约服务 760 户次，受到纳税人缴费人的肯定。

【解析】评分标准

(1) 标题准确、生动、凝练，选取的角度新颖别致，能够浓缩新闻、突出精华、提示主题。可以加肩题或副题。

(2) 结构严谨，层次分明，叙事清楚，内容充实，与上级文件精神一致。

(3) 语言具体实在、简明精练、通俗易懂、生动形象。

(4) 要把握宣传点，符合税务报刊新闻稿件语言特点。

5.【参考答案】（1）设问；（2）夸张；（3）用典；（4）对偶；（5）排比

【解析】常见修辞方法有：比拟、比喻、排比、夸张、借代、对偶、设问、反问、反复、衬托、用典、化用、互文等。

6.【参考答案】

（1）公务接待没有公务接待函。

（2）公务接待陪餐人员超过3人。

（3）公务接待不准提供烟酒。

模拟试卷（三）

一、单项选择题（下列各题的备选答案中，只有一个正确选项，请将正确选项的字母填写在括号中，多选、错选、不选均不得分。每小题 1 分，共计 20 分）

1. 党的二十大报告指出，（　　）是国家治理的一场深刻革命，关系党执政兴国，关系人民幸福安康，关系党和国家长治久安。
    A. 全面从严治党　　　　　　　　B. 全面依法治国
    C. 全面深化改革　　　　　　　　D. 全面建设社会主义现代化国家

2. 以下不属于税务机关主要公文文种的是（　　）。
    A. 纪要　　　　B. 批复　　　　C. 议案　　　　D. 意见

3. 下列关于公文正文安排内容的排列顺序，正确的是（　　）。
    A. 总则——分则——附则——罚则　　　B. 罚则——附则——分则——总则
    C. 总则——分则——罚则——附则　　　D. 附则——罚则——分则——总则

4. 对信访突发事件及时进行交办，承办单位应在（　　）内将处理结果按程序上报，对有特别规定的，按规定时限办结。
    A. 15 日　　　　B. 30 日　　　　C. 1 个月　　　　D. 2 个月

5. 重大事项请示报告的主体是（　　）。
    A. 党组织　　　　B. 领导干部　　　　C. 党员　　　　D. 以上选项都是

6. 《关于在全党大兴调查研究的工作方案》指明了大兴调查研究的 6 个步骤和 4 项工作要求。特别提出"（　　）以上领导班子成员每人牵头 1 个课题开展调研""采取'四不两直'方式""形成（　　）"，要求问计于群众，问计于实践。
    A. 县处级　责任清单、问题清单、整改清单
    B. 县处级　责任清单、问题清单、任务清单
    C. 厅局级　责任清单、问题清单、整改清单
    D. 厅局级　责任清单、问题清单、任务清单

7. 党的问责工作以马克思列宁主义、毛泽东思想、邓小平理论、"三个代表"重要思想、科学发展观为指导，深入贯彻习近平总书记重要讲话精神，围绕（　　），做到有权必有责、有责要担当、失责必追究，落实党组织管党治党政治责任，督促党的领导干部践行忠诚干净担当。
    A. 协调推进"四个全面"战略布局　　　B. 坚持党的领导

C. 加强党的建设　　　　　　　　　D. 全面从严治党

8. 除核心涉密人员外，还有以下（　　）使用的手机应经过必要的安全检查，使用过程中出现故障或异常情况应停止使用并立即报告，送指定地点维修。

A. 重要涉密人员　　　　　　　　　B. 一般涉密人员

C. 普通涉密人员　　　　　　　　　D. 涉密人员

9. 下列不属于定期保管文书档案的是（　　）。

A. 本机关职能活动中形成的一般性业务文件材料

B. 本机关召开会议、举办活动等形成的一般性文件材料

C. 本机关一般性事务管理文件材料

D. 本机关机构演变、人事任免等文件材料

10. 对来访人员在信访过程中有扰乱社会公共秩序和信访秩序行为，经税务机关工作人员劝阻、批评和教育无效的，及时报请（　　）依法处置。

A. 司法机关　　　　　　　　　　　B. 本机关保卫部门

C. 上级机关　　　　　　　　　　　D. 公安机关

11. 使用单位行政印章，须经（　　）在职权范围内批准。

A. 印信保管人员　　　　　　　　　B. 办公厅（室）主任

C. 单位党委书记　　　　　　　　　D. 单位行政首长或其他领导

12. 某市税务局办公室收到信访人直接提出的诉求，下列做法错误的是（　　）。

A. 属于本机关职责范围的，应当受理

B. 属于所属下级税务机关职责范围的，应当自收到该诉求之日起15日内转送、交办至有权处理机关

C. 不属于本机关及所属下级税务机关职责范围的，应当自收到该诉求之日起15日内转送至有权处理机关

D. 将信访诉求转送、交办至有权处理机关时告知信访人转送、交办去向

13. 绩效考评的管理闭环是指（　　）。

A. 目标——计划——执行——反馈——考评

B. 计划——目标——执行——考评——反馈

C. 目标——计划——执行——考评——反馈

D. 计划——目标——执行——反馈——考评

14. 在信访工作中有其他失职、渎职行为，引发信访突出问题或群体性事件的，对负有直接责任者，给予（　　）。

A. 记过，记大过，降级或者撤职处分

B. 警告，记过，记大过或者降级处分

C. 警告，记过，降级或者撤职处分

D. 记大过，降级，撤职或者开除处分

15. 各类督查事项都应有相应的办结时间。上级交办事项、有关部门征求意见或会签的文件办结时间是（　　）。

　　A. 以向来文单位答复的时间为准

　　B. 以向申请方作出答复的时间为准

　　C. 以向局领导正式签报的时间为准

　　D. 以局领导审定或局正式发文的时间为准

16. 复制绝密级载体的批准人是（　　）。

　　A. 本部门领导　　　　　　　　B. 分管领导

　　C. 密级确定机关　　　　　　　D. 上级机关

17. 信息交流与能量交换的一个根本区别是（　　）。

　　A. 共享性　　B. 有用性　　C. 无限性　　D. 时效性

18. 某市税务局拟召开一次涉密会议，下列做法符合要求的是（　　）。

　　A. 在内网机起草会议通知等资料

　　B. 会前电话告知参会人员保密要求

　　C. 在会场外设置"涉密会议"告示牌

　　D. 会议结束后通知物业人员清理会场

19. 机关文书档案的保管期限划分为永久、定期两种。定期一般分为（　　）。

　　A. 20年、10年　　B. 20年、5年　　C. 30年、10年　　D. 30年、15年

20. 2023年7月8日，某市税务局召开了局务会议，下列做法正确的是（　　）。

　　A. 会议讨论通过了市税务局食堂改造工作方案

　　B. 会议讨论通过决定印发的文件于7月8日印发

　　C. 局领导张某有事不能参加会议，会前向办公室请假

　　D. 政策法规科科长因参加市政府相关工作会议无法参加局务会议，会前向办公室备案

二、多项选择题（下列各题的备选答案中，至少有两个正确选项，请将正确选项的字母填写在括号中，多选、少选、错选、不选均不得分。每小题2分，共计20分）

1. 按照税务总局关于督查督办工作的要求，税务部门常用的督查督办工作方法有（　　）。

　　A. 实地督查　　B. 案头督查　　C. 暗访督查　　D. 交叉督查

2. 下列公文格式的表述中，正确的有（　　）。

　　A. 主送机关即收文机关

　　B. 印发机关指发文机关的办公部门

  C. 发文字号由发文机关汉字、发文年度、发文序号组成

  D. 附件是附在正文

3. 各级税务机关应建立健全文件材料的归档制度，需要归档的文件材料范围包括（ ）。

  A. 反映本机关主要职能活动和基本历史面貌的，对本机关工作、国家建设和历史研究具有利用价值的文件材料

  B. 机关工作活动中形成的在维护国家、集体和公民权益等方面具有凭证价值的文件材料

  C. 本机关需要贯彻执行的上级机关、同级机关的文件材料，下级机关报送的重要文件材料

  D. 下级机关文件材料中，供参阅的简报、情况反映，抄送或越级抄送的文件材料

4. 公告的主要特点是（ ）。

  A. 公布范围的广泛性   B. 郑重宣告的庄重性、严肃性

  C. 法定作者的限定性   D. 内容明确、具体

5. 根据《国家赔偿法》规定，下列情形中，国家不承担赔偿责任的有（ ）。

  A. 行政机关工作人员与行使职权无关的个人行为

  B. 因公民、法人和其他组织自己的行为致使损害发生的

  C. 法律规定的不予赔偿的行为

  D. 行政法规规定不予赔偿的行为

6. 在督查督办暗访督查中，对税务局机关的调查，可以采用的方式包括（ ）。

  A. 拍照   B. 录音   C. 录像   D. 访谈

7. 在制定会议议程表时，应考虑的因素有（ ）。

  A. 与会人员的要求   B. 将同类问题集中排列

  C. 将保密性强的议题安排在前面   D. 公司章程对会议议程的规定

8. 国家秘密的密级包括（ ）。

  A. 绝密   B. 机密   C. 特密   D. 秘密

9. 中共中央印发的《法治社会建设实施纲要（2020—2025 年）》提出，到 2022 年，基本形成（ ）的现代公共法律服务体系，保证人民群众获得及时有效的法律帮助。

  A. 覆盖城乡   B. 便捷高效   C. 均等普惠   D. 优质完备

10. 公务外出应科学安排和严格控制外出时间、内容、路线、频率、人员数量，下列属于违反有关规定的有（ ）。

  A. 异地之间没有特别需要的一般性学习交流、考察调研

  B. 重复性考察

C. 以各种名义和方式变相旅游

D. 到风景名胜区举办会议和活动

三、判断题（判断下列各题正误，正确的打"√"，错误的打"×"。每小题 1 分，共计 20 分）

1. 承办单位如认为督办事项不属于本单位或本部门职责范围，应将"督办通知单"立即退回督查部门并说明理由，或自行转送其他单位或部门办理。（　　）

2. 情况紧急时经领导批准可以用加密传真机传输绝密级文件资料。（　　）

3. 公文标题一般由发文机关、发文事由和文种组成。（　　）

4. 涉税负面舆情回应，应采用召开新闻发布会、接受媒体采访的方式，不能通过微博微信客户端发布权威信息。（　　）

5. 对于紧急公文，可以不进行公文会签程序，绕开相关部门或外单位，直接发文。（　　）

6. 落实舆情管理责任方面要做到哪里出现负面舆情，就在哪里处置。（　　）

7. 党政机关公务用车实行编制管理。车辆编制根据领导职数、干部人数和工作需要等因素确定。（　　）

8. 系统督查流程一般包括：督查立项、准备计划、实地督查、反馈意见、总结汇报、督促整改等环节。（　　）

9. 新闻写作的基本要求有信息性、知识性、可读性、时效性以及针对性等。（　　）

10. 各级税务机关应建立督查督办制度，对重要公文要定期督办，一般公文要跟踪督办。（　　）

11. 公文正文标题中标明所印发、转发的公文标题或主要内容的，文末需要将所印发或转发的公文列为附件。（　　）

12. 会议费开支范围包括会议住宿费、伙食费、会议室租金、交通费等方面。会议费开支实行综合定额控制，各单位应在综合定额标准以内结算报销。（　　）

13. 公文一般每面排 22 行，每行排 28 个字，并撑满版心，特定情况可以做适当调整。（　　）

14. 对于舆情的监测和准确研判是舆情应对的前提，监测得越早、研判得越准，越有利于应急处置工作。（　　）

15. 行政机关依申请提供政府信息，不收取费用。但是，申请人申请公开政府信息的数量、频次明显超过合理范围的，行政机关可以收取信息使用费。（　　）

16. 对党组织的纪律处分种类是改组和解散。（　　）

17. 根据工作需要，采取暗访的形式开展督查。对税务机关的暗访，可以通过拍照、录音、录像等留存记录，填写督查工作底稿。必要时暗访人员可以公开身份，进一步

核实有关问题。（　　）

18. 根据《中国共产党党内监督条例》的规定，党内监督的重点对象是党的领导机关和领导干部特别是主要领导干部。（　　）

19. 请示报告应当逐级进行，特殊紧急情况下，可以越级请示报告，但需要抄送上级机关党委和地方党委。（　　）

20. 县级以上各级人民政府监察机关根据工作需要，经本级人民政府批准，可以向政府所属部门派出监察机构或者监察人员。（　　）

四、简答题（共2小题，每小题5分，共计10分）

1. 发布舆情应对信息是科学应对和及时处置涉税舆情的关键环节。请结合实际，简要谈谈税务机关在发布舆情应对信息时，应注意哪些？
2. 根据《中华人民共和国公务员法》，公务员处分分为哪几种？对公务员的处分程序有哪些要求？

五、实务题（共6题，每小题5分，共计30分）

1. A区税务局为改善办税服务厅的办税设施和办税条件，加快智慧税务建设，提升办税缴费信息化、智能化、个性化服务水平，更好地服务广大纳税人和缴费人，需要购买一批智慧办税终端设备，设备价款约为20万元。该区税务局经分管局领导签发，向市局打了一份报告，请求市局给予购置上述终端设备。

（1）A区税务局就上述情况向市局行文，应该采用的正确文种是（　　）。（不定项选择）

　　A. 请示　　　　B. 报告　　　　C. 通知　　　　D. 意见

（2）A区税务局向市局行文，应该由（　　）来签发。（不定项选择）

　　A. 分管局领导　　　　　　　　B. 主要负责人
　　C. 主持工作的负责人　　　　　D. 办公室主任

2. 请将下列材料改编成一篇300字以内的信息稿。

　　要求：标题醒目、结构严谨、逻辑清晰、语言准确精练。

2023年1—4月全省财政收支情况

4月，省财政运行总体平稳，财政收入下降较少，支出较快。本月财政收入128.60亿元，较上年同期增长-0.5%，其中地方财政收入74.25亿元，较上年同期增长2.41%。1—4月，全省财政支出进度明显加快，4月当月完成支出116.52亿元，较上年同期增长33.27%。其中，省级完成财政支出17.94亿元，较上年同期增长-16.88%；市县完成财政支出98.58亿元，较上年同期增长49.71%。1—4月，累计完成支出487.04亿元，较上年同期增长37.32%，增加132.36亿元。其中省级完成财政支出122.64亿元，较上年同期增长24.77%，增加24.35亿元；市县完成财政支出

364.41 亿元，较上年同期增长 42.13%，增加 108.01 亿元。1—4 月，全省财政收入累计完成 478.50 亿元，较上年同期增长 4.39%，增收 18.34 亿元。其中，地方收入累计完成 262.76 亿元，较上年同期增长 5.14%，增收 12.85 亿元。全省 16 个市（含所有县）累计完成财政收入 440.49 亿元，较上年同期增长 6.4%。其中总量居前三位的是：江东市 101.39 亿元、江北市 45.16 亿元、江南市 41 亿元；增幅居前三位的是：江上市 36.63%、江下市 29.55%、江中市 18.2%。1—4 月，与经济发展密切相关的主体税种：增值税、企业所得税分别完成 112.56 亿元、23.35 亿元，分别为上年同期的 3.42%、-12.74%。

3. 近日，中央宣传部、国家税务总局向全社会宣传发布 2021 "最美税务人" 先进事迹，根据材料，结合你身边的先进人物典型事迹，并加以拓展，向省税务局微信公众号报送一篇推文（题目自拟，语言符合微信公众号宣传特点，字数在 1 000 字左右）。

材料一：2019 年银川市税务局成立马丽工作室，2020 年工作室发展成为遍布银川市 7 个办税服务厅的 "金字招牌"。担任总教官的马丽对 7 个办税服务厅统一进行业务培训，规范服务流程，提升服务质效，开启 "精准服务" 新模式。

材料二：国家税务总局山东省蒙阴县税务局坦埠税务分局税务干部张克成。1999 年，从军 16 年的张克成脱下戎装，转业到蒙阴县税务系统工作。了解到地处偏远、条件艰苦的岱崮分局缺人手，他主动提出到该局工作，扎根山区 22 年。

材料三：国家税务总局山东省青岛市税务局稽查局局长黄伟带领团队从研究虚开犯罪规律入手，在大数据利用方面进行探索。

材料四：国家税务总局广东省深圳市税务局税务干部陕闪在服务手段、服务方式上秉持专业化管理理念，不断突破创新。面对大企业分支机构众多、办理涉税业务常常多头跑多次跑的问题，陕闪带领团队实现 "一户一册" "一户一策" "一户一招"，建立税企 "总对总" 对接机制。

材料五：国家税务总局湖北省武汉市税务局货物和劳务税处副处长张学东，5 年研发 8 个软件，推动税收发票管理信息化不断升级。2015 年，为快速锁定虚开发票行为，"预警快" 软件被开发出来，受到税务工作者欢迎。

4. 请阅读以下材料后回答问题。

国家税务总局××县税务局关于拟在城区租用办公房进行装修改造的报告

国家税务总局××市税务局：

随着税收征管效能的不断提升，我局城区基层分局的办税场所已不能适应发展需求。为了改变办税服务环境，为纳税人提供一流服务，提升创建水平，保障税收事业全面协调、又好又快发展，经我局局长办公会议研究决定，拟租用××街大楼并进行装修改造，供城区基层分局使用。办税服务大厅整合成一个征收分局。预计整个装修改造、添置设备办公家具等需资金150万元，资金自筹。

以上请示当否，请批复！

国家税务总局××县税务局

二零××年九月五日

(1) 该公文存在的主要错误和问题有（　　）。（多选题）

A. 文种适用错误　　　　　　　　B. 主送机关名称不规范

C. 日期书写不规范　　　　　　　D. 掺杂无关内容

E. 缺少联系人和电话

(2) 该公文签发人可以是（　　）。

A. 某县税务局办公室主任

B. 某县税务局主要负责人

C. 某县税务局主持工作的负责人

D. 某县税务局主要负责人授权的其他负责人

(3) 请示适用于向上级机关请求指示、批准，根据请示事项一般分为（　　）。

A. 政策性请示　　B. 落实　　　　C. 问题性请示　　D. 操作

E. 事务性请示

5. 某网民由于不熟悉养老、医疗、新农合的缴费方式及征缴业务流程，在当地论坛上发布了针对A市税务局的负面舆情，对税务部门的社会保险费和非税收入征管职责划转工作表示不满，该舆情在朋友圈内迅速扩散。如果你是A市税务局办公室负责舆情管理的工作人员，你会怎么处理？

6. 阅读以下材料，回答问题：

2022年7月12日上午11：30左右，江淮县税务局征管分局聘用驾驶员王某私自驾驶公务用车去接女儿放学，在校门口与驾车的市民李先生因抢道问题而发生口角争执。经路人劝解，事态虽得到平息，但市民李先生对王某拒不道歉的行为仍心有不满。此前，根据县车改办的要求，王某驾驶的公务用车已在醒目的位置喷涂了"公务用车"的标识。鉴于此，市民李先生当即以电话的方式向江淮县税务局办公室进行了反映。同时，有围观群众用手机拍摄了图片，并以《税务公车办私事》为题，在该县市民论坛上发帖投诉，引起众多网友围观评论，点击率迅速攀升，并迅速被转发扩散到沿江城市各知名论坛。

(1) 对市民李先生的投诉，该县税务部门如何处理应对？

(2) 请问该县税务部门监测到该舆情后如何应对？

模拟试卷（三）答案及解析

一、单项选择题

1.【参考答案】B

【解析】党的二十大报告指出，全面依法治国是国家治理的一场深刻革命，关系党执政兴国，关系人民幸福安康，关系党和国家长治久安。

2.【参考答案】C

【解析】《全国税务机关公文处理办法》第十条规定，税务机关主要有命令（令）、决议、决定、公告、通告、意见、通知、通报、报告、请示、批复、函、纪要等13种类公文。

3.【参考答案】C

【解析】正文是公文的主体部分，用于表达规范的具体内容，一般按以下顺序安排内容：总则——分则——罚则——附则。故选C。

4.【参考答案】C

【解析】对信访突发事件及时进行交办，承办单位应在1个月内将处理结果按程序上报，对有特别规定的，按规定时限办结。

5.【参考答案】D

【解析】《中国共产党重大事项请示报告条例》第三条规定，重大事项是指超出党组织和党员、领导干部自身职权范围，或者虽在自身职权范围内，但关乎全局、影响广泛的重要事情和重要情况，包括党组织贯彻执行党中央决策部署和上级党组织组织决定、领导经济社会发展事务、落实全面从严治党责任，党员履行义务、行使权利，领导干部行使权力、担负责任的重要事情和重要情况。

6.【参考答案】B

【解析】县处级以上领导班子成员每人牵头1个课题开展调研，形成问题清单、责任清单、任务清单。

7.【参考答案】A

【解析】根据《中国共产党党内监督条例》。

8.【参考答案】A

【解析】核心涉密人员、重要涉密人员使用的手机应经过必要的安全检查，使用过程中出现故障或异常情况应停止使用并立即报告，送指定地点维修。

模拟试卷（三）答案及解析

9.【参考答案】D

【解析】本机关机构演变、人事任免等文件材料属于永久保管的文书档案。

10.【参考答案】D

【解析】经税务机关工作人员劝阻、批评和教育无效的，及时报请公安机关依法处置。

11.【参考答案】D

【解析】使用单位行政印章，须经单位行政首长或其他领导在职权范围内批准。

12.【参考答案】C

【解析】各级税务机关信访工作部门收到信访人直接提出的诉求，应当进行甄别，按情形分别做出以下处理：

（一）属于本机关职责范围的，应当受理。

（二）属于所属下级税务机关职责范围的，应当自收到该诉求之日起 15 日内转送、交办至有权处理机关，并告知信访人转送、交办去向。转送时可以提出适用信访程序或者其他法定途径处理的建议。

（三）不属于本机关及所属下级税务机关职责范围的，应当自收到该诉求之日起 15 日内告知信访人不予受理，并告知信访人向有权的机关提出。

13.【参考答案】C

【解析】规范流程，健全机制，改进手段，构建"目标—计划—执行—考评—反馈"的管理闭环，实施过程管理，强化跟踪问效。

14.【参考答案】D

【解析】在信访工作中有其他失职、渎职行为，引发信访突出问题或群体性事件的，对负有直接责任者，给予记大过、降级、撤职或者开除处分；负有主要领导责任者，给予记过、记大过、降级或者撤职处分；负有重要领导责任者，给予警告、记过、记大过或者降级处分。

15.【参考答案】D

【解析】各类督查事项的办结时间确认标准：（一）上级交办事项、有关部门征求意见或会签的文件，以局领导审定或正式发文的时间为准。（二）局党委会、局务会、局长办公会、重要专题会议议定事项和局领导交办事项，以向局领导正式签报的时间为准。（三）下级税务机关请示需要书面答复的，以向来文单位答复的时间为准；不需要书面答复的，以在"督查（督办）通知单"上注明的电话沟通、说明情况的时间为准。（四）其他事项，以实际办结时间为准。

16.【参考答案】C

【解析】复制秘密级载体应当经本部门领导批准，复制机密级载体应当经分管领导批准，复制绝密级载体应当经密级确定机关或其上级机关批准。

17.【参考答案】A

305

【解析】信息的共享性是指信息可同时为多方所利用，这是信息交流与实物或能量之间交换的一个根本区别。

18.【参考答案】C

【解析】涉密会议文件资料起草应当选择安全可靠的场所，在相同涉密等级的计算机中进行。主办涉密会议的单位，应当在会议召开前，以口头或文字方式向参会人员提出明确保密要求。涉密会议主办单位应当在会场入口处设置手机屏蔽柜和保密提示牌。会议结束后，主办单位要进行全面检查，及时清点回收涉密文件资料，防止涉密文件资料遗失。

19.【参考答案】C

【解析】根据档案管理相关制度办法。

20.【参考答案】D

【解析】局务会议的主要任务是：（一）传达贯彻党中央、国务院重要决定、重要会议精神、税务总局和省委、省政府重要工作部署；

（二）讨论省税务局工作中的重大事项；

（三）讨论省税务局年度工作计划，全局性的重要工作、重要文件和重要制度。

（四）研究其他需要由局务会讨论的议题与事项。

其他局领导不能出席局务会议应事先向局长请假；各单位主要负责人不能出席局务会议的，应事先向办公室备案，由办公室汇总后向局长请假。

局务会议讨论通过决定印发的文件，原则上应在会议结束后7个工作日内印发。

二、多项选择题

1.【参考答案】ABCD

【解析】税务部门常用的督查督办工作的常用方法有实地督查、案头督查、暗访督查、交叉督查、"二次"督查。

2.【参考答案】BC

【解析】公文一般指行政机关、社会团体和企事业单位在行政管理活动或处理公务活动中产生的，按照严格的、法定的生效程序和规范的格式制定的具有传递信息和记录作用的载体。文件的受文机关包括主送机关、抄送机关，印发机关是指公文的印制主管部门，一般为发文机关的办公厅（室）或文秘部门，即办公部门。发文字号是发文机关按照发文顺序编排的顺序号。由发文机关代字、年份、发文顺序号组成。附件是正文的补充材料或参考材料，是公文的重要组成部分但不是所有的公文都有附件。所以AD项错误，BC项正确。故选BC。

3.【参考答案】ABC

【解析】下级机关文件材料中，供参阅的简报、情况反映，抄送或越级抄送的文件

模拟试卷（三）答案及解析

材料属于不需要归档的文件材料范围。

需要归档的文件材料范围包括：

（1）反映本机关主要职能活动和基本历史面貌的，对本机关工作、国家建设和历史研究具有利用价值的文件材料；

（2）机关工作活动中形成的在维护国家、集体和公民权益等方面具有凭证价值的文件材料；

（3）本机关需要贯彻执行的上级机关、同级机关的文件材料，下级机关报送的重要文件材料；

（4）其他对本机关工作具有查考价值的文件材料。

4.【参考答案】ABC

【解析】公告是向国内外宣布重要事项或法定事项的公文，它具有告知范围的广泛性、公布内容的庄重性和严肃性、法定作者的限定性等特点。"内容明确、具体"是所有公文的内容要求。故选 ABC。

5.【参考答案】ABC

【解析】根据《中华人民共和国国家赔偿法》第五条规定，"属于下列情形之一的，国家不承担赔偿责任：（一）行政机关工作人员与行使职权无关的个人行为；（二）因公民、法人和其他组织自己的行为致使损害发生的；（三）法律规定的其他行为"。

6.【参考答案】ABC

【解析】对税务机关的暗访，可以通过拍照、录音、录像等留存记录，填写督查工作底稿；必要时暗访人员可以公开身份。

7.【参考答案】BD

【解析】制定议程表时，应注意议题所涉及各种事物的习惯性顺序和本公司章程有无对会议议程顺序的明确规定；制定议程表之前还须明确会议活动的人员、日期和时间、地点、有关的餐饮安排，多采用表格形式；宣布议程，然后说明一些有关此次会议事务性的内容，之后再安排讨论的问题；尽量将同类性质的问题集中排列在一起，这样既便于讨论，也便于有关列席人员到会和退席；保密性较强的议题，一般放在后面。故答案为 BD。

8.【参考答案】ABD

【解析】国家秘密的密级分为绝密、机密、秘密三级。"绝密"是最重要的国家秘密，泄露会使国家的安全和利益遭受特别严重的损害；"机密"是重要的国家秘密，泄露会使国家的安全和利益遭受到严重损害；"秘密"是一般的国家秘密，泄露会使国家的安全和利益遭受损害。

9.【参考答案】ABC

【解析】中共中央印发的《法治社会建设实施纲要（2020—2025 年）》提出，"到

307

2022年，基本形成覆盖城乡、便捷高效、均等普惠的现代公共法律服务体系，保证人民群众获得及时有效的法律帮助"。

10.【参考答案】ABCD

【解析】各级党政机关应当加强公务外出计划管理，科学安排和严格控制外出的时间、内容、路线、频率、人员数量，禁止异地部门间没有特别需要的一般性学习交流、考察调研，禁止重复性考察，禁止以各种名义和方式变相旅游，禁止违反规定到风景名胜区举办会议和活动。公务外出确需接待的，派出单位应当向接待单位发出公函，告知内容、行程和人员。

三、判断题

1.【参考答案】×

【解析】应将"督办通知单"立即退回督查部门并说明理由，不得自行转送其他单位或部门办理。

2.【参考答案】×

【解析】传真涉密信息，必须使用国家密码管理部门批准使用的加密传真机。加密传真机只能传输机密级和秘密级信息，绝密级信息应当送当地机要部门译发。

3.【参考答案】√

【解析】公文标题一般由发文机关、发文事由和文种组成。

4.【参考答案】×

【解析】涉税负面舆情回应，应采用召开新闻发布会、接受媒体采访以及微博微信客户端发布权威信息。

5.【参考答案】×

【解析】公文会签是必经程序。

6.【参考答案】√

【解析】要强化舆情管理属地责任，按照分级负责的原则，坚持一级管一级、层层传导压力，哪里出现负面舆情，就在哪里处置，及时将舆情苗头化解在基层、遏制在萌芽状态。

7.【参考答案】×

【解析】《党政机关公务用车管理办法》规定，党政机关公务用车实行编制管理。车辆编制根据机构设置、人员编制和工作需要等因素确定。

8.【参考答案】×

【解析】根据《系统督查管理办法》，系统督查流程一般包括：督查立项、实施准备、实地督查、反馈意见、总结汇报、督促整改等环节。

9.【参考答案】√

【解析】新闻写作的基本要求有信息性、知识性、可读性、时效性以及针对性等。

10. 【参考答案】×

【解析】根据督察督办相关规定，重要事项，重点督办；紧急事项，跟踪督办；一般事项，定期督办。

11. 【参考答案】×

【解析】正文标题中已经标明所印发、转发的公文标题或主要内容的，文末不再将所印发或转发的公文列为附件。

12. 【参考答案】√

【解析】《中央和国家机关会议费管理办法》第十五条规定，会议费开支实行综合定额控制，各项费用之间可以调剂使用。综合定额标准是会议费开支的上限。各单位应在综合定额标准以内结算报销。

13. 【参考答案】√

【解析】根据《全国税务机关公文处理办法》。

14. 【参考答案】√

【解析】对于舆情的监测和准确研判是舆情应对的前提，监测得越早、研判得越准，越有利于应急处置工作。

15. 【参考答案】×

【解析】依据《中华人民共和国政府信息公开条例》第四十二条规定，行政机关依申请提供政府信息，不收取费用。但是，申请人申请公开政府信息的数量、频次明显超过合理范围的，行政机关可以收取信息处理费。

16. 【参考答案】√

【解析】对严重违犯党纪的党组织的纪律处理措施是改组和解散。

17. 【参考答案】√

【解析】根据《系统督查管理办法》，根据工作需要，采取暗访的形式开展督查。对税务机关的暗访，可以通过拍照、录音、录像等留存记录，填写督查工作底稿；必要时暗访人员可以公开身份，进一步核实有关问题。

18. 【参考答案】√

【解析】根据《中国共产党党内监督条例》第六条，党内监督的重点对象是党的领导机关和领导干部特别是主要领导干部。

19. 【参考答案】×

【解析】国家税务总局党委印发的《关于进一步做好税务系统重大事项请示报告工作的通知》中第四条关于规范报送程序规定，各级税务局党委要严格按照《条例》规定的程序进行请示报告。请示报告应当逐级进行，一般不得越级请示报告。

20. 【参考答案】√

【解析】县级以上各级人民政府监察机关根据工作需要，经本级人民政府批准，可以向政府所属部门派出监察机构或者监察人员，即单独派驻纪检组这种模式。

四、简答题

1.【参考答案】舆情事发地税务机关应结合实际选择信息发布形式、发布平台和发布时机，坚持速报事实、慎报原因、重报态度、续报进展的原则，客观、准确发布信息，包括调查核实情况、税务机关态度及处理意见等。

【解析】略。

2.【参考答案】（1）《公务员法》第六十二条规定，公务员处分分为：警告、记过、记大过、降级、撤职、开除6种。（2）第六十三条规定，对公务员的处分，应当事实清楚、证据确凿、定性准确、处理恰当、程序合法、手续完备。公务员违纪违法的，应当由处分决定机关决定对公务员违纪违法的情况进行调查，并将调查认定的事实以及拟给予处分的依据告知公务员本人。公务员有权进行陈述和申辩；处分决定机关不得因公务员申辩而加重处分。处分决定机关认为对公务员应当给予处分的，应当在规定的期限内，按照管理权限和规定的程序做出处分决定。处分决定应当以书面形式通知公务员本人。

【解析】依据《中华人民共和国公务员法》。

五、实务题

1.【参考答案】（1）A　（2）BC

【解析】略。

2.【参考答案】

1—4月全省财政收入478.5亿元，同比增长4.39%

1—4月，全省财政收入累计完成478.5亿元，同比增长4.39%。16个市（含县）累计完成财政收入440.49亿元，增长6.4%。江东（101.39亿元）、江北（45.16亿元）、江南（41亿元）总量位居前三位；江上（36.63%）、江下（29.55%）、江中（18.2%）增幅位居前三位。增值税、企业所得税同比分别增长3.42%、-12.74%。另外，全省同期累计支出487.04亿元，，同比增长37.32%，增加132.36亿元。

【解析】1. 标题简洁、鲜明、醒目、直奔主题；2. 结构严谨，层次分明，逻辑清晰，具备较强的综合概括能力；3. 语言准确、精炼，具备较强的文字综合能力；4. 字数符合要求。

3.【参考答案】

牢记使命，为民为企办实事
——走近二〇二一"最美税务人"

近日，中央宣传部、国家税务总局向全社会宣传发布2021"最美税务人"先进事迹。他们中有人扎根山区20多年在纳税服务一线为民办实事、解难题，有人为了让减税降费政策精准落地一直在"细"字上较真用劲，有人携妻驻村当困难群众的暖心人、致富道路上的引路人……

细微处彰显纳税服务温度

"业务超级精，工作超级拼，政策超级熟……"在同事口中，国家税务总局宁夏回族自治区银川市税务局纳税服务中心副主任马丽非常敬业。

2019年银川市税务局成立马丽工作室，2020年工作室发展成为遍布银川市7个办税服务厅的"金字招牌"。担任总教官的马丽对7个办税服务厅统一进行业务培训，规范服务流程，提升服务质效，开启"精准服务"新模式。马丽把办税服务厅当做家，把大厅的同事和纳税人缴费人当成家人，她说："我想留在离老百姓最近的地方，始终在第一时间为他们解难题、办实事。"

"我想留在离老百姓最近的地方。"说过这话的，还有扎根山区22年的国家税务总局山东省蒙阴县税务局坦埠税务分局税务干部张克成。1999年，从军16年的张克成脱下戎装，转业到蒙阴县税务系统工作。了解到地处偏远、条件艰苦的岱崮分局缺人手，他主动提出到该局工作。蒙阴县地处沂蒙革命老区，山路崎岖难走。为了解纳税人生产经营状况、进行纳税辅导，张克成常常要骑自行车或摩托车长途跋涉，实在没路就翻山越岭步行，最多时一天行程达80多公里。

实干担当推动税收现代化

国家税务总局湖北省武汉市税务局货物和劳务税处副处长张学东，5年研发8个软件，推动税收发票管理信息化不断升级。2015年，为快速锁定虚开发票行为，"预警快"软件被开发出来，受到税务工作者欢迎。张学东工作室团队研发的应用软件，成为湖北税务在优化税收治理、推动精准监管工作中的"金字招牌"。

深圳拥有诸多享誉国内外的龙头企业、总部企业，也有着如雨后春笋般快速成长的新产业、新业态、新模式。为了给企业创造更好的税收营商环境，国家税务总局广东省深圳市税务局税务干部陕闪在服务手段、服务方式上秉持专业化管理理念，不断突破创新。面对大企业分支机构众多、办理涉税业务常常多头跑多次跑的问题，陕闪带领团队实现"一户一册""一户一策""一户一招"，建立税企"总对总"对接机制。这项举措推出后，许多大企业的痛点、堵点迎刃而解，大大节约了企业的时间和成本。

近年来，虚开发票成为涉税犯罪的高发行为。国家税务总局山东省青岛市税务局稽查局局长黄伟带领团队从研究虚开犯罪规律入手，在大数据利用方面进行探索。2018年，黄伟创立集"甄别、区分、定位"于一体的"三项技术"，同时配合探索总结的几十项虚开发票犯罪疑点指标，构建起成熟完善的数据模型，整合成一套行之有效的打击虚开发票新战法。

【解析】（1）标题准确、生动、凝练，选取的角度新颖别致，能够突出精华、提示主题。可以加肩题或副题。

（2）结构严谨，层次分明，叙事清楚，内容充实，与上级文件精神一致。

（3）语言具体实在、简明精炼、通俗易懂、生动形象。

（4）要把握宣传点，符合税务报刊新闻稿件语言特点。

4.【参考答案】（1）ACDE　（2）BC　（3）ACE

【解析】文种应改为请示。一文数事，标题中事项是拟在城区租用办公房进行装修改造，而正文中内容既包括标题事项，还有将办税服务大厅整合成一个征收分局的事项。缺少联系人和电话。上行文应当在附注处标注联系人及电话。发文日期不规范。发文日期中的数字应当是阿拉伯数字。

5.【参考答案】快速报告→舆情会商→调查核实→情况反馈→新闻布控→协调配合→发布信息→责任处理→形象恢复→总结教训。

【解析】（一）重大涉税（费）舆情发生后，事发单位要快速区分舆情性质和严重程度，迅速采取有效措施控制事态发展，并在第一时间上报省局纳税服务中心（税收宣传中心）。报告内容包括：舆情来源、时间、内容、发稿（帖）人；事件原因、性质、影响范围、舆情级别；舆情现状、事态发展趋势和建议。（二）纳税服务中心（税收宣传中心）组织社会保险费处、非税收入处等相关部门或单位，根据舆情信息及时进行会商研判，提出处置意见，明确工作要求，落实人员责任，视情启动应急响应。（三）纳税服务中心（税收宣传中心）组织相关业务主管部门和单位赴事发地调查核实，了解事情真实情况，现场研究应对处理意见。（四）根据调查结果，将舆情相关内容（时间、地点、事件性质、核实情况、舆情现状、影响范围、处置对策等）形成《涉税（费）舆情专报》报省局领导及当地党委政府。（五）对于有新闻现场的舆情事件，事发单位涉税舆情主管部门应第一时间选派有经验、负责任的人员进行新闻事件现场的布控，安排专人负责媒体联络和接待，视情组织舆情事件媒体通报会，有序防控虚假报道和不利于税务形象的负面信息传播。（六）加强与新闻宣传主管部门、网信、公安等部门的沟通协调，争取指导和支持。加强与新闻媒体的联系沟通，发挥主流舆论引导作用。对于内容严重失实的舆情，在澄清事实的同时，协调有关部门作删帖处理，从源头上控制虚假舆情信息的进一步扩散。对恶意炒作严重影响税收工作的，要挖掘源头并诉诸法律。事发单位加强内部协调，促进线上线下联动处理，形成舆情应对工作合力。（七）重大突发舆情事件经查实后，结合实际选择信息发布形式、发布平台和发布时机，坚持速报事实、慎报原因、重报态度、续报进展、口径统一的原则，按新闻通稿内容发布信息。新闻通稿要履行审批程序和保密审查，报局领导批准后方可发布。（八）对于情况属实的负面舆情，采取必要的"切割"措施，及时处理相关责任人，以有效手段修复公信力。（九）在形象恢复期，要加强正面宣传，维护税务部门良好形象。组织人员主动发帖、及时跟帖、适时结帖，及时引导网上舆论，让正面声音占据主导地位。(十)突发涉税(费)舆情事件处置工作结束后,应总结分析经验教训,提出改进工作的建议,完成事件处置工作的总结报告。

6.【参考答案】

(1)①应及时向领导汇报,听取指示安排。

②应认真登记来访事项,并转主管部门办理。

③应耐心做好说服劝解,稳定当事人情绪。

(2)①应当与当事人保持沟通,跟踪掌握事件进展。

②应加强信访事项督办,推动事件稳妥处置。

③应密切关注事态发展,做好应急处置准备。

【解析】根据《党政机关公务用车管理办法》《税务系统信访工作规定》等相关规定,应及时向领导汇报,听取指示安排;应认真登记来访事项,并转主管部门办理;应耐心做好说服劝解,稳定当事人情绪;应当与当事人保持沟通,跟踪掌握事件进展;应加强信访事项督办,推动事件稳妥处置;应密切关注事态发展,做好应急处置准备。

模拟试卷（四）

一、单项选择题（下列各题的备选答案中，只有一个正确选项，请将正确选项的字母填写在括号中，多选、错选、不选均不得分。每小题 1 分，共计 20 分）

1. 坚持党对一切工作的领导，要提高党（　　）的能力和定力，确保党始终总揽全局协调各方。

   A. 把方向、稳大局、定政策、促改革　　B. 把方向、谋大局、定政策、促落实

   C. 把方向、谋大局、定政策、促改革　　D. 把方向、稳大局、定政策、促落实

2. 关于"三会一课"，下列选项错误的是（　　）。

   A. 党小组会一般每月召开 1 次

   B. 党支部委员会会议一般每月召开 1 次

   C. 党支部党员大会一般每季度召开 1 次

   D. 党委（党组）书记每半年至少讲 1 次党课

3. 依据《中国共产党重大事项请示报告条例》，以下不属于党员应当向党组织请示的事项是（　　）。

   A. 从事党组织所分配的工作中的重要问题

   B. 代表党组织对外发表重要意见

   C. 按照规定需要请示的涉外工作交往活动

   D. 转移党的组织关系

4. 根据《党政机关公文处理工作条例》，下列选项说法正确的是（　　）。

   A. "公告"适用于公布重要事项或者法定事项

   B. "命令（令）"适用于公布行政法规和规章

   C. "公报"适用于向国内外宣布重要事项或法定事项

   D. "通知"适用于在一定范围内公布应当遵守或者周知的事项

5. 根据《党政机关公文处理工作条例》规定，经党委领导同意，以下（　　）部门可以向下级党委发布指令性公文或者在公文中向下级党委提出指令性要求。

   A. 党委办　　B. 组织部　　C. 宣传部　　D. 统战部

6. 上级税务机关和所在地党委、政府重大决策和工作部署、重要文件和会议议定事项中涉及税收工作重要事项以及上级领导同志批示和交办事项的办理，没有明确时限要求的，承办单位一般在（　　）日内办结并上报。

A. 7 B. 15 C. 20 D. 30

7. 下列说法错误的是（   ）。

   A. 请示报告制度是我们党的一项重要政治纪律、组织纪律、工作纪律

   B. 请示报告制度是执行党的民主集中制的有效工作机制

   C. 全年度各省税务局党委全面工作总结和下一步工作安排，必须于每年的12月底前报告税务总局党委

   D. 虽在自身职权范围内但关乎全局、影响广泛的重要事情和重要情况，即使未列入清单也要及时请示报告

8. 民主生活会后（   ）日内，要向上级纪委和党委组织部门报送会议情况报告和会议记录。

   A. 10 B. 15 C. 20 D. 25

9. 总局党委发文进一步完善了税务系统重大事项请示报告制度。下列关于重大事项请示报告的处理，正确的是（   ）。

   A. 报告重大事项后，不需要同上级对口沟通联系

   B. 收到下级请示后，如果认为事项不重要，可以不答复

   C. 遇有紧急突发事件，必须严格按照规定程序向上级请示报告后才可以进行处置

   D. 对下级报送的重大事项报告应当及时汇总分析

10. 各单位的年度会议计划，经（   ）后执行。

    A. 分管局领导审批
    B. 分管局领导审核并报主要领导批准
    C. 局长办公会议审批
    D. 上一级主管部门批准

11. 复制机密级载体应当经（   ）批准。

    A. 本部门领导
    B. 分管领导
    C. 密级确定机关
    D. 上级机关

12. 某市税务局拟召开局领导专题会议，符合要求的参会人员范围是（   ）。

    A. 局长、分管局领导、提出议题部门主要负责人、局内相关单位负责人
    B. 分管局领导、提出议题部门全体人员、局内相关单位负责人
    C. 分管局领导、提出议题部门主要负责人、局内相关单位负责人
    D. 分管局领导、提出议题部门主要负责人、局内各单位负责人

13. 使档案系统化、有序化的工作是（   ）。

    A. 档案立卷 B. 档案保管 C. 档案整理 D. 档案检索

14. 国家税务总局关于全面推进政务公开工作实施办法，要求地市以上税务机关应建立新闻发言人制度，主要负责人每年对自己制定的重要政策进行解读不少于（   ）次。

    A. 1 B. 2 C. 3 D. 4

15. 下列选项中属于永久保管的文书档案是（   ）。

A. 本机关编制决算方面的文件材料

B. 本机关教育培训工作计划和方案

C. 本机关对受到警告处分人员的行政处分文件材料

D. 下级机关报送的关于重大问题专题报告的文件材料

16. 以下不属于税收信息反映内容的是（　　）。
   A. 税收工作重大决策部署　　B. 各级税务机关税收工作创新
   C. 重大涉税案件　　D. 税务机关重要干部任免

17. 关于党委落实全面从严治党主体责任，下列选项错误的是（　　）。
   A. 党委书记履行全面从严治党第一责任人职责
   B. 党建工作与业务工作同谋划、同部署、同推进、同考核
   C. 党委每年至少召开1次会议专题研究全面从严治党工作
   D. 党委每年年初制定落实全面从严治党主体责任的年度任务安排

18. 会议议程是为完成议题而做出的（　　）。
   A. 概略计划　　B. 顺序计划　　C. 议程计划　　D. 日程计划

19. 秘书参谋作用通常不具有（　　）。
   A. 独立性　　B. 中介性　　C. 辅助性　　D. 科学性

20. 局领导专题会议的组织工作由会议主题涉及的主办单位负责，议题由（　　）确定。
   A. 局长　　B. 主办单位
   C. 主持会议的局领导　　D. 办公室负责人

二、多项选择题（下列各题的备选答案中，至少有两个正确选项，请将正确选项的字母填写在括号中，多选、少选、错选、不选均不得分。每小题2分，共计20分）

1. 中共中央印发的《法治中国建设规划（2020—2025年）》提出，改进和创新执法方式，加强（　　）等非强制行政手段的运用。
   A. 行政指导　　B. 行政奖励　　C. 行政裁决　　D. 行政和解

2. 涉密信息系统应当指定专门人员管理和维护，严格设定用户权限，按照（　　）的原则，控制涉密信息和知悉范围。
   A. 最高密级防护　　B. 最低密级防护
   C. 最小授权管理　　D. 最大授权管理

3. 全面深化改革总目标包括（　　）。
   A. 全面建成小康社会　　B. 实现中华民族伟大复兴
   C. 完善和发展中国特色社会主义制度　　D. 推进国家治理体系和治理能力现代化

4. 在组织召开涉及国际秘密内容的会议时，下列做法错误的是（　　）。
   A. 用微信发送会议通知　　B. 使用无线话筒

C. 会后及时清点回收会议资料　　D. 参会人员手机关闭

5. 事务文书是党政机关、社会团体、企事业单位处理日常事务的应用文。这类应用文是用来处理日常事务、沟通信息、总结经验、研究问题、指导工作、规范行为的实用性文书。以下选项中，属于事务文书的是（　　）。

　　A. 纪要　　　　B. 总结　　　　C. 简报　　　　D. 意见

6. 按照有关法律要求，可以确定绝密级国家秘密的机关有（　　）。

　　A. 中央国家机关

　　B. 省级机关

　　C. 中央国家机关、省级机关授权的机关、单位

　　D. 设区的市、自治州

7. 以下属于绩效指标内容的有（　　）。

　　A. 指标名称　　B. 考评标准　　C. 分值权值　　D. 责任主体

8. 涉税网络舆情的应对和管理的办法包括（　　）。

　　A. 完善工作机制　　　　　　　B. 抓好重点环节

　　C. 加强法治建设　　　　　　　D. 营造良好环境

9. 下列属于涉密会议保密方案内容是（　　）。

　　A. 参加人员范围　　　　　　　B. 会议经费预算

　　C. 各环节保密责任　　　　　　D. 对外宣传报道保密要求

10. 根据《网络安全法》规定，建设关键信息基础设施应当确保其具有支持业务稳定、持续运行的性能，并保证安全技术措施（　　）。

　　A. 同步规划　　B. 同步审批　　C. 同步建设　　D. 同步使用

三、判断题（判断下列各题正误，正确的打"√"，错误的打"×"。每小题1分，共计20分）

1. 涉密人员按照一定审查程序审查后经批准才能在涉密岗位工作。　　　　（　　）
2. 税务系统的档案管理部门应当对档案的收进、移出、库存、利用、销毁等情况进行登记和统计，并按照规定向上级税务机关和统计档案行政管理机关报送档案基本情况统计表。　　　　（　　）
3. 收文办理指对收到公文的处理过程，包括签收、登记、拟办、批办、承办、传阅、催办、答复等程序。　　　　（　　）
4. 档案的保管期限，从档案所属年代的本年1月1日起计算，长期计划、协议、协定、合同等有关文件，按其有效期满后当年1月1日起计算。　　　　（　　）
5. 公文都应该标注主送机关。　　　　（　　）
6. 通常把省、厅两级的秘书人员称为"中级秘书"。　　　　（　　）

317

7. 部门会签或征求意见的公文，没有明确时限要求的，承办单位一般应在7个工作日内回复，特急件一般应在3个工作日内回复，急件一般应在5个工作日内回复。（   ）

8. 信访事项实行"谁首办、谁负责"的首办责任制。（   ）

9. 公文标题中一律不用标点符号。（   ）

10. 各级税务机关应当及时、准确、全面、有效地向上级税务机关报送信访信息。（   ）

11. 税务机关可以与同级党委政府、同级党政各部门、相应的军队机关、同级人民团体和具有行政职能的事业单位联合行文。（   ）

12. 公文文稿加盖公章后，即定稿生效，具有法定效力。（   ）

13. 税务信息从内容来分类，可分为快讯、专报。（   ）

14. 绝密级载体应当存放在密码文件柜中，由专人管理。（   ）

15. 会议费开支实行综合定额控制，各项费用之间可以调剂使用。（   ）

16. 税务机关主要是通过网站进行政府信息公开。（   ）

17. 税收信息员要按照为上级机关领导服务为主、努力为本级领导和基层服务的原则，对收集到的税收信息进行筛选。（   ）

18. 在销毁档案时，应当与机关保卫部门取得联系，指定专人监销，并由监销人员在销毁清册上签字。（   ）

19. 项目支出预算是部门支出预算的主要组成部分，是行政事业单位为保障其机构正常运转、完成日常工作任务所必需的开支，包括人员经费和日常公用经费两部分。（   ）

20. 对不能够采用电视电话、网络视频召开的会议实行定点管理。（   ）

四、简答题（共2小题，每小题5分，共计10分）

1. 习近平总书记强调，要加强传播手段建设和创新，发展网站、微博、微信、电子阅报栏、手机报、网络电视等各类新媒体，积极发展各种互动式、服务式、体验式新闻信息服务，实现新闻传播的全方位覆盖、全天候延伸、多领域拓展，推动党的声音直接进入各类用户终端，努力占领新的舆论场。请你结合税务总局关于新时期税收宣传工作的要求，谈谈创新税收宣传方式、增强税收宣传效果的好的措施或方法。

2. 开展税务系统督查工作旨在更好地推动重点工作落实，请简述系统督查工作中的工作纪律要求有哪些。

五、实务题（共6题，每小题5分，共计30分）

1. 党的十八大以来，党中央把巡视作为全面从严治党的重大举措、党内监督的战略性制度安排，巡视发挥出令人瞩目的利剑作用。无禁区、全覆盖、零容忍，是全面从严治党、深入开展反腐败斗争的旗帜、立场和方向，巡视全覆盖是党中央向全党全社会做出的庄严承诺。一系列的方法创新赋予了巡视制度新的活力，有力推动了管党治党迈向标本兼治。某省税务局为了落实中央巡视工作方针，深化政治巡视，聚焦坚持党的领导、加强党的建设、全面从严治党，发现问题、形成震慑，省局党委派出巡察组开展对该省 A 市税务局的巡察。进驻前巡察组先发布了巡察公告，进驻 A 市税务局后，巡察组通过听取该局党委工作汇报、进行民主测评、组织个别谈话、调阅有关资料、受理来信来电来访、召开座谈会、征求有关部门意见等方式开展巡察工作。

请结合上述材料，回答下列问题。

（1）为落实全面从严治党要求，严肃党内政治生活，净化党内政治生态，加强党内监督，开展巡视的方式有（　　）。（多选题）

A. 常规巡视　　B. 政治巡视　　C. 机动式巡视　　D. 专项巡视

E. 巡视"回头看"

（2）税务系统从事巡察工作人员应当具备的条件包括（　　）。（多选题）

A. 遵守党的纪律，严守党的秘密

B. 具有法学专业背景，熟悉党务工作和相关政策法规

C. 具有较强的发现问题、沟通协调、文字综合等能力

D. 身体条件能胜任工作要求

E. 敢于担当，依法办事，公道正派

（3）依据《中国共产党巡视工作条例》的规定，应建立巡察制度，设立巡察机构的部门是（　　）。（多选题）

A. 中央有关部委的党组（党委）　　B. 中央国家机关部门党组（党委）

C. 党的市（地）委员会　　D. 党的县（区）委员会

E. 党的直辖市委员会

（4）巡视组对巡视对象执行《中国共产党章程》和其他党内法规等情况进行监督，重点监督内容包括（　　）。（多选题）

A. 党的观念淡漠　　B. 纪律松弛

C. 行政诉讼败诉及国家赔偿　　D. 组织涣散

E. 管党治党宽松软

（5）关于巡视组开展工作的方式，下列表述正确的有（　　）。（多选题）

A. 听取专题汇报　　B. 与干部群众进行个别谈话

C. 调阅会议记录　　D. 履行执纪审查

E. 进行民主测评

2. 近期，市局社保科拟发关于社保"统模式"相关文件。请回答以下问题：

（1）市局社保科工作人员小王起草文件后，发给部门负责人审核，以下不属于该

负责人应当审核的重点是（　　）。（单选题）

A. 是否符合党的路线方针政策和国家法律法规

B. 是否需要会签其他职能部门或有关单位

C. 文字、数字、计量单位、标点符号是否规范

D. 公文文种的选用是否适当

（2）该文件需与市局征管科、市人社局会签，以下做法不正确的是（　　）。（多选题）

A. 主动与市局征管科取得一致意见

B. 与征管科协商不能取得一致意见后，请市局分管领导裁定

C. 征管科3个工作日提出会签意见反馈给社保科

D. 小王拿着经部门负责人审核的文件，送市人社局会签

（3）文稿签发前，应当经办公室审核，审核的重点包括（　　）。（多选题）

A. 行文理由是否充分，行文依据是否准确

B. 是否符合党的路线方针政策和国家法律法规

C. 所提政策措施和办法是否切实可行

D. 涉及有关部门职权范围内事项是否经过充分协商并达成一致意见

3. 请根据以下材料，以某市税务局名义报送1篇政务信息，标题自拟，字数不超过400字。

今年以来，某市税务局高度重视退税减税工作，及时对接上级税务局减税办，针对今年新出台的组合式税费支持政策，明确各工作组职责，布置政策落实举措，全面加强组织保障和工作统筹。主要责任同志主持召开退税减税推进会11次，分管领导定期召开减税办碰头会，主动与市委、市政府、财政部门对接，传达最新政策内容，汇报退税减税缓税规模。

某市××刷业有限公司财务负责人表示：税务部门现在服务真周到！他们采取有奖问答等形式宣传最新税费政策，确保我们掌握清楚。3月底我公司账面有增值税留抵税额17万元，经税务部门辅导办理退税申请，4月底就一次性退还到了公司账户。此政策颁布，我们一致表示欢迎和感谢，此款将用于公司旧设备改造以扩大生产规模。

据悉，某税务每月开展一线人员专题业务培训，强化办税服务厅运行支持。另外，与人行、商业行逐一对接，建立退税发送、审核、退库工作机制，确保税款及时退付到位。截至4月底，已办理增值税留抵退税55户、3 567万元。

4. 请根据以下材料撰写一篇信息稿，报送某市委、市政府。（400字）

今年5月以来，某省某市一直受疫情影响，民营企业发展困难，举步维艰。某市税务部门在坚持疫情防控的大局下，不折不扣落实各项减税降费政策，通过一系列措施助力民营企业"留得青山、赢得未来"。1—8月，累计新增减税0.71亿元，降低企业社会保险费负担0.57亿元。不断提升办税缴费服务质效，落实延期缴纳税款规定，

共受理31户纳税人申请，办理延期缴纳税款4 841.01万元；快办出口退税，累计办理出口退税254笔1.03亿元。落实一揽子便民办税措施，95%以上主要涉税事项均能网上办理；开展摸清服务对象助力复工复产专项行动，摸排面达95.05%；优化发票办理，纳税人"非接触式"领票比例突破70%。持续优化税收执法方式，邀请纳税人参与税收主题活动，坚持"无风险不检查、无审批不进户、无违法不停票"；落实长三角区域"统一税务行政处罚裁量权行使标准"清单，做到税务行政处罚"同事同罚、公平公正"。

5. 今年6月，为高效落实加快出口退税进度新举措，某市税务局组建了"青年突击队"，到产业园入户开展政策解读和专项辅导，为企业提供"一企一策"精准帮扶。某市税务局在得知某光电公司面临出口货物运输成本高、企业资金运转困难等问题，某市税务局青年税干现场辅导该企业通过电子税务局提交退税申报数据，让企业顺利取得退税款，及时享受到了政策红利，减轻了经营负担。

请根据以上信息撰写一篇新闻稿，投送《中国税务报》，要求形式活泼有细节（500字）。

6. 公文改错题。

关于申请税务行政执法工作经费的请示

市局：

2023年×县税务局认真贯彻全市税务工作会议精神和市税务局关于优化税务行政执法工作的部署要求，坚持改进税收行政执法工作方式，持续深化税法宣传，不断创新税收基层治理方式，多项工作受到市税务局和县委、县政府通报表彰，为提升全市税务执法工作质量做出了积极贡献。为进一步做好基层税务行政执法工作，扎实开展好新一年度的税收法制宣传、税收法律服务和基层行政执法工作，特向市税务局申请解决100万元经费。具体项目如下：

一、宣传费用30万元

二、硬件保障45万元

三、物资支出21万元

四、其他费用5万元

特此报告，恳盼函复。

×县税务局办公室

2023年9月31日（右空两格）

模拟试卷（四）答案及解析

一、单项选择题

1.【参考答案】C

【解析】习近平新时代中国特色社会主义思想。坚持党对一切工作的领导，要提高党把方向、谋大局、定政策、促改革的能力和定力，确保党始终总揽全局协调各方。

2.【参考答案】D

【解析】《中国共产党支部工作条例（试行）》第十六条，党委（党组）书记每年至少讲1次党课。

3.【参考答案】B

【解析】《中国共产党重大事项请示报告条例》第三十七条第三款规定，代表党组织对外发表重要意见是领导干部应当向党组织请示的事项。

4.【参考答案】B

【解析】公报，适用于公布重要决定或者重大事项。命令（令），适用于公布行政法规和规章、宣布施行重大强制性措施、批准授予和晋升衔级、嘉奖有关单位和人员。公告，适用于向国内外宣布重要事项或者法定事项。通知，适用于发布、传达要求下级机关执行和有关单位周知或者执行的事项，批转、转发公文。

5.【参考答案】A

【解析】根据《党政机关公文处理工作条例》规定，除党委、政府的办公厅（室）以外的其他部门和单位不得向下级党委、政府发布指令性公文或者在公文中向下级党委、政府提出指令性要求。

6.【参考答案】D

【解析】督查立项的事项，应有明确的时限要求，承办单位应按时限要求办结。

上级税务机关和所在地党委、政府重大决策和工作部署、重要文件和会议议定事项中涉及税收工作重要事项以及上级领导同志批示和交办事项的办理。

(1) 有明确时限要求的，承办单位一般应在时限要求内提前2个工作日报局领导审定后按时报送；

(2) 没有明确时限要求的，承办单位一般在30日内办结并上报；

(3) 有特殊要求的，应特事特办，并及时向办公室反馈办理结果。

7.【参考答案】C

【解析】省税务局每年1月底和7月底前，分别以党委正式文件向税务总局党委报告上一年度和本年度半年工作，并按地方要求报告省委、省政府。

8.【参考答案】B

【解析】见《关于县以上党和国家机关党员领导干部民主生活会的若干规定》之规定。

9.【参考答案】D

【解析】向上级报告重大事项后，承办部门要积极争取上级对口部门的支持，及时把握下步工作要求，努力促进相关工作成果转化，充分发挥报告价值，A项错误。收到下级请示后，相关职能部门应根据职责分工，在其职权范围内作出研究处理，B项错误。向上级请示重大事项，必须事前请示，但情况紧急来不及请示必须临机处置的，应当按照规定履职尽责，并及时进行后续请示报告。

10.【参考答案】C

【解析】年度会议计划需经局长办公会审批通过后执行。

11.【参考答案】B

【解析】复制秘密级载体应当经本部门领导批准，复制机密级载体应当经分管领导批准，复制绝密级载体应当经密级确定机关或其上级机关批准。

12.【参考答案】C

【解析】会议会务相关规定，局领导专题会议参加人员为分管局领导、提出议题部门主要负责人、局内相关单位负责人。

13.【参考答案】A

【解析】档案立卷是指文书部门将已经办理完毕的、具有一定参考利用价值的档案资料，按照它们在形成过程中的联系和一定规律组成案卷。档案立卷的主要意义是能保持档案文件之间的历史联系，使档案系统化、有序化，便于查找利用。故本题答案选A。

14.【参考答案】A

【解析】根据《全面推进政务公开工作实施办法》（税总发〔2017〕44号）。

15.【参考答案】A

【解析】定期保管的文书档案主要包括：上级机关和同级机关制发的非本机关主管业务但要贯彻执行的文件材料；下级机关报送的年度或年度以上计划、总结、统计、重要专题报告等文件材料；同级机关、下级机关关于一般性业务问题的来函、请示与本机关的复函、批复等文件材料。

根据"全省税务系统机关文书档案保管期限表"，本机关教育培训工作计划和方案、本机关对受到警告处分人员的行政处分文件材料、下级机关报送的关于重大问题专题报告的文件材料属于定期保管的文书档案。

16. 【参考答案】D

【解析】税收信息工作的主要内容包括重大决策部署，主要反映党中央、国务院对税收工作做出的重大决策部署等；税收工作创新，主要反映各级税务机关工作创新情况；税收突出问题，主要反映税收工作中存在的问题，重大涉税案件和重大涉税舆情等。

17. 【参考答案】C

【解析】《党委（党组）落实全面从严治党主体责任规定》第七条、第十条、第十二条、第二十二条，错误点："每半年至少召开1次"。

18. 【参考答案】B

【解析】会议议程是为完成议题而做出的顺序计划，即会议所要讨论、解决的问题的大致安排，会议主持人要根据议程主持会议。故答案为B。

19. 【参考答案】A

【解析】秘书的参谋作用具体体现在为上司调查研究、收集和提供信息、提供咨询等，辅助上司决策等，一般不具有独立性。故本题答案选A。

20. 【参考答案】C

【解析】局领导专题会议的议题由主持召开会议的局领导确定。会议的组织工作由主办单位负责。

二、多项选择题

1. 【参考答案】ABD

【解析】中共中央印发的《法治中国建设规划（2020—2025年）》提出，"改进和创新执法方式，加强行政指导、行政奖励、行政和解等非强制行政手段的运用"。

2. 【参考答案】AC

【解析】涉密信息系统应当指定专门人员管理和维护，严格设定用户权限，按照最高密级防护和最小授权管理的原则，控制涉密信息知悉范围。

3. 【参考答案】CD

【解析】全面深化改革总目标是完善和发展中国特色社会主义制度、推进国家治理体系和治理能力现代化。

4. 【参考答案】ABD

【解析】涉密会议不能使用微信发布涉密会议通知，会场不能使用无线话筒，禁止携带手机进入会场。会后及时清点回收会议资料。

5. 【参考答案】BC

【解析】事务文书包括计划、总结、简报、报表、记录、调查报告、演讲稿等。纪要、意见属于党政机关公文。

模拟试卷（四）答案及解析

6.【参考答案】ABC

【解析】根据《税务工作国家秘密范围的规定》《国家税务局系统保密工作规则》规定，中央国家机关、省级机关以及中央国家机关、省级机关授权的机关、单位，可以确定绝密级国家秘密。

7.【参考答案】ABCD

【解析】指标内容主要包括指标名称、考评标准、分值权值、考评周期、责任主体等要素。

8.【参考答案】AB

【解析】加强法治建设、营造良好环境不属于涉税网络舆情的应对和管理的办法。

9.【参考答案】ACD

【解析】保密方案内容包括各环节保密责任、参加人员范围、保密管理制度、对外宣传报道保密要求和现场保密防护措施。

10.【参考答案】ACD

【解析】根据《中华人民共和国网络安全法》第三十三条规定，"建设关键信息基础设施应当确保其具有支持业务稳定、持续运行的性能，并保证安全技术措施同步规划、同步建设、同步使用"。

三、判断题

1.【参考答案】√

【解析】只有通过保密审查的人员，才能到涉密岗位开展工作。未通过保密审查的人员，不能到涉密岗位履职，不能确定为涉密人员。

2.【参考答案】√

【解析】根据建立健全统计制度的要求，档案管理部门应当建立健全档案资料的统计制度，对档案的收进、移出、库存、利用、销毁等情况进行登记和统计，并按照规定向上级税务机关和同级档案行政管理机关报送档案基本情况统计表。

3.【参考答案】×

【解析】收文办理指对收到公文的处理过程，包括签收、登记、审核、拟办、批办、承办、传阅、催办、答复等程序。

4.【参考答案】×

【解析】档案的保管期限，从档案所属年代的次年1月1日起计算，长期计划、协议、协定、合同等有关文件，按其有效期满后次年1月1日起计算。

5.【参考答案】×

【解析】周知性文件如公告、通告等不需要标注主送机关。

6.【参考答案】×

【解析】通常把省、厅两级的秘书人员称为"高级秘书",把处、科两级的秘书人员称为"中级秘书",科员级以下的秘书人员则被称为"初级秘书"。故本题判断错误。

7.【参考答案】√

【解析】《全国税务机关督促检查工作办法》(国税发〔2005〕84号)第十一条第二款规定,对列入督办事项的,承办单位应在规定的时限内完成。(三)同级机关部门会签或征求意见的公文办理。同级有关部门主办,向本单位征求意见或会签的公文,有明确时限的,承办单位应在时限要求内提前2个工作日完成;没有时限要求的,承办单位应在5个工作日内完成;特急件应在3个工作日内完成。

8.【参考答案】√

【解析】信访事项实行"谁首办、谁负责"的首办责任制。

9.【参考答案】×

【解析】《全国税务机关公文处理办法》第三十一条规定,公文标题中除法律、法规、规章和规范性文件名称加书名号外,一般不用标点符号。

10.【参考答案】×

【解析】各级税务机关应当及时、准确、全面、有效地向上级税务机关和地方党委、政府报送信访信息。

11.【参考答案】×

【解析】《全国税务机关公文处理办法》第五十七条规定,各级税务机关可以与同级党政各部门、下一级党委政府、相应的军队机关、同级人民团体和具有行政职能的事业单位联合行文。

12.【参考答案】×

【解析】公文文稿经签发后,即定稿生效,具有法定效力。

13.【参考答案】×

【解析】税务信息从重要性来分类,可分为快讯、专报。从内容来分,可分为行政管理信息、税收业务信息。

14.【参考答案】×

【解析】绝密级载体应当存放在密码保险柜中,由专人管理。

15.【参考答案】√

【解析】《中央和国家机关会议费管理办法》第十五条规定,会议费开支实行综合定额控制,各项费用之间可以调剂使用。

16.【参考答案】×

【解析】除通过网站进行政府信息公开外,税务机关还可以利用在办税服务厅设置公告栏、印发税务公告、举行新闻发布会等多种形式主动向社会公众发布相关信息。

17.【参考答案】×

模拟试卷（四）答案及解析

【解析】税收信息员要按照为本级领导服务为主、努力为上级机关领导和基层服务的原则，对收集到的税收信息进行筛选。

18.【参考答案】×

【解析】在销毁档案时，应当与机关保卫部门取得联系，指定两人以上监销，并由监销人员在销毁清册上签字。

19.【参考答案】×

【解析】基本支出预算是部门支出预算的主要组成部分，是行政事业单位为保障其机构正常运转、完成日常工作任务所必需的开支，包括人员经费和日常公用经费两部分。

20.【参考答案】√

【解析】《中央和国家机关会议费管理办法》第十二条规定，不能够采用电视电话、网络视频召开的会议实行定点管理。

四、简答题

1.【参考答案】要适应互联网、移动传播和融媒体发展新形势，转变工作思路，创新工作方式，提高宣传质效。要将创新税收宣传方式、增强税收宣传效果与"融媒体"发展深度糅合：一要坚持一体化发展方向，通过流程优化、平台再造，实现各种媒介资源有效整合，实现信息内容、技术应用、平台终端、管理手段共融互通，催化融合质变，放大一体效能。二要坚持移动优先策略，借助移动传播，占据税收宣传的传播制高点。三要探索将人工智能运用在信息采集、接收、反馈中，全面提高宣传引导能力。四要创新税收宣传方式、增强税收宣传效果。积极制作标语口号、政策图解、公益广告、主题MV、系列快闪、短视频、微动漫等一系列喜闻乐见、易于传播的融媒体精品，不断创新传播方式，坚持移动优先、全媒传播、立体覆盖，形成优势互补、协同发声的宣传声势。

【解析】大力拓展宣传渠道，报纸、电视、网络、客户端、微博微信等共同上阵，广泛利用办税服务厅大屏幕、户外大屏、楼宇传媒、高铁动车、公交地铁、影视院线、广播电视等平台投放税收宣传品，形成全方位立体传播矩阵。

2.【参考答案】（1）督查人员应当认真履行职责，客观反映督查情况，如实记录问题，公正评价被督查单位，不得放宽督查标准或者隐瞒督查发现的问题。（2）督查人员应当严格遵守中央八项规定精神，认真落实公务接待管理办法，不得违反各项廉政规定。（3）督查人员应当严格遵守保密工作纪律，不得向被督查单位泄露与督查工作有关的保密信息；对被督查单位提供的有关信息负保密责任；对反映问题的人员或单位信息保密。（4）对认真履行职责、忠于职守、坚持原则、取得显著成绩的督查组和督查人员，应给予表彰奖励。

《系统督查管理办法》第三十四条规定，督查人员对被督查单位人员或纳税人反映强烈的问题,应核实未核实、应报告未报告的,追究相关责任人的纪律责任。对滥用职权、徇私舞弊、玩忽职守、泄露秘密的督查人员,依照规定程序处理。第三十五条规定,对拒绝督查、不配合督查、拒不提供资料或者提供虚假资料、整改落实不力或者瞒报、虚报整改情况以及报复刁难反映问题人员的,按照有关规定处理。

【解析】参见税务总局《系统督查管理办法》。

五、实务题

1.【参考答案】

（1）ACDE

【解析】巡视的一般方式包括：常规巡视、机动式巡视、专项巡视、巡视"回头看"。

（2）ACDE

【解析】根据《中国共产党巡视工作条例》第十一条,巡视工作人员应当具备下列条件：（一）理想信念坚定,对党忠诚,在思想上政治上行动上同党中央保持高度一致；（二）坚持原则,敢于担当,依法办事,公道正派,清正廉洁；（三）遵守党的纪律,严守党的秘密；（四）熟悉党务工作和相关政策法规,具有较强的发现问题、沟通协调、文字综合等能力；（五）身体健康,能胜任工作要求。

（3）CD

【解析】《中国共产党巡视工作条例》第二条规定,党的中央和省、自治区、直辖市委员会实行巡视制度,建立专职巡视机构,在一届任期内对所管理的地方、部门、企事业单位党组织全面巡视。中央有关部委、中央国家机关部门党组（党委）可以实行巡视制度,设立巡视机构,对所管理的党组织进行巡视监督。党的市（地、州、盟）和县（市、区、旗）委员会建立巡察制度,设立巡察机构,对所管理的党组织进行巡察监督。开展巡视巡察工作的党组织承担巡视巡察工作的主体责任。

（4）ABDE

【解析】依据《中国共产党巡视工作条例》第十五条的规定,巡视组对巡视对象执行《中国共产党章程》和其他党内法规,遵守党的纪律,落实全面从严治党主体责任和监督责任等情况进行监督,着力发现党的领导弱化、党的建设缺失、全面从严治党不力,党的观念淡漠、组织涣散、纪律松弛,管党治党宽松软问题。

（5）ABCE

【解析】依据《中国共产党巡视工作条例》第十七条的规定,巡视组可以采取以下方式开展工作：（一）听取被巡视党组织的工作汇报和有关部门的专题汇报；（二）与被巡视党组织领导班子成员和其他干部群众进行个别谈话；（三）受理反映被巡视党组织领导班子及其成员和下一级党组织领导班子主要负责人问题的来信、来电、来访等；（四）抽查核实领导干部报告个人有关事项的情况；（五）向有关知情人询问情况；

（六）调阅、复制有关文件、档案、会议记录等资料；（七）召开座谈会；（八）列席被巡视地区（单位）的有关会议；（九）进行民主测评、问卷调查；（十）以适当方式到被巡视地区（单位）的下属地方、单位或者部门了解情况；（十一）开展专项检查；（十二）提请有关单位予以协助；（十三）派出巡视组的党组织批准的其他方式。依据第十八条，巡视组依靠被巡视党组织开展工作，不干预被巡视地区（单位）的正常工作，不履行执纪审查的职责。

2.【参考答案】（1）C（2）BCD（3）ABCD

【解析】略。

3.【参考答案】

某市局：精准部署三步走，退税减税狠发力

认准一个目标，常抓不懈显毅力。某市局主动提升站位，始终将退税减税工作作为严肃的政治任务落实落细。主要责任同志既挂帅又出征，主持召开退税减税推进会11次，分管领导定期召开减税办碰头会，减税办"一日三汇报"，组员各司其职，确保工作开展全覆盖、无遗漏。截至4月底，已办理增值税留抵退税55户、3 567万元。

统筹两种辅导，政策宣传下苦力。对内，每月开展一线人员专题业务培训，强化办税服务厅运行支持，做好热线政策咨询解答工作，及时收集咨询热点难点问题。对外，运用多形式宣传媒介，采取有奖问答等形式，精准帮助纳税人缴费人掌握政策、享受红利。

搭建三个平台，多方联动聚合力。主要负责人主动向市委、市政府汇报退税减税进度，积极争取地方支持；上门与各商业银行等对接，获取自然人账户信息；保持与人民银行、财政部门的密切联系，定期定量对接退库进展，构建高效有力的沟通渠道，确保税款及时退付到位，进一步提高纳税人缴费人获得感。

【解析】政务信息是指政府系统为各级政府部门和各级领导把握大局、正确指导工作和进行科学决策而搜集、写作的信息。它是以反映政府工作及其相关事物的运动发展规律为目的，以可以传递、处理的各种府政信息为内容，快速、直接、朴实的一种应用文体。

4.【参考答案】

某税务：打好组合拳，助力民营经济发展

今年疫情以来，某税务在遵守疫情防控大局下，通过落实各项减税降费政策、提升办税缴费服务质效、优化税收执法方式等方面打好税务组合拳，助力某民营企业"留得青山、赢得未来"。

一是打好税惠落实拳。全面落实减税降费政策，支持民营企业克服疫情、灾情影响。1—8月，累计新增减税0.71亿元，降低企业社会保险费负担0.57亿元。

二是打好减负举措拳。落实延期缴纳税款规定，共受理31户纳税人申请，办理延

期缴纳税款 4 841.01 万元；快办出口退税，累计办理出口退税 254 笔 1.03 亿元。

三是打好服务提升拳。落实一揽子便民办税措施，95% 以上主要涉税事项均能网上办理；开展摸清服务对象助力复工复产专项行动，摸排面达 95.05%；优化发票办理，纳税人"非接触式"领票比例突破 70%。

四是打好规范执法拳。邀请纳税人参与税收主题活动，坚持"无风险不检查、无审批不进户、无违法不停票"；落实长三角区域"统一税务行政处罚裁量权行使标准"清单，做到税务行政处罚"同事同罚、公平公正"。

【解析】综合信息是对原始的、零散的相关信息进行归纳综合，做出定性定量分析后获得的信息。是将零碎、肤浅的相关信息集中起来，综合分析，归纳整理，实现由"偏"而"全"、化零为整、去粗取精、由浅入深的优化，形成有事实、有分析，既提出问题，又有关于解决问题的思路建议，揭示事物全貌，反映事物本质和规律的高层次信息。初级信息仅仅提出存在的问题，而高层次的信息则进一步分析了产生问题的原因，提出解决问题的办法，是初级信息的深化和升华。

5. 【参考答案】

某税务：加快出口退税进度助外贸企业行稳致远

"及时到账的 208.14 万元出口退税资金，既降低了企业经营成本，又可以用于扩大生产经营和技术研发投入，我为税务部门的精细服务点赞。"近日，某光电有限公司财务负责人阳康说，"阶段性加快出口退税办理进度政策很及时，为我们坚定地'走出去'增添了活力"。

为高效落实加快出口退税进度新举措，某市税务局组建"青年突击队"，入户开展政策解读和专项辅导，为企业提供"一企一策"精准帮扶。得知某光电公司面临出口货物运输成本高企等问题，青年税干现场辅导该企业通过电子税务局提交退税申报数据，让企业顺利取得退税款，及时享受到政策红利，减轻了经营负担。

该公司今年前 6 个月已办理出口退税 1 315.6 万元。国家对信用好的企业阶段性加快出口退（免）税办理进度政策的实施，加速了企业资金周转，帮助企业更好地利用退税资金加大技术研发、提升产品质量、稳定国际市场。

"下一步，我们将进一步压实网格化服务责任，持续开展政策精准解读和纳税人宣传辅导工作，优化退税流程，确保快退税款，促进外贸保稳提质；在落实加快出口退税进度新举措的同时，加强出口退税风险分析应对，为'中国膜都'营造更好的公平公正税收营商环境。"某市税务局党委书记、局长×××说。

【解析】新闻稿写作一般包括主标题、副标题、内容、背景和结尾部分，注意交代清楚新闻的六个要素，时间、地点、任务，事情的起因、发展、结果等。

6. 【参考答案】

（1）标题存在错误，没有发文机关。

（2）主送机关名称书写不规范，应使用机关全称或规范化简称。

（3）申请经费合计和分项不一致，合计为100万元，分项之和为101万元。具体项目可以以附件形式体现。附件：税收法律服务经费预算表。

（4）结束语错误，应为"妥否，请批示。"

（5）落款单位错误，应为国家税务总局×县税务局。

（6）落款时间应右空4字。

（7）缺少附注。

【解析】略。

模拟试卷（五）

一、单项选择题（下列各题的备选答案中，只有一个正确选项，请将正确选项的字母填写在括号中，多选、错选、不选均不得分。每小题 1 分，共计 20 分）

1. 习近平总书记在《关于〈中共中央关于全面推进依法治国若干重大问题的决定〉的说明》中引用英国哲学家培根的一段话："一次不公正的审判，其恶果甚至超过十次犯罪。因为犯罪虽是无视法律——好比玷污了水流，而不公正的审判则毁坏法律，好比污染了水源。"这说明公正司法的重要性。公正司法是（　　）。
   A. 社会公正的唯一标准　　　　　　B. 社会公正的最终目标
   C. 维护社会公平正义的决定因素　　D. 维护社会公平正义的最后一道防线

2. 节俭是中华民族的传统美德。由俭入奢易，由奢入俭难。俭以养德，俭以养廉。下列表述中体现这一观点的是（　　）。
   A. 积善如登，积恶如崩
   B. 苟非吾之所有，虽一毫而莫取
   C. 用一文钱，必问：这一文钱该用吗？该用采用，不该用必不用，用必尽其效
   D. 公私之间应当划出鸿沟，绝对隔离，不使它有毫厘交通。私账混入公账，公账混入私账，就是混账

3. 关于涉税舆情处置方式，下列选项中不正确的是（　　）。
   A. 坚持提高突发事件处置能力与有效应对媒体相结合
   B. 坚持正面宣传为主与舆论监督相结合
   C. 坚持回避问题与删除负面评论相结合
   D. 坚持网上舆情处置与网下问题处理相结合

4. 公文附件说明的顺序和名称应标注在（　　）。
   A. 正文之后，成文日期之前　　　　B. 成文日期之后，附注之前
   C. 附注之后，成文日期之前　　　　D. 成文日期之后，抄送机关之前

5. 下列关于某市税务局在印信管理中做法错误的是（　　）。
   A. 印信保管实行保管人和办公室主任负责制
   B. 经单位领导批准后，印信管理员小张携带印信外出
   C. 在单位统一社会信用代码证复印件上用印时注明具体用途
   D. 特殊情况下，经单位主要领导签字同意后，在空白的纸张上使用印章

6. 关于局内会议，下列说法是不正确的（   ）。
   A. 局内会议包括局党委会议、局务会议、局长办公会议和局领导专题会议
   B. 局党委会应按议题确定、预告、酝酿讨论、形成决议等程序进行；局党委会议日期和会议议题由党委书记或主持工作的党委委员确定，会议议题确定前一般应征询党委委员的意见
   C. 党委会议根据需要定期召开，会议日期和会议日程由党委书记确定；全体党委委员参加会议，应有三分之二以上（含三分之二）成员到会
   D. 局务会议由局领导和局内各单位主要负责人参加，由局长或其委托的局领导召集和主持

7. 秘书人员既有广博的知识，又熟悉某行业专业知识，可称为（   ）。
   A. 秀才型人才   B. 通才型人才
   C. 专才型人才   D. 通才——专才型人才

8. "人人都是自媒体，个个都有麦克风"体现了涉税舆情的特点是（   ）。
   A. 突发性   B. 偏差性   C. 自由性   D. 直接性

9. 在法定节假日和重要时间节点，（   ）应落实两级值班带班要求，带班人员和值班人员需同时 24 小时坚守岗位。
   A. 各级税务机关   B. 各省级税务机关
   C. 各市级税务机关   D. 各县级税务机关

10. 印信保管实行保管人和办公室（厅）主任负责制。（   ）是印信管理的直接责任人。
    A. 办公室（厅）主任   B. 印信保管人员
    C. 单位党委书记   D. 单位行政首长

11. 某省税务局拟于 2023 年 2 月组织召开全省年度工作会，办公室主任王某负责会议组织工作，年初已将此次会议列入年度部门预算，王某按规定提前办理经费审批手续。下列做法符合会议费管理要求的有（   ）。
    A. 此次会议参会人员为 130 人，其中工作人员 13 人
    B. 由于此次会议布置全年重点工作，内容较多，拟召开 3 天
    C. 年终会议场地紧张，王某联系了当地一下五星级酒店举办此次会议
    D. 由于该省物价上涨，此次会议费综合定额标准调整为 650 元/人·天

12. 涉税舆情处置中要做好联合应对，加强对外协调，建立相关的会议制度是（   ）。
    A. 主要领导会议制度   B. 责任部门会议制度
    C. 联席会议制度   D. 分管领导会议制度

13. 下列不属于监督执纪"四种形态"是（   ）。

A. 党内关系要正常化，批评和自我批评要经常开展，让咬耳扯袖、红脸出汗成为常态

B. 党纪轻处分和组织处理要成为大多数

C. 对严重违纪的重处分、作出重大职务调整应当是少数

D. 特别严重的违纪违法案件必须严肃查处、形成高压震慑

14. 市税务局将召开党委会研究相关事项。下列做法不符合党委工作规则的是（　　）。

A. 讨论研究小陈等5名干部任职事项，有三分之二以上党委委员到会

B. 党委会议议题由分管办公室的班子成员江明提出建议、党委书记综合考虑后确定

C. 市税务局党委委员、副局长李华因故不能参加会议，在会前履行了请假手续，意见用书面形式表达，在表决时计入了票数

D. 市税务局党委委员、纪检组长高强代表市税务局党委在省纪委专题会议上作经验交流的材料，没有经过党委集体讨论，但事先经过传批审定

15. 机关、单位发现国家秘密已经泄露或者可能泄露的，应当立即采取补救措施，并在（　　）内向同级保密行政管理部门和上级主管部门报告。

A. 12小时　　B. 24小时　　C. 36小时　　D. 48小时

16. 会议活动是一项有目的、有计划、有组织的活动，是管理工作的一种重要方法。其中（　　）是成功举办会议的前提。

A. 会议筹备　　B. 会议经费　　C. 会议材料　　D. 完整的会议策划

17. 督查立项的事项，应有明确的时限要求，没有明确时限要求的，承办单位一般在（　　）日内办结并上报.

A. 7　　B. 15　　C. 30　　D. 60

18. 严格控制会议时间，三、四类会议会期均不得超过（　　）天；传达、布置类会议会期不得超过（　　）天。

A. 2；1　　B. 3；2　　C. 2；0.5　　D. 3；1

19. 各级党政机关及其领导干部、工作人员负信访工作责任。对错误决策或者行为提出明确反对意见而没有被采纳的，这时（　　）。

A. 对涉及的集体责任，领导班子主要负责人和直接主管的负责人承担主要领导责任

B. 参与决策和工作的班子其他成员承担重要领导责任，也应承担领导责任

C. 涉及的个人责任，具体负责的工作人员不承担直接责任

D. 领导班子主要负责人和直接主管的负责人不承担领导责任

20. 根据《公务员法》规定，机关根据公务员工作职责的要求和提高公务员素质的需要，对公务员进行（　　）培训。

A. 初任　　B. 专门业务　　C. 分级分类　　D. 在职

二、多项选择题（下列各题的备选答案中，至少有两个正确选项，请将正确选项的字母填写在括号中，多选、少选、错选、不选均不得分。每小题2分，共计20分）

1. 按照税务机关工作规则规定，局内会议包括（   ）。
   A. 局务会议   B. 局党委会议
   C. 局长办公会议   D. 局领导专题会议

2. 税务机关人员在使用信息设备时，不得有下列行为（   ）。
   A. 使用非涉密信息设备存储、处理国家秘密
   B. 使用低密级信息设备存储、处理高密级信息
   C. 在未采取技术防护措施的情况下将互联网及其他公共信息网络上的数据复制到涉密信息设备
   D. 使用具有无线互联功能或配备无线键盘、无线鼠标等无线装置的信息设备处理国家秘密

3. 根据近年来税务总局解决形式主义问题为基层减负的部署要求，特别是根据精文简会的系列要求，以下（   ）会议属于重点精减的范围。
   A. 以总局名义召开的有其他部委的会议
   B. 党委扩大会议
   C. 局领导专题会议
   D. 以总局司局名义召开的有下级税务机关人员参加的会议

4. 根据《党政机关公文处理工作条例》规定，主送机关名称应使用（   ）。
   A. 机关全称   B. 机关规范化简称
   C. 同类型机关统称   D. 机关代字

5. 督办部门根据督办事项的内容和部门职责分工，及时以"督办通知单"或文件等形式将督办事项交给承办单位办理。"督办通知单"应明确的内容有（   ）。
   A. 督办依据   B. 办理要求   C. 办理时限   D. 督办事项

6. 税收宣传工作应遵循的原则有（   ）。
   A. 服务大局，把握方向   B. 贴近实际，务求实效
   C. 归口管理，协调一致   D. 与时俱进，开拓创新

7. 办理人大代表建议、政协委员提案中的问题有时往往不是一个部门能够解决的，涉及的部门相互之间意见也未必统一。主办单位应对照问题清单做好（   ）两项工作。
   A. 查漏补缺   B. 搁置再议   C. 妥处分歧   D. 实地调研

8. 秘书在公文上盖印章时要做到（   ）。
   A. 印记端正、清晰   B. 盖在署名下面
   C. 用力均匀平稳   D. 骑年盖月

9. 下列关于公文种类表述错误是（　　）。

　　A. 意见适用于对重要问题提出见解和处理办法，行文方向只能是平行或下行

　　B. 函可用于请求批准事项等

　　C. 通报适用于表彰先进，批评错误，变更或者撤销下级机关不适当决定事项

　　D. 通告适用于在一定范围内公布应当遵守或者周知的事项，公布税收规范性文件

10. 根据《政府采购法》规定，政府采购采用的方式包括（　　）。

　　A. 公开招标　　　　B. 邀请招标　　　　C. 竞争性谈判　　　　D. 单一来源采购

三、判断题（判断下列各题正误，正确的打"√"，错误的打"×"。每小题 1 分，共计 **20 分**）

1. 根据工作需要，可以突破会议管理制度，将二类会议会期延长为 4 天。（　　）

2. 在收文环节，综合秘书岗位提出拟办意见一般由建议内容和呈领导审批两部分组成。
（　　）

3. 以税务总局名义制发的上行文，经分管局领导审核后，由局长或受委托主持日常工作的副局长签发。以税务总局名义制发的平行文或下行文，由分管局领导签发，重大事项报局长签发。（　　）

4. 《中华人民共和国档案法》规定个人可以保存应当归档的公文。（　　）

5. 税务总局每季度至少召开 1 次新闻发布会，主要负责人每年至少参加 1 次国务院新闻办公室的新闻发布会，税务总局领导每年至少参加 2 次国务院新闻办公室的新闻发布会；地市以上税务机关应建立新闻发言人制度，主要负责人每年对自己制定的重要政策进行解读不少于 2 次。（　　）

6. 督查督办工作是提高政府公信力和执行力的重要抓手。（　　）

7. 涉及特别重大和重大突发事件的涉税舆情，要快速反应，最迟要在 5 个小时内发布权威信息，在 24 小时内举行新闻发布会，并根据工作进展情况，持续发布权威信息，主要负责人要带头主动发声，表明立场态度，发出权威声音。（　　）

8. 税收信息的最终效益是为领导决策提供参考，要将大量有价值的信息运用到税收工作中去，转化为实际工作的成果。（　　）

9. 税务总局具有税务工作国家秘密绝密级、机密级、秘密级定密权，省税务局、税务总局驻各地特派办具有税务工作国家秘密机密级、秘密级定密权。省税务局对市、县税务局进行定密授权。（　　）

10. 复文是回应人大代表、政协委员关切的重要载体，是办结建议提案的形式要件。
（　　）

11. 保密干部须经保密培训并向上级税务机关备案。（　　）

12. 凡未作书面通知的国家秘密事项，其保密期限按照绝密级事项 20 年、机密级事项

10 年、秘密级事项 5 年执行。（   ）
13. 批复一般只送请示单位，若请示的问题具有普遍性，可以使用"通知"或其他文种行文，不再单独批复请示单位。（   ）
14. 开展系统督查过程中，可以邀请第三方机构，对有关政策措施落实情况开展评估，或通过互联网络对落实效果进行评价。（   ）
15. 联合行文时，成文日期署主办机关负责人签发日期。（   ）
16. 建立健全并严格执行党委理论学习中心组学习报告、考勤、通报等机制，促进学习管理规范化、长效化。每次集体学习中心组成员出席人数不少于二分之一，因特殊情况不能参加学习的，应当严格履行请假手续，并及时补学。（   ）
17. 税收信息编写要突出中心，有主有次，文字规范，特别要避免面面俱到。（   ）
18. 党委理论学习中心组配备学习秘书。学习秘书主要职责是：拟定学习计划，确定学习主题，提出学习要求，负责学习考勤和记录、统计学习情况、起草年度学习情况报告和阶段性工作总结、管理学习档案等。（   ）
19. 督查督办是确保政令畅通，上级和本机机关做出的重大决策、工作部署以及各项工作顺利实现的重要措施。（   ）
20. 党委会议应当有三分之二以上党委委员到会方可召开，讨论和决定干部任免、处分党员事项必须有五分之四以上党委委员到会。（   ）

四、简答题（共 2 小题，每小题 5 分，共计 10 分）

1. 近年来，网上发生了多起涉及税务机关的网络舆情事件，如"伪国税总局 47 号文事件""河北官员安排 10 余亲属进税务系统事件"等涉税舆情事件，因应对与引导不力，对国家税务机关形象和政府公信力造成了影响，对正常的税收工作秩序和管理造成了冲击，甚至可能影响国家财政安全。请谈一谈你对涉税网络舆情的认识，以及如何引导和管理涉税舆情。
2. 实地督查是督查督办的一种有效的督查方式，请简述实地督查的开展方式。

五、实务题（共 6 题，每小题 5 分，共计 30 分）

1. 2023 年 4 月，某县税务局向团县委报送公文，申报"青年文明号"。请参阅材料并按税务公文处理写作相关要求答题。（本题不考虑字体、字号、间距、边距、位置等格式版记问题）

关于申报"青年文明号"的请示

团县委：

某某县税务局办税大厅自成立以来，在县局党委的领导下，立足税收工作实际，紧紧围绕思想引领、建功立业、素质提升、和谐创建等方面，注重丰富活动载体，全力做好共青团各项工作。在组织青年、引导青年、服务青年等方面立足本职，真抓实干，开拓创新，服务大局，展示青春风采。办税大厅现有干部 27 人，平均年龄 26 岁，其中中共正式党员 9 人，共青团员 14 人。根据团县委关于共青团青年文明号荣誉称号建设标准，我局认为符合"青年文明号"创建标准，特请求授予"青年文明号"荣誉称号。

以上妥否？请批示。

某某县税务局
2023 年 4 月 20 日

（1）针对该公文，以下表述正确的有（　　）。（多选题）

A. 文种使用不当，此请示事项用报告

B. 主送机关表述不规范，应使用全称或规范化简称，如"共青团某某县委员会"

C. 正文中"某某县税务局"与"我局"使用前后不一致，也不符合行文规范，应统一使用"我局"

D. 标题中发文事由表述不准确。根据文意，应为"请求授予'青年文明号'"

（2）某省税务局收到国家税务总局一份通知。根据文件要求和局领导批示意见，需将该文转发给各市局。拟写该通知正确的做法有（　　）。（多选题）

A. 对所转发公文的内容进行归纳，并用自己的话表达出来

B. 只写明所转发公文的制发机关、标题与转发机关的机关原则要求

C. 结合实际情况，对受文单位提出如何贯彻执行的指示性意见

D. 以上三种说法都正确

（3）某区税务局因办公楼建设工程规划许可证问题，书面向某市城市规划局申请要求审查批准并核发"建设工程规划许可证"，下列不该选择的公文文种为（　　）。（多选题）

A. 报告　　　　B. 申请书　　　　C. 请示　　　　D. 函

E. 意见

（4）凡需会签的公文，主办部门应当与会办部门取得一致意见后行文，送办公厅（室）审核。下列说法正确的是（　　）。（多选题）

A. 办文如有意见分歧，主办部门应当主动与会办部门协商，会办部门应当予以配合

B. 经协商不能取得一致意见的，主办部门应当列明各方意见及理据，提出建设性意见，并与有关部门会签后报请机关负责人协调或裁定

C. 对会签的公文，会办部门如无不同意见，由部门负责人签署姓名和日期；如有不同意见，应当提出书面会签意见，经会办部门负责人签字后送主办部门

D. 遇有重大问题的会签公文，会办部门应当请示上级机关

E. 对需要会签的特急件，会办部门应当随到随签

2. 近日，《国务院办公厅关于加强医疗保障基金使用常态化监管的实施意见》（国办发

〔2023〕17号）发布。A省税务局根据日常工作中掌握的情况，拟联合A省财政厅、A省人力资源和社会保障厅、A省医疗保障局、A省市场监管局联合下发文件，就加强社会保险费、医保费征缴工作进行部署安排。现确定由A省税务局社会保险费处小李承办该项工作。

（1）下列事项中，正确的有（　　）。（多选题）

A. 公文种类选用"通知"

B. 为控制发文数量，经与A省人力资源和社会保障厅办公室沟通，使用A省人力资源和社会保障厅的发文字号

C. 小李将已签发的发文处理单和文件复印4份，分送A省财政厅等四家外部单位会签

D. 排版时，按发文机关的排列顺序从左到右、自上而下依次均匀编排签发人姓名，每行排2个姓名

E. 该公文的原件由A省税务局整理、归档

（2）关于A省税务局的公文签发要求，正确的是（　　）。（多选题）

A. A省税务局分管社会保险费处的局领导签发

B. A省税务局主要负责人签发

C. A省税务局临时主持工作的某副局长签发

D. A省税务局办公室主任签发

E. A省税务局社会保险费处处长签发

（3）5月29日，A省税务局、A省人力资源和社会保障厅完成签发，5月30日，A省财政厅、A省市场监管局完成签发，5月31日，A省医疗保障局完成签发。下列说法正确的有（　　）。（多选题）

A. 成文时间为5月29日

B. 成文时间为5月31日

C. 发文机关标志中，A省税务局排在第一行

D. 发文机关标志中，A省税务局排在第五行

E. 为便于排版，仅使用A省税务局作为发文机关标志

3. 2022年7月5日，某市税务局举办"岗位大练兵、业务大比武"第一批封闭集训。市局分管领导出席集训开班式，并作重要讲话。市局人事教育科相关人员、学员共计40人参加开班式。请就本次封闭集训写一则政务信息，要求内容准确、重点突出、简明扼要，题目自拟，字数不少于400字。

4. 请根据下列材料就山城县税务局提升办税服务水平的相关举措和成效撰写一篇政务信息，不超过500字。

材料1：山城县税务局在办税服务厅设置号前预审专岗，安排专人通过现场询问、

查看资料、调取信息等方式,在 10 分钟内精准识别纳税人缴费人办税缴费需求。对是否本部门办理事项、资料完整性等进行初审后,按照业务办理难易程度由大厅值班人员引导至相应区域办理;山城县税务局办税服务厅负责人还介绍说:"对'老、弱、孕、残'等特殊办税群体,我们安排专人对接,第一时间发放爱心号牌,开放绿色通道,实现到厅即办。"

材料 2:山城县税务局办税服务厅不断优化咨询服务台配置,一方面,安排 1 名业务熟练人员专门办理签署社保两两协议、个税密码发放、完税凭证转开等"短平快"业务,实现"一分钟快办";另一方面,安排业务骨干 2 名专门承接前台窗口遇到的各类疑难梗阻问题,遇到前台窗口因办税一般难事项出现办税卡顿的,尽快对应引导到相关专业团队处研究解决,今年以来,累计解决群众"急难愁盼"和前台疑难问题 240 余件。

材料 3:山城县税务局不断为一线办税服务窗口升级自助办税区电脑等硬件设施配置,在办税服务大厅长期安排 3 名税干集咨询、辅导、教学于一体专职为纳税人提供涉税软件操作辅导、涉税需求响应、税费申报缴纳咨询辅导等服务,实现"一次线下教学,往后线上办理"。严格落实首问责任制,为纳税人提供长效持久的咨询服务。推行移动窗口移动办、帮办代办贴心办等服务举措,解决"家里无会计,办税无人教,只得线下跑"的难点和堵点。与此同时,还抽调系统内业务骨干 9 人成立讲师团队,依托"税务小课堂"培训品牌,通过新媒体线上互动向纳税人征集培训意见需求,直播讲解最新税费政策,解答热点、难点问题,播放量达一万余次。

材料 4:山城县税务局今年以来持续打造全职能窗口服务新模式。在全县各办税服务网点对于综合业务、清税注销、发票管理等业务办理实现一窗通办;同时根据实际情况,整理相关台账,对代理多项业务的涉税中介服务机构提供后台预约办税服务集中办理,不断提升办税质效;对涉及税务、医保、社保、银行等多部门联合办理的业务,通过建立多部门协作机制并设立专线联络员,通过常态化的工作交流和沟通,提升了多部门协同服务效率,相关流程时间大大降低。

5. 习近平总书记在纪念五四运动 100 周年大会上指出,"在实现中华民族伟大复兴的新征程上,迫切需要迎难而上、挺身而出的担当精神"。2022 年是贯彻落实党中央、国务院新的组合式税费支持政策决策部署的关键之年和攻坚之年,请以共青团国家税务总局省税务局直属机关委员会名义写一篇 1 000 字左右的倡议书。

6. 公文改错题。

指出下例公文中的错误并改正。

急件

秘密

××省税务局办公室文件

×税办〔2020〕第 87 号签发人:××

转发《国家税务总局办公厅关于开展全国税务行政审批自查自纠工作的通知》的通知

各市税务局、省局各内设机构、直属机构、事业单位：

为了进一步做好税务行政审工作，国家税务总局决定在全国范围内开展税行政审批自查自纠工作，现将国税办发〔2020〕103号《国家税务总局办公厅关于开展全国税务行政审批自查工作的通知》转发给你们，并就我省税务系统行政审批自查自纠工作有关事项补充通知如下：

一、检查内容

全省税务机关正在实施审批的项目（包括保留税行政许可项目，但不包括税务部门有关人事、财务、外事等事项的审批及其法律依据）。具体检查内容包括：

1. 对于现有税行审批项，检查是否存在法律依据不足（没有法律法规依据或者未经国务院决定确认的问题（仅依据国家税务总局规章或者各级税务机关制定的税收规范性文件实施的税务行政审批项目，视为法律依据不足）；

2. ……

3. ……

二、处理原则

……

三、工作要求

……

附件：1. 税务行政审事项登记表。

2. 国家税务总局办公厅关于开展全国税务行政审批自查自纠工作的通知。

（此份文件只发电子文档）

（此页无正文）

（印章）

二〇二〇年十月十日

抄送：省委、省政府、省人大、省政协

模拟试卷（五）答案及解析

一、单项选择题（下列各题的备选答案中，只有一个正确选项，请将正确选项的字母填写在括号中，多选、错选、不选均不得分。每小题 1 分，共计 20 分）

1. 【参考答案】D

   【解析】公正司法是维护社会公平正义的最后一道防线。

2. 【参考答案】C

   【解析】根据习近平总书记关于厉行节约反对浪费指示要求和有关材料综合。

3. 【参考答案】C

   【解析】在舆情事件处置过程中，要坚持提高突发事件处置能力与有效应对媒体相结合，坚持正面宣传为主与舆论监督相结合，坚持网上舆情处置与网下问题处理相结合。

4. 【参考答案】A

   【解析】公文附件说明的顺序和名称应标注在正文之后，成文日期之前。

5. 【参考答案】B

   【解析】携带印信外出需经单位领导批准，并由两人以上携带印信。

6. 【参考答案】C

   【解析】党委会议根据需要不定期召开，会议日期和会议日程由党委书记确定；全体党委成员参加会议，应有三分之二以上（含三分之二）成员到会。

7. 【参考答案】D

   【解析】秘书工作的综合性，要求秘书人员横向具有较为宽广的知识面；秘书工作又有自己的专业特点，这又要求秘书人员纵向具有较为深厚的专业知识，故秘书人员可称为通才——专才型人才。故本题答案选 D。

8. 【参考答案】D

   【解析】数字人事教材《行政管理（中册）》（中国税务出版社，2016 年 1 月第一版）："人人都是自媒体，个个都有麦克风"，越来越多的人通过网络发表意见看法、表达利益诉求，在集聚和放大效应的作用下，很多意想不到的事情都可能引发"现场直播"，体现了涉税舆情的直接性。

9. 【参考答案】B

   【解析】根据《全国税务系统值班工作规范（试行）》，在法定节假日和重要时间节点。各省级税务机关应落实两级值班带班要求,带班人员和值班人员需同时 24 小时坚守岗位。

10.【参考答案】B

【解析】印信保管人员是印信管理的直接责任人,要求具有高度的政治责任感、严格的保密观念,政治可靠、作风正派、严守制度、不徇私情。

11.【参考答案】A

【解析】《税务系统会议费管理办法》第七条规定,二类会议是指税务总局召开的全国税务工作会议,各省、自治区、直辖市、计划单列市税务局和总局驻各地特派办主要负责同志参加。三类会议,是指税务总局及其内设机构召开的专业性会议及各省税务局召开的每年一次的年度工作会议。第九条规定,严格控制会议时间。二、三、四类会议会期均不得超过 2 天;传达、布置类会议会期不得超过 1 天。会议报到和离开时间,二、三类会议合计不得超过 2 天,四类会议合计不得超过 1 天。第十条规定,严格控制会议规模。二类会议。参会人员不得超过 300 人,其中,工作人员控制在会议代表人数的 15% 以内。一般不邀请中央部门和地方政府负责同志出席。三类会议。参会人员不得超过 150 人,其中,工作人员控制在会议代表人数的 10% 以内。三、四类会议每人每天的住宿费上限为 340 元,伙食费上限为 130 元,其他费用上限为 80 元,合计上限为 550 元。二类会议每人每天的住宿费上限为 400 元,伙食费上限为 150 元,其他费用上限为 100 元,合计上限为 650 元。

12.【参考答案】C

【解析】涉税舆情要加强对外协调,加强与当地新闻宣传、公安、网监等部门的联系,密切与当地新闻媒体和重点网站的工作联系,建立信息交换、舆情通报、联席会议等制度,主动争取支持。

13.【参考答案】D

【解析】特别严重的违纪违法案件必须严肃查处、形成高压震慑不属于监督执纪"四种形态"具体内容。

14.【参考答案】B

【解析】《中共国家税务总局委员会工作规则》第二十一条规定,党委会议应当有半数以上党委委员到会方可召开,讨论和决定干部任免、处分党员事项必须有三分之二以上党委委员到会。党委委员因故不能参加会议的应当在会前请假,其意见可以用书面形式表达。第二十条规定,党委决策一般采用党委会议形式。党委会议根据工作需要不定期召开,遇有重要情况可以随时召开。党委会议议题由党委书记提出,或者由其他党委委员提出建议、党委书记综合考虑后确定。无特殊原因,一般不得临时动议增加会议议题。第二十二条规定,党委会议议题提交表决前,应当进行充分讨论。表决可以采用口头、举手、无记名投票或者记名投票等方式进行,赞成票超过应到会党委委员半数为通过。未到会党委委员的书面意见不得计入票数。第十七条规定，以党委名义发布或者上报的文件、发表的文章，党委委员代表党委的讲话和报告，应当事先经党委集体讨论或者传批审定。党委委员署名发表或者出版同工作有关的文章、著作、言论，应当事先经党委审定或者党委书记批准。党委委员在调查研究、检查指导工作或者参加其他公务活动时发表的个人意见，应当符合党中央有关精神。

15.【参考答案】B

【解析】根据《中华人民共和国保守国家秘密法实施条例》。机关、单位发现国家秘密已经泄露或者可能泄露的，应当立即采取补救措施，并在24小时内向同级保密行政管理部门和上级主管部门报告。

16.【参考答案】D

【解析】完整的会议策划是成功举办会议的前提。会议策划方案的主要内容包括会议目标、会议任务、会议议题、参会对象、会议方式、会议经费、会议名称、会议时间和地点、发言人员和发言方式、会议议程和日程安排等。

17.【参考答案】C

【解析】督查立项的事项，应有明确的时限要求，承办单位应按时限要求办结，没有明确时限要求的，承办单位一般在30日内办结并上报。

18.【参考答案】A

【解析】严格控制会议时间。三、四类会议会期均不得超过2天；传达、布置类会议会期不得超过1天。会议报到和离开时间，三类会议合计不得超过2天，四类会议合计不得超过1天。

19.【参考答案】A

【解析】各级党政机关及其领导干部、工作人员不履行或者未能正确履行信访工作责任，应当追究责任。对涉及的集体责任，领导班子主要负责人和直接主管的负责人承担主要领导责任，参与决策和工作的班子其他成员承担重要领导责任，对错误决策或者行为提出明确反对意见而没有被采纳的，不承担领导责任；涉及的个人责任，具体负责的工作人员承担直接责任，领导班子主要负责人和直接主管的负责人承担领导责任。

20.【参考答案】C

【解析】依据《公务员法》。

二、多项选择题（下列各题的备选答案中，至少有两个正确选项，请将正确选项的字母填写在括号中，多选、少选、错选、不选均不得分。每小题2分，共计20分）

1.【参考答案】ABCD

【解析】局内会议包括局党委会议、局务会议、局长办公会议和局领导专题会议四种。

2.【参考答案】ABCD

【解析】税务机关人员在使用信息设备时，不得使用非涉密信息设备存储、处理国家秘密；不得使用低密级信息设备存储、处理高密级信息；不得在未采取技术防护措施的情况下将互联网及其他公共信息网络上的数据复制到涉密信息设备；不得使用具有无线互联功能或配备无线键盘、无线鼠标等无线装置的信息设备处理国家秘密。

3.【参考答案】AD

【解析】总局要求重点精减的会议（含视频会议），是指以总局或司局名义召开的有其他部委、下级税务机关人员参加的会议。

4.【参考答案】ABC

【解析】《党政机关公文处理工作条例》第九条第八款规定，主送机关名称应使用机关全称、规范化简称或同类型机关统称。

5.【参考答案】ABCD

【解析】根据督办依据、办理要求、办理时限、督办事项都属于"督办通知单"应明确的内容。

6.【参考答案】ABCD

【解析】税收宣传工作应遵循的原则：（1）服务大局，把握方向；（2）贴近实际，务求实效；（3）归口管理，协调一致；（4）与时俱进，开拓创新。

7.【参考答案】AC

【解析】建议提案中的问题有时往往不是一个部门能够解决的，涉及的部门相互之间意见也未必统一。主办单位应对照问题清单做好两项工作：查漏补缺和妥处分歧。

8.【参考答案】ACD

【解析】秘书在盖印时要保证位置恰当。通常在文尾，盖在署名中间，上不压正文，下要骑年盖月。用印要均匀，用力适度，使盖出的印章清晰、端正、庄重。故答案为ACD。

9.【参考答案】ACD

【解析】A选项，《全国税务机关公文处理办法》第十六条规定，意见适用于对重要问题提出见解和处理办法。意见一般分为参考建议性意见、表明意向性意见、工作指导性意见。意见可以用于上行文、下行文和平行文。C选项，第十三条规定，决定适用于对重要事项作出决策和部署、奖惩有关单位和人员、变更或者撤销下级机关不适当的决定事项。决定属下行文。D选项，第十四条规定，公告适用于向国内外宣布重要事项或者法定事项。税务机关应当依照有关法律、法规、规章向国内外公布税收规范性文件和其他重要税收事项。公告应当公开发布，无主送、抄送。第十五条规定，通告适用于在一定范围内公布应当遵守或者周知的事务性事项。通告面向社会并具有一定的约束力，可采用张贴或媒体刊播的形式公布，无主送、抄送。

10.【参考答案】ABCD

【解析】根据《中华人民共和国政府采购法》第二十六条规定，"政府采购采用以下方式：（一）公开招标；（二）邀请招标；（三）竞争性谈判；（四）单一来源采购；（五）询价；（六）国务院政府采购监督部门认定的其他采购方式"。

三、判断题（判断下列各题正误，正确的打"√"，错误的打"×"。每小题1分，共计20分）

1.【参考答案】×

【解析】二、三、四类会议会期不超过2天；传达、布置类会议会期不得超过1天。会议报到和离开时间，二、三类会议报到和离开时间合计不得超过2天，四类会议合计不得超过1天。

2.【参考答案】√

【解析】拟办意见一般由建议内容和呈领导审批两部分组成。比如：建议将此件转××单位牵头商××部门研办，呈××审示（或批示）。

3.【参考答案】√

【解析】《国家税务总局工作规则》第四十七条，税务总局发布命令（令）、重大决定等公文由局长签发。税收规范性文件内容涉及重大公共利益，或者可能对税务行政相对人合法权益和税收管理产生重大影响的，提请局领导集体审议决定后，由局长签发。

以税务总局名义制发的上行文，经分管局领导审核后，由局长或受委托主持日常工作的副局长签发。以税务总局名义制发的平行文或下行文，由分管局领导签发，重大事项报告局长签发。

以税务总局办公厅名义发文，由分管局领导签发，重要事项报局长审核同意后签发。

4.【参考答案】×

【解析】公文办理完毕后，应当根据《中华人民共和国档案法》及档案管理有关规定，及时将公文定稿、正本和有关材料交本部门文秘人员整理、归档。个人不得保存应当归档的公文。

5.【参考答案】×

【解析】《全面推进政务公开工作实施办法》，税务总局每季度至少召开1次新闻发布会，主要负责人每年至少参加1次国务院新闻办公室的新闻发布会，税务总局领导每年至少参加2次国务院新闻办公室的新闻发布会；地市以上税务机关应建立新闻发言人制度，主要负责人每年对自己制定的重要政策进行解读不少于1次。

6.【参考答案】√

【解析】《国家税务总局机关督办管理办法》指出，各级税务机关要围绕推进国家治理体系和治理能力现代化的总目标，把督查督办工作贯穿于税收工作的全过程，研究决策时提出督查督办要求，部署工作时明确督查督办事项，决策实施后检查落实情况，树立言必信、行必果的工作作风，做到有令必行、有禁必止，保证件件有落实、事事有回音，不断提高政府公信力和执行力。

7.【参考答案】√

【解析】《全面推进政务公开工作实施办法》，涉及特别重大和重大突发事件的涉税舆情，要快速反应，最迟要在 5 个小时内发布权威信息，在 24 小时内举行新闻发布会，并根据工作进展情况，持续发布权威信息，主要负责人要带头主动发声，表明立场态度，发出权威声音。

8.【参考答案】×

【解析】税收信息的最终受效益是开发利用，要将大量有价值的信息运用到税收工作中去，转化为实际工作的成果。各级税收信息员要以此作为信息工作的出发点。

9.【参考答案】×

【解析】《税务工作国家秘密定密管理暂行办法》第四条，税务总局具有税务工作国家秘密绝密级、机密级、秘密级定密权，省税务局、税务总局驻各地特派办具有税务工作国家秘密机密级、秘密级定密权。省税务局不得对市、县税务局进行定密授权。

10.【参考答案】√

【解析】复文是回应代表委员关切的重要载体，是办结建议提案的形式要件。

11.【参考答案】×

【解析】保密干部须经保密培训并向上级税务机关和同级保密行政管理部门备案。

12.【参考答案】×

【解析】《税务工作国家秘密定密管理暂行办法》第十三条，凡未作书面通知的国家秘密事项，其保密期限按照绝密级事项 30 年、机密级事项 20 年、秘密级事项 10 年执行。

13.【参考答案】√

【解析】根据公文处理办法。

14.【参考答案】√

【解析】《系统督查管理办法》第十五条，开展系统督查过程中，可以邀请第三方机构，对有关政策措施落实情况开展评估，或通过互联网络对落实效果进行评价。

15.【参考答案】×

【解析】根据公文处理办法。

16.【参考答案】×

【解析】《税务系统党委理论学习中心组学习制度》第十三条规定，建立健全并严格执行党委理论学习中心组学习报告、考勤、通报等机制,促进学习管理规范化、长效化。每次集体学习中心组成员出席人数不少于三分之二,因特殊情况不能参加学习的,应当严格履行请假手续,并及时补学。每次学习结束后,要将学习情况及成果在内网上通报或在一定范围内书面通报,充分发挥党委理论学习中心组的学习示范带动作用。

17.【参考答案】√

【解析】信息采编切忌面面俱到。

18.【参考答案】×

【解析】《税务系统党委理论学习中心组学习制度》第七条规定,党委理论学习中心组配备学习秘书。学习秘书由党建工作部门负责人担任,主要职责是:拟定学习计划和方案、准备学习资料、印发学习通知、协调学习事务、邀请辅导专家、负责学习考勤和记录、统计学习情况、起草年度学习情况报告和阶段性工作总结、管理学习档案等。相关单位人员协助学习秘书共同做好党委理论中心组学习资料准备、会务服务、上报情况等工作。

19.【参考答案】×

【解析】做好督查工作,对于推动党的路线方针政策的贯彻落实,对于推进各级党委的科学决策、民主决策意义重大。

20.【参考答案】×

【解析】《中共国家税务总局委员会工作规则》第二十一条规定,党委会议应当有半数以上党委委员到会方可召开,讨论和决定干部任免、处分党员事项必须有三分之二以上党委委员到会。党委委员因故不能参加会议的应当在会前请假,其意见可以用书面形式表达。党委会议议题涉及本人或者其亲属以及存在其他需要回避情形的,有关党委委员应当回避。

四、简答题

1.【参考答案】具体做法:一是建立完善涉税舆情应对管理机制和应急预案,统筹指导舆情应对工作;二是加强涉税舆情分析研判,安排专人或者委托专业机构进行 24 小时监测,第一时间发现并处理舆情"易燃点";三是加强涉税舆情引导与管理,出现重大涉税舆情要第一时间向上级税务机关和当地党委政府报告,积极争取有关部门支持;四是正确引导舆论,坚持速报事实、慎报原因、重报态度、续报进展的原则;五是强化舆情管控意识,根据舆情反映的问题,有针对性加强自身建设,从源头上防范和减少负面舆情。

【解析】涉税网络舆情是指在一定时期内,社会公众通过互联网围绕相关涉税新闻事件、社会问题、社会现象及税务人员等所表达的有较大影响力和倾向性的言论观点,

模拟试卷（五）答案及解析

是纳税人情绪、态度、意见的集合，具有直接性、突发性和偏差性等特点。

2.【参考答案】实地督查中一般由 2 位以上督查组成员参加。督查人员要认真做好记录，填写督查工作底稿。

（1）听取被督查单位关于督查事项的工作汇报。

（2）召开税务干部和纳税人座谈会，围绕督查事项听取意见建议。

（3）查阅相关文件、会议纪要、税收执法卷宗和文书等资料。

（4）查询税收信息系统有关数据、文档。

（5）选择部分市、县税务机关，深入了解基层工作落实情况。

（6）走访纳税人，征求意见建议。

（7）对纳税人通过电话、邮件等途径反映的相关问题进行调查、核实。

（8）督查工作中发现被督查单位存在问题的，必要时可以约谈相关人员，进一步了解情况。

【解析】系统督查还应当坚持围绕中心、服务大局，组织安排、领导授权，实事求是、客观公正的原则，加强与督察内审、巡视、干部监督部门以及相关部门的协调，形成工作合力，避免重复交叉，减轻基层负担。

五、实务题

1.【参考答案】

（1）BCD　（2）BC　（3）ABCE　（4）ABCE

2.【参考答案】（1）ACE　（2）ABC　（3）BCE

【解析】略。

3.【参考答案】略。

【解析】政务信息是指政府系统为各级政府部门和各级领导把握大局、正确指导工作和进行科学决策而搜集、写作的信息。它是以反映政府工作及其相关事物的运动发展规律为目的，以可以传递、处理的各种府政信息为内容，快速、直接、朴实的一种应用文体。

4.【参考答案】

山城县税务局打造"四合一"功能区，提升办税缴费新体验

"号前预审"精准分流，快速办。设置预审专岗，快速精准识别纳税人缴费人办税缴费需求。对是否本部门办理事项、资料完整性等进行初审后，按照业务办理难易程度引导至相应区域办理；对"老、弱、孕、残"等群体开放绿色通道，实现到厅即办。

"分类管理"答疑解惑，科学办。一方面安排熟练人员专门办理"短平快"业务，实现"一分钟快办"；另一方面，安排业务骨干专门承接前台窗口遇到的各类疑难梗阻问题，对导致前台窗口办税卡顿的疑难问题第一时间由专家把脉会诊，年初以来，累

计解决群众"急难愁盼"问题240余件。

"自助服务"纾困解难，辅助办。升级自助办税区硬件设施，安排税干为纳税人提供涉税软件操作辅导、涉税需求响应、税费申报缴纳咨询等服务，实现"一次线下教学，往后线上办理"。抽调业务骨干成立讲师团队，依托"税务小课堂"培训品牌，通过新媒体线上征集培训需求，通过直播讲解予以解答，播放量达一万余次。

"综合窗口"同屏共振，联动办。对综合业务、清税注销、发票管理等业务办理实现一窗通办；对涉税中介服务机构提供后台预约办税服务；对涉及税务、医保、社保、银行等多部门联合办理的业务，设立专线联络员，打破服务壁垒，提升办税服务质效。

【解析】政务信息是指政府系统为各级政府部门和各级领导把握大局、正确指导工作和进行科学决策而搜集、写作的信息。它是以反映政府工作及其相关事物的运动发展规律为目的，以可以传递、处理的各种府政信息为内容，快速、直接、朴实的一种应用文体。

5.【参考答案】

<h3 style="text-align:center">勇立潮头当先锋　竞展风采献税收</h3>

税务青年同志们：

习近平总书记在纪念五四运动100周年大会上指出，"在实现中华民族伟大复兴的新征程上，迫切需要迎难而上、挺身而出的担当精神"。2022年是贯彻落实党中央、国务院新的组合式税费支持政策决策部署的关键之年和攻坚之年，这既为青年干部施展才华、竞展风采提供了广阔舞台，也对青年干部起而行之、勇担重任提出了要求。为响应时代呼唤、担负青年使命，在担当中历练、在尽责中成长，我们向税务青年干部发出倡议：

一、理论武装强信念。深入贯彻落实习近平总书记关于"坚定理想信念，必先知之而后信之，信之而后行之"的重要指示精神，将学习贯彻习近平总书记新时代中国特色社会主义思想作为机关青年干部理论学习"第一任务"，积极参加"赓续红色血脉，兴税强国有我"主题实践活动，在系列活动中加强自身理论学习，提升青年干部理论素养。

二、建言献策集智慧。积极参加"我为退税减税政策落实工作献一策"活动，为落实新的组合式税费支持政策贡献青年干部智慧力量。我们要围绕税务总局王军局长关于"宣传要加力、服务要尽力、系统要给力、监督要得力"的"新四力"要求，提出有益工作建议。要注重提升调查研究能力，问需于民、问计于民、问效于民，摸清纳税人缴费人的"急难愁盼"问题，确保工作建议有血有肉，接地气、有质量。

三、立足岗位解难题。积极投身"五个专项行动"，积极参加2022年"青年突击解难题"专题活动，聚焦落实新的组合式税费支持政策新部署，聚焦优化税收营商环境新挑战，聚焦纳税人满意度大提升，集中攻坚、解决难题、总结提炼、报送案例。

模拟试卷（五）答案及解析

同时，我们要坚持阶段性工作和制度性安排相结合，鼓励成立青年突击队、先锋队，推动"青年突击解难题"活动常态化规范化。对已成立或拟成立青年突击队、先锋队将进行授旗和登记。

四、冲锋在前勇担当。奋斗是青春最亮丽的底色。新时代税务青年是税务系统的生力军，要保持初生牛犊不怕虎、越是艰险越向前的奋发状态，面对急、难、险、重工作任务，敢于喊出"我年轻，我请战！""我年轻，我先上！""我年轻，我能行！"，敢啃最难啃的"骨头"、敢接最烫手的"山芋"，勇挑重担、勇破风险、勇解难题，在做好每一件小事、完成每一项任务、履行每一项职责中，展现青年人应有的样子、展示青年人独具的风采。

一代人有一代人的长征，一代人有一代人的担当。让我们坚持以习近平总书记新时代中国特色社会主义思想为指导，坚定捍卫"两个确立"，坚决做到"两个维护"，踔厉奋发、笃行不怠，在奋力谱写税务发展新篇章中贡献智慧和力量，以实际行动迎接党的二十大胜利召开！

倡议人：共青团国家税务总局××省税务局直属机关委员会

【解析】倡议书格式包括标题、称呼、正文、署名和日期。

6.【参考答案】

（1）缺少份号，份号应顶格标识于版心左侧第一行；在秘密等级与紧急程度位置颠倒；秘密等级应顶格标识于版心左侧第二行（份号下一行），紧急程度应顶格标识于版心左侧第三行；紧急程度使用错误。

（2）秘密等级与紧急程度标识格式不规范。均应中空1字。

（3）发文字号不规范。不应用数学符号中的中括号；二是不应加"第"。

（4）签发人标注不规范。下行文不应标注签发人。

（5）公文标题不规范。不应加书名号；去掉"的通知"；回行断意；缺少发文机关。

（6）主送机关不规范。应顶格书写；主送机关之间应用逗号隔开，而不是用顿号。

（7）二级标题序数不能用"1."标注，应以"（一）"进行标注。

（8）附件不规范。应下空一行，左空两字；序号应使用"1."；被转发公文不应列为附件；附件名称后不应加标点符号。

（9）附注标注位置不规范。应标注于成文日期下一行。

（10）印章与正文应同处一页，不应标"此页无正文"。

（11）成文日期不规范。应为"2020年10月10日"。同时成文日期上缺少发文机关署名。

（12）抄送机关不规范。省人大应排在省政府之前，最后应标句号。

【解析】见《党政机关公文处理工作条例》。

模拟试卷（六）

一、单项选择题（下列各题的备选答案中，只有一个正确选项，请将正确选项的字母填写在括号中，多选、错选、不选均不得分。每小题1分，共计20分）

1. 习近平总书记指出，一个国家、一个民族发展中更基本、更深沉、更持久的力量是（　　）。
   A. 道路自信　　　B. 理论自信　　　C. 制度自信　　　D. 文化自信

2. 信息工作应区分不同层次的服务对象，对预测性、综合性和突出性税收信息，要做到有情况、有分析、有建议，防止以偏概全、顾此失彼，为领导的决策提供参考依据。这体现税收信息写作的（　　）原则。
   A. 真实性　　　B. 客观性　　　C. 时效性　　　D. 实用性

3. 正确处理改革发展稳定关系的结合点是（　　）。
   A. 全面深化改革开放　　　　B. 保持社会和谐稳定
   C. 改善人民生活　　　　　　D. 大力发展社会事业

4. 绩效考评类型包括（　　）和年度考评。
   A. 季度考评　　　B. 半年考评　　　C. 平时考评　　　D. 专项考评

5. 国家秘密的知悉范围以外人员因工作需要知悉国家秘密的批准人是（　　）。
   A. 本机关、单位的涉密载体管理人
   B. 机关、单位负责人
   C. 本机关、单位的定密责任人
   D. 定密机关负责人

6. 《汉书·叙传》中记载说："牌博学有俊才……与刘向校'秘书'……"其中的"秘书"一词是指（　　）。
   A. 掌管文书的官员　　　　B. 宫禁中的藏书
   C. 朝廷中的一种官职　　　D. 行政机构名称

7. 含有重要的国家秘密，泄密会使国家的安全与利益遭受严重损害的文件，属于（　　）。
   A. 秘密文件　　　B. 绝密文件　　　C. 机密文件　　　D. 内部文件

8. 以下关于加强税收宣传重要性的说法，不恰当的是（　　）。
   A. 加强税收宣传可以有力推进税收事业的发展

B. 加强税收宣传可以提高税收总额

C. 加强税收宣传可以大力推进依法治税

D. 加强税收宣传可以彰显税收工作的重要价值

9. 按照档案管理的有关规定，档案管理工作的最终目的是（　　）。

  A. 档案收集 B. 档案整理 C. 档案保管 D. 档案利用

10. 《公职人员政务处分法》适用于（　　）对违法的公职人员给予政务处分的活动。

  A. 国家机关 B. 行政机关 C. 监察机关 D. 检察机关

11. 由涉税舆情事件引发的突发事件类别应当是（　　）。

  A. 自然灾害   B. 事故灾害

  C. 社会安全事件   D. 公共卫生事件

12. 税收信息管理流程包括税收信息的收集、整理等，以下选项中，也是税收信息管理流程的是（　　）。

  A. 挑选 B. 筛选 C. 选择 D. 选用

13. 档案具有历史再现性、知识性、政治性、文化性、教育性等属性，在这些属性中，属于本质属性的是（　　）。

  A. 政治性 B. 历史再现性 C. 知识性 D. 文化性

14. 根据《中国共产党组织工作条例》，党的组织工作的主线是（　　）。

  A. 培养忠诚干净担当的高素质干部组织体系建设

  B. 加强党的长期执政能力建设、先进性和纯洁性建设

  C. 组织体系建设

  D. 发挥基层党组织战斗堡垒作用和党员先锋模范作用

15. 请示类公文作为法定公文，（　　）符合请示类公文写作要求。

  A. 事后请示   B. 报送多个主管机关

  C. 一文一事   D. 上报时抄送下级机关

16. （　　）不是行政处分种类。

  A. 警告 B. 严重警告 C. 记过 D. 记大过

17. 公文的正文一般用的字体（　　）。

  A. 三号仿宋_GB2312 体字 B. 四号宋体字

  C. 四号楷体_GB2312 体字 D. 五号黑体字

18. 印信保管人员在保管印信时应该做到（　　）。

  A. 将印信擅自交给信得过的其他人员代为掌管

  B. 印信保管人员调离或者调整岗位，应将印信移交给单位行政主管

  C. 坚持"用时取印、用毕入柜、入柜落锁"，杜绝印信脱管失控

  D. 应采取相应的安全措施，随身携带确保印信安全保管

19. 控制会议地点应该注意（　　）。

　　A. 会议地点应综合考虑会场的设施是否先进

　　B. 周边环境是否优美、交通是否方便、安全是否有保障

　　C. 不得到明令禁止的风景名胜区举办会议，不得超规模、超标准

　　D. 不得向基层或纳税人转嫁，但适当可以接受纳税人资助部分会议费

20. 秘书的含义，有一个（　　）的演变过程。

　　A. 由人到物　　　B. 由小到大　　　C. 由物及人　　　D. 由上到下

二、多项选择题（下列各题的备选答案中，至少有两个正确选项，请将正确选项的字母填写在括号中，多选、少选、错选、不选均不得分。每小题 2 分，共计 20 分）

1. 下列关于税务系统督查的说法中，正确的是（　　）。

　　A. 根据工作需要，可以采取暗访的形式开展督查

　　B. 开展督查过程中可以邀请第三方机构，对有关政策措施落实情况开展评估，或通过互联网络对落实效果进行评价

　　C. 对税务机关的暗访，可以通过拍照、录音、录像等留存记录，填写督查工作底稿

　　D. 在暗访督查中，暗访人员一律不得公开身份，以免影响督查效果

2. 根据《党政机关公文处理工作条例》的规定，下列有关公文的表述，正确的是（　　）。

　　A. 公文一般要有主题词

　　B. 公文应署发文机关名称

　　C. 联合下发的公文，发文机关都应加盖印章

　　D. 属于党委、政府各自职权范围内的工作，可以联合行文

3. 公文处理工作应当坚持（　　）的原则。

　　A. 实事求是　　　　　　　　　B. 安全保密

　　C. 准确规范　　　　　　　　　D. 精简高效

4. 根据《保守国家秘密法》规定，机关、单位对承载国家秘密的（　　）等载体以及属于国家秘密的设备、产品，应当做出国家秘密标志。

　　A. 纸介质　　　　　　　　　　B. 光介质

　　C. 电磁介质　　　　　　　　　D. 半导体介质

5. 对重大行动做出安排的决定，其写作要求是（　　）。

　　A. 分清层次、明确词义，便于读者理解和执行

　　B. 讲清形势以说明其必要性、紧迫性

　　C. 阐明原则、措施以增强执行的准确性和规范性

D. 分工明确，责任到人

6. 下列各门类档案立卷归档时间正确的有（　　）。

   A. 文书档案。机关各部门每年形成、办理完毕的文件材料，由各部门档案兼职人员收集齐全，规范整理后于次年 5 月底前交机关综合档案室统一分类、编排归档

   B. 财务档案。每年度的机关财务方面所有资料由机关财务室人员根据相关规定，收集整理后次年 5 月底前交机关综合档案室分类编排归档

   C. 实物档案。由收到实物的部门及时转交机关综合档案室统一整理归档

   D. 声像档案。各单位有关录像、录音制品、图片作品及光盘制品形成后由各单位具体承办人及时移交档案室统一编排归档管理

7. 税务部门的印章包括有税务部门特殊用章和（　　）等。

   A. 法定名称章　　　　　　　　B. 具有法律效力的个人名章

   C. 冠以税务部门法定名称的专用印章　　D. 单位领导的个人名章

8. 召开有下级税务机关参加的视频会议，会议承办部门要先会签相关部门，以下哪些是正确选项？（　　）

   A. 人事部门　　　　　　　　　B. 办公厅（室）

   C. 信息技术部门　　　　　　　D. 后勤服务部门

9. 政府信息依申请公开的处理流程包括（　　）。

   A. 申请　　　　B. 受理　　　　C. 办理　　　　D. 答复

10. 信访工作应当遵循下列（　　）原则。

    A. 坚持党的全面领导　　　　　B. 坚持以人民为中心

    C. 坚持落实信访工作责任　　　D. 坚持源头治理化解矛盾

三、判断题（判断下列各题正误，正确的打"√"，错误的打"×"。每小题 1 分，共计 20 分）

1. 习近平总书记在浙江工作时对做好督查工作作出的重要指示进一步突出了督查工作的重要作用。根据习近平总书记的重要指示精神，我们可以认为，没有督查就没有落实，没有督查就没有深化。　　　　　　　　　　　　　　　　　　　　　　（　　）

2. 市税务接受人民日报、新华社、中央人民广播电台、中央电视台等中央主流媒体采访，事先向省局办公室报告，省局同意后接受采访。　　　　　　　　　　　（　　）

3. 局领导出席的会议，讲话一般不超过 2 小时；视频会议一般不超过 2 小时；会议交流发言单位一般不超过 5 个，发言时间不超过 6 分钟。　　　　　　　　　（　　）

4. 关于公文备案审查，标题是公文的"眼睛"，要像重视眼睛一样重视文件标题审查。
　　　　　　　　　　　　　　　　　　　　　　　　　　　　　　　　　　（　　）

5. 随着中国特色社会主义进入新时代，宣传思想工作面临新形势新任务新要求，需要通过法治方式提升工作的科学化、制度化、规范化水平。（   ）

6. 在提出拟办意见时，"示"之前，发文办理一般用"阅"，也就是"阅示"；收文办理一般用"审"，也就是"审示"。（   ）

7. 要切实加强税收宣传归口管理，严肃新闻宣传纪律，税务人员特别是各级税务机关领导干部不得擅自对外发布任何与中央和税务总局党组重大决策部署相违背的言论，尤其是不得在微信、微博等自媒体中擅自发布涉税评论、图片内容。（   ）

8. 税务机关主要是通过网站进行政府信息公开。（   ）

9. 在审核纸质公文时，由于增补的字符较多，圈起来有困难时，可用线在页边画清增补的范围。（   ）

10. 信访人对复核意见不服，仍然以同一事实和理由提出投诉请求的，信访工作人员应予以受理。（   ）

11. 县级以上人民政府部门应当在每年3月31日前向本级政府信息公开工作主管部门提交本行政机关上一年度政府信息公开工作年度报告并向社会公布。（   ）

12. 某市税务局稽查局对外以自己名义履行行政管理职能的，可以由该稽查局负责与所履行行政管理职能有关的政府信息公开工作。（   ）

13. 绝密级公文不可以复制、汇编。（   ）

14. 机密级计算机口令长度应不少于8位，更换周期不超过1个月。（   ）

15. 采用调查方式直接获取第一手材料是最常见的信息收集方法。（   ）

16. 泄露绝密级国家秘密1项（件）以上的；泄露机密级国家秘密2项（件）以上的；泄露秘密级国家秘密3项（件）以上的，可以以过失泄露国家秘密进行立案。（   ）

17. 紧急程度是指公文送达和办理的时限要求，是对受文单位的办理时间要求。（   ）

18. 根据突发事件及处置结果，无须另行向省税务局续报和终报情况的事件，初报即为终报。（   ）

19. 实施绩效管理，不但需要各级税务部门和税务干部广泛参与，也需要广大纳税人的支持和参与。（   ）

20. 复核机关是信访事项终结工作的责任主体，对终结结果终身负责。（   ）

四、简答题（共2小题，每小题5分，共计10分）

1. 简述请示报告工作中报送程序注意事项。
2. 请谈谈加强税务系统值班工作的重要性。

五、实务题（共6题，每小题5分，共计30分）

1. 请根据材料，回答下列问题。

国家税务总局××省税务局纳税服务处文件

×税纳便函【2023】第 12 号

**国家税务总局××省税务局纳税服务处
关于在全省税务系统开展"百名局长
访百企"活动的通知**

国家税务总局各市税务局：

为认真落实国家对支持民营企业发展的决策部署……国家税务总局××省税务局决定在全省税务系统开展"百名局长进百企"活动，现将有关要求通知如下：

一、活动时间

2023 年 3 月 10 日至 3 月 17 日。

二、活动形式

……

三、工作要求

（一）务求访问实效。各单位走访纳税人时应……

（二）及时回应反馈。对企业提出的涉税问题……

（三）做好总结落实。各单位及时整理纳税人走访基本信息、对税务机关评价、意见建议和税务机关解决措施，在 3 月 19 日前将活动开展情况以正式文件形式报省局纳税服务处。

附件1："百名局长访百企"活动走访纳税人名单
附件2："百名局长访百企"信息报告表

国家税务总局×××省税务局纳税服务处
2023 年 3 月 8 日

信息公开选项：

国家税务总局××局纳税服务处承办　办公室2023年3月8日印发

（1）该文件为便函，核稿岗对文件格式提出的修改意见表述正确的有（　　）。（多选题）

A. 版头不应加"文件"字样

B. 发文字号年份应标全称，用六角括号括入

C. 发文顺序号不加"第"字

D. 便函不应加版记

E. 信息公开选项应用 3 号黑体字，左空一行编排在版记之上

（2）以下是核稿岗对文稿内容提出的修改意见，下列表述正确的有（　　）。（多选题）

　　A. 应以"各市税务局纳税服务科"为行文对象

　　B. 该文件应抄送税务总局纳税服务司

　　C. 不得在便函中要求以正式文件方式报送有关材料

　　D. 应明确联系人和联系电话

　　E. 因该文件的文头已有"国家税务总局×省税务局纳税服务处"字样，因此文件题目中应删去发文机关"国家税务总局×省税务局纳税服务处"

（3）税务机关内设机构可以使用便函发布的内容有（　　）。（多选题）

　　A. 部门年度工作要点　　　　　　B. 培训通知

　　C. 征求各地税务机关意见　　　　D. 发布书刊征订通知

　　E. 进行税收政策解释

（4）关于文件信息公开选项法正确的是（　　）。（单选题）

　　A. 主动公开　　　　　　　　　　B. 不予公开

　　C. 依申请公开　　　　　　　　　D. 便函不需标注信息公开选项

（5）活动结束后，各市税务局纳税服务部门报送落实情况时应选用的文种是（　　）。（单选题）

　　A. 报告　　　　B. 函　　　　C. 便函　　　　D. 白头文

2. 某区局干部队伍老化严重，人手紧缺，中层断档，后继乏人；另外由于历史原因，干部超配，消化压力较大。特别是实行职级套转后，低层级职级晋升通道拥堵，一定程度上存在"少数干部工作不在状态""个别干部上班纪律守得不严"等问题。请针对此问题，提出建设性的意见。

3. 请将下列材料改编成一篇 700 字以内的信息稿。要求：标题醒目、结构严谨，逻辑清晰，语言准确精练。

　　材料一：七台河市税务局借助云端平台，采用生动活泼、通俗易懂的形式在线讲解，并进行实时互动，为纳税人缴费人答疑解惑。一个多月以来，共开展云端学堂 28 次，辅导纳税人 8 900 余户次。

　　材料二：七台河市税务局全力推广"非接触式"办税缴费，在电话、税企微信群、钉钉群等辅导载体基础上，第一时间为纳税人开展"云辅导"，视频连线辅导纳税人缴费人办理涉税业务，及时回应纳税人疑难和诉求。今年以来，在线处理纳税人缴费人问题 109 人次，受理网上预约服务 760 户次。

　　材料三：七台河市税务局在市区之外的所有分局所开通了"云办税"体验区，实现边远纳税人从税务所到市局办税服务厅无缝连接。纳税人在辖区税务所轻点鼠标，

即可办理涉税事项。

4. 请围绕以下材料，撰写一篇新闻稿。字数600字左右。

　　材料一：江北市菲尔家居用品有限公司是一家专业从事休闲家居用品进出口的生产企业，目前产品主要出口欧洲、非洲、美洲和澳洲等地。受世界范围内新冠疫情的影响，物流不畅、海运费用暴涨，公司的出口业务受到严重影响，产品大量积压。近期企业负责人张宏在电子税务局申请的237万元留抵退税款到账，大大缓解了资金压力。

　　材料二：江北市税务局高效落实大规模增值税留抵退税政策，缓解企业资金压力，通过"线上云端+线下实体"相结合的方式，开展政策辅导。

　　材料三：为进一步落实好组合式退税减税政策，江北市税务局通过电话、微信工作群、电子税务局、税企直联互动平台等渠道精准推送政策，"点对点"为企业讲解政策适用条件、办理流程。成立"青年先锋突击队"入企宣传。

5. 请找出下面文章中的错别字并改正。（5分）

　　语言，是文章的生命力，是文秘工作的基本功，是税务干部能否围绕中心工作实现"以文辅政"的重要工具。语言功底的锤练，没有按步就班的程式，没有一促而就的捷径，没有一成不变的模版，一般来讲至少要经过三个阶段：

　　第一阶段是"说得出来"。即选择合适的文字、合理的材料、恰当的结构，把要表达的意思厘清，落在纸面上。这个阶段看似容易，实际却是对文字把握、材料贮备和公文规范程度的综合检验，需要在日常工作中勤加打磨。这一步完成，文章就有了基础框架。

　　第二阶段是"说得准确"。即在文章已有框架基础上，逐个层次推敲逻辑关系，逐字逐句磨炼言语表达。好比修剪盆景，要突出主干，剪掉旁逸的无关枝权，剪除遮拦主干的多余花叶，只留下对整体造型来说不可替代的成份。这一步完成，文章会变得准确简练。

　　第三阶段是"说得出彩"。即把一篇内容扎实的"硬文章"，作进一步润色、升华，变成一篇意味隽永、让人喜闻乐见、入脑入心的好文章。一般来说，好标题，可以令人眼前一亮；琅琅上口的句子，可以令人过目不忘；语言鲜活、例子生动的段落，可以令人回味攸长……这些都是润色文章常用的手段。更好的文章，则需要在观察视角上有独到之处，在语言结构上相甫相成，在谋篇布局上脱疑而出，使读者既能够理性认同，也能产生情感共鸣。

　　总之，语言功底的提升，是一个慢长的过程，需要日积月累、弛而不息、常抓不懈。

6. 公文改错题

　　阅读下面这一例通知，指出其中的错误并加以改正。

【材料】

00001

机密★6个月

特提

关于2023年上半年主要税收工作情况报告

××市税务局：

2023年，贯彻落实党的二十大精神的开局之年。上半年，我局在市税务局党委和区委、政府的正确领导下，……，各项工作取得了长足的发展。具体做法是：

一、以组织收入为中心，全力以赴好收入

……

二、……

……

三、广泛开展税收传，营造良好税收环境

今年四月份是第32个全国税收宣传月，拓展宣传形式，拓宽宣传渠道，扎实有效地开展税收宣传月活动。

附件：1.××区税务局2013年上半年税收收入情况表

××区税务局
2023年7月10日

模拟试卷（六）答案及解析

一、单项选择题

1. 【参考答案】D

   【解析】根据习近平新时代中国特色社会主义思想。

2. 【参考答案】D

   【解析】依据《国家税务总局关于印发〈国家税务总局税收宣传工作管理暂行规定〉的通知》。

3. 【参考答案】C

   【解析】继续深化改革开放，要坚持把改善人民生活作为正确处理改革发展稳定关系的结合点，使改革始终得到人民拥护和支持。

4. 【参考答案】C

   【解析】绩效考评类型包括平时考评和年度考评。平时考评主要包括被考评单位填报、考评单位审核或提报、绩效办复核等内容。年度考评主要包括成绩汇总、公示反馈、结果审定等内容。

5. 【参考答案】B

   【解析】国家秘密的知悉范围以外的人员，因工作需要知悉国家秘密的，应当经过机关、单位负责人批准。

6. 【参考答案】B

   【解析】在我国古代，秘书是指皇宫里秘密珍藏的图书资料。东汉初期古籍中多次出现的"秘书"一词都是这个意思。题干中的"秘书"指的是书而不是人。故本题答案选B。

7. 【参考答案】C

   【解析】机密文件含有重要的国家秘密，泄密会使国家的安全与利益遭受严重损害。

8. 【参考答案】B

   【解析】加强税收宣传的重要性：加强税收宣传可以有力推进税收事业的发展；加强税收宣传可以大力推进依法治税；加强税收宣传可以彰显税收工作的重要价值。

9. 【参考答案】D

   【解析】衡量档案工作好坏的主要标志是档案的利用，进行档案利用才能发挥档案的价值。

10.【参考答案】C

【解析】根据《中华人民共和国公职人员政务处分法》第二条规定，"本法适用于监察机关对违法的公职人员给予政务处分的活动"。

11.【参考答案】C

【解析】社会安全事件主要包括恐怖袭击事件、民族宗教事件、经济安全事件、群体性事件、刑事案件、信访事件、舆情事件和税收行政执法引起的其他事件等。

12.【参考答案】B

【解析】税收信息管理流程包括税收信息的收集、筛选、整理和刊发。

13.【参考答案】B

【解析】档案具有历史再现性、知识性、政治性、文化性、教育性等属性，其中历史再现性为本质属性。

14.【参考答案】B

【解析】根据《中国共产党组织工作条例》第三条，党的组织工作以加强党的长期执政能力建设、先进性和纯洁性建设为主线，以党的政治建设为统领，以组织体系建设为重点。

15.【参考答案】C

【解析】《全国税务机关公文处理办法》第五十五条规定，请示必须在事前，应当一文一事，不得在报告等非请示性公文中夹带请示事项。正文末应当有请示语，在公文附注处注明联系人的姓名和电话。

16.【参考答案】B

【解析】《中华人民共和国监察法》。

17.【参考答案】A

【解析】《全国税务机关公文处理办法》第三十三条规定，公文首页必须显示正文，使用3号仿宋_GB2312体字，编排于主送机关名称下一行，每个自然段左空二字，回行顶格。

18.【参考答案】C

【解析】未经印信管理部门负责人批准，不得将印信擅自交给其他人员掌管。印信保管人员调离或者调整岗位，应办理印信移交手续，并由印信管理部门负责人监督移交。应采取相应的安全措施，确保印信安全保管。

19.【参考答案】C

【解析】会议地点应综合考虑会场的规模、大小、设施能否满足召开会议的需要，以及周边环境、交通、安全等因素是否适宜。严格执行会议管理制度，不得到明令禁止的风景名胜区举办会议，不得超规模、超标准，不得向基层或纳税人转嫁、摊派会议费，不得到非定点饭店召开会议。

20.【参考答案】C

【解析】"秘书"一词的含义,经历了一个由物到人的演变过程。"秘书"一词最早出现在汉代,指的是宫中秘藏之书。到了东汉后期,"秘书"一词作为官职出现。其接近于现代秘书的含义,始于辛亥革命后。

二、多项选择题

1.【参考答案】ABC

【解析】对税务机关的暗访,可以通过拍照、录音、录像等留存记录,填写督查工作底稿;必要时暗访人员可以公开身份,进一步核实有关问题。

2.【参考答案】BC

【解析】《党政机关公文处理工作条例》第九条规定,公文一般由份号、密级和保密期限、紧急程度、发文机关标志、发文字号、签发人、标题、主送机关、正文、附件说明、发文机关署名、成文日期、印章、附注、附件、抄送机关、印发机关和印发日期、页码等组成。由此可知,A项表述错误。公文中有发文机关署名的应当加发文机关印章,并与署机关相符。有特定发文机关标志的普发性公文和电报可以不加盖印章。第十条规定:属于党委、政府各自职权范围内的工作,不得联合行文。党委、政府的部门依据职权可以相互行文。由此可知 D 项表述错误。故选 BC。

3.【参考答案】ABCD

【解析】《全国税务机关公文处理办法》第五条规定,公文处理工作应当坚持实事求是、准确规范、精简高效、安全保密的原则。

4.【参考答案】ABC

【解析】根据《中华人民共和国保守国家秘密法》第十七条规定,"机关、单位对承载国家秘密的纸介质、光介质、电磁介质等载体以及属于国家秘密的设备、产品,应当做出国家秘密标志"。

5.【参考答案】ABC

【解析】对重大行动做出安排的决定的写作要求有:讲清形势以说明其必要性、紧迫性;阐述原则、措施以增强执行的准确性和规范性;分清层次、明确词义,以便读者理解和执行。没有"分工明确,责任到人"一项。故选 ABC。

6.【参考答案】ABCD

【解析】《档案立卷归档制度》规定了各门类档案立卷归档时间:

1. 文书档案。机关各部门每年形成、办理完毕的文件材料,由各部门档案兼职人员收集齐全,规范整理后于次年 5 月底前交机关综合档案室统一分类、编排归档。

2. 财务档案。每年度的机关财务方面所有资料由机关财务室人员根据相关规定,收集整理后次年 5 月底前交机关综合档案室分类编排归档。

3. 基建档案。在基建工程建设中形成的文书材料、图纸、预决算情况和最终验收报告,由基建工程项目部门的专人负责收集整理。在全部工程竣工验收后3个月移交机关综合档案室归档管理。

4. 声像档案。各单位有关录像、录音制品、图片作品及光盘制品形成后由各单位具体承办人及时移交档案室统一编排归档管理。

5. 实物档案。由收到实物的部门及时转交机关综合档案室统一整理归档。

7.【参考答案】ABC

【解析】D选项个人名章不具有法律效力。

8.【参考答案】BCD

【解析】视频会议签报应会签办公厅(室)、信息技术部门、后勤服务部门。

9.【参考答案】ABCD

【解析】税务机关对公民、法人或其他组织依法向税务机关提交的政府信息公开申请进行分析、判断和处理,并根据具体情况和相关政策在规定时限内做出回复。处理流程分为申请、受理、自行办理/转办等环节。办理包括信息处理、审查、答复、转办等。

10.【参考答案】ABCD

【解析】《信访工作条例》第五条规定,信访工作应当遵循下列原则:

(一)坚持党的全面领导。把党的领导贯彻到信访工作各方面和全过程,确保正确政治方向。

(二)坚持以人民为中心。践行党的群众路线,倾听群众呼声,关心群众疾苦,千方百计为群众排忧解难。

(三)坚持落实信访工作责任。党政同责、一岗双责,属地管理、分级负责,谁主管、谁负责。

(四)坚持依法按政策解决问题。将信访纳入法治化轨道,依法维护群众权益、规范信访秩序。

(五)坚持源头治理化解矛盾。多措并举、综合施策,着力点放在源头预防和前端化解,把可能引发信访问题的矛盾纠纷化解在基层、化解在萌芽状态。

三、判断题

1.【参考答案】√

【解析】做好督查工作,对于推动党的路线方针政策的贯彻落实,对于推进各级党委的科学决策、民主决策意义重大。

2.【参考答案】×

【解析】《国家税务总局办公厅关于严肃新闻宣传纪律加强税收宣传管理的通知》规

定，需要向总局办公厅报告。

3.【参考答案】√

【解析】《关于解决税务系统形式主义突出问题为基层减负若干措施》规定，开短会讲短话。局领导出席的会议，讲话一般不超过2小时；视频会议一般不超过2小时；会议交流发言单位一般不超过5个，发言时间不超过6分钟。

4.【参考答案】√

【解析】标题审查具有十分作用的重要。

5.【参考答案】√

【解析】根据《中国共产党宣传工作条例》。

6.【参考答案】×

【解析】收文是指外单位来文，不存在"审"的问题，只需要"阅"；而发文则不仅仅是"阅"，更需要"审"。

7.【参考答案】√

【解析】根据《国家税务总局办公厅关于进一步做好税收新闻舆论工作的通知》。

8.【参考答案】×

【解析】除了通过网站进行政府信息公开外，税务机关还可以利用在办税服务厅设置公告栏、印发税务公告、举办新闻发布会等多种形式主动向社会公众发布相关信息。

9.【参考答案】√

【解析】增补的字符较多，圈起来有困难时，可用线在页边画清增补的范围。

10.【参考答案】×

【解析】根据《信访工作条例》的规定，信访人对复核意见不服，仍然以同一事实和理由提出投诉请求的，各级人民政府信访工作机构和其他行政机关不再受理。故本题判断错误。

11.【参考答案】×

【解析】依据修订后的《中华人民共和国政府信息公开条例》第四十九条，应为每年1月31日。

12.【参考答案】√

【解析】《中华人民共和国政府信息公开条例》第十条规定，行政机关设立的派出机构、内设机构依照法律、法规对外以自己名义履行行政管理职能的，可以由该派出机构、内设机构负责与所履行行政管理职能有关的政府信息公开工作。

13.【参考答案】×

【解析】绝密级公文一般不得复制、汇编，确有工作需要的，应当经发文机关或者其上级机关批准。

14.【参考答案】×

【解析】涉密计算机口令长度应不少于 8 位，更换周期不超过 1 个月。机密级计算机口令长度应不少于 10 位，更换周期不超过 1 个星期，也可以采用 IC 卡或 USBKey 与口令（长度不少于 4 位）相结合的方式。

15.【参考答案】√

【解析】采用调查方式直接获取第一手材料是最常见的信息收集方法。

16.【参考答案】×

【解析】过失泄露国家秘密的立案标准是：泄露绝密级国家秘密 1 项（件）以上的；泄露机密级国家秘密 3 项（件）以上的；泄露秘密级国家秘密 4 项（件）以上的。

17.【参考答案】√

【解析】紧急程度是指公文送达和办理的时限要求，是对受文单位的办理时间要求。

18.【参考答案】√

【解析】根据突发事件及处置结果，无须另行向省税务局续报和终报情况的事件，初报即为终报。

19.【参考答案】√

【解析】根据《国家税务总局关于实施绩效管理的意见》（税总发〔2013〕130 号）第四部分第三条，实施绩效管理，不但需要各级税务部门和税务干部广泛参与，也需要社会各界和广大纳税人理解支持。

20.【参考答案】√

【解析】复核机关是信访事项终结工作的责任主体，对终结结果终身负责。

四、简答题

1.【参考答案】各级税务局党委要严格按照《条例》规定的程序进行请示报告。请示报告应当逐级进行，一般不得越级请示报告。省级和省级以下税务局党委根据以税务总局为主、与省区市党委和政府双重领导的管理体制要求，应当向上级税务局党委请示报告，同时抄送当地党委；也可根据事项性质和内容向当地党委请示报告，同时抄送上级税务局党委；特殊情况下，可以不抄送。党员一般应当向所在党组织（党支部、党总支）请示报告重大事项；领导干部一般应当按照干部管理权限和事项内容向本级党委（党组）或上级党组织请示报告重要工作。要注重提高时效性，严格按照规定时限要求进行请示报告。

【解析】依据税务总局关于进一步做好税务系统重大事项请示报告工作的要求。

2.【参考答案】国税地税征管体制改革后，税务系统队伍更大、职责更重，服务和管理的对象更多。特别是当前落实减税降费政策、推进税制改革等任务十分繁重。进一步加强值班工作，及时妥善应对各种重要紧急情况，保证税务系统上下畅通，对于全面履行税收职能，服务经济社会发展具有重要意义。各级税务机关要以习近平新时代中国特色社会主义思想为指导，增强"四个意识"，坚定"四个自信"，做到"两个维护"，严守政治纪律和政治规矩，充分认清新形势下进一步加强值班工作的重要性，以对税收事业高度负责的精神，采取有针对性的措施，加强值班工作体系和值班队伍建设，进一步提升值班工作水平。

【解析】参见《国家税务总局办公厅关于进一步加强税务系统值班工作的通知》。

五、实务题

1.【参考答案】（1）ABCD（2）ACD。根据国家税务总局关于公文处理的工作要求，标题由发文机关、发文事由和文种组成，应当准确简要地概括公文的主要内容并标注公文种类。便函不得以"国家税务总局××市税务局"为行文对象，不在便函中要求以正式文件方式报送有关材料。各单位下发工作安排及布置类文件时，在公文正文结尾处标注联系人发电话，另起一行左空二字。A、C、D当选。（3）ABC。根据国家税务总局关于公文处理的工作要求，便函不得发布行政许可、行政审批、行政处罚等事项；不得规定税务系统内部管理审批事项；不得进行税收政策解释；不得进行税收征管问题解释；不得部署直接面向纳税人的具体税收征管工作；不得部署检查、调查、核查纳税人工作；不得发布书刊征订等事宜。ABC当选。（4）B。根据《中华人民共和国政府信息公开条例》第十六条的规定，行政机关的内部事务信息，包括人事管理、后勤管理、内部工作流程等方面的信息，可以不予公开。B当选。（5）C。根据国家税务总局关于公文处理的工作要求，以便函要求各地报送有关情况，不得要求各地以正式文件报送，应按照对等原则，以便函形式回复。

【解析】见《党政机关公文处理工作条例》。

2.【参考答案】转变精神状态，不断激发队伍活力。在区局发展的新时期，亟须建设一支有激情、有担当、有作为的干部队伍。我们要坚持把激发活力作为推进区局改革发展的重要支撑，扎实推进绩效管理、数字人事、人才培养等工作，构建有压力、有动力、更有活力的干部激励机制，充分调动广大干部干事创业的积极性。同时要加强人文关怀，合法合规地尽力解决干部职工的实际困难问题。

【解析】略。

3.【参考答案】

创新"云服务"，架起征纳"连心桥"

2022年以来，国家税务总局七台河市税务局不断创新"云服务"举措，持续优化营商环境，用心增添便捷办税温度，用情提升办税缴费速度，用力架起便民服务"连心桥"。

"云培训"不间断。

为推进新的组合式税费支持政策实施，七台河市税务局借助云端平台，采用生动活泼、通俗易懂的形式在线讲解，并进行实时互动，为纳税人缴费人答疑解惑。一个多月以来,共开展云端学堂 28 次,辅导纳税人 8 900 余户次。同时,该局大力拓展"云培训"阵地,会同七台河市委网信办构建"税收干货月月见"常态化抖音直播机制,创建"小穗来啦"税收直播品牌。税收宣传月期间,抖音直播观看人数达到 2.7 万人,评论人数达到 3 000 余人,让税收宣传惠及更多群众。

"云办税"不停步。

为加快智慧税务建设,七台河市税务局在市区之外的所有分局所开通了"云办税"体验区,实现边远纳税人从税务所到市局办税服务厅无缝连接。纳税人在辖区税务所轻点鼠标,即可办理涉税事项,同时这里还为纳税人缴费人提供远程问税和线上咨询服务,实现"问办协同",逐步实现"实体办税厅+云办税厅+24 小时自助终端办税厅"的"三厅联动"高效智能办税机制,开启"智慧办税"新模式,提高纳税人的获得感。

"云辅导"不打烊。

该局严格落实疫情防控要求,全力推广"非接触式"办税缴费,在电话、税企微信群、钉钉群等辅导载体基础上,第一时间为纳税人开展"云辅导",视频连线辅导纳税人缴费人办理涉税业务,及时回应纳税人疑难和诉求。今年以来,在线处理纳税人缴费人问题 109 人次,受理网上预约服务 760 户次,受到纳税人缴费人的肯定。

【解析】新闻稿的结构一般是:第一段,写好导语,点明时间、事件等;第二段,提炼事情的主要内容、交代事件税务背景;第三段,分层次介绍事件的成效影响等。

4.【参考答案】

税惠"活水"激发企业生机

"237 万元留抵退税款的到账,帮我们公司解决了资金链断裂问题,我一直悬着的心总算放下来了。"近日,江北市菲尔家居用品有限公司负责人张宏,对前来走访的江北市税务干部说。

江北市菲尔家居用品有限公司是一家专业从事休闲家居用品进出口的生产企业,目前产品主要出口欧洲、非洲、美洲和澳洲等地。受世界范围内新冠疫情的影响,物流不畅、海运费用暴涨,公司的出口业务受到严重影响,产品大量积压。

"产品运不出去就无法实现销售,销售断了,我们的资金链也就断了。"张宏坦言,大规模留抵退税政策的实施,让企业一下子增加了 237 万元流动资金。

"这项政策就如同'活水'灌溉'秧苗',让因缺少资金濒临停工的企业得到了'滋养',重新焕发生机!"张宏对记者说。

为高效落实大规模增值税留抵退税政策,缓解企业资金压力,江北市税务局通过"线上云端+线下实体"相结合的方式,开展留抵退税政策宣传辅导。

根据上级下发的目标清册,该局及时通过电话、微信工作群、电子税务局、税企直联互动平台等渠道精准推送政策,"点对点"为企业讲解政策适用条件、办理流程等。同时组建"青年先锋突击队",为企业提供"一户一策"精准帮扶,让企业及时享受政策红利。

"我们将持续加大退税减税政策宣传、辅导和落实力度,让税惠'活水'第一时间'灌溉'到市场主体,不断激发市场主体活力,为企业纾困解难,助力企业发展壮大。"江北市税务局局长张立说。

【解析】略。

5.【参考答案】锤炼、按部就班、一蹴而就、模板、储备、成分、朗朗上口、回味悠长、相辅相成、脱颖而出、漫长、驰而不息。

【解析】略。

6.【参考答案】

(1) 份号应为六位。

(2) 公文紧急程度无"特提"。

(3) 标题应为"国家税务总局某市××区税务局关于2023年上半年主要税收工作情况的报告"。

(4) 主送机关应顶格。

(5) "今年四月份是第32个全国税收宣传月"应为"今年4月份是第32个全国税收宣传月"。

(6) 附件应在正文下方下空一行,只有一个附件不需要加序数。

(7) 发文机关署名应用规范化全称。

【解析】依据《党政机关公文处理工作条例》。

模拟试卷（七）

一、单项选择题（下列各题的备选答案中，只有一个正确选项，请将正确选项的字母填写在括号中，多选、错选、不选均不得分。每小题 1 分，共计 20 分）

1. 习近平总书记在党的二十大报告中强调，要"加大（　　）、社会保障、转移支付等的调节力度"，以促进社会公平正义。
   A. 财政　　　　B. 税收　　　　C. 社会保险　　　　D. 新农合

2. 第 32 个全国税收宣传月的主题是（　　）。
   A. 税收优惠促发展　惠企利民向未来
   B. 税惠千万家　共建现代化
   C. 税收惠民办实事　深化改革开新局
   D. 减税费　优服务　助复产　促发展

3. 因为印章具有（　　）效力，因此任何公文信函若是没有印章，就不能代表机关，更不会生效。
   A. 标志　　　　B. 法律　　　　C. 权力　　　　D. 辩伪

4. 伟大斗争，伟大工程，伟大事业，伟大梦想，紧密联系、相互贯通、相互作用，其中起决定性作用的是（　　）。
   A. 中国特色社会主义伟大事业
   B. 党的建设新的伟大工程
   C. 具有许多新的历史特点的伟大斗争
   D. 中华民族伟大复兴的伟大梦想

5. 支部党员大会一般每（　　）召开 1 次。
   A. 3 个月　　　B. 6 个月　　　C. 9 个月　　　D. 1 年

6. 下列关于会议的安排，说法错误的是（　　）。
   A. 不安排用餐　B. 不制作背景板　C. 不摆花草　D. 不提供水果

7. 下列不属于突发事件信息报告制度的有（　　）。
   A. 终报制度　B. 首报制度　C. 日报告制度　D. 续报制度

8. 下列不属于从类型上对税务信息进行分类的是（　　）。
   A. 行政管理信息　　　　　　　　B. 动态性信息
   C. 经验性信息　　　　　　　　　D. 问题建议性信息

9. 下列关于尊位表述正确的是（　　）。
   A. 客方尊位比主方尊位更重要一些
   B. 大多数情况下，一场公务活动的尊位只有一对主客尊位
   C. 我国传统的做法是"以右为尊"，而国际通行的做法是"以左为贵"
   D. 港澳同胞出席的大部分场合也都使用"以左为贵"的排位法

10. 根据《中央和国家机关会议费管理办法》的有关规定，党政机关应严格控制会议规模，二类会议参会人员不得超过（　　）。
    A. 200人　　　　B. 300人　　　　C. 350人　　　　D. 400人

11. 党委委员应当认真落实基层联系点工作制度，注重调查研究，广泛听取意见，掌握实际情况，研究和解决实际问题，切实减轻基层负担。每年深入基层的时间不少于（　　）。
    A. 1星期　　　　B. 1个月　　　　C. 2个月　　　　D. 3个月

12. 下列选项不属于税务管理部门推行绩效管理基本流程的是（　　）。
    A. 积极设定绩效目标，客观评价绩效结果
    B. 科学制订绩效计划，全面实施绩效监控
    C. 严格开展绩效考评，有效运用考评结果
    D. 重点抓好绩效改进，注重绩效工作沟通

13. 因私出国，并在国外长期定居的党员，超过（　　）未回，停止党籍。
    A. 2年　　　　B. 3年　　　　C. 4年　　　　D. 5年

14. 巡视工作要聚焦"一个中心"。这个中心是指（　　）。
    A. 党风廉政建设和反腐败工作　　　　B. 党政机关作风建设
    C. 充分发挥党员先锋模范作用　　　　D. 贯彻民主集中制的根本组织制度

15. 系统督查流程一般包括：督查立项、（　　）、实地督查、反馈意见、总结汇报、督促整改等环节。
    A. 实施准备　　　B. 案头督查　　　C. 跟踪催办　　　D. 拟定方案

16. 税务机关档案工作人员小王在归档时，发现应归档纸质文件材料中有文件发文稿纸、文件处理单，他应当（　　）。
    A. 与文件正本、定稿分开归档　　　B. 与文件正本、定稿一并归档
    C. 将其去除，从只归档纸质文件　　　D. 将归档文件退还送档部门

17. 税务机关私分、挪用、截留、非法占有税款、滞纳金、罚款或者查封、扣押的财物以及纳税担保财物的，对有关责任人员，给予（　　）处分。
    A. 记大过　　　B. 降级　　　C. 撤职　　　D. 开除

18. 起草机关材料，必须先自己想明白。如果自己都不明白，也不太可能让别人看得明白。因此，起草机关材料动笔之前应搞清"讲什么、对谁讲、谁来讲"三个问题，

其中哪条不属于其中的内容？（　　）

　　A. 目的主题　　　B. 使用场景　　　C. 主体身份　　　D. 写作习惯

19. 在一定范围内公布应当遵守或周知的事项时使用的告知性公文是（　　）。

　　A. 公告　　　　　B. 公报　　　　　C. 通告　　　　　D. 通知

20. 某县人民政府要在高考期间禁止燃放烟花爆竹，将此事告知社会，宜用（　　）。

　　A. 通报　　　　　B. 公告　　　　　C. 通知　　　　　D. 通告

二、多项选择题（下列各题的备选答案中，至少有两个正确选项，请将正确选项的字母填写在括号中，多选、少选、错选、不选均不得分。每小题 2 分，共计 20 分）

1. 根据涉密程度不同，涉密会议分为绝密级会议、机密级会议和秘密级会议，其中涉及（　　）内容的会议，称为重大涉密会议。

　　A. 绝密级　　　　B. 机密级　　　　C. 秘密级　　　　D. 超密级

2. 税务行政管理职责中的监控效果重点分析管理效果（　　）。

　　A. 是否与既定规划目标相一致

　　B. 是否明确管理目标、科学设置机构、自定职责任务

　　C. 是否与税务机关的地位、职能、形象相匹配

　　D. 是否把所管辖干部的工作积极性、主动性、创造性调动起来

3. 关于税务公文基本要素，以下描述正确的有（　　）。

　　A. 涉密公文应标注份号（一般用 6 位 3 号阿拉伯数字）

　　B. 保密期限的数字用中文大写数字标注

　　C. "加急"适用于 3 日内要办的紧急事项

　　D. 发文字号由发文机关代字、年份和发文顺序号组成

4. 习近平总书记指出，认真研读马克思主义特别是中国特色社会主义理论体系基本著作，提升理论思维，其目的是增强工作的（　　）。

　　A. 原则性　　　　B. 系统性　　　　C. 预见性　　　　D. 创造性

5. 根据中央解决形式主义为基层减负部署要求，各级各部门都积极探索精文简会的有效措施。根据精文简会的精神，下列（　　）是需要精简的。

　　A. 减数量　　　　B. 减人员　　　　C. 减篇幅　　　　D. 减时长

6. 在推进中国特色社会主义事业中起把方向、谋大局、定政策、促改革作用，在党的组织体系中被称作"大脑"和"中枢"的是（　　）。

　　A. 中央委员会　　　　　　　　　　B. 中央书记处

　　C. 中央政治局常务委员会　　　　　D. 中央政治局委员会

7. 中共中央印发的《法治社会建设实施纲要（2020—2025 年）》明确，推动社会治理从现实社会向网络空间覆盖，建立健全网络综合治理体系，加强（　　），全面推

进网络空间法治化,营造清朗的网络空间。

  A. 依法管网 B. 依法建网 C. 依法办网 D. 依法上网

8. 命令(令)根据其作用可分为(　　)。

  A. 执行令 B. 行政令 C. 发布令 D. 嘉奖令

9. 下列关于公文的说法,错误的有(　　)。

  A. 下级机关答复上级机关询问时,应用答复函

  B. 发文机关标志必须用发文机关全称

  C. 公文有法定作者,这实际上体现了负责人的意志

  D. 公司向客户申请修改施工方案时,应写请批函

10. 根据《保守国家秘密法》规定,在涉密岗位工作的人员,按照涉密程度分为(　　),实行分类管理。

  A. 核心涉密人员   B. 关键涉密人员

  C. 重要涉密人员   D. 一般涉密人员

三、判断题(判断下列各题正误,正确的打"√",错误的打"×"。每小题1分,共计20分)

1. 无外地代表且会议规模能够在单位内部会议室安排的会议,原则上在单位内部会议室召开,不安排住宿。(　　)

2. 调查研究,就其本质来说,它是人们一种有目的、自发的主观认识活动。(　　)

3. 对于机关内部其他司局(处、科、股)来文征求办公厅(室)意见的,只需要登记,不必提出拟办意见。(　　)

4. 上行文应由主要负责人或主持工作的负责人签发,并在文件首页标注签发人姓名。(　　)

5. 党委委员应当认真落实基层联系点工作制度,全年到联系点指导党建工作至少1次。(　　)

6. 税收宣传工作优化发展环境的目标,就是对内营造奋发向上、干事创业的工作氛围,对外营造诚信纳税、支持税收的社会氛围,为税收事业和经济社会发展创造有利条件。(　　)

7. 某市税务局领导要求向各单位下发一份简单的会议通知,办公室人员小张在综合办公系统内起草了一份标题为《某市税务局关于紧急召开××会议的通知》(　　)

8. 督查工作首先要做好专项督办,其次才是做好决策督查。(　　)

9. 公文正文中第一次提到省税务机关名称时使用全称,可在其后加括号标注"(以下简称'省局')",下文即可用简称。(　　)

10. 公务员行政处分的种类分为警告、记过、记大过、降级、降职、开除6种。(　　)

11. 税务系统特别重大（Ⅰ级）、重大（Ⅱ级）突发事件发生后，事发地税务机关要立即报告上一级税务机关，必要时，可跳过上一级税务机关直接向税务总局报告。
（　　）

12. 一个机关的重要会议的主要文件为长期保管的文件材料。　（　　）

13. 党支部党员人数一般不超过100人。　（　　）

14. 督办事项办结标准为所有工作流程办理完毕。（　　）

15. 在公文的写作中，文尾的结束语可以根据具体情况来运用，也即是可有可无，因此请示的结束语也如此。　（　　）

16. 党支部委员会是党支部的议事决策机构，一般每季度召开1次。　（　　）

17. 机关督办工作应按照立项、交办、承办、反馈、督促、审核、归档的程序依次进行。　（　　）

18. 信息公开选项已明确标注为"主动公开""依申请公开"类属的文件，可以不进行保密审查。　（　　）

19. 手机关机状态下可被远程遥控打开，泄露一定距离内的声音。因此，涉密工作人员一定严格遵守手机使用的保密制度。　（　　）

20. 税务部门规章和税费规范性文件要与政策解读同步起草、同步报审、同步发布。
（　　）

四、简答题（共2小题，每小题5分，共计10分）

1. 国家秘密的密级如何划分？
2. 简述档案的利用和公布工作有哪些。

五、实务题（共6题，每小题5分共计30分）

1. 市税务局办公室小韩专门负责公文处理工作，请依据公文管理以及相关工作规定，回答下列问题：

（1）作为办公室核稿人员，小韩对总核稿岗中的待办公文的审核重点有（　　）。（多选题）

　　A. 行文理由是否充分，行文依据是否准确
　　B. 内容是否符合党的路线方针政策和国家法律法规
　　C. 判断是否需要会签其他职能部门或者有关单位
　　D. 文种是否正确，格式是否规范

（2）关于向上级税务机关报送公文，小韩的下列做法不正确的有（　　）。（多选题）

　　A. 将货物和劳务税科报送省税务局的公文，同时报送至省税务局货物和劳务税处
　　B. 省税务局以"皖税函"下发，明确要求用公文报送企业所得税汇算清缴有关情况至企业所得税处，并寄送纸质件；小韩告诉企业所得税科，邮寄纸质件时收

件人填写省税务局企业所得税处。

C. 向省税务局报送公文时，数量为2份

D. 向省税务局报送请示时，同时报送纸质件

（3）针对以下来文，小韩应予退回的是（　　）。（多选题）

A. 文种使用不当，违反行文规则的

B. 上行文未注明签发人的

C. 文头与机关代字不相符的

D. 用印有误，未注明附件或附件有缺漏的

2. 小黄是某县局办税服务厅的工作人员，某天上午正在工作时，接到孩子学校老师的电话，称孩子病了，需要她到学校一趟。小黄于是就对准备办理业务的纳税人解释，那名纳税人说自己排了半天队，不愿意，于是就和小黄吵了起来，引起其他人员围观，还有人拿出手机进行拍照。作为办税服务厅值班主任，你如何处理？

3. 2023年×月×日，某副省级城市某区税务局副局长韩某在未履行领导干部个人有关事项报告手续的情况下，以"家中有事"为由向局长黄某请假回老家某县。次日，该区税务局纪检组组长康某打电话联系韩某，得知其为家中老人去世3周年操办祭奠活动之事后，亲自前往其老家参加祭奠，并将此事转告其他干部，经口口相传，致使本单位有41名干部先后前往韩某老家进行悼念，共随礼8 900元。查明事实后，经研究，该市税务局党委给予韩某、康某党内警告处分，收缴韩某违规收取的礼金，对黄某进行诫勉谈话。

（1）试对该市税务局党委的处理做出分析。

（2）韩某、康某受到党内警告处分产生的直接后果是什么？

4. 2015年6月，某市税务局货物和劳务税科召开了全市营改增专项工作会议（四类会议），参会人员为该市税务系统相关部门的业务骨干，会议于6月2日报到，6月3日上午在市局的内部招待所召开，报到人数50人，6月3日下午会议结束，6月4日会议代表返回单位。会议结束后市局经办人员向单位财务报销。根据以上情况，回答下列问题。

（1）根据国家税务系统会议费管理办法，四类会议上限为每人每天（　　）元标准。（单选题）

A. 320　　　　　B. 380　　　　　C. 420　　　　　D. 450

（2）市局经办人向财务部门提交的报销凭证应包括（　　）。（多选题）

A. 会议审批文件　　　　　　　　B. 会议通知

C. 参会人员签到表　　　　　　　D. 会议费发票

（3）某县局参会人员小张乘车参会，回单位后可报销的差旅费有（　　）。（多选题）

A. 往返车费　　　B. 伙食补助费　　　C. 市内交通费　　　D. 住宿费

375

（4）某县局参会人员小张用公务卡支付车票费用。关于公务卡的使用，下列说法正确的有（　　）。（多选题）

A. 持卡人原则上不允许通过公务卡提取现金

B. 原则上同一持卡人信用消费单笔不得超过 2 万元，月透支额不得超过 5 万元

C. 公务卡不得用于个人支付结算业务

D. 原则上每张公务卡的信用额度不超过 5 万元，不少于 2 万元

5. 国家税务总局 A 县税务局干部小张，于 2017 年 12 月向其所在局机关党委递交入党申请书。2018 年 5 月，该局机关党委安排党委副书记王某与其谈话，了解其思想状况、入党动机、工作和学习情况。2018 年 6 月，经王某推荐，局党组研究，小张被确认为入党积极分子。2019 年 1 月，小张被所在支部列为发展对象，其间参加了 A 县机关工委组织的党的基本知识培训班，并通过考试获得了结业证书。同年 4 月，经政审、支部委员会集体讨论后，由所在支部大会接收为中共预备党员，并在 5 月 5 日经县局党组审批通过。小张在 2019 年 3 月通过了省政府办公室干部遴选，并在 6 月赴新岗位报到。

该局发展小张为预备党员的流程规范吗？请结合《中国共产党发展党员工作细则》加以论述。

6. 公文改错题

阅读下面这一例通知，指出其中的错误并加以改正。

关于商调王五同志的报告

××县××局人事科负责同志：

我局职工王五同志，男，现年 30 岁，2010 年毕业于山东大学，为我局业务骨干。该同志工作一贯认真负责，积极肯干，具有较高的专业技术水平和丰富的实践经验。现因家庭困难，且每天上下班需要 2 个小时，因此，拟调往你局工作，以照顾家庭。

××县××局

二〇二〇年三月十二日

模拟试卷（七）答案及解析

一、单项选择题

1.【参考答案】B

【解析】习近平总书记在党的二十大报告中强调，要"加大税收、社会保障、转移支付等的调节力度"，以促进社会公平正义。

2.【参考答案】B

【解析】根据国家税务总局相关负责人介绍，第32个全国税收宣传月以"税惠千万家　共建现代化"为主题，并首次以青少年税收普法专题活动形式启动，促进广大青少年在心中播下法治种子，厚植法治基因，助力税收法治观念更好更广泛地深入人心。

3.【参考答案】B

【解析】因为印章具有法律效力，公文只有盖了印章才能产生法定权威作用。

4.【参考答案】B

【解析】伟大斗争，伟大工程，伟大事业，伟大梦想，紧密联系、相互贯通、相互作用，其中起决定性作用的是党的建设新的伟大工程。

5.【参考答案】A

【解析】依据"三会一课"制度的规定。

6.【参考答案】A

【解析】《国家税务总局关于印发〈国家税务局系统会议费管理办法〉的通知》规定，严格执行会议用房标准，不得安排高档套房；会议用餐严格控制菜品种类、数量和份量，一般安排自助餐；严禁提供高档菜肴，不安排宴请，不上烟酒；会议会场一律不摆花草，不制作背景板，不提供水果。

7.【参考答案】C

【解析】《全国税务系统突发事件信息报告工作管理办法》第十条规定，突发事件信息报告实行首报、续报和终报制度。根据应急管理有关规定和突发事件具体情况，实行向上级税务机关和事发地人民政府有关部门同时报告制度。

8.【参考答案】A

【解析】从类型来分税务信息包括动态性信息、经验性信息、问题建议性信息。从内容上可划分为行政管理信息、税收业务信息。从形式上可划分为快讯、专报。

9.【参考答案】B

【解析】通常情况下，主方尊位又比客方尊位更重要一些。我国传统的做法是"以左为贵"，而国际通行的做法是"以右为尊"。港澳台同胞出席的大部分场合也都使用"以右为尊"的排位法。

10.【参考答案】B

【解析】《中央和国家机关会议费管理办法》第九条规定，二类会议参会人员不得超过300人。

11.【参考答案】B

【解析】《中共国家税务总局委员会工作规则》第十二条规定，党委委员应当认真落实基层联系点工作制度，注重调查研究，广泛听取意见，掌握实际情况，研究和解决实际问题，切实减轻基层负担。每年深入基层的时间不少于1个月。

12.【参考答案】A

【解析】税务部门绩效管理基本流程：

（1）科学制订绩效计划。根据党中央、国务院的决策部署，国家税务总局年度工作安排以及本单位工作要点等制订绩效计划。

（2）全面实施绩效监控。强化过程控制和动态管理，建立重点工作任务和关键指标的日常监控机制，掌握工作进度和重点指标完成情况，发现问题及时纠偏，确保绩效计划全面完成。

（3）严格开展绩效考评。绩效考评是绩效管理的重要内容和核心环节。要科学制定工作方案，合理确定考评方式方法。

（4）有效运用考评结果。绩效考评结果是改进工作、加强管理的重要依据，要坚持正向激励为主，将考评结果与领导班子和领导干部考评、干部选拔任用、年度公务员评先评优紧密挂钩，加大结果运用力度，不断拓展运用范围。

（5）重点抓好绩效改进。绩效管理的根本目的在于促进工作绩效不断持续改进和提升。针对绩效考评反映的情况和问题，结合绩效计划，纵横比较分析，查找问题，分析原因，制定整改措施，并纳入下一年度绩效计划。

（6）注重绩效工作沟通。绩效沟通是绩效管理的灵魂和主线，它贯穿于绩效管理工作始终，渗透于绩效管理各环节，是区别于传统考核的重要标志。考评与被考评单位应加强沟通协调，进行深入交流，形成工作共识和价值认同，确保绩效管理工作良性运转。

13.【参考答案】D

【解析】依据《中国共产党党员教育管理工作条例》。

14.【参考答案】A

【解析】巡视工作的"一个中心"是指党风廉政建设和反腐败工作。

15.【参考答案】A

模拟试卷（七）答案及解析

【解析】根据《系统督查管理办法》第六条。

16.【参考答案】B

【解析】依据为《机关档案工作条例》，税务机关档案工作人员小王在归档时，发现应归档纸质文件材料中有文件发文稿纸、文件处理单，他应当与文件正本、定稿一并归档。

17.【参考答案】A

【解析】根据《税收违法违纪行为处分规定》第十一条。

18.【参考答案】D

【解析】动笔之前应搞清"讲什么、对谁讲、谁来讲"三个问题，使文稿符合目的主题、符合使用场景、符合主体身份。

19.【参考答案】C

【解析】《党政机关公文处理工作条例》第八条第六款规定，通告适用于在一定范围内公布应当遵守或者周知的事项。

20.【参考答案】D

【解析】通告适用于在一定范围内公布应当遵守或者周知的事项。

二、多项选择题

1.【参考答案】AB

【解析】依据《税务系统涉密会议保密管理暂行办法》。

2.【参考答案】AC

【解析】B选项属于组织领导，D选项属于指挥实施。

3.【参考答案】AD

【解析】《全国税务机关公文处理办法》相关规定。B选项，保密期限的数字用阿拉伯数字标注。C选项，"加急"是指内容重要并紧急，需打破工作常规，优先传递处理的公文。

4.【参考答案】ABCD

【解析】习近平总书记在省部级主要领导干部学习贯彻党的十八届五中全会精神专题研讨班上的讲话主要内容之一。

5.【参考答案】ABCD

【解析】精文简会主要是减数量、减人员、减议程、减时长、减篇幅等。

6.【参考答案】ACD

【解析】根据《中国共产党组织工作条例》第十一条，党的中央委员会、中央政治局、中央政治局常务委员会是党的组织体系的大脑和中枢，在推进中国特色社会主义事业中把方向、谋大局、定政策、促改革。

7.【参考答案】ACD

【解析】中共中央印发的《法治社会建设实施纲要（2020—2025年）》明确，"推动社会治理从现实社会向网络空间覆盖，建立健全网络综合治理体系，加强依法管网、依法办网、依法上网，全面推进网络空间法治化，营造清朗的网络空间"。

8.【参考答案】BCD

【解析】《全国税务机关公文处理办法》第十一条规定，命令（令）适用于依照有关法律、行政法规发布税务规章，宣布施行重大强制性行政措施，嘉奖有关单位及人员。发布税务规章，应当按照税务规章产生的程序进行。命令（令）属下行文，一般无主送、抄送。

9.【参考答案】ABC

【解析】答复上级的询问应用报告，A项错误。发文机关标志可以用发文机关的全称或规范化的简称，B项错误。公文有法定的作者，体现了发文机关及负责人的意志，C项错误。公司向客户申请修改施工方案时，应写请批函，D项正确。

10.【参考答案】ACD

【解析】根据《中华人民共和国保守国家秘密法》第三十五条规定，"在涉密岗位工作的人员，按照涉密程度分为核心涉密人员、重要涉密人员和一般涉密人员，实行分类管理"。

三、判断题

1.【参考答案】√

【解析】《中央和国家机关会议费管理办法》第十二条规定，无外地代表且会议规模能够在单位内部会议室安排的会议，原则上在单位内部会议室召开，不安排住宿。

2.【参考答案】×

【解析】调查研究其本质是人们一种有目的、自觉的主观认识活动。

3.【参考答案】×

【解析】但凡征求意见，均应提出拟办意见。

4.【参考答案】√

【解析】上行文应由主要负责人或主持工作的负责人签发，并在文件首页标注签发人姓名。

5.【参考答案】×

【解析】党委委员应当认真落实基层联系点工作制度，深入开展调查研究，掌握实际情况，研究和解决实际问题，既广泛听取意见，又认真吸纳、及时回应。每年深入基层的时间不少于1个月。每位党委委员要至少确定1个县税务局作为基层党建联系点，全年到联系点指导党建工作至少2次。

模拟试卷（七）答案及解析

6.【参考答案】√

【解析】优化发展环境，就是对内营造奋发向上、干事创业的工作氛围，对外营造诚信纳税、支持税收的社会氛围，为税收事业和经济社会发展创造有利条件。

7.【参考答案】×

【解析】《国家税务总局办公厅关于规范省税务机构在公文中称谓问题的通知》规定，标题中省税务机关名称使用全称。

8.【参考答案】×

【解析】督查工作，首先要抓好决策督查。

9.【参考答案】×

【解析】《国家税务总局办公厅关于规范省税务机构在公文中称谓问题的通知》规定，公文正文中第一次提到省税务机关名称时使用全称，可在其后加括号标注"（以下简称'××省税务局'）"，下文即可用简称。

10.【参考答案】×

【解析】公务员行政处分的种类为：警告、记过、记大过、降级、撤职、开除等6种。

11.【参考答案】×

【解析】税务系统特别重大（Ⅰ级）、重大（Ⅱ级）突发事件发生后，事发地税务机关要立即报告上一级税务机关，最迟不超过1小时。必要时，可直接向税务总局报告，同时补报上一级税务机关。

12.【参考答案】√

【解析】根据《全国税务机关文件材料归档范围和文书档案保管期限规定》要求，重要会议的主要文件、重要的请示应被列为长期保管的文件材料。

13.【参考答案】×

【解析】不超过50人，依据《中国共产党支部工作条例（试行）》第四条。

14.【参考答案】×

【解析】《国家税务总局办公厅关于印发〈国家税务总局机关督办管理办法〉的通知》规定，督办事项以按文件、领导指示批示要求全部完成为办结标准。

15.【参考答案】×

【解析】请示的结束语："当（妥、可）否，请批复（批示）""以上请示如无不妥，请批复（批准、审批）""特此请示，请批复（批示）""以上请示如无不妥，请转报……审批"等。请示是"适用于向上级请求指示、批准"的公文。请示属于上行文，凡是本机关无权、无力决定和解决的事项可以向上级请示，而上级则应及时回复，是应用写作实践中的一种常用文体。请示可分为三种，请求指示的请示、请求批准的请示、请求批转的请示。

16.【参考答案】×

【解析】《中国共产党支部工作条例（试行）》规定，党支部党员大会是党支部的议事决策机构，一般每季度召开1次。党支部委员会一般每月召开一次。

17.【参考答案】×

【解析】机关督办工作应按照立项、交办、承办、反馈、督促、审核、归档的程序依次进行。

18.【参考答案】×

【解析】正确表述为：信息公开（保密审查）选项已明确标注为"主动公开""依申请公开"类属的文件，也应进行保密审查。

19.【参考答案】√

【解析】手机关机状态下可被远程遥控打开，泄露一定距离内的声音。召开涉及国际秘密内容的会议时，将与会人员手机存放在会场外的屏蔽箱中，但没有关机是可以的。

20.【参考答案】√

【解析】根据《国家税务总局关于印发〈国家税务总局工作规则〉的通知》。

四、简答题

1.【参考答案】国家秘密的密级分为绝密、机密、秘密三级。绝密级国家秘密是最重要的国家秘密，泄露会使国家安全和利益遭受特别严重的损害；机密级国家秘密是重要的国家秘密，泄露会使国家安全和利益遭受严重的损害；秘密级国家秘密是一般的国家秘密，泄露会使国家安全和利益遭受损害。

【解析】依据《中华人民共和国保守国家秘密法》。

2.【参考答案】1. 国家档案馆保管的档案，一般应当自形成之日起满三十年向社会开放。经济、科学、技术、文化等类档案向社会开放的期限，可以少于三十年，涉及国家安全或者重大利益以及其他到期不宜开放的档案向社会开放的期限，可以多于三十年，具体期限由国家档案行政管理部门制订，报国务院批准施行。档案馆应当定期公布开放档案的目录，并为档案的利用创造条件，简化手续，提供方便。中华人民共和国公民和组织持有合法证明，可以利用已经开放的档案。2. 机关、团体、企业事业单位和其他组织以及公民根据经济建设、国防建设、教学科研和其他各项工作的需要，可以按照有关规定，利用档案馆未开放的档案以及有关机关、团体、企业事业单位和其他组织保存的档案。利用未开放档案的办法，由国家档案行政管理部门和有关主管部门规定。3. 向档案馆移交、捐赠、寄存档案的单位和个人，对其档案享有优先利用权，并可对其档案中不宜向社会开放的部分提出限制利用的意见，档案馆应当维护他们的合法权益。4. 属于国家所有的档案，由国家授权的档案馆或者有关机关公布；未经档案馆或者有关机关同意,任何组织和个人无权公布。集体所有的和个人所有的档案,档案的所有者有权公布,但必须遵守国家有关规定,不得损害国家安全和利益,不得侵犯他人的合法权益。5. 各级各类档案馆应当配备研究人员,加强对档案的研究整理,有计划地组织编辑出版档案材料,在不同范围内发行。

【解析】依据《中华人民共和国档案法》。

五、实务题

1.【参考答案】(1) ABD。根据公文处理办法,C 选项应当由起草公文的主办部门有关人员和负责人进行审核。(2) ABC。A 选项,各级税务机关报送上级税务机关的公文,不得同时报送上级税务机关的职能部门;B 选项,邮寄时收件人(单位)应与公文主送单位一致,依据题干判断可知,该文件应以"×税函"文件报送,主送省税务局办公室,收件人应为省税务局办公室;C 选项,各市税务局报送省税务局的公文,数量为 1 份。(3) ABCD。

【解析】略。

2.【参考答案】

(1) 先去劝阻争吵的双方,劝解围观的群众;

(2) 了解原因后,安排人员稳定小黄的情绪,及时跟学校联系,询问孩子病情,必要时安排人员陪小黄赶去学校;

(3) 真诚向该名纳税人解释、道歉,争取谅解,安排其他业务不繁忙的窗口服务人员及时为其办理业务;

(4) 向围观的群众说明情况,向用手机拍照的群众解释情况,请求删除有关照片,以免造成不良影响。

3.【参考答案】(1) 因该市是副省级城市,韩某的行政级别是副处级领导干部,按照中共中央组织部 2013 年 12 月下发的《关于进一步做好领导干部报告个人有关事项工作的通知》要求,韩某是要履行报告手续的。身为领导干部违反国家有关规定,收受礼金,造成不良影响,应受到党纪处理。按照党风廉政建设责任制的要求,康某作为纪检组组长,要履行党风廉政建设监督责任,黄某作为主要负责人,要履行全面从严治党主体责任,2 人未尽到职责,应给予相应处理。

(2) 按照《中国共产党纪律处分条例》的规定,党员受到警告处分 1 年内不得在党内提升职务和向党外组织推荐担任高于其原任职务的党外职务。

【解析】依据《关于领导干部报告个人有关事项的规定》。

4.【参考答案】

(1) D

(2) ABCD

(3) ABC

(4) ABD

【解析】参考《国家税务系统会议费管理办法》。

5.【参考答案】该局发展小张为预备党员的流程存在诸多问题,主要如下:

(1) 根据《中国共产党发展党员工作细则》第七条规定,党组织收到入党申请书后,应当在一个月内派人同入党申请人谈话,了解基本情况。

(2) 根据《中国共产党发展党员工作细则》第八条规定,在入党申请人中确定入党积极分子,应当采取党员推荐、群团组织推优等方式产生人选,由支部委员会研究决定,而不是由党组研究。

(3) 根据《中国共产党发展党员工作细则》第十三条规定,"经过一年以上培养教育和考察、基本具备党员条件的入党积极分子……,可列为发展对象",而小张确认为入党积极分子到发展对象只有7个月,不符合发展时限要求。

(4) 根据《中国共产党发展党员工作细则》第十九条规定,"发展对象未来3个月内将离开工作、学习单位的,一般不办理接收预备党员的手续"。小张3月已经通过政府办公室遴选招考,因此不宜由原单位A县税务局接收为中共预备党员。

(5) 根据《中国共产党发展党员工作细则》第二十三条规定,预备党员必须由党委(工委)审批,党组不能审批预备党员。

【解析】参考《中国共产党发展党员工作细则》。

6.【参考答案】

(1) 标题文题错误,不是报告而应为"函"。

(2) 收文应为单位,而非个人。

(3) 函中不应为"你局",应为"贵局"表谦称。

(4) 成文日期写法错误,应改为2020年3月12日。

(5) 缺少结束语,应为"请函复""致礼"。

【解析】依据《党政机关公文处理工作条例》。

模拟试卷（八）

一、单项选择题（下列各题的备选答案中，只有一个正确选项，请将正确选项的字母填写在括号中，多选、错选、不选均不得分。每小题 1 分，共计 20 分）

1. 习近平总书记多次引用"合抱之木，生于毫末；九层之台，起于累土"这一古语。这一古语体现的哲学思想是（　　）。
   A. 否定之否定的辩证思想
   B. 实事求是、夯实基础的辩证思想
   C. 大与小、多与少、成与始的辩证思想
   D. 矛盾对立统一并相互转化的辩证思想

2. 根据绩效考评的基本原则，下列哪项不属于现行税务绩效管理指标体系中的计分方式？（　　）
   A. 直接扣分法　　　　　　　　　B. 基准加减分法
   C. 量化计分法　　　　　　　　　D. 强制分档法

3. 下列关于税务机关档案管理的说法不正确的是（　　）。
   A. 各级税务机关要建立健全档案资源体系、档案利用体系和答案安全体系
   B. 分管领导要定期听取档案主管部门工作汇报，定期督促检查
   C. 为档案工作顺利开展提供人力、财力、物力等方面保障
   D. 独立依法监督指导本系统、机关和所属单位的档案工作

4. 根据《全国税务机关公文处理办法》规定，以下对请示和报告的共同点描述正确的是（　　）。
   A. 行文目的一样　　　　　　　　B. 行文时间一样
   C. 互相夹带事项　　　　　　　　D. 都是上行文种

5. 下列关于政府信息公开的表述，正确的有（　　）。
   A. 申请人申请公开政府信息的数量、频次明显超过合理范围的，行政机关可以收取信息处理费
   B. 市税务局 3 月 31 日向本级政府信息公开工作主管部门提交上年度政府信息公开报告并向社会公布
   C. 属于主动公开范围的政府信息，应当自该政府信息形成或者变更之日起 15 个工作日内及时公开

D. 申请人以邮寄方式提交政府信息公开申请的，以邮戳时间为收到申请之日

6. 某市税务局发生（　　）情况和事项，实行领导包案，包案领导亲自研究分析、化解疏导、协调落实，确定责任部门、承办人员、解决方案、办结时间、办结标准，一包到底，直至案结事了、息诉罢访。

　　A. 5人以上的集体访并可能发生滞留的

　　B. 来访人员提出的信访事项可能引发集体上访、群体性事件或者恶性突发事件的

　　C. 经上级税务机关多次催办仍未得到解决的

　　D. 疑难复杂、涉及面广、时间跨度大、容易升级激化的

7. 公文拟制的3个环节不包括（　　）。

　　A. 起草　　　　B. 定稿　　　　C. 审核　　　　D. 签发

8. 国家秘密的保密期限已满的，解密方式是（　　）。

　　A. 由发文机关按规定解密　　　　B. 由发文机关上级机关按规定解密

　　C. 由国家秘密管理相关部门　　　　D. 自行解密

9. 印信保管人员在保管印信时要做到（　　）。

　　A. 将印信擅自交给信得过的其他人员代为掌管

　　B. 印信保管人员调离或者调整岗位，应将印信移交给单位行政主管

　　C. 坚持"用时取印、用毕入柜、入柜落锁"，杜绝印信脱管失控

　　D. 应采取相应的安全措施，随身携带确保印信安全保管

10. 下列关于档案立卷年度说法错误的是（　　）。

　　A. 跨年度的请示与批复放在复文年立卷

　　B. 跨年度的计划放在针对的第一年立卷

　　C. 跨年度的会议文件放在会议闭幕年立卷

　　D. 合同性文件放在签字年度立卷

11. 公文中如果有多个签发人，签发人的姓名按照发文机关的顺序（　　）依次均匀编排。

　　A. 从上到下、从左到右　　　　B. 从左到右、从上到下

　　C. 从右到左、从上到下　　　　D. 从左到右、从下到上

12. 下列关于党委理论学习中心组学习说法错误的是（　　）。

　　A. 党委书记是党委理论学习中心组学习的主管责任人

　　B. 学习各级税务局党委理论学习中心组集体学习研讨每季度不少于1次

　　C. 每次集体学习中心组成员出席人数不少于三分之二，因特殊情况不能参加学习的，应当严格履行请假手续，并及时补学

　　D. 党委书记不能参加党委理论学习中心组学习时，由主持党委工作的负责人代行职责

13. 督查部门对承办单位反馈的办理结果要认真进行审核，对不符合要求的应（　　）。
    A. 电话沟通，提出整改意见
    B. 将有关资料收集齐全，整理归档
    C. 予以核销，并按照档案管理规定
    D. 退回承办单位补办或重新办理

14. 按照《全国税务机关公文处理办法》的规定，下列公文中的结构层次序数是正确的是（　　）。
    A. "首先""其次""再次"　　　　　B. "第一""第二""第三"
    C. "此其一""此其二""此其三"　　D. "一、""（一）""1.""（1）"

15. 晋升调研员职务，应当任县处级副职领导职务或者副调研员（　　）年以上。
    A. 2　　　　　B. 3　　　　　C. 4　　　　　D. 5

16. 下列各句中有两个错别字的是（　　）。
    A. 除夕之夜，是大多数中国家庭举家团圆的良宵，而独出新裁、群英汇萃、令人欢欣愉悦的春节晚会，则是除夕之夜的一顿大餐
    B. 九寨民俗，纯朴深厚；九寨历史，渊远流长；九寨机场，则给这个世外桃源插上了腾飞的翅膀
    C. 只要中国航天人一如继往地发扬艰苦卓绝的优良作风，我们就有理由相信，"神六"的再次辉煌是计日程功之事
    D. "一些别有用心的人污蔑我厂出口劳改产品，"李厂长义愤填膺地对大家说，"对于这种无耻谰言，对于他们的攻击，我们要同仇敌概，粉碎他们的阴谋"

17. 对会签的公文，应当由主办部门根据办文需要和会办部门工作实际，明确办理时限。无时限要求的，会办部门一般应当在（　　）个工作日内提出会签意见。加急件应当在1个工作日内会签，特急件应当随到随签。
    A. 1　　　　　B. 2　　　　　C. 3　　　　　D. 4

18. 提任县（处）级以上领导职务，由副职提任正职的，应当在副职岗位工作两年以上，由下级正职提任上级副职的，应当在下级正职岗位工作（　　）年以上。
    A. 1　　　　　B. 2　　　　　C. 3　　　　　D. 5

19. 纪检监察案件调查结束如调查组内部对错误性质、有关人员的责任及处理建议等有较大分歧，经过讨论仍不能达成一致时，应按（　　）写出调查报告。
    A. 调查组长的意见　　　　　　B. 上级纪检监察部门的意见
    C. 党组会的意见　　　　　　　D. 局长办公会的意见

20. 纸介质文件、资料的国家秘密标识应当标注在文件、资料首页或封面的左上角。下列保密标识形式正确的是（　　）。
    A. 机密★10年　　B. 20年★绝密　　C. ★秘密10年　　D. 机密20年★

二、多项选择题（下列各题的备选答案中，至少有两个正确选项，请将正确选项的字母填写在括号中，多选、少选、错选、不选均不得分。每小题 2 分，共计 20 分）

1. 信息公开岗位人员对申请公开信息进行审查时，主要审查信息的（   ）。

   A. 真实性　　　　B. 涉密性　　　　C. 可靠性　　　　D. 政策性

2. 根据税务总局会议管理的有关制度，二类会议指年度全国税务工作会议，要求下列（   ）人员参加。

   A. 各省税务局主要负责同志　　　　B. 直辖市税务局主要负责同志
   C. 计划单列市税务局主要负责同志　　　　D. 总局机关副司局级以上干部

3. 下列各项，属于税务物态文化的有（   ）。

   A. 税务报刊　　　　B. 办税服务场所
   C. 税务工作电子设备　　　　D. 税务制服

4. 下列关于预备党员转正的表述，正确的应该是（   ）。

   A. 预备党员预备期满，党支部应当及时讨论其能否转为正式党员
   B. 认真履行党员义务、具备党员条件的，应当按期转为正式党员
   C. 需要继续考察和教育的，可以延长一次预备期，延长时间不能少于 3 个月，最长不超过 1 年
   D. 不履行党员义务、不具备党员条件的，应当取消其预备党员资格

5. 下列关于某市税务局办公室工作人员小张做法不符合要求的有（   ）。

   A. 编发一份简报共 1 503 字
   B. 制发一份政策性文件共 10 页
   C. 因重点工作需新增简报，经分管办公室局领导审核批准后实施
   D. 制定一份制度性文件的任务分工表，不再发正式公文，以便函形式另行下发

6. 调研前期要充分做好准备工作，重点可以把握以下几个方面？（   ）

   A. 研学在先，不当外行　　　　B. 设问在先，把握主动
   C. 沟通在先，改进作风　　　　D. 引导领导，走好经典路线

7. 会议决议是会议目标的具体体现。对于会议决议要求说法正确的有（   ）。

   A. 要有一个准确的会议记录，并根据需要，形成会议纪要
   B. 会议的各项决议要有具体执行人员及完成期限
   C. 任何情况不得停止或擅自更改已决定事项的执行
   D. 建立会议事后跟踪督促制度，使会议的每项决议都有根据、有检查

8. 下列事项应纳入省税务局机关督查工作范围的有（   ）。

   A. 纪检组关于江州市税务局办公用房清退请示事项的办理情况
   B. 系统党建工作处落实局长办公会部署的"基层建设年"活动开展情况
   C. 省人大转办的《关于优化全省营商环境的建议》议案办理情况

D. 网友×××通过人民网反映某税务干部违法违纪问题处理情况

9. 下列关于党龄与党籍的说法中正确的是（　　）。

A. 一个申请入党的同志，从被批准为预备党员之日起就有了党籍，同时开始计算党龄

B. 党龄是一种时间概念，党籍是一种身份概念

C. 因自行脱党、劝告退党、要求退党等原因而出党或被开除党籍的人重新入党后，其党龄应在以前党龄的基础上累计计算

D. 因自行脱党、劝告退党、要求退党等原因而出党或被开除党籍的人重新入党后，其党龄从重新入党后转为正式党员之日算起，以前一段的党龄不能计算在内

E. 受留党察看处分的党员，在他们恢复党员权利后，留党察看期间的党龄不连续计算

10. 小周是某市地税局办公室工作人员，平时会接触到和处理一些涉密信息和涉密文件，下列做法中哪些做法违反保密工作要求。（　　）

A. 为了迅速传递一个重要文件，小周打电话给快递公司寄发涉密文件资料

B. 办公室工作机配置较低，小周用自己的笔记本电脑连接涉密内网

C. 为了使用方便，小周将涉密文件拷在优盘上，设置密码后，随身携带

D. 同学在某饭店聚会，小周顺路携带涉密文件参加，但严加保管

三、判断题（判断下列各题正误，正确的打"√"，错误的打"×"。每小题1分，共计20分）

1. 信息公开选项已明确标注为"主动公开""依申请公开"类属的文件，可以不进行保密审查。（　　）

2. 某党政领导的妻子虽已移居美国，但子女仍在国内，该领导仍可以列为考察对象。（　　）

3. 不经签发人同意，任何人不得改动公文定稿的内容。（　　）

4. 向上级机关行文原则上主送一个上级机关，根据需要同时抄送相关上级机关、同级机关和下级机关。（　　）

5. 受双重领导的机关向一个上级机关行文，一定要抄送另一个上级机关。（　　）

6. 违法行为轻微并及时纠正，没有造成危害后果的，可以从轻或减轻处罚。（　　）

7. 图片类政府信息，凡是不涉及涉密会议或者活动的，可以直接公开。（　　）

8. 党委（党组）中心组学习应当以党的理论和路线方针政策为基本内容，在自学和调研基础上保证每半年不少于1次集体学习研讨。（　　）

9. 公告、通告对外公布时，可以无版记。（　　）

10. 召开讨论接收预备党员的支部大会，有表决权的到会人数必须超过应到会有表决权人数的三分之二。（　　）

11. 所有中央文件，包括涉密文件、未标注密级中央文件、公开发布的中央文件均不得擅自汇编、出版。（　　）

12. 国家税务总局令、公告、通告和税收个案批复类公文应当主动公开。（　　）

13. 公务员李某泄露国家秘密，情节严重，应给予开除处分。（　　）

14. 办公室在开具介绍信时，要按规定将内容填列齐全，介绍信存根要保管5年。特殊情况需要信笺作介绍信时，用印人需要登记留底。（　　）

15. 对巡视工作人员来说，在巡视工作中，有重大问题应当发现而没有发现就是渎职。（　　）

16. 留党察看处分的最长期限不超过3年。（　　）

17. 税务总局在绩效考评机制上加强了督考衔接，将考评司局个性指标任务部分纳入督办，机关督办部门按月督办并按照考评标准实施考评，绩效办进行复核。（　　）

18. 《中国共产党问责条例》规定，建立健全问责典型问题通报曝光制度，采取组织调整或者组织处理、纪律处分方式问责的，一般不用向社会公开。（　　）

19. 税务绩效管理坚持科学合理、客观公正的原则，建立健全定性为主的工作目标，形成科学完备的绩效管理制度体系。（　　）

20. 系统督查流程一般包括：督查立项、实施准备、实地督查、反馈意见、总结汇报、督促整改等环节。（　　）

四、简答题（共2小题，每小题5分，共计10分）

1. 如何规范使用中央涉密文件的标题和发文字号？
2. 简述税务系统督办工作的相关流程。

五、实务题（共6题，每小题5分，共计30分）

1. 请根据以下材料，自选角度写一则政务信息，要求字数不超过500字。

材料一：今年以来，我国实施新的组合式税费支持政策，帮助市场主体纾困解难。作为其中的"重头戏"，实施大规模增值税留抵退税政策备受关注。最新统计显示，截至6月25日，江东市税务局已退到纳税人账户的退税款超30亿元，政策平稳有序落地。

材料二：汇总数据，实时监控各环节办理情况，督促各区县税务局开具收入退还书……更大规模留抵退税政策出台后，这套流程成了江东市税务局收入规划核算科副科长陈超每天的必修课："我们要确保每笔退税款退得既快又好。"

在市北区税务局成立"留抵退税工作专班"，与区财政局、金融部门密切配合，为特殊困难企业开通绿色通道，指定专人受理；西县税务局与县财政局、人民银行奉节支行通过"三张清单"制度加强信息共享，提升退税质效……

材料三：江东市税务部门采用"随机挑选+定向选取"方式，对不同行业、规模、注册类型的150余家企业开展问卷调查和走访调研。各区税务局分别建立起"听取诉求——完善举措——提升质效"工作机制，通过"组团"上门、电话回访等形式，问计问需问效于企。"税务干部讲的政策都很适合我们，看得出下了功夫。"建发集团财务部总经理李默澜在参加税务部门组织的政策宣讲会后说。

材料四：近期，江东市税务局邀请人大代表、政协委员、媒体人员、市民代表等担任税务体验师，从政策宣传到接收退税资料、退税金额到达纳税人账户，全流程、近距离体验便捷退税。"留抵退税政策出台及时，办税人员服务贴心、业务扎实，相信能为市场主体提供更高效便利规范的税费服务。"被聘为税务体验师的某太阳能研究院院长姜希猛说。

2. 请参照例句仿写一段话，要求使用比喻、排比修辞手法。

例句：和谐是一朵花，只有红花和绿叶的相互映衬，才会有花的娇艳和芬芳；和谐是一首诗，只有景象和情感的相互融合，才会有诗的精彩和绝唱；和谐是一幅画，只有轻描和重彩的相映成趣，才会有画的不朽和辉煌。

3. 信访举报工作是党风廉政建设和反腐败工作的重要组成部分，是纪检部门重要的基础性工作。税务系统处理纪检监察信访举报，应坚持的基本原则有哪些？

4. 小王是税务总局办公厅文秘处一名工作人员，每天负责公文拟制、办理、管理各项工作。请回答下列问题。

（1）办公厅黄主任这一天让小王转发一个中央和国家机关工委的文件，小王应当使用哪个公文字号。（　　）（单选题）

A. 税总党委发　　　　　　　　B. 税总党委函

C. 税总党委办发　　　　　　　D. 税总党委办函

（2）小王上一个文件的公文字号用错了，领导狠狠地批评了他。这天，总局党委要制发主题教育的实施方案，需要向各省局党委征求对初稿的意见，黄主任再次让小王制发文件，小王这次拟文应当选用哪个字号。（　　）（单选题）

A. 税总党委函　　　　　　　　B. 税总党委办发

C. 税总党委办函　　　　　　　D. 税总党委办便函

（3）小王连续两次选错了文号，领导对他很失望，不让他负责公文了，让他从事保密工作，来到保密办公室，保密办副主任老李准备考考他，下列国家秘密的标志形式正确的是（　　）。（多选题）

A. 密级★保密期限　　　　　　B. 密级★解密时间

C. 密级★解密条件　　　　　　D. 密级★永不解密

5. 甲市税务局办公室赵秘书代表领导迎接该省乙市税务局来访团，前往会议室参加"互联网+税收"专题研讨会。由于会场在办公大楼10层，赵秘书带领大家来到电梯前,按下电梯按钮,请来访团成员先行进入电梯,自己随后进入电梯。到达 10 楼时,赵秘书首先走出电梯,走在客人右前方,带领大家到会议室。在会议室门口,赵秘书用手向外拉开门,然后自己进去,站在客人右前方,右手五指并拢,指向右前方,请客人进来。在上述过程中,赵秘书的做法不正确的地方有哪些?

6. 公文改错题。

阅读下面这一例通知,指出其中的错误并加以改正。

国家税务总局×市税务局办公室
××税函(2020)89 号
关于举办 2020 年政务服务培训班的通知

各单位、各部门:

根据市局 2020 年培训计划,决定举办两期政务服务培训班。现将有关事项通知如下:

一、培训对象

培训对象为全系统办公室人员,第一期十人,第二期二十人。名额分配见附件。

二、时间地点

1. 培训时间

第一期:2020 年 7 月 22 日—2020 年 8 月 10 日,7 月 21 日下午报到。

第二期:另行通知。

2. 培训、见习地点

集中培训地点:市局电教室。

见习地点:市局办公室各业务岗位。

三、培训内容

集中培训阶段:公文、保密、信访、督办、政务公开等。

见习阶段:集中安排在市局办公室各业务岗位实践锻炼。

四、有关要求

……

附件:第一期培训班名额分配表

国家税务总局某市税务局
二〇二〇年七月十二日

模拟试卷（八）答案及解析

一、单项选择题

1.【参考答案】C

【解析】哲学理论基础知识。

2.【参考答案】D

【解析】税务绩效管理指标体系中的计分方式包括基准加减法、直接扣分法和量化计分法，不包括分档计分法。

3.【参考答案】D

【解析】支持档案主管部门依法监督指导本系统、机关和所属单位的档案工作，推动档案工作发展同税收事业发展相协调。因此，选择 D 选项。

4.【参考答案】D

【解析】《全国税务机关公文处理办法》第十九条规定，报告适用于向上级机关汇报工作、反映情况，回复上级机关询问，报告根据内容分为综合性报告和专题性报告，报告属上行文。第二十条规定，请示适用于向上级机关请求指示、批准，请示一般分为政策性请示、问题性请示和事务性请示，请示属上行文。

5.【参考答案】A

【解析】B 选项，县级以上人民政府部门应当在每年 1 月 31 日前向本级政府信息公开工作主管部门提交本行政机关上一年度政府信息公开工作年度报告并向社会公布。C 选项，属于主动公开范围的政府信息，应当自该政府信息形成或者变更之日起 20 个工作日内及时公开。D 选项，申请人以邮寄方式提交政府信息公开申请的，以行政机关签收之日为收到申请之日；以平常信函等无须签收的邮寄方式提交政府信息公开申请的，政府信息公开工作机构应当于收到申请的当日与申请人确认，确认之日为收到申请之日。

6.【参考答案】D

【解析】各级税务机关对于所管辖的下列信访情况和事项，实行领导包案，包案领导亲自研究分析、化解疏导、协调落实，确定责任部门、承办人员、解决方案、办结时间、办结标准，一包到底，直至案结事了、息诉罢访：1. 重大群体访、重复访、越级访；2. 疑难复杂、涉及面广、时间跨度大、容易升级激化的；3. 其他需要领导包案解决的信访情况和事项。

7.【参考答案】B

【解析】公文拟制包括公文的起草、审核、签发等程序。

8.【参考答案】D

【解析】国家秘密的保密期限，除另有规定外，绝密级不超过30年；机密级不超过20年；秘密级不超过10年。各级税务机关应当根据工作需要，确定具体的保密期限、解密时间或者解密条件。国家秘密的保密期限已满的，自行解密。

9.【参考答案】C

【解析】未经印信管理部门负责人批准，不得将印信擅自交给其他人员掌管。印信保管人员调离或者调整岗位，应办理印信移交手续，并由印信管理部门负责人监督移交。应采取相应的安全措施，确保印信安全保管。

10.【参考答案】C

【解析】不同年度的文件一般不得放在一起立卷，但跨年度的请示与批复放在复文年立卷，没有复文的放在请示年立卷；跨年度的计划放在针对的第一年立卷；跨年度的总结放在针对的最后一年立卷；如果计划、总结在同一文件中，应当视文件内容的主次确定归卷年度；跨年度的会议文件放在会议开幕年立卷；合同性文件放在签字年度立卷；各类案件材料放在结案年度立卷。

11.【参考答案】B

【解析】公文中如果有多个签发人，签发人的姓名按照发文机关的顺序从左到右、从上到下依次均匀编排。

12.【参考答案】A

【解析】根据《税务系统党委理论学习中心组学习制度》，分管党建工作的党委委员是党委理论学习中心组学习的主管责任人，主要职责是配合党委书记做好学习的组织工作。学习各级税务局党委理论学习中心组集体学习研讨每季度不少于1次，并结合地方党委的有关要求完成学习任务，每位成员至少作1次重点发言，每次应有发言记录，形成学习纪要。每次集体学习中心组成员出席人数不少于三分之二，因特殊情况不能参加学习的，应当严格履行请假手续，并及时补学。党委书记不能参加时，由主持党委工作的负责人代行职责。

13.【参考答案】D

【解析】不符合要求的，应当退回办理。

14.【参考答案】D

【解析】《全国税务机关公文处理办法》第三十三条规定，公文的主体，用来表述公文的内容。公文首页必须显示正文，使用3号仿宋_GB2312字，编排于主送机关名称下一行，每个自然段左空二字，回行顶格。文中结构层次序数依次可以用"一、""（一）""1.""（1）"标注；标题一般第一层用黑体字、第二层用楷体_GB2312字、第三层和第四层用仿宋_GB2312字标注。

15.【参考答案】C

【解析】依据《党政领导干部选拔任用工作条例》的规定。

16.【参考答案】B

【解析】A，霄——宵，新——心，汇——荟；B，纯——淳，渊——源；C，继——既；D项，赝——膺，滥——谰，慨——忾。

17.【参考答案】B

【解析】根据修订后的《全国税务机关公文处理办法》，对会签的公文，应当由主办部门根据办文需要和会办部门工作实际，明确办理时限。无时限要求的，会办部门一般应当在2个工作日内提出会签意见。加急件应当在1个工作日内会签，特急件应当随到随签。

18.【参考答案】C

【解析】根据《党政领导干部选拔任用工作条例》。

19.【参考答案】A

【解析】纪检监察案件调查结束如调查组内部对错误性质、有关人员的责任及处理建议等有较大分歧，经过讨论仍不能达成一致时，应按调查组长的意见写出调查报告。

20.【参考答案】A

【解析】国家秘密一经确定，应当同时在国家秘密载体上作出国家秘密标识。国家秘密标识形式为"密级★保密期限""密级★解密时间"或者"密级★解密条件"。按照有关规定，纸介质文件、资料的国家秘密标识应当标注在文件、资料首页或封面的左上角。

二、多项选择题

1.【参考答案】ABC

【解析】对于拟公开的信息应根据信息重要程度进行不同级别的内容审查。主要审查信息的真实性、涉密性和可靠性，确保所提供的信息及时、准确、不泄密。

2.【参考答案】ABC

【解析】二类会议指年度全国税务工作会议，要求各省、自治区、直辖市、计划单列市税务局和总局驻各地特派办主要负责同志参加。三类会议指税务总局及其内设机构召开的专业性会议以及各省税务局召开的每年一次的年度工作会议。四类会议包括小型业务会、研讨会、座谈会、评审会。

3.【参考答案】BCD

【解析】税务报刊不属于税务物态文化。

4.【参考答案】ABD

【解析】ABD选项，符合《中国共产党发展党员工作细则》第五章第三十二条之规定，C 选项应改正为：需要继续考察和教育的，可以延长一次预备期，延长时间不能少于半年，最长不超过 1 年。

5. 【参考答案】CD

【解析】《关于解决税务系统形式主义突出问题为基层减负若干措施》规定，新增简报确有必要的，必须由主要负责同志批准。除《税务简报》及落实党中央、国务院重大决策部署工作情况编发简报外，其余均通过税务内网发布。提高简报质量，重在反映创新性及可借鉴性的做法。简报篇幅一般不超过 2 000 字。严格控制报告篇幅。反映全面工作的综合报告一般不超过 5 000 字，反映单项工作的专项报告一般不超过 3 000 字。制发的政策性文件原则上不超过 10 页。清理规范报送资料报表。对现行制度性要求下级税务机关定期报告工作的情况进行梳理，加强统筹，列出清单后严格执行。未经司局主要负责同志、省局领导批准，不得要求下级税务机关填表报数、提供材料。不得随意通过微信工作群、QQ 群等要求基层上报报表资料，不得对信息系统中已有的数据要求基层另行报送。确需上报报表、资料的，要为基层留出足够时间。对制度性、规范性文件征求意见，一般应为下级税务机关预留 3 天时间。

6. 【参考答案】ABC

【解析】调研不能预先安排，不搞形式主义。

7. 【参考答案】ABD

【解析】一般在组织上未改变决定之前，不得停止或擅自更改已决定事项的执行。

8. 【参考答案】ABCD

【解析】应纳入省税务局机关督查工作范围的有：纪检组关于江州市税务局办公用房清退请示事项的办理情况；系统党建工作处落实局长办公会部署的"基层建设年"活动开展情况；网友×××通过人民网反映某税务干部违法违纪问题处理情况；省人大转办的《关于优化全省营商环境的建议》议案办理情况。

9. 【参考答案】BD

【解析】一个申请入党的同志，从被批准为预备党员之日起就有了党籍，但其党龄从转为正式党员之日算起。因自行脱党、劝告退党、要求退党等原因而出党或被开除党籍的人重新入党后，其党龄从重新入党后转为正式党员之日算起，以前一段的党龄不能计算在内。受留党察看处分的党员，在他们恢复党员权利后，留党察看期间的党龄连续计算。

10. 【参考答案】ABCD

【解析】根据保密工作有关制度要求，寄发涉密文件资料必须通过机要通信局，严禁在普通邮局寄发，更不能通过快递方式。严禁涉密文件进入公共场所，也不得擅自携带涉密文件资料进入涉外活动场所。根据网络信息安全保密规范，个人笔记本不允许连接内网。

三、判断题

1.【参考答案】×

【解析】正确表述为：信息公开（保密审查）选项已明确标注为"主动公开""依申请公开"类属的文件，也应进行保密审查。

2.【参考答案】×

【解析】违反了《党政领导干部选拔任用工作条例》第五章第二十四条之规定，即配偶已移居国（境）外；或者没有配偶，子女均已移居国（境）外的，不得列为考察对象。

3.【参考答案】√

【解析】《全国税务机关公文处理办法》第七十六条第（二）项规定，文稿核准签发后即为定稿，未经签发人同意，不得改动。

4.【参考答案】×

【解析】《全国税务机关公文处理办法》第五十五条规定，向上级机关行文，应当遵循以下规则：（一）原则上主送一个上级机关，根据需要同时抄送相关上级机关和同级机关，不抄送下级机关。

5.【参考答案】×

【解析】《全国税务机关公文处理办法》第五十五条第（六）项规定，受双重领导的机关向一个上级机关行文，必要时抄送另一个上级机关。

6.【参考答案】×

【解析】依据《行政处罚法》第二十七条第二款的规定，违法行为轻微并及时纠正，没有造成危害后果的，属于不予处罚的情节。

7.【参考答案】√

【解析】图片类政府信息，凡是不涉及涉密会议或者活动的，可以直接公开。

8.【参考答案】×

【解析】中心组学习在自学和调研基础上保证每个季度不少于1次集体学习研讨，而不是每半年不少于1次。

9.【参考答案】√

【解析】《全国税务机关公文处理办法》第四十七条规定，公告、通告格式。公告、通告版记由分送，承办部门、印发部门和印发日期两个要素组成。公告、通告对外公布时，可以无版记。

10.【参考答案】×

【解析】应该是超过半数。

11.【参考答案】√

【解析】依据《国家税务总局办公厅关于印发〈关于日常工作中需要遵守的保密管理规定〉的通知》。

12.【参考答案】×

【解析】《国家税务总局办公厅关于印发〈国家税务总局行政公文公开属性管理办法（试行）〉的通知》，国家税务总局令、公告、通告和不涉及国家秘密的税收个案批复类公文应当主动公开。

13.【参考答案】√

【解析】根据《行政机关公务员处分条例》第二十六条规定，泄露国家秘密、工作秘密，或者泄露因履行职责掌握的商业秘密、个人隐私，造成不良后果的，给予警告、记过、记大过处分。情节较重的，给予降级或者撤职处分，情节严重的，给予开除处分。

14.【参考答案】√

【解析】开具介绍信要按规定将内容填列齐全，介绍信存根要保管5年。特殊情况需要信笺作介绍信时，用印人需要登记留底。

15.【参考答案】×

【解析】巡视工作人员有重大问题应当发现而没有发现就是失职，发现问题没有如实报告就是渎职。

16.【参考答案】×

【解析】《中国共产党纪律处分条例》规定，留党察看处分，分为留党察看1年、留党察看2年。对于受到留党察看处分1年的党员，期满后仍不符合恢复党员权利条件的，应当延长1年留党察看期限。留党察看期限最长不得超过2年。

17.【参考答案】×

【解析】税务总局绩效指标在考评机制上加强了督考衔接，将考评司局个性指标任务全部纳入督办，机关督办部门按月督办并按照考评标准实施考评，绩效办进行复核。

18.【参考答案】×

【解析】《中国共产党问责条例》规定，建立健全问责典型问题通报曝光制度，采取组织调整或者组织处理、纪律处分方式问责的，一般应当向社会公开。

19.【参考答案】×

【解析】税务绩效管理坚持科学合理、客观公正的原则，建立健全可量化、能定责、可追责的工作目标，形成科学完备的绩效管理制度体系。

20.【参考答案】√

【解析】依据《国家税务总局关于印发〈系统督查管理办法〉的通知》（税总发〔2016〕47号）。

四、简答题

1.【参考答案】起草文件时，应规范使用中央涉密文件的标题和发文字号：（1）在非涉密计算机上引用中央涉密文件标题应当与新华社新闻通稿保持一致，不得引用发文字号;(2)在涉密计算机上引用中央涉密文件标题和发文字号,所起草的文件应当与原文件的密级保持一致,不得改变或不标识密级。

【解析】依据《国家税务总局办公厅关于做好保密自查自评督查发现问题整改工作的通知》。

2.【参考答案】机关督办工作按照立项、交办、承办、督促、反馈、审核、归档等程序进行。

(一)立项。督办工作范围内明确要求督办的事项,由督办部门填写"督办通知单"或拟定文件报办公厅领导审定立项。没有明确要求督办的事项,由办公厅提出建议报局领导审定立项。

(二)交办。督办部门根据督办事项的内容和司局职责分工,及时以"督办通知单"或文件等形式将督办事项交给承办单位办理。交办应明确督办依据、办理要求和办理时限。需要多个单位共同完成的督办事项,应明确主办单位,由主办单位向相关单位提出协办要求。

(三)承办。承办单位接到督办任务后,应按要求和时限办理,不得延误。承办单位如认为督办事项不属于本单位职责范围,应及时与督办部门沟通,不得自行将督办事项转送其他单位办理。涉及多个单位的督办事项,主办单位应主动与协办单位商议共同办理。

(四)督促。督办部门应采取电话催办、网络提醒、实地查看等多种方式,及时掌握督办事项的办理情况,督促工作进展。对重要的督办事项,要跟踪催办。

(五)反馈。督办事项应在规定时间内办结并反馈。通过"督办通知单"立项交办的,承办单位应及时在相关栏目上填写"办理情况"并反馈给督办部门;通过文件立项交办的,承办单位应及时将办理结果书面反馈给督办部门。

(六)审核。督办部门对承办单位反馈的办理情况应认真进行审核。对一些重要事项的办理情况,必要时可要求承办单位进一步提供相关资料或进行现场核查。

(七)归档。对已办结的督办事项,按有关规定进行收集、整理,定期移交档案管理部门或由督办部门归档备查。

【解析】依据《国家税务总局机关督办管理办法》。

五、实务题

1.【参考答案】

市税务局多措并举确保留抵退税政策落地落细

自留抵退税政策实施以来,江东市税务局凝心聚力,不断创新,全力以赴打好落实留抵退税政策攻坚战。

一是全流程监控数据。纳税人端提出申请,相关部门审核通过、及时开具收入退还书、跟进人行退税情况,一整套过程管控,提高了退税效率,压缩了退税时间。

二是全方位优化服务。成立"留抵退税工作专班",开通特殊群体绿色通道,建立"三张清单"制度,加强部门协调合作,促进信息共享,不断创新方式、提升服务质量,截至6月25日,已有超30亿元的留抵退税资金退至纳税人账户。

三是全领域收集问题。采用"随机挑选+定向选取"方式,选取不同行业、规模、注册类型企业开展问卷调查和走访调研,通过"组团"上门、电话回访,邀请人大代表、政协委员、媒体人员、市民代表等担任税务体验师,多路径收集留抵退税过程中的难点、堵点,形成听取诉求——完善举措——沟通反馈的闭环管理,截至目前,收集问题××个,已解决××个。

【解析】略。

2.【参考答案】略。得分标准:三个排比,每个排比句1分,没有用比喻的得0.5分。格式要和仿句保持一致。

【解析】排比、比喻修辞手法。

3. 处理纪检监察信访举报应坚持六个基本原则:(1)以党章和法律法规为准绳;(2)以事实为依据;(3)处理重要信访问题,坚持民主集中制或行政首长负责制;(4)维护信访举报当事人的合法权益;(5)属地管理、分级负责,谁主管、谁负责;(6)解决实际问题同思想教育相结合。

【解析】见《信访工作条例》。

4.(1)B (2)C (3)ABC

【解析】略。

5.【参考答案】不正确的做法包括:(1)赵秘书按电梯按钮,请来访团成员先行进入电梯;(2)到达10楼时,赵秘书首先走出电梯;(3)在会议室门口,赵秘书用手向外拉开门,然后自己进去;(4)赵秘书走在客人右前方,请客人进会议室。

正确的做法是:进电梯时,如果有专人看守电梯,主人先出;无人看守电梯时,主人先进,后出并按住电梯,以防电梯门夹住客人。进门时,如果门是向外开的,将门拉开后,按住门,再请客人进,如果门是向内开的,将门推开后,请客人先进。

【解析】见税务总局出版的《文秘工作规范》。

6.【参考答案】1. 发文机关标志不准确,应在国家税务总局某市税务局办公室后加"文件"二字。

2. 发文字号不准确,"××税函(2020)89号"应改为"××税办〔2020〕89号"。

3. 公文标题不准确,标题前应加"国家税务总局某市税务局办公室"。

4. 主送单位不准确,应用全称,改为"国家税务总局各县(区)局,机关各单位"。

5. 数字表述不准确,"十人""二十人"应用阿拉伯数字表示,修改为"10人""20人"。

6. 结构层次序数表达不准确,"1.""2."应该修改为"(一)""(二)"。

7. 附件应在正文下空一行。

8. 发文机关署名不准确,应改为"国家税务总局某市税务局办公室"。

9. 成文日期不准确,应改为"2020年7月12日"。

【解析】见《党政机关公文处理工作条例》。

模拟试卷（九）

一、单项选择题（下列各题的备选答案中，只有一个正确选项，请将正确选项的字母填写在括号中，多选、错选、不选均不得分。每小题1分，共计20分）

1. 监察机关应当按照管理权限，加强对公职人员的监督，依法给予违法的公职人员（　　）。
   A. 行政处罚　　　B. 行政处分　　　C. 政务处分　　　D. 处分

2. 外单位征求意见的来函，在收文登记后，应由（　　）部门提出拟办意见。
   A. 办公（厅）室　　　　　　　　B. 收发室
   C. 综合税政部门　　　　　　　　D. 由业务对口的内设部门

3. 起草公文，写好正文开头十分重要。在实际工作中，以下哪一项是正文开头最常见的方式？（　　）
   A. 开门见山　　　B. 先谈形势　　　C. 先谈规划　　　D. 叙述前景

4. 税务机关档案分类管理的周期一般是（　　）。
   A. 合同性文件放在签字年度立卷
   B. 各类案件材料放在结案年度立卷
   C. 跨年度的会议文件放在会议闭幕年立卷
   D. 如果计划、总结在同一文件中，应当视文件内容的主次确定归卷年度

5. 按照组织的目标和计划的要求，对组织和社会运行状况进行检查、监督和调节的活动，被称为管理的（　　）。
   A. 监督职能　　　B. 领导职能　　　C. 控制职能　　　D. 调节职能

6. 内容重要并特别紧急，已临近规定的办结时限，需特别优先传递处理的公文，紧急程度应为（　　）。
   A. 特提　　　　B. 紧急　　　　C. 加急　　　　D. 特急

7. 公文标题必须具备一些基本要素。根据公文标题的基本要求，下列最适合作公文标题的是（　　）。
   A. 国家税务总局通报表扬首批全国税务领军人才培养对象第一次考核优秀学员的决定
   B. 国家税务总局关于通报表扬首批全国税务领军人才培养对象第一次考核优秀学员的决定

C. 国家税务总局作出通报表扬首批全国税务领军人才培养对象第一次考核优秀学员的决定

D. 关于通报表扬首批全国税务领军人才培养对象第一次考核优秀学员的决定

8. 关于会议纪要的起草，以下（　　）是不恰当的。

　　A. 符合中央方针政策　　　　　　B. 符合工作实际

　　C. 体现个人风格　　　　　　　　D. 体现党委总体决策部署

9. 通过释放正确的信息，引导社会公众理性思考和认识税收，使涉税舆论向着有利于税收工作的方向发展，这体现了税收宣传工作的（　　）定位。

　　A. 全局性　　　B. 导向性　　　C. 基础性　　　D. 规范性

10. 选拔任用党政领导干部，必须把（　　）放在首位。

　　A. 德才兼备　　B. 公道正派　　C. 党管干部　　D. 政治标准

11. 没有明确时限要求的督办事项，承办单位一般应在（　　）内办结并上报。

　　A. 15 日　　　B. 30 日　　　C. 45 日　　　D. 60 日

12. 县级人大常委会、政府、政协根据工作需要，（　　）设立机关党组。

　　A. 可以　　　B. 必须　　　C. 应当　　　D. 不必

13. 文风关系党风、政风。我们倡导要树立良好的文风。在把工作事项说清楚的前提下，下列哪一项体现写机关材料的真功夫？（　　）

　　A. 长　　　B. 短　　　C. 美　　　D. 快

14. 信访事项已经受理或者正在办理的，信访人在规定期限内向受理、办理机关的上级机关再提出同一信访事项的，该上级机关（　　）。

　　A. 应当受理　　B. 可以受理　　C. 不予受理　　D. 转下级受理

15. 下列属于三类会议的是（　　）。

　　A. 全国税务工作会议　　　　　　B. 全省税务工作会议

　　C. 全市税务工作会议　　　　　　D. 全市减税降费工作座谈会

16. 行政机关收到政府信息公开申请，能够当场答复的，应当当场予以答复。行政机关不能当场答复的，应当自收到申请之日起（　　）个工作日内予以答复。

　　A. 15　　　B. 7　　　C. 20　　　D. 10

17. 下列关于税务机关的督查督办工作，（　　）不属于需要督查督办的事项。

　　A. 年度重要工作目标和阶段性重要工作的贯彻落实情况

　　B. 局领导调研时基层税务机关反映问题的办理情况

　　C. 有关部门来电、来函征求意见、会签文件的办理情况

　　D. 本级税务机关日常工作开展情况

18. 纪检监察部门的监督和检查权，主要包括（　　）。

　　①参加、列席和召集会议

②了解、查询和初步核实

③反映报告、请求复查、提出申诉

④干部选拔任用监督

  A. ①②③   B. ①②④   C. ②③④   D. ①②③④

19. 深化税收征管制度改革，着力建设以（ ）为中心、以（ ）为突破口、以（ ）为驱动力的具有高集成功能、高安全性能、高应用效能的智慧税务。

  A. 服务纳税人缴费人，发票电子化改革，税收大数据

  B. 发票电子化改革，服务纳税人缴费人，税收大数据

  C. 税收大数据，发票电子化改革，服务纳税人缴费人

  D. 服务纳税人缴费人，税收大数据，发票电子化改革

20. 某市税务局发布了一个关于小微企业税收征管措施的公告，按照备案审查的相关规定，该市税务局应当自公告发布之日起（ ）日内向省税务局报送备案公告。

  A. 30   B. 60   C. 90   D. 100

二、多项选择题（下列各题的备选答案中，至少有两个正确选项，请将正确选项的字母填写在括号中，多选、少选、错选、不选均不得分。每小题 2 分，共计 20 分）

1. 税务系统内部控制中的行政管理风险，具体包括（ ）。

  A. 人事管理风险   B. 财务管理风险

  C. 政务管理风险   D. 信息系统管理风险

2. 网络涉税舆情的主要特点包括（ ）。

  A. 直接性   B. 突发性   C. 可控性   D. 偏差性

3. 《中国共产党重大事项请示报告条例》规定，建立健全纠错机制，对于重大事项请示报告工作中出现的（ ）等问题，上级党组织应当及时提醒纠正，并将有关情况体现到考评通报中。

  A. 主体不适当 B. 内容不准确 C. 程序不规范 D. 责任不明确

4. 民主生活会后，要向上级纪委和党委组织部门报送会议情况报告和会议记录，报告的主要内容包括（ ）。

  A. 开展批评和自我批评的情况   B. 检查出来的主要问题

  C. 民主生活会出席、缺席人数   D. 检查出来的主要问题的整改措施

5. 党组织重大事项请示报告适宜简便进行的，可以采用口头方式。口头请示报告视情形可采用的方式包括（ ）。

  A. 通话   B. 微信   C. 当面   D. 会议

6. 党员组织关系的凭证主要有（ ）。

  A. 中国共产党党员组织关系介绍信   B. 中国共产党党员证明信

C. 中国共产党流动党员活动证　　D. 入党志愿书

7. 对社会和纳税人主动公开的内容主要包括（　　）。
   A. 机构设置　　　　　　　　B. 工作计划
   C. 税务干部队伍建设情况　　D. 人事管理事项

8. 印信的使用范围主要包括有（　　）。
   A. 税务机关名义签发的文件、文书，包括各类通知、通报、报告、决定、计划、纪要、函件、报表等
   B. 代表税务机关对外工作联系的介绍信
   C. 本单位的各类合同、项目协议、授权书、承诺书及其他需要的签章
   D. 税务机关对外提供的各类涉税证明材料

9. 下面做法不符合省局党委工作规则要求的有（　　）。
   A. 每名党委委员都要注重调查研究，帮助基层切实解决实际问题，每年深入基层的时间不少于 20 天
   B. 党委委员张某分管收入核算工作，应国内某知名杂志约稿，加班加点用了五天时间完成了题为《减税降费政策效应分析》的调研文章，随后立即寄往该杂志署名发表
   C. 党委委员徐某因身体不适不能参加党委会议，会前办理了请假手续，并用书面形式表达了个人对会议议题的重要意见
   D. 表决可以采用口头、举手、无记名投票或者记名投票等方式进行，赞成票超过应到会党委委员半数为通过

10. 对于转发、印发类通知，下列做法正确的有（　　）。
    A. 应当在通知的文尾标明"附件"
    B. 无须在通知的文尾标明"附件"
    C. 被转发、印发的公文要与前面的通知分开装订
    D. 被转发、印发的公文不能与前面的通知分开装订，且页码要连贯

三、判断题（判断下列各题正误，正确的打"√"，错误的打"×"。每小题 1 分，共计 20 分）

1. 坚持和发展中国特色社会主义是当代中国发展进步的根本方向。（　）
2. 绩效考评是绩效管理的重要内容和核心环节。（　）
3. 特殊原因需异地用印，经办公室主任批准，印信管理员可把印信带离办公场所。（　）
4. 基层党组织应对党员进行教育、管理和服务，督促党员履行义务，保障党员的权利不受侵犯。（　）

5. 会议费开支范围包括会议住宿费、伙食费、会议场地租金、交通费、文件印刷费、医药费等。会议代表参加会议发生的城市间交通费，按照规定在会议费中列支。
(　　)

6. 实地督查督办中，一般由5位以上督查组成员参加。督查人员要认真做好记录，填写督查工作底稿。(　　)

7. 印章是税务机关印信凭证的一种，是代表税务机关权力、职责的凭据，是税务机关职能作用的法律标志。(　　)

8. 巡视组进驻被巡视地区（单位）后，不必向被巡视党组织通报巡视任务，按照规定的工作方式和权限，开展巡视了解工作。(　　)

9. 设区的市、自治州一级的机关以及授权的机关、单位可以确定绝密级、机密级和秘密级的国家机密。(　　)

10. 党的十八大对离退休干部工作提出的总体要求是努力做好离退休干部工作。(　　)

11. 税务机关文书档案的保管期限定为永久、定期两种，其中定期分为30年、15年两类。(　　)

12. 如果单位撤销、单位的名称变动、印章损坏停止使用时，应采取公告形式声明作废，用印单位可以保留印章或者自行销毁印章。(　　)

13. 《中华人民共和国印花税法》自2022年7月1日起施行。(　　)

14. 督察审计有关事项属于机密，在被督察审计单位应注意保密。(　　)

15. 税收是筹集财政收入、调控经济、调节分配的重要手段，在国家治理中发挥着基础性、支柱性、战略性作用。(　　)

16. 对国家公务员执行职务行为所造成的损失，应由国家行政机关和执行职务的具体人员分别承担赔偿责任。(　　)

17. 涉密会议活动要选择符合保密要求的场所举办，会场可以使用无线话筒。(　　)

18. 督察审计组对督察审计发现的问题，须向被督察审计单位或个人反馈，并听取陈述或申辩。(　　)

19. 税收宣传是税收工作的重要组成部分。税务机关要强化大局意识、责任意识和阵地意识，认真落实管理责任，切实加强税收宣传对口管理。(　　)

20. 倡议书是个人或者组织基于推进某项工作、开展某项活动等需要，向社会或有关方面提出某种做法、要求，并希望得到相应的文书，其行文的语言要有针对性和可行性。(　　)

四、简答题（共2小题，每小题5分，共计10分）

1. 涉密计算机之间如何进行文件传递？
2. 请简述行政机关会议的分类方式及内容。

五、实务题（共6题，每小题5分，共计30分）

1. 某省税务机关到所辖的某市税务机关进行工作检查，市税务机关办公室张某负责工作汇报材料以及汇报幻灯片制作。在汇报会召开前夕，张某突然发现制作好的工作汇报幻灯片无法播放，这时省税务机关领导即将到会议室听取汇报。假如你是张某，应采取怎样的应对措施。

2. 某市税务局推广网上申报系统，但是，目前为止效果不佳，大量纳税人还是等到月底几天到办税大厅申报，导致办税大厅人满为患，面对这种情况，该如何处理。

3. 根据所给材料，回答所列问题。

　　材料1：2008年国际金融危机以来，经济增长动能不足，贫富分化日益严重，地区热点问题此起彼伏，恐怖主义、网络安全、重大传染性疾病、气候变化等非传统安全威胁持续蔓延。世界面临的不稳定性不确定性突出，一些人把世界乱象归咎于经济全球化，以致民粹主义、孤立主义和贸易保护主义等逆经济全球化思潮涌动。曾经的经济全球化"推手"美国，不仅反对多边贸易体系，而且主张以"美国主义"替代"全球主义"；曾经的区域一体化"标杆"欧盟，不仅遭遇英国"脱欧"，而且其他几个老牌发达国家也接连上演"投票箱大戏"……曾被人们当成"阿里巴巴的山洞"的经济全球化，历时久远，促成了贸易大繁荣、投资大便利、人员大流动、技术大发展，现在何以又被不少人视为"潘多拉的盒子"？处于质疑声中的经济全球化将何去何从，成为各方关注的焦点。而如何引导经济全球化释放出更多正面效应，则是对大国智慧与责任担当的考验。

　　材料2：中国是经济全球化的积极参与者和推动者。"一带一路"倡议即是最好佐证。"一带一路"倡议提出四年多来，习近平主席在多个场合强调，"'一带一路'以打造人类命运共同体和利益共同体为合作目标"，"'一带一路'不是中国一家的独奏，而是沿线国家的合唱"。这不仅使"一带一路"共商、共建、共享的理念深入人心，而且取得超出预期的成果。全球100多个国家和国际组织积极响应；50多个国家和国际组织同中国签署合作协议；"一带一路"倡议先后被载入联合国大会、联合国安理会的重要决议。2014年至2016年，中国同"一带一路"沿线国家贸易总额超过3万亿美元；中国对"一带一路"沿线国家投资累计超过500亿美元；中国企业在20多个国家建设56个经贸合作区，为有关国家创造11亿美元税收和18万个就业岗位。

　　2017年5月14日，举世瞩目的"一带一路"国际合作高峰论坛在北京隆重开幕，30位国家元首、政府首脑和联合国、世界银行、国际货币基金组织三大国际机构负责人以及来自130多个国家的约1 500名各界贵宾出席。习近平主席在开幕式上的演讲中表示：中国将加大对"一带一路"建设资金支持，将向参与"一带一路"建设的发展中国家和国际组织提供更多的资金援助……中国正以十足的诚意和坚定的行动，落实着"一带一路"倡议，为经济全球化注入强劲动力。

联合国秘书长古特雷斯表示,习近平主席提出的"一带一路"倡议,为世界发展带来了中国方案,有助于推动经济全球化更加平衡、包容、和谐发展,对于通过国际合作解决当今世界面临的诸多挑战具有重大意义。

选自《习近平谈治国理政》第二卷、《人民日报》(2017年4月11日)

问题:

(1) 为何要引导经济全球化释放出更多"正面效应"?

(2) 如何理解"'一带一路'不是中国一家的独奏,而是沿线国家的合唱"?

4. 小李是税务局的新入职人员,刚刚接手了档案管理工作,最近单位通过政府购买服务方式,辅助她完成档案管理工作,她将档案室玻璃柜打开,把一大摞准备归档的文书档案摆放整齐,其中包括设立临时机构处理专项工作、举办重要活动、任免、奖惩非机关工作人员的文件材料、供工作参考的抄件、重大建设项目、本单位一般性科研课题等形成的归档文件材料,以及党委会、局长办公会、局务会等会议记录和纪要,整理中发现一部分确无保存价值的档案,她决定直接利用碎纸机销毁。

(1) 根据《国家税务总局机关档案管理办法》,材料中哪些做法欠妥( )。(多选题)

A. 档案室使用玻璃柜

B. 将设立临时机构处理专项工作的文件归档

C. 任免、奖惩非机关工作人员的文件材料、供工作参考的抄件归档

D. 对于确无保存价值的档案,直接利用碎纸机销毁

E. 本单位一般性科研课题

(2) 国家税务总局工作人员有下列情形之一的,应当依据《中华人民共和国档案法》《档案管理违法违纪行为处分规定》追究相关责任,依法依规给予处罚的是( )。(多选题)

A. 擅自销毁档案或应归档的文件材料的 B. 擅自提供、抄录、复制档案的

C. 涂改、伪造档案的 D. 携运、邮寄禁止出境的

5. 下文是怀庆县税务局上报给同安市地税局的一份公文,请按照税务公文的写作要求,指出并修改下面这篇公文的错误,"眉首"和"版记"部分省略。(只需逐条列举并修改即可,无须重新撰写。本题10分)

关于新州分局办公楼修缮资金的申请报告
怀税函〔2023〕第38号

同安市税务局:

我局下辖新州分局现有税务干部12人,征管户数860户,年税收任务3000万元,占全县税收入的10%。该分局现办公楼系原新州镇农业银行用房,始建于90年代初。

该建筑为砖混结构，建筑面积1800多平方米。多年来，因处于沿湖地带，潮气侵蚀严重，外观陈旧，外墙瓷砖大面积空鼓，室内天花板、内墙壁多处已霉变，室内地板因房屋下沉出现断裂空鼓，给排水、卫生洁具不能正常使用，门窗严重破损。由于经费紧缺，多年来未进行全面大修。鉴于目前该分局办公现状，如不及时进行大面积修缮，将无法继续使用，必将给税务干部工作带来不便和不安全隐患。因此，为维持正常的办公秩序，提供良好的纳税服务环境，县局拟对该分局房屋进行全面维修，修缮项目主要包括办公楼的室内、外装修，屋面重做防水，给排水、化粪池、消防系统安装，强、弱电线路改造。初步测算，以上项目经预算需维修费用约80万元，资金来源为省财政拨款。现申请予以立项并给予补助。

另外，我局急需计算机网络技术专业人员1名，请在编制明年进人计划时一并考虑。

二〇二三年七月三日

（此文只发电子文档）

6. 阅读下面这一例通知，指出其中的错误并加以改正。

某市工业局文件

×函（2023）5号　　签发人：李四

某市工业局关于印发"关于节减行政经费的几项规定"的通知

我局同意×市财政局关于节减行政经费的几项规定中提出的意见，认为切实可行，请结合本单位的情况参照执行。

附件：×市财政局文件

某市工业局

2023年1月16日

模拟试卷（九）答案及解析

一、单项选择题

1.【参考答案】C

【解析】《中华人民共和国公职人员政务处分法》第三条规定，监察机关应当按照管理权限，加强对公职人员的监督，依法给予违法的公职人员政务处分。

2.【参考答案】A

【解析】《全国税务机关公文处理办法》第七十一条第（一）项规定，对外单位主办的联合行文和外单位来会签的公文，应当由办公厅（室）提出拟办意见交有关部门办理。本机关主办部门对来文应当按办文程序提出会签意见，报机关负责人审签后，将会签文稿复印一份备查。第七十一条第（二）项规定，对外单位主办的联合行文和外单位来会签的公文，如无不同意见，由机关负责人签署姓名和日期；如有修改意见，应当在来文中进行修改，并征得来文单位同意后，由机关负责人签署姓名和日期；如不同意会签，机关负责人不签署姓名，并由主办部门向来文单位说明理由，将来文退回。

3.【参考答案】A

【解析】公文正文开头的方式多用开门见山式。故正确答案为 A。

4.【参考答案】C

【解析】《淮南市税务机关档案管理办法》第十一条第（四）项规定，不同年度的文件一般不得放在一起立卷，但跨年度的请示与批复放在复文年立卷，没有复文的放在请示年立卷；跨年度的计划放在针对的第一年立卷；跨年度的总结放在针对的最后一年立卷；如果计划、总结在同一文件中，应当视文件内容的主次确定归卷年度；跨年度的会议文件放在会议开幕年立卷；合同性文件放在签字年度立卷；各类案件材料放在结案年度立卷。

5.【参考答案】C

【解析】领导职能是指管理者按照管理目标和任务，运用法定的管理权力，主导和影响被管理者，使之为了管理目标的实现而积极行动并贡献力量的活动，所以 B 项被排除。监督职能和调节职能只是控制职能的一个方面，不能全面表达题意，所以可排除 AD 项。故本题答案选 C。

6.【参考答案】D

模拟试卷（九）答案及解析

【解析】紧急公文中的"特急"是指：内容重要并特别紧急，已临近规定的办结时限，需特别优先传递处理的公文。

7.【参考答案】B

【解析】A、C缺少"关于"，D缺少公文发文机关名称。通报适用于表彰先进，批评错误，传达重要精神和告知重要情况的文种，分为表扬性通报、批评性通报、情况通报（没有传达性通报和告知性通报），通报的主体（主要内容）由情况和分析构成。通报的主送对象往往不是针对特定的组织和人员，而只是让一定范围的组织和个人知晓即可，因此，在文中不一定标明主送机关。

8.【参考答案】C

【解析】就会议纪要的起草问题，时任浙江省委书记的习近平同志曾要求做到符合中央方针政策，符合浙江实际；也要做到体现会议精神，体现省委总体决策部署。

9.【参考答案】B

【解析】税收宣传工作找准"三个定位"。其中，导向性是指通过释放正确的信息，引导社会公众理性思考和认识税收，使涉税舆论向着有利于税收工作的方向发展。

10.【参考答案】D

【解析】根据《党政领导干部选拔任用工作条例》第三条。

11.【参考答案】B

【解析】有明确时限要求的，承办单位一般应在时限要求内提前2个工作日报局领导审定后按时报送；没有明确时限要求的，承办单位一般在30日内办结并上报。

12.【参考答案】A

【解析】根据《中国共产党党组工作条例》。

13.【参考答案】B

【解析】写文章，短才见真功夫。

14.【参考答案】C

【解析】《信访工作条例》第十九条规定：信访事项已经受理或者正在办理的，信访人在规定期限内向受理、办理机关、单位的上级机关、单位又提出同一信访事项的，上级机关、单位不予受理。

15.【参考答案】B

【解析】根据《中央和国家机关会议费管理办法》。

16.【参考答案】C

【解析】《中华人民共和国政府信息公开条例》第三十三条规定：行政机关收到政府信息公开申请，能够当场答复的，应当当场予以答复。行政机关不能当场答复的，应当自收到申请之日起20个工作日内予以答复；需要延长答复期限的，应当经政府信息公开工作机构负责人同意并告知申请人，延长的期限最长不得超过20个工作日。行

411

政机关征求第三方和其他机关意见所需时间不计算在前款规定的期限内。

17.【参考答案】D

【解析】年度重要工作目标和阶段性重要工作的贯彻落实情况；局领导调研时基层税务机关反映问题的办理情况，各级人大代表议案、建议和政协委员提案的办理情况；有关部门来电、来函征求意见、会签文件的办理情况都属于税务机关需要督查督办的事项。

18.【参考答案】D

【解析】依据《中国共产党纪律检查机关监督办法规则》的规定，①②③④ 4个方面，都是纪检监察部门的监督和检查权的内容。

19.【参考答案】A

【解析】《关于进一步深化税收征管改革的意见》规定，一、总体要求（一）指导思想内容：深化税收征管制度改革，着力建设以服务纳税人缴费人为中心、以发票电子化改革为突破口、以税收大数据为驱动力的具有高集成功能、高安全性能、高应用效能的智慧税务。

20.【参考答案】A

【解析】应当自公告发布之日起30日内向省税务局报送备案公告。

二、多项选择题

1.【参考答案】ABCD

【解析】根据《全国税务系统内部控制基本制度（试行）》第十二条规定，行政管理风险包括人事管理风险、财务管理风险、政府采购风险、政务管理风险、信息系统管理风险、内部监督风险、其他行政管理风险。

2.【参考答案】ABD

【解析】与传统媒体舆情相比，网络舆情有着自身鲜明的特点，其特点既有基于网络传播技术平台的因素，又有当下网络尚未实现规范管理情况下网民传播尺度的因素，形成了目前网络舆情直接性、突发性、偏差性的特点。

3.【参考答案】ABC

【解析】《中国共产党重大事项请示报告条例》第四十三条规定，建立健全纠错机制，对于重大事项请示报告工作中出现的主体不适当、内容不准确、程序不规范、方式不合理等问题，上级党组织应当及时提醒纠正，并将有关情况体现到考评通报中。

4.【参考答案】ABD

【解析】ABD选项符合《关于县以上党和国家机关党员领导干部民主生活会的若干规定》的规定。

5.【参考答案】ACD

模拟试卷（九）答案及解析

【解析】《中国共产党重大事项请示报告条例》第三十条规定，口头请示报告视情采用通话、当面、会议等方式。内容较为简单或者情况十分紧急的，可以采用通话方式；内容较为复杂或者情况敏感特殊的，可以采用当面方式；内容较为正式或者涉及主体较多的，可以采用会议方式。

6.【参考答案】ABC

【解析】依据《关于进一步加强党员组织关系管理的意见》的规定。

7.【参考答案】ABCD

【解析】对社会和纳税人主动公开的内容主要包括：领导简介、机构设置、主要职能、行业概况、工作计划、工作动态、税收政策法规、税收征管制度、办税指南、行政许可规定、税务稽查情况、税收收入统计数据、税务干部队伍建设情况、人事管理事项、注册税务师管理事项、重大项目、政府采购等内容。

8.【参考答案】ABCD

【解析】ABCD选项，都属于印信的使用范围。

9.【参考答案】AB

【解析】《中共国家税务总局委员会工作规则》第十二条规定，党委委员应当认真落实基层联系点工作制度，注重调查研究，广泛听取意见，掌握实际情况，研究和解决实际问题，切实减轻基层负担。每年深入基层的时间不少于1个月。

10.【参考答案】BD

【解析】A项正文标题中已经标明所印发、转发的公文标题或主要内容的，文末不再将所印发或转发的公文列为附件。C项公文的附件与正文一起装订时，页码应当连续编排。

三、判断题

1.【参考答案】√

【解析】坚持和发展中国特色社会主义是当代中国发展进步的根本方向。

2.【参考答案】√

【解析】绩效考评是绩效管理的重要内容和核心环节。

3.【参考答案】×

【解析】严禁把印信带离办公场所。如特殊原因需异地使用印信，须经单位领导批准，印信管理人员应与有关人员两人以上在用印现场监印。

4.【参考答案】√

【解析】依据《中国共产党党和国家机关基层组织工作条例》第十一条第（三）项的规定。

5.【参考答案】×

【解析】会议费开支范围包括会议住宿费、伙食费、会议场地租金、交通费、文件印刷费、医药费等。前款所称交通费是指用于会议代表接送站，以及会议统一组织的代表考察、调研等发生的交通支出。会议代表参加会议发生的城市间交通费，按照差旅费管理办法的规定回单位报销。

6.【参考答案】×

【解析】实地督查督办中，一般由2位以上督查组成员参加。督查人员要认真做好记录，填写督查工作底稿。

7.【参考答案】√

【解析】根据《国务院关于国家行政机关和企业事业单位社会团体印章管理的规定》《中华人民共和国印章管理办法》，印章是税务机关印信凭证的一种，是代表税务机关权力、职责的凭据，是税务机关职能作用的法律标志。

8.【参考答案】×

【解析】《中国共产党巡视工作条例》规定：巡视组进驻被巡视地区（单位）后，应当向被巡视党组织通报巡视任务，按照规定的工作方式和权限，开展巡视了解工作。

9.【参考答案】×

【解析】《保守国家秘密法》第十三条规定，中央国家机关、省级机关及其授权的机关、单位可以确定绝密级、机密级和秘密级国家秘密；设区的市、自治州一级的机关及其授权的机关、单位可以确定机密级和秘密级的国家机密。

10.【参考答案】×

【解析】党的十八大报告指出：党的十八大对离退休干部工作提出的总体要求是全面做好离退休干部工作。

11.【参考答案】×

【解析】税务机关文书档案的保管期限定为永久、定期两种，定期分为30年、10年两类。

12.【参考答案】×

【解析】如果单位撤销、单位的名称变动、印章损坏停止使用时，应采取公告形式声明作废，并及时送交印章制发机关封存或销毁，制发机关负责登记造册，任何单位和个人不得私自留存、使用废旧印章。

13.【参考答案】√

【解析】《中华人民共和国印花税法》已由中华人民共和国第十三届全国人民代表大会常务委员会第二十九次会议于2021年6月10日通过，现予公布，自2022年7月1日起施行。

14.【参考答案】×

【解析】督察审计组在现场工作期间，应当在被督察审计单位公示督察审计有关事

模拟试卷（九）答案及解析

项，接受监督举报。

15.【参考答案】×

【解析】税收是筹集财政收入、调控经济、调节分配的重要手段，在国家治理中发挥着基础性、支柱性、保障性作用。

16.【参考答案】×

【解析】对国家公务员执行职务行为所造成的损失，由国家行政机关承担赔偿责任，但国家行政机关保留对公务员的追偿权，即可以要求有重大过失或故意造成损害的公务员承担部分或全部赔偿费用。

17.【参考答案】×

【解析】涉密会议活动要选择符合保密要求的场所举办。不得使用无线话筒、移动电话、对讲机等无线设备或装置，不得使用不具备保密条件的电视电话会议系统。

18.【参考答案】√

【解析】督察审计组对督察审计发现的问题，向被督察审计单位或个人反馈，听取被督察审计单位或个人的陈述或申辩。

19.【参考答案】×

【解析】税收宣传是税收工作的重要组成部分。各级税务机关要强化大局意识、责任意识和阵地意识，认真落实管理责任，切实加强税收宣传归口管理。

20.【参考答案】×

【解析】倡议书的事项要有针对性和可行性，行文的语言要有号召力和鼓动性。

四、简答题

1.【参考答案】涉密计算机之间进行文件传递，必须通过保密U盘进行。保密U盘由保密管理部门配发，按照涉密文件进行管理。各单位应当指定专人负责保密U盘的管理，平时存放在保密柜中，使用时应在专门的登记本上记录使用时间、使用人等情况。保密U盘使用完毕后，应当及时将保密U盘中的文件删除，确保文件安全。

【解析】依据《国家税务总局机关涉密计算机管理办法》。

2.【参考答案】根据《中央和国家机关会议费管理办法》的会议分类，国税系统会议分为二、三、四类会议：二类会议，是指税务总局召开的全国税务工作会议，要求各省、自治区、直辖市和计划单列市国税局（以下简称各省国税局）、地税局主要负责同志参加。三类会议，是指税务总局及其内设机构召开的专业性会议及各省国税局召开的每年一次的年度工作会议。四类会议，是指除二、三类会议以外的其他业务性会议，包括税务总局内设机构召开或各省国税局及其下属各单位召开的小型业务会、研讨会、座谈会、评审会等。

【解析】依据《中央和国家机关会议费管理办法》。

五、实务题

1.【参考答案】

（1）马上向办公室主任报告情况，看能否采用合适的方式，适当延长上一项活动的时间，为修复幻灯片争取时间。如果可以，马上由信息技术人员进行紧急调试，看能否在最短时间内恢复正常。

（2）如果无法争取修复时间，真诚地向负责汇报工作的领导做出说明和解释，由他在合适时机向省局领导解释，在给领导汇报工作的过程中，在会场外尝试修复，尽可能采取措施将幻灯片彩打成册呈交给省局领导过目。

（3）汇报会结束后，主动向领导承认错误，做出深刻检查，查漏补缺，坚决杜绝此类事情再次发生。

【解析】见《文秘工作规范》，办会注意事项。

2.【参考答案】 网上申报系统可以简化办税手续，提高工作效率，降低税收成本，提升服务水平，加强税源管理，其推广普及是大势所趋。面对推广效果不佳，大厅人满为患的现实状况，可以采用以下措施予以解决：

第一，动用可能的宣传手段，对网上申报进行宣传普及。一方面，通过单位的网站说明网上申报的优点、适用对象、实现方式和具体流程，还可以邀请网络或者传统媒体以新闻报道的方式宣传网上申报的优势。另一方面，也可以针对辖区内的重点申报对象和相关企业进行定点宣传，还可以通过电话、邮件等方式进行针对性宣传。

第二，针对办税大厅人满为患的情况，要做好秩序引导和维持，必要的话增设窗口数量，加强办税人员服务意识和工作效率的相关培训，保证大厅相关业务处理井然有序。

第三，安排一部分人员在办税大厅对网上申报系统进行宣传。可以印制一部分宣传单，发放给进出大厅和排队办理业务的纳税人，通过图文并茂的方式生动简明地说明网上申报的优势和实现途径，要重点突出网上申报系统方便、快捷、高效、低廉的特点。同时在大厅和入口处设置宣传展板，详细介绍网上申报的优势和流程。另外，还可以通过现场视频、大厅广播等多途径、全方位地对网上申报进行宣传。

第四，可以在办税大厅开辟几个网上申报咨询展示点，由工作人员指导前来申报的办税人员现场操作，让大家知道这种足不出户、不用排队的申报方式，对有意向的纳税人耐心讲解。可以请大家留下邮箱，把具体操作方法和相关资料发送给各位纳税人。

相信通过以上方法，经过一段时间就可以实现网上申报对现场申报的有效分流，实现网上申报系统的有效推广。

【解析】见《纳税服务规范》，办税服务厅应急处理原则。

3.【参考答案】（1）经济全球化是一把"双刃剑"。一方面，经济全球化为世界经济增长提供了强劲动力，促进了商品和资本流动、科技和文明进步、各国人民交往，具有积极的"正面效应"。另一方面，经济全球化加剧了国际竞争，增多了国际投机，增加了国际金融风险，并拉大了发展中国家与发达国家之间的贫富差距，给世界经济发展带来了新问题。要么夸大、要么妖魔经济全球化作用的认识，都没能辩证看待经济全球化的作用；简单地将困扰世界发展的诸多问题归咎于经济全球化，并采取反全球化、逆全球化的政策措施是不正确的。面对经济全球化带来的机遇和挑战，应充分利用一切机遇，合作应对一切挑战，引导好经济全球化走向，消解经济全球化的负面影响，让经济全球化进程更有活力、更加包容、更可持续让它更好惠及每个国家、每个民族。要主动作为、适度管理，让经济全球化的正面效应更多释放出来，实现经济全球化进程再平衡；要顺应大势、结合国情，正确选择融入经济全球化的路径和节奏；要讲求效率、注重公平，让不同国家、不同阶层、不同人群共享经济全球化的好处。

（2）"一带一路"倡议顺应时代潮流，秉持共商共建共享原则，弘扬开放包容、互学互鉴的精神，坚持互利共赢、共同发展的目标，奉行以人为本、造福于民的宗旨。经过多年努力，"一带一路"建设成果丰硕。共建"一带一路"正在成为我国参与全球开放合作、改善全球经济治理体系、促进全球共同发展繁荣、推动构建人类命运共同体的中国方案。

【解析】见《经济全球化：金融、贸易与政策改革》北京大学出版社，经济全球化是一把"双刃剑"。一方面，经济全球化为世界经济增长提供了强劲动力，促进了商品和资本流动、科技和文明进步、各国人民交往，具有积极的"正面效应"。另一方面，经济全球化加剧了国际竞争，增多了国际投机，增加了国际金融风险，并拉大了发展中国家与发达国家之间的贫富差距，给世界经济发展带来了新问题。

4.【参考答案】（1）ACDE（2）ABCD

【解析】依据档案管理相关规定。

5.【参考答案】

（1）标题不完整。按照国家税务总局《全国税务机关公文处理办法》（国税发〔2012〕92号，以下简称《办法》）规定，公文标题由发文机关、发文事由和文种三部分组成，本标题缺少发文机关"国家税务总局怀庆县税务局"。

（2）文种错误。向上级税务机关请求指示和批准用"请示"。

（3）发文字号不规范。按照《办法》规定，向上级机关请示、报告和提出意见，发文机关代字用"怀地税发"，发文顺序号不加"第"字，应改为"×税发〔2023〕38号"。发文字号不应出现在标题的正下方，应放在"红色分隔线"上面，文件版头下的左下角，与右边的"签发人"对齐。

（4）违反行文规则。"请示事项"同时写了两件事情。根据《办法》行文规定，请示内容必须遵循"一文一事"原则，不能"一文多事"，"另外"一句应去掉。

(5) 缺少结尾语。根据《办法》规定，正文末应当有请示结语，结尾语一般有"妥否，请批示""特此请示，请批复"等。

(6) 日期不规范。按《办法》规定，发文日期不能用文字，一律用阿拉伯数字书写。

(7) 附注错误。按《办法》规定，请示必须在公文"附注"处注明联系人的姓名和电话号码，去掉"此文只发电子文档"。

(8) 落款应写明发文机关。

6. 【参考答案】(1) 发文字号不规范，应为×函〔2023〕5号。

(2) 下行文不应标注签发人，应取消，发文字号居中排列。

(3) 标题不规范，应将"印发"改为"转发"，引号应改为书名号《》。

(4) 缺主送机关，应写明收文单位名称。

(5) 转发同级机关公文，不应用批示语气，如"我局同意""所提意见切实可行"等。

(6) 《规定》属规范性公文，应"认真执行"而不应写"参照"执行。

(7) 附件要在正文下空一行，且附件说明不规范，应具体写明附件的标题。

【解析】见《党政机关公文处理工作条例》。